中华当代学术著作辑要

财务会计概念框架与
会计准则问题研究

葛家澍
杜兴强 著

商务印书馆
The Commercial Press

图书在版编目(CIP)数据

财务会计概念框架与会计准则问题研究/葛家澍,
杜兴强著. —北京:商务印书馆,2022(2022.11重印)
(中华当代学术著作辑要)
ISBN 978-7-100-20492-7

Ⅰ.①财… Ⅱ.①葛…②杜… Ⅲ.①财务会计—
研究—中国②会计准则—研究—中国 Ⅳ.①F234.4
②F233.2

中国版本图书馆 CIP 数据核字(2021)第 231798 号

中华当代学术著作辑要

财务会计概念框架与会计准则问题研究

葛家澍　杜兴强　著

商 务 印 书 馆 出 版
(北京王府井大街36号　邮政编码100710)
商 务 印 书 馆 发 行
北 京 通 州 皇 家 印 刷 厂 印 刷
ISBN　978-7-100-20492-7

2022年5月第1版　　　开本710×1000　1/16
2022年11月北京第2次印刷　印张29¼
定价:128.00元

中华当代学术著作辑要

出 版 说 明

学术升降，代有沉浮。中华学术，继近现代大量吸纳西学、涤荡本土体系以来，至上世纪八十年代，因重开国门，迎来了学术发展的又一个高峰期。在中西文化的相互激荡之下，中华大地集中迸发出学术创新、思想创新、文化创新的强大力量，产生了一大批卓有影响的学术成果。这些出自新一代学人的著作，充分体现了当代学术精神，不仅与中国近现代学术成就先后辉映，也成为激荡未来社会发展的文化力量。

为展现改革开放以来中国学术所取得的标志性成就，我馆组织出版"中华当代学术著作辑要"，旨在系统整理当代学人的学术成果，展现当代中国学术的演进与突破，更立足于向世界展示中华学人立足本土、独立思考的思想结晶与学术智慧，使其不仅并立于世界学术之林，更成为滋养中国乃至人类文明的宝贵资源。

"中华当代学术著作辑要"主要收录改革开放以来中国大陆学者、兼及港澳台地区和海外华人学者的原创名著，涵盖文学、历史、哲学、政治、经济、法律、社会学和文艺理论等众多学科。丛书选目遵循优中选精的原则，所收须为立意高远、见解独到，在相关学科领域具有重要影响的专著或论文集；须经历时间的积淀，具有定评，且侧重于首次出版十年以上的著作；须在当时具有广泛的学术影响，并至今仍富于生命力。

自 1897 年始创起，本馆以"昌明教育、开启民智"为己任，近年又确立了"服务教育，引领学术，担当文化，激动潮流"的出版宗旨，继上

世纪八十年代以来系统出版"汉译世界学术名著丛书"后,近期又有
"中华现代学术名著丛书"等大型学术经典丛书陆续推出,"中华当代
学术著作辑要"为又一重要接续,冀彼此间相互辉映,促成域外经典、
中华现代与当代经典的聚首,全景式展示世界学术发展的整体脉络。
尤其寄望于这套丛书的出版,不仅仅服务于当下学术,更成为引领未来
学术的基础,并让经典激发思想,激荡社会,推动文明滚滚向前。

商务印书馆编辑部

2016 年 1 月

再 版 序

《财务会计概念框架与会计准则问题研究》首次出版于2003年，出版后获得了学术界的广泛认可，丰富了"会计基本理论"领域内的诸多文献，对我国修订具有"财务会计概念框架"（Conceptual Framework for Financial Accounting, CF）性质的《企业会计准则——基本准则》和完善企业会计准则体系起到了重要的推动作用。该书曾获福建省第六届社会科学优秀成果一等奖与教育部第四届中国高校人文社会科学研究优秀成果一等奖。该书出版18年后，商务印书馆不计陈旧、允以勘误后出版。18年间，我的导师葛家澍教授已于2013年仙逝、厦门大学会计系亦于2021年3月隆重举办了纪念葛家澍教授百年诞辰的系列活动。感慨之余，撰写序言，以作纪念。

一

自20世纪70年代始，财务会计概念框架与会计准则问题便是当代会计理论的核心问题。财务会计概念框架（类似公告与文献；下同）主要是为了为会计准则的制定提供一致的概念基础、评估已有会计准则的质量与发展新的会计准则，并在缺乏会计准则的新领域对会计实务起到基本的规范作用。

财务会计概念框架的探索，远比它作为一个术语出现的时间要早。20世纪50年代末期的美国（1957年），会计程序委员会

（Committee on Accounting Procedure，CAP）制定的会计准则缺乏内在逻辑一致性，因此导致各种备选方案过多、进而导致非议和指责，从而被会计原则委员会（Accounting Principles Board，APB）所替代。为了避免重蹈会计程序委员会（CAP）的覆辙，会计原则委员会（APB）前所未有地重视会计基本理论研究，并勾勒了"会计基本假设→基本会计原则→具体会计原则"的蓝图，希望通过理论研究来促使其制定的会计准则保持内部逻辑自洽、借以抵御外部利益集团的游说（Lobby for/against）。这体现为会计原则委员会（APB）下属的会计研究部（Accounting Research Division，ARD）所出版的《会计研究论文集》（"Accounting Research Studies"，ARS）。这其实可以视为财务会计概念框架一次重要的尝试。但是，ARS No.1《论会计基本假设》（"Basic Postulates of Accounting"）与 ARS No.3《试论企业广泛适用的会计原则》（"A Tentative Set of Broad Accounting Principles for Business Enterprises"）虽有重要的理论价值，但因为具有过于超前的前瞻性以及无法解决当时的现实问题，相继被 APB Statement No.1 所否决，在一定程度上宣告会计原则委员会（APB）时期关于制定财务会计概念框架的努力并不成功。1970 年，会计原则委员会（APB）自己亦制定了具有概念框架性质的文献 APB Statement No.4《企业财务报表的基本概念与会计原则》（"Basic Concepts and Accounting Principles Underlying Financial Statements of Business Enterprises"）。同 ARS No.1 和 ARS No.3 类似，尽管 APB Statement No.4 富有理论价值，但同样未能提高会计准则质量，也不是非常成功。

　　1973 年，基于对会计原则委员会（APB）时期制定会计准则现状的不满，美国注册会计师协会（American Institute of Certified Public Accountants, AICPA）成立了怀特委员会（the Wheat Committee）和特鲁博鲁特委员会（the Trueblood Committee），分别研究"会计准

则制定的机构"与"财务报表目标"。后者可以看作是另一次关于制定财务会计概念框架的重要尝试。此后，美国财务会计准则委员会（Financial Accounting Standards Board，FASB）替代会计原则委员会（APB）成为美国会计准则的制定机构（一直到今天），而特鲁博鲁特委员会关于财务报表目标的研究成果被财务会计准则委员会（FASB）所继承和发展，促成了《财务会计概念公告》（"Statement of Financial Accounting Concepts"，SFAC or "Conceptual Framenwork for Financial Reporting"）第一号《企业财务报告的目标》。也正是从财务会计准则委员会（FASB）时期开始，财务会计概念框架（《财务会计概念公告》）成为一个正式的术语，日益为学术界所熟悉。

此后，英国、加拿大、澳大利亚与一些国际组织均奉财务会计准则委员会（FASB）的财务会计概念框架为圭臬、以其为蓝本，制定了各自的财务会计概念框架，尽管名称各不相同，譬如国际会计准则委员会（International Accounting Standards Committee，IASC）[①]的《编报财务报表的框架》（"Framework for the Preparation and Presentation of Financial Statements"）和英国会计准则理事会（Accounting Standards Board，ASB）的《财务报告原则公告》（"Satement of Principles for Financial Reporting"，SP）等。

二

财务会计概念框架的研究与制定，是一个继承与发展（Continuity and Change）的过程，既有对前期学者研究成果的吸收，也有对之前准

[①]　国际会计准则委员会（IASC）随后改组为国际会计准则理事会（International Accounting Standards Board, IASB），其制定的概念框架性质的文献为《财务会计概念框架》。

则制定机构积累的宝贵经验和有价值文献的继承，还有相应的创新与发展。

　　世界范围内的财务会计概念框架制定存在着两种模式。第一种是在会计准则制定一段时间之后（甚至是相当长时期之后），才开始制定财务会计概念框架。这种模式多出现在"判例法"国家（譬如美国、英国、澳大利亚、加拿大等）、民间机构制定会计准则是其主要特征。美国 20 世纪 30 年代开始制定和颁布会计准则，经历了会计程序委员会（CAP）时期（《会计研究公报》，"Accounting Research Bulletins"，ARB）、会计原则委员会（APB）时期（《会计原则委员会意见书》，"Accounting Principles Board Opinions, APB Opinions"，APBOs）和财务会计准则委员会（FASB）时期（《财务会计准则公告》，"Statements of Financial Accounting Standards"，SFAS），直到 20 世纪 70 年代才开始制定财务会计概念框架。另一种是先制定财务会计概念框架，然后据此制定会计准则，并据此建立和完善会计准则体系。这种模式往往出现在成文法（部分）国家中（典型代表为中华人民共和国）、由官方机构制定和颁布会计准则。1992 年 11 月及之前，虽然会计理论界对会计准则的研究并不鲜见，但并无官方制定的会计准则颁布。1992年 11 月 30 日，中华人民共和国财政部以部长令的形式（第 5 号）颁布了《企业会计准则——基本准则》，1993 年 7 月 1 日开始实施。《企业会计准则——基本准则》实质上已经具有了财务会计概念框架的性质，虽然名称并不一致。随后，1997 年 5 月 22 日颁布第一项具体会计准则《关联方关系及其交易的披露》。从一定程度上，《企业会计准则——基本准则》起到了指导和发展新会计准则的功效；换言之，《企业会计准则——基本准则》是准则的准则，是整个准则体系中的"基本法"（葛家澍，1997）。

　　中国是否应该制定财务会计概念框架，抑或充实《企业会计准则——基本准则》，一直是一个充满争议的问题。我们认为，"欲速则不达"；根据实质重于形式的原则，不应在意我国有没有形式上名为《财务会计概念框架》的文献；相反，务实的策略是，在现行的法规体系允许的框架内，应对《企业会计准则——基本准则》进行修改，使之具备财务会计概念框架的功能，借以更好地指导、评估和发展具体准则。既然"基本准则"与财务会计概念框架定位类似，那么就应考虑将会计基本假设、会计目标、会计信息质量特征、资产等会计要素的定义、财务报表等相关内容纳入《企业会计准则——基本准则》。显然，上述对财务会计概念框架与基本会计准则的辩证认识，并非保守，而是实事求是，是在会计改革中求稳妥，取实效。

三

虽然《财务会计概念框架与会计准则问题研究》出版于 2003 年，且此后 18 年间国际范围内关于财务会计概念框架与会计准则问题研究出现了诸多新动态，但是作为一本会计基本理论的研究著作，其中诸多学术思想在今天仍富有生命力。兹举几例。

第一，对财务会计概念框架文献的梳理。我们坚持认为，财务会计概念框架的思想萌芽要远远早于其作为一个术语出现的时间。为此，我们孜孜不倦地发掘历史著作中的会计思想，整理了关于财务会计概念框架研究的脉络。在此基础上，我们梳理了关于财务会计概念框架的重要研究进展（包括 ARS No.1 与 ARS No.3、APB Statement No.4 等），挖掘其中熠熠生辉的学术思想。关于财务会计概念框架研究相关的发展脉络和学术思想的梳理，不仅不会过时，反而在今天看来仍具有重要的文献价值。

第二，对各国财务会计概念框架的比较与综评。对于各个国家与国际组织制定的财务会计概念框架，我们进行了细致地比较与综评。既然财务会计概念框架的研究是一个继承与发展的过程，那么取其精华、为我（国）所用就成为必然。

第三，财务会计概念框架内容的拓展。财务会计概念框架应该包括哪些内容？我们认为西方的财务会计概念框架〔以财务会计准则委员会（FASB）的《财务会计概念公告》为例〕并未勾勒出整个的财务会计概念框架。实际上，财务会计概念框架除了包括会计目标、会计信息质量特征、财务报表的要素、企业财务报表的确认与计量等内容之外，还应该包括对会计基本假设、会计对象、会计计量属性的专门讨论（厘清不同的计量属性与计量模式，并阐明它们在不同情况下的适用性），财务报表要素的确认之外的、关于附注与其他财务报告信息披露相关的内容等[①]。

第四，关于会计基本假设的研究。目前会计学界公认的会计基本假设包括会计主体、持续经营、会计分期与货币计量，但并未涉及关于会计计量属性的假设。为此我们倡议会计基本假设体系中应该增加一项与会计计量属性相关的基本假设——"市场价格"，因为几乎所有计量属性都可以统一在"市场价格"这一术语下[②]。"市场价格"并非一个单一维度的概念，而是一个融入了"时态"的、多维度的概念。根据时态，"市场价格"可以区分为"过去的市场价格""现在的市场价格"与"未来的市场价格"。显然，"过去的市场价格"可以大致理解为历史成本，它是确定的、有据可循的、可验证的。"过去的市场价格"或历史成本曾是会计计量属性的主体，今天仍适用于部分实物资产的

[①]　我们在 2003 年的相关阐述，随着 SFAC No.8《财务报表附注》于 2018 年的颁布而得到部分支持。

[②]　"市场价格"的概念可能并非先生首次提出，最初可参见穆尼茨（Moonitz, 1961）提出的会计基本假设体系的 B2。但是，本书的确是第一个系统阐述并赋予"市场价格"这一概念以丰富的内涵的文献。

初始计量。我们认为,"现在的市场价格"类似于现行成本、重置成本或可实现净值等计量属性——区别在于购买方或销售方的立场差异,分别反映了在目前市场情况下,重新购置一项同样的资产需要付出的成本(投入角度理解)或出售一项资产相关的可变现净值(产出角度)。"未来的市场价格"往往等价于预期未来现金流量现值或根据其他估价模型计算的公允价值。

此外,本书还建议将"宏观调控"作为一项会计基本假设,这可以在一定程度上促使我国的会计监管部门反思"国际会计趋同化背景下中国会计的特色问题"。毋庸置疑,会计的国际趋同是趋势,但趋同并不意味着完全一致或不容许存在差异,也不意味着消除差异,更不意味着忽视差异。中国情境的会计信息披露与财务报告质量仍与宏观调控存在着丝丝缕缕的联系。

第五,关于会计目标的研究。我们认为"会计目标本就是一项会计基本假设"。会计的发展是反应性的(Chatfield, 1974)、密切依赖于社会经济环境;会计目标亦非一成不变,应该、也必须依据环境变化做出适时的调整。基于此,会计目标本身就是特定会计环境下对会计信息使用者及其需求进行的一种主观归纳,会计环境的差异决定了会计目标相关的研究成果不可以简单地套用。"会计目标本就是一项会计基本假设"的阐述丰富了会计基本假设研究与会计目标研究的文献。之前的文献极少将会计基本假设与会计目标结合起来研究,将会计目标视为一项会计基本假设的论点更是鲜见。譬如 ARS No.1 与 ARS No.3 侧重于会计基本假设的研究,之后的文献侧重于会计目标的研究,前后交叉少之又少。"会计目标本就是一项会计基本假设"的论断,在会计基本假设与会计目标两个主题的研究之间架起了一座"桥梁"。

此外,除了对会计目标相关的内容进行阐述之外,本书基于中国

情境、构建了一个多层次的财务报告目标体系。其中，第一层次强调
受托责任观，强调财务报告应该反映企业经理层受托责任的履行和完
成情况。第二层次为决策有用观，强调财务报告为投资人、债权人和
其他与企业有利害关系的使用者提供有助于各类经济决策的信息，主
要是表内和表外的财务信息。第三层次则考虑我国的实际情况，认为
不应忽略国家宏观管理部门及监管部门的信息需求，倡导按照国家的
政策法规，在表外披露国家宏观调控所必需的信息。

本书关于"多层次财务报告目标"的观点，既体现了受托责任观
与决策有用观应该相互融合，又将会计基本假设与会计目标紧密地结
合在一起。给定我国的社会主义性质及国家宏观调控的现实特征，国
家作为会计信息的一类特定且重要的使用者，本书建议应增设一个关
于"国家宏观调控"的基本假设；进而，结合"会计目标本就是一项会
计基本假设"的观点，提出我国的会计目标时，本书将国家宏观管理
部门作为一类重要的信息使用者明确提出并厘清了宏观管理部门需要
的信息及财务报告如何提供相关信息。

第六，关于会计要素与资产定义的研究。"会计要素是会计对象
的具体化"这一传统的表述是不完备的[①]，科学的表述应该是"会计基
本假设、会计目标和会计对象共同决定着会计要素的设置。会计要素

---

① 传统的会计学教科书指出，会计要素是会计对象的具体化。长期以来，对这一表述
鲜有疑问。但是，如果会计要素是会计对象的具体化，那么为何各个国家/地区/国际组织
的财务会计概念框架中，关于财务报表的会计要素设置如此五花八门？例如，我国的会计准
则和会计制度规定的会计要素有6个，即资产、负债、所有者权益、收入、费用、利润；美国
的财务会计概念框架（SFAC No.6）涉及的会计要素包括10个，分别为资产、负债、所有者权
益、收入、费用、利得、损失、派给业主款、业主投资、全面收益；国际会计准则委员会/理事
会（IASC/IASB）颁布的《财务报告概念框架》（《编报财务报表的框架》）则仅仅提及资产、
负债、所有者权益、收益、费用；而英国会计准则理事会（ASB）的《财务报告原则公告》为财
务报表设置7项要素，分别为资产、负债、所有者权益、利得、损失、派给业主款及业主投资。
上述现象可以将会计学界仅从会计对象的具体化界定会计要素的视角拉到一个更为广阔的视
角，即除了会计要素，会计基本假设与会计目标等是否会对会计要素的设置产生影响？

既体现为会计对象的具体化，同时必须反映会计目标的要求，受会计基本假设的制约"。这一阐述在一定程度上比"会计要素是会计对象的具体化"更为完备、更为符合历史现实。

对于会计要素的定义，本书以资产为例进行阐述。本书并未依循国际会计准则理事会（IASB）的资产定义、也未全然奉美国财务会计准则委员会（FASB）的财务会计概念框架中的资产定义为圭臬，而是创新性地勾勒了一个资产的新定义："过去的交易、事项和虽未执行或还在执行中的不可更改的合同导致一个主体控制含有未来经济利益的资源和权利。"上述定义在一定程度上弥合了财务会计准则委员会（FASB）的资产定义过于抽象的问题，也对国际会计准则理事会（IASB）的资产定义进行了继承与发展。

围绕着会计确认，本书特别强调"初次确认（First-Step Recognition，第一次确认）和再确认（Second-Step Recognition，第二次确认）"、以及"初始确认（Initial Recognition）和后续确认（Subsequent Recognition）"两组概念的区别。任何一项交易，从开始进入会计信息系统进行处理到通过报表传递已加工的信息，总要经过两次确认：第一次确认或初次确认是为了正确地记录；第二次确认或再确认的目的是为了正确地在财务报表中表述。换言之，"初次确认"指交易和事项发生后应予确认的项目都先在账簿（或其他记录手段）上记录（初次确认），"再确认"是指在财务报表予以表述。但"初始确认和后续确认"则是指特定的项目可能由于计量上的变动，通过不同的事项修改原先确认的金额（终止确认可以视为后续确认的一种特例）。概括起来，初始确认与后续确认均对应着财务报表表内的"再确认"，而与初次确认并无直接的关系。

值得一提的是，本书除了具有重要的理论价值之外，相关研究成果对我国会计准则体系的完善亦起到了重要的推动作用。

四

　　《财务会计概念框架与会计准则问题研究》是耄耋之年的先生与我合作出版的著作之一。此后，先生仍在财务会计概念框架领域内深耕细作，发表了多篇对中国会计准则体系建设完善起到重要作用的著作。我曾和先生约定，待先生期颐之年我们再将此书予以修订出版。为此，我们还以《中国财务会计概念框架研究》为题、联合申请了教育部人文社科基地重大项目"中国财务会计概念框架研究"（05JJD630004），希望不断跟踪世界范围内财务会计概念框架的发展，为修订《财务会计概念框架与会计准则问题研究》一书做准备。此后，我们形成了数百万字的研究报告、等待不断完善并出版。但是，遗憾的是，2013年先生溘然仙逝，这一愿望在先生的有生之年未能实现。

　　此后，我仍未敢忘记与先生的约定，也一直等待着一个契机。2021年恰逢先生百年诞辰，厦门大学会计学科与先生培养的学生筹划了一系列纪念活动，包括举办"葛家澍教授学术思想研讨会"、"葛家澍教授学术活动月"，出版《葛家澍教授学术思想研究》（杜兴强著）、《葛家澍文集》（杜兴强与刘峰主编）与《澍雨杏风》（苏锡嘉与刘峰主编）等。2020年12月24日，商务印书馆联系我，咨询可否将《财务会计概念框架与会计准则问题研究》纳入"中华当代学术著作辑要"丛书。忆及当年与先生的约定，征得先生家人同意后，遂慨然应允①。

---

　　① "中华当代学术著作辑要"选目遵循优中选精的原则，所收须为立意高远、见解独到、在相关学科领域具有重要影响的专著或论文集；须经历时间的积淀，具有定评，且侧重于首次出版10年以上的著作；须在当时具有广泛的学术影响，并至今仍富于生命力。基于此，虽未完全实现修订的目的，但能够让先生与我所著的《财务会计概念框架与会计准则问题研究》得以再次出版（进行了些许勘误），也算是部分履行了当年和先生的约定。

　　值得特别指出的是，因为"中华当代学术著作辑要"丛书的入选书目要求尽可能地保留原貌，所以我仅对《财务会计概念框架与会计准则问题研究》一书进行了必要的校对和勘误，而并未根据近 20 年来国际范围内财务会计概念框架与会计准则的最新动态对本书内容进行更新。这一点请读者留意并知悉。

　　感谢商务印书馆促成《财务会计概念框架与会计准则问题研究》的出版。感谢常莹莹博士对本书文稿进行的细致校对，这使得本书的错漏得以降至最低。

　　谨以此书纪念葛家澍教授 100 周年诞辰！

　　书稿勘误完成，方才落意！

2021 年 3 月 22 日

于厦门亿力百家苑"且住屋"

参考文献：

葛家澍："基本会计准则与财务会计概念框架：关于进一步修改完善 1992 年《企业会计准则》的个人看法"，《会计研究》，1997 年第 10 期。

Chatfield, Michael (1974). *A History of Accounting Thought.* Dryden Press.

FASB (1985). "SFAC No.6: Elements of Financial Statements-A Replacement of FASB Concepts Statement No.3."

Moonitz, Maurice (1961). "The Basic Postulates of Accounting: Accounting Research Study No.1." ARS No.1.

前　　言

　　中国加入世界贸易组织（World Trade Organization, WTO）后，资本市场的开放、贸易壁垒的逐步消除都将使我国融入经济全球化的大潮中。WTO是一个经济组织，其根本目标是建立一个开放、有序的国际贸易体系，促进贸易的自由化。WTO的主要作用则可以概括为制定规则、开放市场、解决分歧。在WTO的促进下，全球经济正走向一体化，国与国之间的经济交往密切，各国经济之间的依存度已达到休戚相关的程度。随着我国加入WTO，今后我国企业出口贸易在WTO成员之间可享受"最惠国待遇"，而且我们的自然人和法人到这些国家进行投资、货物贸易和劳务提供时可享受该国自然人和法人的同等待遇（即所谓的"国民待遇"）。当然，我国现今是以发展中国家的身份加入WTO的，可以预期，不久的未来我国将被认可为市场经济国家。因此，我们要抓住加入WTO的有利契机，积极地迎接挑战、巧妙地利用机遇、推动我国的改革开放。

　　加入WTO后，我国将致力于消除贸易壁垒、促进贸易的全球化和自由化。会计作为一种商业语言，国际化和一致化是其重要的目标之一，而不断提高会计信息披露的透明度是每一个WTO成员所必须遵守的神圣承诺。综观20世纪80年代以来，信息技术革命和国际资本市场的发展，以及贸易障碍的逐步消除，催生了全球经济的交互性（Inter-Connected Economy）。2001年10月在中国上海召开的APEC会议的主题是新经济（New Economy）及其互享，为此企业必须尽快地融入全球经济之中。企业之间的交流需要一种"语言"，这就体现为通过财务报告，以其为载体反映的会计信息。会计信息可以反映一个企业特定时点的财务状况，一个期间的经营成果和现金净流量的有关情况，促使社会资源的趋利性流动，实现社会资源的有效配置。会计具有双重属性，既具有技术性，也具有社会性。会计的技术性确保了各国会计技术和方法的相似性，而会计的社会性则体现了不同国家会计的特色。但是，会计作为一门商业语言（Business Language），要在全球新经济中发挥其应有的作用，必须尽快实现国际化的协调（Harmonization）。所以，在确保我国主权不受侵害和充分考虑到我国经济、政治等具体环境因素的前提下，我国应该尽快完善我国的会计准则体系，逐步和尽快地融入会计准则和会计的国际化中①。但是，在考虑我国完善会计准则体系的过程中，我们绝不能忽视对指导会计准则制定与评估会计准则质量的财务会计概念框架这部分内容的研究，否则概念基础尚不统一（就仿佛"语法"不一致一样），怎么能够保证在不一致的概念基础上形成可比的会计准则？怎么能够保证按照不可比的会计准则来规范会计信息成为"国际通用的商业语言"？

　　本书的研究，紧密围绕着财务会计概念框架及会计准则这样两个相互联系的问题进行系统探讨，我们的指导思想是"继承与发展"，即既系统介绍国外在制定财务会计概念框架方面的成功经验及教训，又在批判性吸收和综评的基础上，立足于我国加入 WTO 后的具体环境特点，研究我国制定财务会计概念框架和会计准则的具体问题。在本书写作过程中，我们紧扣我国加入 WTO 后会计国际化这个基本的宗旨进行相关研究，但我们又不言必称"WTO"，也没有为每个章节目录加上"WTO"的前缀，我们力争抓住的是对我国加入 WTO 后会计

---

　　①　我国加入 WTO 对会计行业而言，就是要求会计这种"商业语言"不仅在一国内"通用"，而且要在全球范围内"通用"，为了使会计在全球范围内"通用"，协调各国的会计及各国制定的会计准则就成为必然。

界的关键问题——"财务会计概念框架和会计准则"方面的比较、借鉴、协调与发展。

　　本书包括五章，主要研究"财务会计概念框架的发展及现状""我国制定财务会计概念框架的总体构想""会计确认、计量及报告研究""我国会计准则制定相关问题研究"和"我国已颁布的会计准则与国际惯例的比较"等问题。在研究的过程中，我们系统参考了美国财务会计准则委员会（FASB）的一系列《财务会计概念公告》、国际会计准则委员会（IASC）的《编报财务报表的框架》、英国会计准则理事会（ASB）的《财务报告原则公告》、澳大利亚会计准则委员会（Australian Accounting Standards Board, AASB）制定的《会计概念公告》（"Statements of Accounting Concepts"，SAC）与加拿大特许会计师协会（Chartered Accountants of Canada, CICA）的《财务报表概念》（"Financial Statements Concepts"，FSC），探讨我国制定财务会计概念框架的问题；也主要参考了美国、英国和国际会计准则委员会（IASC）迄今为止制定的、目前仍在生效的会计准则，并将之与我国已颁布实施的会计准则的主要内容进行比较，找出差异。

　　本书由葛家澍教授与杜兴强副教授（博士、博士后）合作完成，初稿由葛家澍教授和杜兴强副教授负责，葛家澍教授对全书进行了修改与定稿①。感谢本课题（02BJY021）组成员黄世忠教授、刘峰教授、徐珊博士、桑士俊副教授等对课题研究付出的艰苦努力。同时，本书也是国家自然科学基金（70302012）的子课题（"完善会计标准与上市公司经营者行为的会计审计制衡机制"）研究成果。

葛家澍、杜兴强

2003.12

---

　　①　孙丽影参与了第三章第三节"（四）现值计量"、蔡宁参与了第四章第三节"会计准则制定：原则导向还是规则导向"等部分初稿的写作。

目　　录

第一章　财务会计概念框架的
发展及现状

财务会计概念框架"是一部章程、一套目标与基本原理组成的、互相关联的内在逻辑体系。这个体系能够导致前后一贯的会计准则，并指出财务会计和财务报表的性质、作用与局限性。目标辨明会计的目的与意图；基本原理指会计的基本概念，它们指引应予以进行会计处理的事项的选择，各项事项的计量以及汇总并使之传递给利害关系集团的手段。在制定、解释和应用会计与报告准则时必须反复引用这些基本概念"（FASB, 1976:2）。财务会计概念框架的研究，是一个继承与发展的过程。因此，在对财务会计概念框架研究的理论基础进行概括、对财务会计概念框架的发展历程进行回顾的基础上，探讨财务会计概念框架的研究现状，并对其未来的发展进行预测和前瞻性的研究，将有助于确保财务会计概念框架研究的连贯性。

财务会计概念框架① 作为一个专门术语最初出现于美国财务会

① 财务会计概念框架的英文表述还包括"Statements of Finiancial Accounting Concepts"（SFAC）。此外，不同的国家对财务会计概念框架性质的公告的名称也不尽一致，譬如英国会计准则理事会（ASB）制定的类概念框架名为《财务报告原则公告》；国际会计准则委员会（IASC）制定的具有概念框架性质的文件名为《编报财务报表的框架》；澳大利亚的类似文件名为《会计概念公告》；加拿大特许会计师协会（CICA）制定的具有财务会计概念框架性质的文件名为《财务报表概念》等。尽管名称不同，其实质是相同的，即都是对财务会计和会计准则制定过程中涉及的一些基本概念进行研究，借以更好地指导会计准则的制定〔美国财务会计准则委员会（FASB）、英国会计准则理事会（ASB）、国际会计准则委员会／理事会

计准则委员会(FASB)成立之后 [①]。但是,制定财务会计概念框架的思想的出现,却比财务会计概念框架作为一个术语的出现要早得多 [②③]。实际上,自从 1961 年美国的会计原则委员会(APB)成立会计研究部(ARD)并开始公布其研究成果——《会计研究论文集》起,财务会计概念框架的研究实质上就已经开始了 [④]。广义地看,最初具有概念框架性质的文献应是 1961 年穆尼茨的《论会计基本假设》,以及 1963 年斯普劳斯(Sprouse)与穆尼茨的《试论企业广泛适用的会计原则》(ARS No.3) [⑤]。

　　下面,我们以美国财务会计概念框架研究的起源与发展为主线来进行论述。

第一节　财务会计概念框架的发展及作用

　　在进行本节的研究之前,我们有必要首先做一点说明。综观美

(IASC/IASB)、加拿大特许会计师协会(CICA)〕或会计实务(澳大利亚,较为特殊),为其提供一个更一致的概念基础。

　　① 见 1976 年 12 月美国财务会计准则委员会(FASB)公布的《财务会计概念结构:财务报表的要素及其计量》("Conceptual Framework for Financial Accounting and Reporting: Elements of Financial Statements and Their Measurement")。

　　② 甚至有些学者认为,概念结构作为"一系列相互联系的基本概念所形成的框架",最早可追溯到 1494 年巴其阿勒(Pacioli)时代(葛家澍、刘峰,2003)。

　　③ 财务会计作为一个术语最初是在美国开始制定公认会计原则(Generally Accepted Accounting Principles,GAAP)后、从传统会计中分离出来后而出现的。

　　④ 这一观点可在西方会计学家的著述中得到印证。譬如,沃尔克(Wolk)、弗朗西斯(Francis)与特阿妮(Tearney)等所著的《会计理念:一种概念和制度方法》(*Accounting Theory: A Conceptual and Institutional Approach*)在论及财务会计的概念问题时,就曾指出,会计程序委员会(CAP)对基本框架的任务不感兴趣,但会计原则委员会(APB)和财务会计准则委员会(FASB)则试图通过发展理论基础来指导会计规则的制定(Wolk, Francis, and Tearney, 1992:112)。

　　⑤ ARS No.1 和 ARS No.3 都因过分追求逻辑的完美一致、与当时的会计实务差距过大,而被会计原则委员会(APB)所否定。但 ARS No.1 和 ARS No.3 中体现的若干学术思想,在 40 年后却熠熠生辉!关于这一点,我们将在本书以后的章节涉及。

国、英国、加拿大、澳大利亚等国家的历史现实和制定财务会计概念框架的历程，我们发现，这些国家往往先积累了多年的、关于会计准则的制定经验，而后由于需要保持会计准则之间的内在逻辑性、为了抵御外在利益集团的压力、为了发展和评估会计准则，才产生了寻求内在体系一致性的概念框架，从而开始制定各自的财务会计概念框架或类似公告[①]。本节，我们主要以美国的具体情况为主要线索来进行论述；在第二节中，我们将简单比较美国（FASB）、英国（ASB）、加拿大（CICA）、澳大利亚（AASB）和国际会计准则委员会（IASC）各自财务会计概念框架的特点。

一、美国制定公认会计原则历程的简要回顾

美国是世界上制定会计准则最早的国家。早在 1909 年，美国就开始了其进行会计规范化的尝试，当时美国的公共会计师协会（American Association of Public Accountants, AAPA）任命了一个会计术语特别委员会，希望对会计实务中的术语进行规范来达到统一会计处理的目的。1917 年，美国联邦储备委员会和联邦贸易委员会决定对当时企业向银行申请贷款[②]而提供的资产负债表的格式和内容予以标准化，并于当年 4 月以《统一会计》（"Uniform Accounting"）公

---

①　假如将我国 1992 年颁布、1993 年开始实施的《企业会计准则》（俗称基本准则）看作是具有类财务会计概念框架性质的公告的话，那么我国的会计准则制定则可能一开始就具有不同于美国、英国、加拿大、澳大利亚的基本特征——先有财务会计概念框架（性质的公告），而后才有具体会计准则的制定。然而，若从另外一个视角——会计准则具有技术性角度进行审视，那么是否可以有如下的逻辑与结论："会计准则具有技术性→会计准则体系之间要求具有逻辑概念基础的一致性→我们需要概念框架作为会计准则制定的概念基础←为了抵御外来利益集团的压力←会计准则具有经济后果性、政治性等其他特征。"若首肯这个基本逻辑，那么我国一开始制定的基本会计准则目前已无法胜任财务会计概念框架的角色和地位，从而急需重新制定或修订。

②　当时，向银行举借短期债务还是企业流行和主要的筹集资金的方式。

告的形式颁布,之后的 1919 年,美国会计师协会(American Institute of Accountants, AIA)将之改名为《编制资产负债表》(*Preparation of Balance Sheet*),再次出版。

尽管美国早期曾多次尝试对会计实务进行规范,但真正意义上会计准则的制定则起源于美国历史上 1929 年的股市危机。1929 年股市危机过后,美国国内认为混乱的会计实务是危机的罪魁祸首,为此美国相继于 1933 年和 1934 年颁布了《证券法》(Securities Act of 1933; Securities Exchange Act of 1934),要求上市公司必须提供统一的会计信息,并责成证券交易委员会(Securities and Exchange Commission, SEC)负责制定统一的会计准则。但是,证券交易委员会(SEC)始终对是否由自己亲自制定会计准则心怀疑虑,为此进行了投票表决,5 位专职委员以 3∶2 的投票结果否决了由证券交易委员会(SEC)制定会计准则的议案,而是将会计准则的制定权进行了分割。具体讲,就是将会计准则的制定权下放给了美国会计师协会(AIA),但自己保留有最终的否决权。另外的一种说法是,财务会计准则委员会(FASB)只将制定确认与计量(Recognition and Measurement)规则的权力下放给了民间组织,而自己保留的则是关于制定披露规则的权力。但是,明显地,早期会计准则制定中民间机构存在着权威性受到挑战的局面。

从会计准则制定之初到目前,美国会计准则制定机构经历了数次更迭:

(1)会计程序委员会(CAP)

会计程序委员会(CAP)的存续期间是 1938 年到 1959 年,其制定的具有公认会计原则性质的公告名为《会计研究公报》。会计程序委员会(CAP)共制定了 51 份《会计研究公报》。在会计程序委员会(CAP)阶段,美国的会计准则制定的基本模式是对当时现存的会计实务进行归纳与概括,因此留下了备选方案过多和缺乏逻辑一致性的缺陷,最终遭到了会计实务界和理论界的强烈抵制,于 1959 年为会计原则委员会(APB)所取代。

(2)会计原则委员会(APB)

美国注册会计师协会(AICPA)组建会计原则委员会(APB)之后,吸取了会计程序委员会(CAP)被取代的教训,专门组成一个会计研究部(ARD)研究重大理论问题,供会计原则委员会(APB)制定会计准则时参考,它的最终研究成果以《会计研究论文集》的名称统一结集出版[①]。由于学者的研究结论过于具有前瞻性,会计原则委员会(APB)还专门发表了 APB Statement No. 1,借以表明其对一些会计基本问题的看法,但实际上是予以否定。后来,在美国注册会计师协会(AICPA)的督促下,根据一个专门委员会提出的要求,会计原则委员会(APB)对财务会计的基本理论进行研究,发表了 APB Statement No.4《企业财务报表的基本概念与会计原则》,这是一份具有概念框架性质的文件,可惜由于其颁布于 1970 年,而 3 年后会计原则委员会(APB)就被财务会计准则委员会(FASB)所替代,所以其理论价值很少有人进行挖掘[②]。

会计原则委员会(APB)颁布的、可归类于公认会计原则的是《会计原则委员会意见书》,前后包括 31 份。如果说会计程序委员会(CAP)的工作导向属于"就事论事"(Problem by Problem)的话,那么

---

①　我们所熟悉的、经常引用的 ARS No.1《论会计基本假设》(Moonitz, 1961)、ARS No.3《试论企业广泛适用的会计原则》(Sprouse & Moonitz, 1962)都属于会计系研究论文集。应该说,美国注册会计师协会(AICPA)的会计研究部(ARD)的某些研究成果今天看来仍不显过时,也可以说,直到今天其理论价值才显露出来。但是,当时其研究成果往往具有和当时会计实务的不相称性,这也是会计系研究论文集若干研究结论得不到采纳的重要理由(譬如 ARS No.1 和 ARS No.3 就曾先后被否定)。会计系研究论文集前后共 15 份。

②　我国著名会计学家葛家澍教授在其论文"财务会计的基本概念、基本特征与基本程序"(《财会通讯》, 2003 年第 7 期—2004 年第 7 期)中在国内首次对该公告的价值进行了挖掘和系统阐述。

会计原则委员会（APB）的工作方式就是救火式的。其根本原因在于会计原则委员会（APB）意识到、但未能够及早解决会计程序委员会（CAP）缺乏理论和逻辑一致性的缺陷[①]，因此往往无法对经济环境的变化做出迅速的反应策略，也无法抵御外来利益集团的压力[②]，结果在存续了14年左右后为财务会计准则委员会（FASB）所替代。

（3）美国财务会计准则委员会（FASB, 1973— ）

美国财务会计准则委员会（FASB）的成立，摆脱了会计程序委员会（CAP）和会计原则委员会（APB）隶属于美国会计师协会（AIA）或美国注册会计师协会（AICPA）[③]的局面，而是由具有广泛代表性的、独立的专职委员所构成，这至少从形式上确保了美国财务会计准则委员会（FASB）具有独立性。最为关键的是，美国财务会计准则委员会（FASB）成立之初，就集中精力在特鲁博鲁特报告（Trueblood Reports）的基础上制定财务会计概念框架，以此作为借口（Excuse）[④]抵御外来利益集团的压力。迄今，美国总共制定了7份《财务会计概念公告》。

美国财务会计准则委员会（FASB）成立至今，总共制定了150多份财务会计准则/公告（Financial Accounting Standards, FAS; Statements of Financial Accounting Standards, SFAS）。美国财务会计准则委员会（FASB）之所以能够得以存续至今，其制定的会计准则之所以在受到指责后仍被认为是全世界最为完善的会计标准，主要基于如下几个基本原因：

[①]　其1970年颁布的APB Statement No.4在当时看来可以解决一些该方面的缺陷，但可惜为时已晚！

[②]　人们对《会计原则委员会意见书》的不满在APBO 2《投资贷项的会计处理》上达到了顶点。此外，会计原则委员会（APB）的委员的临时（Part-Time）性质以及与一些企业具有利益关联性也影响了其在会计准则制定中独立进行决断的能力。

[③]　美国会计师协会（AIA）为美国注册会计师协会（AICPA）的前身。

[④]　详细论述可参见瓦茨与齐默尔曼（Watts & Zimmerman, 1979）。

第一，美国财务会计准则委员会（FASB）获得了证券交易委员会（SEC）明确的权威支持[①]，并与证券交易委员会（SEC）保持密切联系，避免了被否决的尴尬境况。

第二，美国财务会计准则委员会（FASB）制定了财务会计概念框架，在理论上使得会计准则的制定相对具有前后的逻辑一致性，可以部分抵御外来集团的压力。

第三，美国财务会计准则委员会（FASB）制定会计准则的程序，体现了相对的充分性与透明度。美国财务会计准则委员会（FASB）制定会计准则的过程大致要经过以下 8 个步骤：

①美国财务会计准则委员会（FASB）提出应该予以考虑的议题；

②成立专题性的技术研究小组，在与会计界和工商界交流联系的基础上，编写有关的讨论备忘录（Discussion Memorandum，DM）；

③发表讨论备忘录，给予 60 天的征求评论；

④举行公众听证会，邀请对讨论备忘录的质询或争论；

⑤美国财务会计准则委员会（FASB）在书面评论和听证会意见的基础上编制征求意见稿（ED）；

⑥公布征求意见稿，在 30 天内征询意见；

⑦再次举行听证会讨论征求意见稿；

⑧根据上述步骤，决定：A 正式发表《财务会计准则公告》；B 继续修改征求意见稿；C 完全放弃该议题。

第四，美国财务会计准则委员会（FASB）不断地改进其制定会计准则的方式，譬如成立紧急问题工作组（Emerging Issues Task Force，

---

① 为了避免由民间机构制定的会计准则的权威性不受尊重，证券交易委员会（SEC）特意在会计系列公告（Accounting Series Release, ARS）ARS No.150《关于制定与改进会计原则与会计准则的政策申明》（"Statement of Policy on the Establishment and Improvement of Accounting"）中确立了民间准则制定机构颁布的会计准则的权威性。

EITF),用来处理缺乏会计准则的新问题(如当年处理衍生金融工具等)和解决会计实务界对会计准则具体技术性问题的抱怨(如准则过载等)。

二、国际范围内财务会计概念框架的发展历程

鉴于财务会计概念结构对于指导会计准则和提高财务报表的可比性方面的重要作用,西方国家若干年来对之进行了孜孜不倦的研究,并形成了丰富的研究成果。

作为规范财务会计与财务报告的公认标准,会计准则起源于现代企业的两权分离和由此引起的企业内部管理当局(报告提供者)和企业外部投资者和其他利益关系集团(报告使用者)的信息不对称。当然,由会计准则规范的财务报告在一定程度上可以保证会计信息披露的真实与公允性,降低使用者用于寻觅信息的交易成本。高质量的财务报告需要高质量会计准则的指引。而会计准则总是以会计的基本概念为基础的,即需要连贯、协调、内在一致的理论体系来支撑。1936 年 6 月,美国《会计评论》(*The Accounting Review*)发表由美国会计学会(The American Accounting Association, AAA)组织撰写的《公司财务报表所依据的会计原则的暂行说明》("A Tentative Statement of Accounting Principles Underlying Corporate Financial Statements")[①],引起了热烈的争论。争论主要表现在需要对涌现出的许多处理会计问题的建议和方法进行评估,并寻找其中被普遍认可的方法的标准。因而基本概念、基本原则的研究就提到了议事日程上。最早自觉研究用于评估会计准则的理论的著作是佩顿(Paton)和利特尔顿(Littleton)的《公司会计准则导论》(*An Introduction to Corporate Accounting Standards*,AAA

---

① 这可以说是经过美国证券市场经过 1929—1933 年大危机崩溃以后,由于通过了证券法以及重新建立了证券交易法,美国会计理论界开始尝试制定会计准则。

Monograph No. 3），其特点是：它不直接阐述会计准则，而是以 1936 年的"暂行说明"为开端，对 1936 年的会计原则"暂行说明"中的基本概念展开详尽而严谨的研究。正如其序言所指出的："我们尝试将会计的基本概念交织在一起，而不是像'暂行说明'那样表述准则。我们的意图是构建一个框架，随后在此框架中建立起对公司会计准则的说明。在这里，会计理论被视为一个连贯、协调、内在一致的理论体系，而且如果愿意的话，可以用准则的形式予以紧凑地表达出来。"（Paton & Littleton, 1940, Preface）所以毫不夸大地说，两位作者提出的要有连贯（Coherent）、协调（Coordinated）、内在一致（Consistent）的理论体系来指导会计准则也成为构成财务会计概念框架的基本要求。

现在，人们都把美国财务会计准则委员会（FASB）共 7 份《财务会计概念公告》（目前生效的有 6 份）作为财务会计概念框架的范本。美国财务会计概念框架的形成是一个不断完善的过程。财务会计概念框架不同于一般的抽象会计理论，它是用来评估、发展会计准则的理论，而且在缺乏会计准则的情况下，根据财务会计概念框架的概念和原则，还能提出具有权威性的、会计处理意见以解决新出现的会计问题。这样，我们在研究财务会计概念框架的历史发展时，会计理论界的意见，毕竟只能作为参考，而准则制定机构有关会计准则的理论研究的态度、举措及其成果才值得人们更加重视。

历史地考察，包括美国在内的、国际范围内对财务会计概念框架的研究迄今为止大致经历了 8 个阶段 ①（当然，财务会计概念框架的研究目前仍在继续）：

---

① 其中前 5 个阶段的划分参考了 Peasnell（1995）。本章节中，限于篇幅和篇章安排的需要，我们对财务会计概念框架各个发展阶段的论述的详略进行了技术性处理。主要是以美国的财务会计概念框架发展为主线，而且凡是在后面章节将要多次涉及的、则在该部分只进行简单的论及。

（一）会计原则委员会（APB）研究财务会计概念框架的回顾与评介①②

1. 会计原则委员会（APB）研究财务会计概念框架的回顾

会计原则委员会（APB）取代会计程序委员会（CAP）后的第一件事，就是吸取后者失败的教训，一手抓会计准则的制定，一手抓会计基本理论的研究，因而成立了由专家学者组成的会计研究部（ARD），其制定的会计准则不再被称为《会计研究公报》，而改用《会计原则委员会意见书》；通过理论研究来支持并发展《会计原则委员会意见书》，这是美国注册会计师协会（AICPA）吸取会计程序委员会（CAP）的

---

① 存在于1936—1959年的会计程序委员会（CAP）是美国经过20世纪30年代经济大萧条、在证券法和证券交易法出台以后第一个具有权威支持的民间会计准则制定机构。它发表的代表公认会计原则的《会计研究公报》常遭到人们的嘲笑。因为这些公报并不是在研究的基础上产生的，而不过是把不同的惯例进行评比，并挑选其中为多数实务界所接受的内容。没有理论根据导致委员们的意见经常产生各执一词的意见，结果只能赋予会计处理方法以较大的弹性，这就造成了相似的企业由于采用不同的会计方法，所报告的净收益便出现了重大分歧。必须指出，会计程序委员会（CAP）并非不注意理论，会计程序委员会（CAP）曾设想先研究一套会计准则的基本理论，然后据以制定会计准则，但要实现这一研究计划，大约需要5年。一方面证券交易委员会（SEC）不允许会计程序委员会（CAP）不解决当前迫切问题而先花5年长的时间去研究会计基本理论，另一方面，美国会计学会（AAA）已在1936年抢先发表了《公司财务报表所依据的会计原则的暂行说明》，1941至1948年进行了修订，并于1950、1954和1957至1964年多次修订补充。会计程序委员会（CAP）如不迅速针对当时的热点制定会计准则，则公认会计原则的制定权有可能落入美国会计学会（AAA）手中。再加上会计程序委员会（CAP）的成员开始只有7人，以后虽然增加到21人，但其成员都是注册会计师，且均为兼职并无薪给补助。我们估计除证券交易委员会（SEC）的压力外，还由于经费不足和缺乏研究人员，会计程序委员会（CAP）才不得不放弃原先制定基本会计理论的设想。"坏事也会变成好事。"会计程序委员会（CAP）制定的《会计研究公报》导致企业报表可比性的降低和不能在解决会计新问题有自己的创见，因而使人们看到：《会计研究公报》的制定缺乏理论基础，该缺陷终于成为会计程序委员会（CAP）被会计原则委员会（APB）取代的重要原因之一。

② 由于本部分论及的关于财务会计概念框架的文献年代相对比较久远，不少读者可能不甚熟悉，所以我们将花费较多的篇幅发掘其历史价值，以及其对日后概念框架研究的促进作用。

教训而在理论研究方面采取的重大举措①。根据美国注册会计师协会（AICPA）的会计研究项目委员会的建议，会计研究部（ARD）应首先研究作为会计原则基础的基本会计假设（Basic Postulates）和建立在基本假设之上的"公允的、一系列广泛的、同样重要的会计原则"。在该目标指引下，美国注册会计师协会（AICPA）组织其研究部专家进行研究，穆尼茨（Moonitz, 1961）的 ARS No.1《论会计基本假设》和斯普劳斯与穆尼茨（Sprouse & Moonitz, 1962）的 ARS No.3《试论企业广泛适用的会计原则》相继出台，这是继 1940 年佩顿和利特尔顿合著的《公司会计准则导论》后，可用于准则制定的重要基础理论成果，也是由美国准则制定机构自己开展财务会计概念框架研究的发轫与前驱。

尽管这两份文件被会计原则委员会（APB）否决，但它们的创新意义是影响深远的②③。尽管 ARS No.1 和 ARS No.3 与后来财务会计准则委员会（FASB）对财务会计概念框架研究的思路不同（前者以假设为起点，而后者以目标为起点），而且当时就未被会计原则委员会（APB）所接受，但这两份文献中的一些创新思想（在当时被认为脱离

---

① "在 1958 年，美国注册会计师协会（AICPA）的一个关于研究项目的专门委员会建议，开始的研究应以会计假设和会计原则为重点，'假设是为数较少的，但它是建立基本原则的基础'。委员会建议：'一套公允的配套的原则应当在假设的基础上形成。'这份报告得出结论：'一系列原则连同若干假设应当用来作为解决具体问题的参考框架。'"（AICPA, 1958: 62）

② 两份研究报告发表后，总的来说是毁誉参半。APB Statement No.1 认为，这些报告为解决重大会计问题所提出的参考和建议"部分具有纯理论和探索性质"（in part of a speculative and attentive nature）……因而"这些研究对会计思想是一种有价值的贡献"，不过"它们过于激进，与当时被接受的现行公认会计原则差异太大"，因此被会计原则委员会（APB）搁置，实际上被否定。那么这两份文献究竟对会计思想有哪些新贡献呢？会计原则委员会（APB）只是抽象地承认，未做具体分析。

③ 正是由于 ARS No.1 和 ARS No.3 对当前仍有参考价值，我们方不厌其烦地做较为详细的介绍。这里的意图，无非是希望我们在研究财务会计概念框架时，不要过分相信当前财务会计准则委员会（FASB）的一套概念公告，而仍应同时以史为鉴。

实务太远)却可以在当前财务会计准则委员会(FASB)和其他国家的
财务会计概念框架中找到。ARS No.1 和 ARS No.3 产生于 20 世纪 60
年代初,两份文件均采用规范—演绎法。它们带有时代局限性是难免
的。40 年来,这两份文献早已处于很少受会计学者重视的地位。其
实,真理并不会过时,有些观点需要经过长时期的历史检验。如果要
认真研究并建立或完善当前的概念框架,正确评价这两份文献的贡献
及其局限性,对于后人研究财务会计概念框架具有启发意义。

2. 对 ARS No.1 的评介

我们认为,穆尼茨在 ARS No.1 中至少有以下三点创新:

(1)内在一致的会计基本假设体系

在提出基本假设之前,穆尼茨深入地分析了经济、政治和社会环
境及其对会计的影响,把基本会计假设分为 A、B、C 三个层次,它
们分别是由环境所衍生的假设,深入分析环境和现实会计存在的补充
假设,以及为使会计实现其职能的必要假设。

ARS No.1 提出的 14 项假设也是一个内在一致,相互关联的概念
框架。这 14 项假设是:

A 组(由环境形成)		B 组	
假设 A—1:数量化(Quantification)		假设 B—1:财务报表(Financial Statements)	
假设 A—2:交换(Exchange)		假设 B—2:市场价格(Market Price)	
假设 A—3:主体(Entities)		假设 B—3:主体(Entities)	
假设 A—4:时间分期(Time Period)		假设 B—4:暂时性(Tentativeness)	
假设 A—5:计量单位(Unit of Measure)			
C 组			
假设 C—1:连续性(Continuity)		假设 C—4:稳定单位(Stable Unit)	
假设 C—2:客观性(Objectivity)		假设 C—5:披露(Disclosure)	
假设 C—3:一致性(Consistency)			

从第一层次（A层次）的"数量化假设"（它是基于有助于制定经济决策的需要）引发了第二层次（B层次）的"财务报表"假设；从第一层次（A层次）的"交换行为"假设引发了第二层次（B层次）的"市场价格"假设；从第一层次（A层次）的"时间分期"假设引发了第二层次（B层次）的"暂时性"假设（由于进行会计分期，一个企业的经营成果总要在过去、现在和将来的期间分配）。

（2）关于市场价格假设

穆尼茨提出的"市场价格"假设是一个十分重要的假设。他提出：市场价格可分为由过去、现在和未来的交易形成的过去价格（即历史成本）、现在价格（即现行成本和现行价值）、未来价格（如利用未来现金流量和现值技术形成的公允价值）。[①] 这一基本观点在当时成为ARS No.3会计计量原则的基础，却不能为当时的会计界所接受。而40年后，它与当前会计界对计量属性的倾向观点（如美国主张"公允价值"、英国主张"现行价值"）则十分接近！

（3）关于会计职能

有人批评当时穆尼茨撰写基本会计假设的一个失误是没有涉及会计的目标。"ARS No.1和ARS No.3都没有从什么是公司会计目标或公司会计目标应当是什么开始。"（Pacter，1985：84−85）其实，以假设为起点还是以目标为起点，是人们探索财务会计概念框架的两条不同的思路，当时美国注册会计师协会（AICPA）赋予会计研究部（ARD）的研究使命是以假设为起点，进而研究普遍适用的会计原则，作为会计研究部（ARD）的主任，穆尼茨带头执行这一任务是他的职责。何况，在ARS No.1中，穆尼茨也提到了会计的目标，不过他用的术语不是目标（Objectives）而是职能（Functions）。穆尼茨从会计职能（目标）

---

① 括弧中的解释在ARS No.1的原著没有，是我们所加。

给出了新的会计定义:"会计的职能是:①计量特定主体持有的资源;②反映在这些主体中的资源的要求权;③对这些资源、要求权和权益的变动进行计量;④确定(分配)特定的时间分期的变动;⑤运用货币当作共同标准来表示前述事项。"(ARS No.1: par.23)以上描述的自然是会计的职能,但怎样认识会计的目标呢?"用会计的话说,目标应表述为三个领域:①爱好者(the Audience)——数据是直接向这些人提供的('为谁'的问题);②职能——数据被用于何种目的('为什么'的问题)和③内容分析。什么数据或信息予以传递('什么'的问题)。"(Evans, 2003: 49)

如果根据上列关于会计目标的 3 项标准来分析 ARS No.1 中列举的会计定义组成的 5 项职能,可以看到:

首先是关于为谁的问题。穆尼茨的定义暗示着谁是信息的使用者(例如对主体资源有要求权的投资者和债权人等,而且穆尼茨提出 A—1 假设中"数量化"就明确指出:数量化信息的需要是为了满足经济决策)。

其次是关于为什么的问题。穆尼茨的定义亦已暗示应用信息的目的(如职能③④⑤)。

最后是关于传递什么数据与信息的问题。上述中②③④⑤特别是第⑤点是比较明确的。

根据以上的分析,ARS No.1 已考虑到会计的目标,但不足之处是:他没有提供会计信息使用者所需的信息和会计信息的用途(Evans, 2003: 51)。但是,过错不在穆尼茨。因为在当时会计目标不是美国注册会计师协会(AICPA)交给会计研究部(ARD)研究的主题。

其次,从 ARS No.1 和 ARS No.3 来看,直接引起会计原则委员会(APB)多数成员反感的可能是 ARS No.3。倘若会计原则委员会(APB)接受 ARS No.3 中一系列广泛适用原则的建议,将要大幅度修

改公认会计原则并且与当时证券交易委员会(SEC)的观点和会计界
的成规有抵触。

3. 对 ARS No.3 的评价

今天看来，ARS No.3 有两大新意。它当时所谓"激进"的见解，
与当前财务会计准则委员会(FASB)的财务会计概念框架几乎不谋
而合：

(1)以 ARS No.1 提出的基本会计假设为前提，本论文集首先
研究了财务报表的要素的性质及其定义。它所提供的要素定义，与
SFAC No.6 的要素定义十分接近。

例如，关于资产的定义，ARS No.3 认为：资产代表预期的未来经
济利益和权利，它们是某个企业通过某种现在或过去交易的结果而已
经取得的(assets represent expected future economic benefits, rights to
which have been acquired by the enterprise as a result of some current or
past transaction)。这个定义与 SFAC No.6 的资产定义，不同之处仅有
两点：

① ARS No.3 的资产定义中包括"权利"，而这一点类似于英国的
《财务报告原则公告》(ASB SP: par.4.6)；

②上述未来经济利益或权利的取得不限于过去的交易，还包括现
在的交易。

(2) ARS No.3 的创新更主要表现在计量属性的采用。以资产的
计量为例，它考虑到既然资产的价值在于它代表未来的经济利益(即
能提供未来的服务)，那么资产的计量问题就应当计量其未来的服务。

第一步，计量的基本步骤——决定现存资产的未来服务，如某种
设备能提供制造产品的能力；估计未来服务的数量，如一项设备预计
可使用 20 年或现仅能再使用 10 年；根据上述估计，要通过以下 3 种
交换价格(Exchange Prices)即 ARS No.1 所说的市场价格进行计价：

①过去的交换价格（a Past Exchange Price），如取得资产的成本或其他初始计价基础，这时，在资产销售或处置前，不应确认任何损益。

②现在的交换价格（a Current Price），如重置成本。采用这一基础，既要确认重置成本与原始成本的差额（即持有损益），又要确认销售价格与重置成本的差额（已实现待持有损益）。

③未来的交换价格（a Future Exchange Price），如预计销售价格。如采用这一基础，一切损益均已予以确认。

第二步，计量原则（属性之采用）。ARS No.3 涉及财务报表全部要素的计量原则。以下仅介绍其关于资产要素的计量问题。

关于资产。由于资产的主要问题是计量其未来经济服务，其计量一般经过前述三个步骤，因此恰当的资产计价和利润分配在很大程度上依靠对存在于资产中未来经济利益的估计。

全部资产不论是以货币为形式或是对货币的要求权都必须表现为现值或等价物（Discounted Present Value or the Equivalent），其贴现率按取得资产日的市场利率（小额的短期应收项可无须表现为贴现值，但其账面价值应扣除预计折让）。具有不确定性的应收款项应按现行市价表示，当市价也具有不确定性、不太可能实现时，则可按成本列示。

能较快销售的存货（具有预计的处置成本），应按可实现的净值（Net Realizable Value）予以记录，同时反映与之有关的收入。其他存货应记录它们的现行（重置）成本（Current /Replacement Cost），并分别列示有关的利得或损失（Gains or Losses），全部财产和设备项目按取得或建造成本（Cost of Acquisition or Construction）记录，但当发生重要事项如企业重组、合并，在对外报告中，它们必须按现行重置成本重新表述（以上均见 ARS No.3: chap.7, pars.53-59）。

从 ARS No.3 的创新观点看，斯普劳斯和穆尼茨在 20 世纪 60

年代已经主张采用现行(重置)成本会计,而同当时证券交易委员会(SEC)和会计原则委员会(APB)所维护、美国会计界所广泛推行的历史成本相对立,他们当时在会计计量问题的主张比24年后(1984年12月)美国财务会计准则委员会(FASB)发布的SFAC No.5概念公告要进步得多,而且观点非常明确。美国财务会计准则委员会(FASB)的财务会计概念框架,一个重大缺点是它对要素的定性虽然是面向未来(实际上基本上是参考了ARS No.3关于要素的定义),而对要素的定量却又采取折中观点——各种计量属性同时并用,因而在要素的定义中,定性说明与定量描述经常处于矛盾之中。ARS No.3则不同。例如资产,ARS No.3定义了资产是未来的经济利益,在计量中就基本扬弃了历史成本而倾向于现行成本和未来的现金流量的贴现值。

4. 对APB Statement No.4的评价

ARS No.1和ARS No.3被会计原则委员会(APB)〔实际是证券交易委员会(SEC)〕否定后,会计研究部(ARD)则由格雷·保罗(Grady Paul)采用归纳法把企业中流行的会计惯例、规则于1965年汇总为一份公认会计原则文献,即ARS No.7《企业公认会计原则汇总》("Inventory of general Accepted Accounting Principles for Business Enterprises")。这份得到会计原则委员会(APB)支持的研究论文集,只是整理描述当时的会计实务,几无新意。就在20世纪60年代初,会计原则委员会(APB)发表的APBO 2《投资贷项的会计处理》("Accounting for the Investment Credit")因主张递延法,而与证券交易委员会(SEC)主张"流尽法"相背离,不得不于1964年4月重新发布APBO 4取代APBO 2、而允许两种会计处理均可使用,这显然打击了会计原则委员会(APB)制定的意见书的威信。基于这一事件,美国注册会计师协会(AICPA)一方面在1964年10月2日通过理事会致美国注册会计师协会(AICPA)成员的一封信中表示,给予《会计原则委员会意见书》(包括《会计研究公报》)以重大的权威支持(APBO 6: Appendix A.);另一方面它仍然认为应由会计原则委员会(APB)继续研究与会计准则相关的基本理论。美国注册会计师协会(AICPA)于1964年3月成立了一个关于《会计原则委员会意见书》重新检查的专门委员会。该委员会向美国注册会计师协会(AICPA)理事会建议,会计原则委员会(APB)应当尽快:

(1)对于公开发表的财务报表,提出该报表的目标和局限性的观点;

(2)列举并描述会计原则所依据的基本概念;

(3)陈述会计实务和会计程序必须遵循的会计原则;

(4)对会计职业界的专业用词,如"重大权威支持""概念""原则""实务(惯例)""程序""资产""负债""收入"和"重要性"给出定义[①]。

由于美国注册会计师协会(AICPA)的督促,并对其应研究的基本概念、原则做出明确的指示,会计原则委员会(APB)再次做了研究会计概念框架的努力,其结果于1970年10月形成了APB Statement No.4《企业财务报表的基本概念与会计原则》。按照会计原则委员会(APB)自己的话说,这份报告基本上是描述性的而不是演绎性的。我们不能因为会计原则委员会(APB)自己的谦虚而贬低APB Statement No.4的作用。APB Statement No.4作为一份历史的财务会计理论文献,既对当时的会计实务做了描述与概括,又对若干基本概念(尤其是会计的目标)以及公认会计原则的各个层次做了系统并有一定创见地分析,如同ARS No.1和ARS No.3一样,APB Statement No.4对后来美

---

① 《关于〈会计原则委员会意见书〉的专门报告》的摘要,参见 Zeff 和 Keller(1985: 87-88)。

国财务会计准则委员会(FASB)的财务会计概念框架的形成与发展,具有相当大的影响。1970年,在题为《企业财务报表的基本概念与会计原则》的APB Statement No.4中,美国注册会计师协会(AICPA)所属的会计原则委员会(APB)列举了财务会计的13项基本特征:

(1)会计主体(Accounting Entity)

(2)持续经营(Going Concern)

(3)经济资源与义务的计量(Measurement of Economic Resources and Obligation)

(4)时间分期

(5)按货币计量(Measurement in terms of Money)

(6)应计(Accrual)

(7)交换价格

(8)近似值(Approximation)

(9)判断(Judgment)

(10)通用的财务信息(General-Purpose Financial Information)

(11)基本相关的财务报表(Fundamentally Related Financial Statements)

(12)实质重于形式(Substance over Form)

(13)重大性(Materiality)

我们应当怎样评价APB Statement No.4?这份报告并非完全采用描述法,它也采用了演绎的方法。例如,该委员会首先提出了财务会计和财务报表的目标(包括一般性目标和质的目标)。也就是既说明了目标,又说明了会计信息的质量特性(APB Statement No.4: pars.73-113)。这些通过演绎而重新提出的观点对于后来的特鲁博鲁特报告和美国财务会计准则委员会(FASB)的SFAC No.1都有重要的启示。此外,APB Statement No.4还有以下一些关于企业财务会计的

新观点:

(1)它最早正确地把发展到 20 世纪 70 年代的企业财务会计定义为"会计一个分支,是……以货币定量方式提供有关企业经济资源及其义务的持续性历史,也是提供改变那些资源及义务的经济活动的历史"(APB Statement No.4: par.41)。当然,主要"提供历史信息"既代表财务会计的特征,也反映财务会计与报表的局限性 ①。

(2)它第一次明确地概括了财务会计的 13 项基本特征。这些特征都是环境的产物。例如,在商品经济中,货币是最重要的交换媒介,于是形成了"货币计量"这个特征。现代市场经济中,经济活动的复杂性和不确定性是"估算"和"判断"两个特征的基础(APB Statement No.4: pars.114-129)。

(3)它第一次对公认会计原则给出权威定义:"公认会计原则代表某一特定时期有关下列事项的一致意见:何种经济资源及其义务应由财务会计作为资产予以记录;资产与负债的何种变动予以记录,这些变动应予何时记录?资产和负债及其变动应如何计量,何种信息应予披露,应如何披露及应编制何种财务报表;"(APB Statement No.4: par.137)"公认会计原则是财务会计中的一个术语,包括某一特定时刻为公认会计实务所需要的各种惯例、规则和程序。公认会计原则不仅包括一般应用上的广泛指南,而且包括详细的实务和程序。"(APB Statement No.4: par.138)

APB Statement No.4 把公认会计原则分为"普遍性原则"(Pervasive Principles)、"广泛适用原则"(Broad Operating Principles)和"详细

---

① 在 1978 年,美国财务会计准则委员会(FASB)发表的 SFAC No.1 中同样承认,"编制财务报告所提供的信息,主要是已经发生的业务和事项的财务结果。……信息主要是事后的"(SFAC No.1: par.21),显然,它参考了 APB Statement No.4 的提法,只是在表述上有所不同。

会计原则"(Detailed Accounting Principles)三个层次。

普遍性原则是用来确认和计量影响企业财务状况和经营成果的各种事项的原则,它分为普遍计量原则和修正性惯例。普遍计量原则涉及资产负债初始记录、收益的决定、收入和实现、费用的确认和计量单位等问题。其中,至少有两点是被当前的美国财务会计准则委员会(FASB)所参考并加以发展,那就是收入实现和费用确认的指南(SFAC No.5: par.50, n.30):

① APB Statement No.4对收入的实现(Realization)提出两个条件:

第一,盈利的过程已完成或基本完成;

第二,交易行为已经发生。

② APB Statement No.4对费用的确认提出三种标准:

第一,因果联系(与收入有因果联系的费用);⎫
第二,系统而合理的分配;⎬ 通过配比程序
　　　　　　　　　　　　　　　　　⎭

第三,中期确认——列为当期费用直接计入损益(APB Statement No.4: pars.157-160)。

修正惯例主要有稳健性、注重收益、会计界总体应用判断等三项。

广泛适用的原则是比普遍原则具体,但又不如详细原则那么具有操作性的一般化原则。例如资产的减少,按广泛适用的原则是按该资产入账金额(一般为历史成本)计量,但是,实际应用时则受详细原则(如先进先出法、后进先出法、平均成本法)的支配(APB Statement No.4: par.181, M-1B "Discussion")。

广泛适用原则旨在指引财务会计事项的选择、计量及报告,如上所述,这一原则的运用往往通过详细原则,而且其例外处理更可能属于详细原则。广泛适用原则由选择事项(欲确认和报告的事项)、分析事项、计量影响、分类所计量影响、记录所计量影响、汇总所记录的影响、调整记录和传递所处理的信息等8条指引适用(操作)的原则所构

成,并可分为选择与计量原则和财务报表表述原则两大类 ①。

　　总起来看,APB Statement No.4 系统地总结了当时财务会计界被广泛接受的实务,定义了"财务会计""公认会计原则"等会计的基本概念;第一次提出财务会计的基本特征、一般目标和质的目标;描写了构成详细原则(当时的公认会计原则)的两个基础性的会计原则(普遍原则和广泛适用原则)并为确认(尤其是收入与费用的确认)、计量和报告提供一些基本指南。所有这些,对后来美国财务会计准则委员会(FASB)研究财务会计概念框架都有显著的贡献。我们应当肯定:除 ARS No.1 和 ARS No.3 之外,APB Statement No.4 也是研究美国财务会计概念框架的沿革与发展的重要文献 ②。

(二)特鲁博鲁特报告对财务会计概念框架的贡献

　　美国注册会计师协会(AICPA)在负责制定公认会计原则期间,所做的最后一项有意义的促进财务会计概念框架发展的工作是:

　　1971 年 1 月,美国注册会计师协会(AICPA)的理事会召集了代表 21 个主要会计师事务所的 35 位著名会计师研讨会计准则的制定。在充分讨论以后,会议坚定地促使美国注册会计师协会(AICPA)主席成立两个委员会,一个以怀特(Francis M. Wheat)为首的会计准则建立委员会和以特鲁博鲁特(Robert M. Trueblood)为首的财务会计目标委员会。前者研究的结果是建议组建独立、超然的美国财务会计准则委员会(FASB)取代完全由美国注册会计师协会(AICPA)控制的会计原则委员会(APB),后者则于 1973 年 10 月发表著名的特鲁博鲁

---

　　① 　详细原则不可能一一列举,它主要体现在当时代表公认会计原则的文件《会计研究公报》和《会计原则委员会意见书》中(APB Statement No.4: pars.203,224),证券交易委员会(SEC)的文告也是详细原则的来源(APB Statement No.4: par.205)。

　　② 　APB Statement No.4 的基本内容是面向过去,对会计目标的关注不够,这构成了它的重要局限性。

特报告——《财务报表的目标》, 这份报告是由美国注册会计师协会（AICPA）发表的, 但却作为重要的理论遗产留交接替会计原则委员会（APB）的美国财务会计准则委员会（FASB）（Zeff & Keller, 1985: 86-87）。美国注册会计师协会（AICPA）要求特鲁博鲁特委员会回答四个问题：

（1）谁需要财务报表？

（2）他们需要什么信息？

（3）会计师能够提供他所需要的信息是多少？

（4）要提供所需要的信息应建立什么框架？

特鲁博鲁特委员会集中了学术界、实务界和咨询专家进行研究、并听取了超过5000家公司和其他组织的建议, 举行了超过50次面谈和由国家机构及会计职业界团体参加的35次会议, 并在纽约举行3天公开听证会。

特鲁博鲁特报告共提出12项目标, 其实是以一个目标为主, 其他名为目标, 实为按美国注册会计师协会（AICPA）提出的4个问题分层次对该目标进行的补充说明。例如：

基本目标是决策有用性——即用于做出决策〔（1）Decision Making〕, 接下来的4个目标是提出使用者和用途〔（2）一般使用者、（3）用途、（11）组织、（12）社会〕, 以下的目标是指使用者（实际上是指企业）研究需要的信息〔（4）盈利能力和（5）受托责任〕, 第6项目标是描述信息的信息〔（6）真实的和解释性的〕, 第7、8、9、10项是指提供上述信息应编制的四类财务报表〔（7）资产负债表、（8）收益表、（9）财务活动表、（10）财务预测表〕。

特鲁博鲁特报告还提出对后来美国财务会计准则委员会（FASB）制定财务会计概念框架有参考价值的7项财务报告的质量特征：（1）相关性和重要性；（2）实质重于形式；（3）可靠性；（4）不偏不倚（中立性）；

(5)可比性;(6)一致性和(7)可理解性。

(三)会计准则委员会(Accounting Standards Committee,ASC)的《公司报告》("The Corporate Report")对财务会计概念框架的贡献

关于财务会计概念框架的第三次努力是英国的会计准则委员会(ASC)提出的题为《公司报告》的讨论稿(1975)。这份报告在目标、确认、计量,特别是应发展的新的财务报表和报告等方面均有新意。这份报告对传统的会计与报告模式提出了猛烈的抨击,它坚决主张用现行成本取代历史成本。会计准则委员会(ASC)的《公司报告》中的诸多观点,直接影响到日后英国会计准则理事会(ASB)制定的具有财务会计概念框架性质的公告《财务报告原则公告》。该报告的主要内容包括如下几个部分:

(1)概念与目的

①基本宗旨,主要包括谁应该向谁报告什么(Who Should Report What to Whom)、公共责任、公司报告的使用者等。

②使用者及信息需求,主要包括使用者群体的辨别、权益投资者集团、雇员集团、债权人集团、分析咨询者(Analyst-Adviser)集团、企业契约集团、政府、公众。

③公司报告的目标,包括基本目标、需要的特征及披露限制等。

④财务报告现状评论,包括传统的观点、公司报告的特征、公司以外其他主体的公司报告、公司法、私有部分主体、地方政府、中央政府、其他公共组织、社会及行业发展部门、企业目标、额外需要的业绩指标等。

(2)计量与方法

①信息交流、公开、频率和传播。

②公司报告的范围与内容,包括现行报告实务的缺陷、需要的其他报表、增值表、雇员报告、与政府之间的货币互换报表、外币交易报

表、未来发展前景报表、公司目标表述、社会会计、披露及分解、以及其他报表等。

③财务报表中的概念与计量,包括基本报表、收益表、财务状况表、资金流动表、利润概念、计量基础、历史成本、现行购买力(Current Purchasing Power,CPP)基础、重置成本、可变现净值、企业价值。

(四)美国财务会计准则委员会(FASB)的 SFAC Nos.1-6[①]

财务会计概念框架的第四次重大尝试是美国财务会计准则委员会(FASB)关于概念框架的一系列研究成果。从 SFAC Nos.1-6〔当时美国财务会计准则委员会(FASB)的概念公告只发表到 SFAC No.4〕[②] 分别是:

SFAC No.1:《企业财务报告的目标》("Objective of Financial Reporting by Business Enterprise",1978 年 11 月);

SFAC No.2:《会计信息的质量特征》("Qualitative Characteristics of Accounting Information",1980 年 5 月);

SFAC No.3:《财务报表的要素》("Elements of Financial Statements of Business Enterprises",1980 年 12 月);

SFAC No.4:《非营利组织的财务报告目标》("Objectives of Financial Reporting by Nonbusiness Organizations",1980 年 12 月);

---

① 除了上述的 6 份财务概念公告之外,美国财务会计准则委会(FASB)还试图进行其他概念框架的研究,但有的已经流产,有的最终颁布了会计准则,从中我们可以体会美国在财务会计概念框架研究过程中的苦苦探索,也可以透析财务会计概念框架和会计准则的区别:(1)计量——价格变动计量(1973 年 4 月),最终分别于 1979 和 1986 年颁布了 FAS 33 和 FAS 89;(2)价格变动——特定资产项目处理(1978 年 12 月),最后于 1980 年颁布了 FAS 39—41;(3)盈利报告(1977 年 12 月),最终颁布了《盈利报告》(DM);现金流动与流动性(1978 年 12 月),预定于 1982 年颁布《盈利报告》,但仅在 1981 年颁布了草案《企业收益、现金流动和财务状况》,此后 1987 年颁布了 FAS 95《现金流量表》;(4)财务报告形式与其他手段(1978 年 12 月),于 1980 年 5 月报告公布了《盈利报告》。

② 第一到第四个阶段的尝试,都是在准则制定机构碰到了困难,而推出这些具有财务会计概念框架性质的文件时,争议又很大(Peasnell, 1995: 285-286)。

SFAC No.5：《企业财务报表的确认与计量》（"Recognition and Measurement in Financial Statements of Business Enterprises",1984 年 12 月）；

SFAC No.6：《财务报表的要素》（替代 SFAC No.3, "Elements of Financial Statements-a Replacement of FASB Concepts Statement No.3"）。

（五）加拿大特许会计师协会（CICA）的努力 [①]

第五次尝试研究则是爱德华·斯丹普（Edward Stamp）的研究报告，它得到加拿大特许会计师协会的支持（CICA，1980）。1988 年 10 月，加拿大特许会计师协会（CICA）在它的手册中正式加进了第 1000 节《财务报表概念》。

（六）国际会计准则委员会（IASC）的框架（IASC Framework）

1989 年 7 月，国际会计准则委员会（IASC）也公布了《编报财务报表的框架》，同时，国际会计准则委员会（IASC）颁布的《财务报表的可比性》的征求意见稿（ED32, "Comparability of Financial Statements", 1989 年 9 月）和次年由国际会计准则委员会（IASC）的理事会作为批准 ED32 的文件:《财务报表的可比性意向书》（"Statement of Tent-Comparability of Financial Statements"）， 这两份文件都起了与概念框架相似的作用;1995 年国际会计准则委员会（IASC）着重研究财务报表的表述（Presentation of Financial Statements），以指导 IAS 1〔1997 年已由国际会计准则委员会（IASC）的理事会正式通过为一项准则，将取代 IAS 1〕、IAS 5 和 IAS 13 的改革，并完善充实《编报财务报表的框架》中未曾涉及的财务报表"表

---

① 由于从（五）至（八）涉及的加拿大特许会计师协会（CICA）、英国会计准则理事会（ASB）、国际会计准则委员会（IASC）及 SFAC No.7 我们后面的章节还要详细论述和多次涉及，所以本处我们的介绍从略。

述"的基本概念(IASC Steering Committee on Presentation of Financial Statement, 1995; IAS 1)。

(七)英国会计准则理事会(ASB)的《财务报告原则公告》

1999 年,英国会计准则理事会(ASB)在经过 4 年的充分酝酿和征求意见之后,重新发表了很具特色的、完整的《财务报告原则公告》(英国的概念框架)。该原则公告不仅包括了各国和国际会计准则委员会(IASC)的概念框架中所有已包括的内容,并有自己的独特见解,而且还增加了"财务报表表述"和"报告主体"两个新的部分。

(八)SFAC No.7

SFAC No.6 发布后,时隔 16 年,美国财务会计准则委员会(FASB)颁布了 SFAC No.7《在会计计量中利用现值技术》,为衍生金融工具等新问题的确认和计量提供了坚实的指导作用,既为从 1990 年开始的、对现值计量孜孜不倦的探索和研究画上了一个"逗号"[1],也纠正了之前《财务会计概念公告》(SFAC No.5)中将现值(未来现金流量贴现值)当作一种计量属性的观点。

三、财务会计概念框架的作用

关于财务会计概念框架的作用,财务会计准则委员会(FASB)曾做了如下精彩而具有代表性的描述:"通过制定财务会计报告的结构和方向,促进公正的(不偏不倚的)财务的和相关信息的提供,有助于发挥资本和其他市场的职能在整个经济中有效地配置有限的资源。预期这一概念框架将能为公众的利益服务。"(SFAC No.2; FASB, 2002)

---

① 1988 年 10 月,财务会计准则委员会(FASB)颁布了《全面考虑会计计量中的现值问题》("The Present-Value-Based Measurements Project"),经过若干年的不断改进,最终于 2000 年 2 月颁布了 SFAC No.7。

财务会计准则委员会（FASB）的财务会计概念框架颁布后，总体上看，成为各国准则制定机构的重要参考，成为它们制定具有财务会计概念框架性质的文件时的重要参考——甚至说被各个国家的会计准则制定机构奉为圭臬也不过分①。具体地说，财务会计概念框架有以下几个作用：

1. 评估并据以修订既有的会计准则

财务会计概念框架的评估作用体现在，它可以用来定期对业已制定的会计准则的质量进行评估，看其是否与财务会计概念框架的逻辑相一致（如会计要素的定义是否得到贯彻、确认和计量的结果是否符合会计目标等）。1996 年，在美国会计学会（AAA）和财务会计准则委员会（FASB）召开的财务报告研讨会上，参加者 75 人（包括 40 位学术界人士，16 位准则制定界人士，4 位来自法律制定机构，9 名注册会计师和 6 名财务分析家）先后在会前会后两次参加评估已经生效或尚未生效的《财务会计准则公告》或《会计原则委员会意见书》，第一次参加评估者 57 人，第二次参加评估者 42 人，评估的结果就是评出了最好的（Best）和最差的（Worst）的会计准则各 5 份，最好的（高质量的）5 份准则包括 FAS 106、FAS 95、FAS 5、FAS 87、FAS 107；最差的（低质量的）5 份准则包括 FAS 13、FAS 16、FAS 123、FAS 2、FAS 15②。

---

① 但是，各国并非完全照搬，而是进行了适当的发展，这是财务会计概念框架作为会计理论的一个分支（财务会计概念框架已经日益成为当代会计理论的核心内容之一，譬如埃文斯（Evans）2003 年的《会计理论：当代会计问题》（*Accounting Theory:Comtemporary Accounting Issues*）就是围绕财务会计概念框架及其相关问题展开论述的；国内葛家澍、刘峰 2003 出版的《会计理论：关于财务会计概念结构的研究》副标题即为"关于财务会计概念结构的研究"）得以发展的关键。譬如澳大利亚具有概念框架性质的文件——《会计概念公告》中，就强调：会计准则是概念报告的补充，当会计准则与概念公告发生冲突时，会计准则具有优先性。熟悉美国、英国和国际会计准则委员会（IASC）等颁布的各种概念框架的学者，从中不难看出其特色之处。

② 具体可参考葛家澍（1999）。

　　此外，评估者还借鉴财务会计概念框架等对于"最好"和"最差"的会计准则都说明了理由。以被评估为最好的会计准则之一的 FAS 95 为例，其所以被评估为"最好"的，是基于以下理由：①该项准则提供了报告现金流量信息的标准方法，从而使现金流量信息更加协调一致和更加可比；②该项准则所提供的新信息在财务报表的其他地方没有报告；③该项准则有合理的概念基础〔美国财务会计准则委员会（FASB）的概念公告要求报告现金流量信息〕；④该项准则对投资者提供有用的基本信息；⑤国际上普遍认可该准则〔各国包括国际会计准则委员会（IASC）也都建立此项准则〕；⑥现金流量表信息比财务状况表提供的信息更相关，更有用和更好理解。再以被评估为最差的准则之一的 APBO 16《企业兼并》为例，其之所以是最差的，理由如下：①该项准则导致企业在兼并时的会计处理任意选择股权集合法或者购买法；②该项准则重视兼并的认识是形式胜于实质；③该项准则导致相似的企业兼并产生不同的会计处理结果；④该项准则导致企业兼并的高成本，因为许多会计主体试图创造条件来满足股权集合法的标准；与此同时，将逃避证券交易委员会（SEC）的强制行动；⑤大多数国家的企业兼并，很少符合美国股权集合法的会计处理标准，因而很少采纳股权集合法。这样，美国的该项准则就与各国普遍采用的会计惯例步调不一致。

　　财务会计概念框架的评估作用不难理解，因为作为财务会计的规范不是一成不变的。会计准则保持其有用性依赖于它能随着市场经济环境的变化和使用者提出新的信息要求而定期（当然不应当频繁）加以评估并进行必要的修改。在评估和修改时，对于该准则的规范是否内在一致，所引用的概念是否逻辑严密并在所有准则中是否统一使用它们等问题，须有一个理论体系可供参考。财务会计概念框架正是一把可用于评估会计准则的理论尺度。近年来，国际会计准则委员会/理事会（IASC/IASB）卓有成效地运用概念框架并结合其他要求，修订了一系列已发表的国际会计准则/国际财务报告准则（IAS/IFRSs）的行为足以证明：在评估未来修订已发布的会计准则中，概念框架可以发挥重要的作用。国际会计准则委员会（IASC）成立于1973年，1975年才颁布IAS 1。从1975年至1987年，即国际会计准则委员会（IASC）发表了大约26份国际会计准则之际，它逐渐发现：为了使国际会计准则得到广泛的认可，在已发表的国际会计准则中，允许各国可自由选择的会计处理方法过多，因而降低了财务报表的可比性，失去了遵守国际会计准则的原意，这样的国际会计准则是不能适应国际资本日益要求在全球自由流动的需要的。此时，证券委员会国际组织（International Organization of Securities Commissions，IOSCO）也对国际会计准则委员会（IASC）施加压力，要求从国际会计准则中删除过多的自由选择处理，要促进各国会计准则在国际会计准则基础上的协调，努力提高各国财务报表的可比性，要有助于国际资本的流动决策。1978年3月，国际会计准则委员会（IASC）的理事会任命一个可比性策划委员会（Comparability Steering Committee）研究可比性项目的征求意见稿。

1989年1月，由国际会计准则委员会（IASC）正式公布了题为《财务报表的可比性》的征求意见稿（ED32）。ED32建议研究10类共29个问题，归纳起来包括：(1)建议取消23种现在允许备选的会计处理；(2)在保留会计选择的前提下，建议国际会计准则委员会（IASC）应提出"优先的会计处理"（Preferential Treatment），以提高可比性；(3)建议修订现有的13份国际会计准则。国际会计准则委员会（IASC）的理事会在充分听取各方意见的基础上，提出：需要根据4条标准来判断备选的会计处理是保留或取消并主张改用"基准的或必需的会计处理"（Benchmark or Required Treatment）取代 ED32 提出的"优先的会计处理"一词。国际会计准则委员会（IASC）的理事会提出的评估准则的 4 条标准中的第 2 条就是要遵守《编报财务报表的框架》（该框架与 ED32 同时发表，当时尚为一份征求意见稿）。随后，国际会计准则委员会（IASC）的理事会形成了一份可以据以修改国际会计准则的重要文件《财务报表的可比性意向书》。根据国际会计准则委员会（IASC）的理事会的意向书，1993 年 11 月，下列 10 份已发表的国际会计准则经过重大修订后重新予以发布并对 1995 年 1 月 1 日开始或以后开始的会计报告期编报的财务报表生效（包括：IAS 2 存货；IAS 8 本期净损益、基本错误和会计政策变更；IAS 9 研究与开发费用；IAS 11 建造合同；IAS 16 财产、厂房和设备；IAS 18 收入；IAS 19 退休金费用；IAS 21 外汇汇率变动影响；IAS 22 企业合并；IAS 23 借款成本；此外，1997 年 7 月国际会计准则委员会（IASC）的理事会又通过了修订的 IAS 1《财务报表的列报》）。到 2000 年为止，国际会计准则委员会（IASC）已经修订和颁布了 40 份国际会计准则。

在国际会计准则委员会（IASC）《编报财务报表的框架》的指引下，为了达到会计准则国际协调化的目的，国际会计准则委员会（IASC）付出了艰辛的努力：1998 年，国际会计准则委员会（IASC）提出了《重塑国际会计准则委员会（IASC）的未来》的报告，力争国际会计准则（核心准则）能够得到美国的首肯；1999 年 12 月及 2000 年 5 月，国际会计准则委员会（IASC）修改章程；2001 年 4 月，国际会计准则委员会（IASC）改组为国际会计准则理事会（IASB），制定和颁布国际财务报告准则。随着欧盟等越来越多的国家表示愿意接受并执行国际财务报告准则，改组后的国际会计准则理事会（IASB）必将在会计准则协调化进程中继续发挥不可替代的作用。

2. 指导会计准则制定机构发展新的会计准则

过去的会计准则，基本上是在一些流行的会计惯例的基础上归纳而成的，常常不能保证前后连贯和内在一致，主要是缺乏理论的指导。有了概念框架之后，情况有所不同。以美国会计准则为例，20 世纪 70 年代末，美国的通货膨胀率高达 10% 以上，各界纷纷抨击现行财务报告模式。著名会计学家罗伯特·斯特林（Robert Sterling）甚至认为，公司按历史成本为计量属性的财务报告是报告无用的数字（Sterling, 1980: 105-107）。但是，不按历史成本计量属性编报财务报表又会同一系列公认会计原则相矛盾，准则机构此时处于两难境地。财务会计准则委员会（FASB）在 1978 年 11 月发表了 SFAC No.1，就为解决这一难题提供了指南，在 SFAC No.1 中，财务会计准则委员会（FASB）建议把财务报表扩大为财务报告，并认为财务报告仍以财务报表为中心，仍遵守当前的公认会计原则编制并需经过注册会计师审计，而财务报告的另一部分被定义为"传递直接地或间接地与会计系统所提供的信息有关的各种信息的其他手段"（SFAC No.1: 7），简称"其他财务报告"。其他财务报告可不必遵守公认会计原则，也不必经过审计而只需请外界专家（包括注册会计师）审阅。运用 SFAC No.1 中关于财务报表和财务报告的关系的概念，财务会计准则委员会（FASB）于 1978 年 11 月顺利地发布了 FAS 33《财务报告与物价变动》（"Financial Reporting and Changing Prices"）。这份准则规定，凡适用该准则的上市公司，其提供的财务报告可分为两部分：一部分为财务报表，仍按原先的公认会计原则编制；另一部分为其他财务报告。由其他财务报告补充提供物价变动影响的信息。此类信息主要指：持续经营下的经营收益、存货、财产、厂房、设备等受到的物价变动的影响。其影响又分别按一般物价水平（不变价格美元）和现行成本加以衡量。也就是说，物价变动的影响既反映一般购买力的变化影响，又反映具体资产的价格变化影响。再如，财务会计准则委员会（FASB）发布 SFAC No.1（1976 年 11 月）和 SFAC No.5 时都强调：主要的外部会计信息使用者"普遍关注企业创造有利的现金流动的能力"（SFAC No.1: 25）。因为他们所投资、贷款或参与其他业务的企业的期望收入，取决于他们能从该企业收入现金的前景即创造有利现金流动的能力。SFAC No.5 明确要求：一个企业需要编制几张财务报表形成整套财务报表。在整套财务报表中应有报表表明"该期内的现金流量"（SFAC No.5: par.13）。根据 SFAC No.1 和 SFAC No.5 的建议，财务会计准则委员会（FASB）终于把企业对外公布的第三报表——财务状况变动表改为现金流量表，即 1987 年 11 月公布的 FAS 95（《现金流量表》）。

譬如，美国财务会计准则委员会（FASB）在 SFAC No.3[①]《财务报表的要素》中提出了 10 个会计要素，分别是资产、负债、所有者权益、收入、费用、利得、损失、派给业主款、业主投资、全面收益（Comprehensive Income）。虽然当时并未看出在美国的财务会计概念框架中设置全面收益后有何具体的行动，但时隔 10 余年后，美国的会计准则制定做出了回答，那就是以概念框架的"全面收益"概念为基础，制定了 FAS 130《报告全面收益》。这可以看作是财务会计概念框架指导会计准则制定和发展新会计准则的一个具体应用。此外，当经济环境的变化需要制定新的会计准则，而又无法在财务会计概念框架中找到具体指导时，财务会计概念框架可能因此带来了修订或增添的必要。譬如衍生金融工具的出现要求公允价值成为其唯一的计量属

---

① 该框架后来被 SFAC No.6 所取代。

性,但是公允价值作为一种计量属性如何确定却缺乏应有的理论基础,所以财务会计准则委员会(FASB)从1990年开始,通过一系列征求意见稿、讨论备忘录之后,终于在2000年、时隔15年后颁布了SFAC No.7《在会计计量中运用现值技术》[1],进一步完善了财务会计概念框架的体系,也为日后的会计准则制定提供了应有的理论与"借口"[2]。

3. 在缺乏会计准则的领域内起到基本的规范作用

财务会计概念框架的第三个作用是它在缺乏公认会计原则的领域,可以起到对会计实务的基本规范作用。但是,直接根据概念框架来解决实务问题的事例还不多,这是因为在美国,财务会计准则委员会(FASB)反复强调"概念公告"并不制定公认会计原则或在公布的财务报告中披露财务报表以外的财务信息的准则,也不涉及美国注册会计师协会(AICPA)的职业道德规范如《行为守则》第203条和第204条的应用(按照这两条守则的规定,如果企业的财务报表严重地偏离了公认会计原则,注册会计师不得出具无保留意见的审计报告。除非这种偏离有充分的理由。但注册会计师若同意偏离公认会计原则,除必须说明偏离的理由外,还必须将偏离公认会计原则导致的财务影响,在审计报告上做量化反映)。若财务报表的编报同概念公告的规定不一致,财务会计准则委员会(FASB)明确表态:这种情况不适用《行为守则》第203和第204条,注册会计师不应当仅仅根据这一点而拒绝出具无保留意见的审计报告。在这里,财务会计准则委员

---

① 该份《财务会计概念公告》的另外一个作用还在于修订了其在SFAC No.5中的一个观点,那就是现值(即未来现金流量的贴现值)不是一种计量属性,而是一种搜寻公允价值的计量技术。

② 瓦茨与齐默尔曼(Watts & Zimmerman, 1979)指出,理论研究的一个主要目的就是提供一种所谓的"借口",以抵御外来利益集团的压力。美国的财务会计概念框架的作用也具有该方面的功能。

会（FASB）明显地未把概念公告列入公认会计原则。

财务会计概念框架属于公认会计原则体系的最后一个层次，虽然其本质不属于会计准则，但在出现新的情况、面对经济环境中的新问题，而又缺乏相关会计准则对该业务进行规范时，可以作为一种替代性的规范文件。1992 年，美国审计准则公告 69 号（Statement on Auditing Standards，SAS 69）却做出同财务会计准则委员会（FASB）不一致的规定——在题为《在审计师的报告中遵守公认会计原则公允表达的含义》（"The Meaning of Present Fairly in Conformity with Generally Accepted Accounting Principles"）的文件中，SAS 69 认为，应当广义地理解公认会计原则体系。公认会计原则也是一个多层次的由权威性不等的会计文件和文献所构成。SAS 69 把代表公认会计原则的文件文献，按其权威性高低列出五个层次：

（a）美国财务会计准则委员会（FASB）的《财务会计准则公告》和解释（SFAS and FIN）；《会计原则委员会意见书》；美国注册会计师协会（AICPA）的《会计研究公报》。

（因为这三类都属于准则机构所制定，明确作为公认会计原则，经过公开讨论，征求了意见并正式发布，所以，权威性最高，优先采用。）

（b）美国财务会计准则委员会业务公报（FASB Technical Bulletins）；美国注册会计师协会的行业审计与会计指南（AICPA Industry Audit and Accounting Guide）；美国注册会计师协会的立场公告（AICPA Statements of Position）。

（c）美国财务会计准则委员会紧急问题工作组的一致意见（Consensus Positions of the FASB Emerging Issues Task Force）；美国注册会计师协会的实务公报（AICPA Practice Bulletins）。

（d）美国注册会计师协会（AICPA）石油和天然气的会计解释〔由财务会计准则委员会（FASB）出版〕；被广泛认可和相关的行业实务

（AICPA Accounting Interpretation）。

（e）其他会计文献包括：美国财务会计准则委员会（FASB）的概念公告，会计原则委员会（APB）报告，美国注册会计师协会（AICPA）专题论文，国际会计准则，政府会计委员会准则公告、解释和业务公报等。

审核任何会计问题，都可以从这五个层次中寻找根据。但要依次寻找，如能在（a）层次文件中找到根据，（b）（c）（d）（e）均不应考虑。若（a）层次未曾规定，则寻找（b）层次中的文件，若（b）层次文件有此规定，（c）（d）（e）也不必再找，依此类推。财务会计准则委员会（FASB）的"概念公告"则被 SAS 69 列入公认会计原则中的（e）层次。尽管层次最低，毕竟也跻身于公认会计原则之列。就是说，概念框架也可以用来解决公认会计原则的其他权威文件未曾规定的会计新问题。

第二节 国际领域内财务会计概念框架研究的现状

一、美国财务会计概念框架的基本描述

目前，西方国家的会计准则制定机构或国际性的会计准则制定机构如美国财务会计准则委员会（FASB）、英国会计准则理事会（ASB）、澳大利亚会计准则委员会（AASB）、加拿大特许会计师协会（CICA）及国际会计准则委员会/理事会（IASC/IASB）都制定了各自的财务会计概念框架或类似的公告，其中以财务会计准则委员会（FASB）的一系列《财务会计概念公告》（SFAC Nos. 1–7）最为著名。财务会计准则委员会（FASB）已发布的 7 份《财务会计概念公告》（对企业适用的部分仅为 SFAC No.1、SFAC No.2、SFAC No.5 和 SFAC No.7）体现了财务会计准则委员会（FASB）关于财务会计概念框架的总体框架，

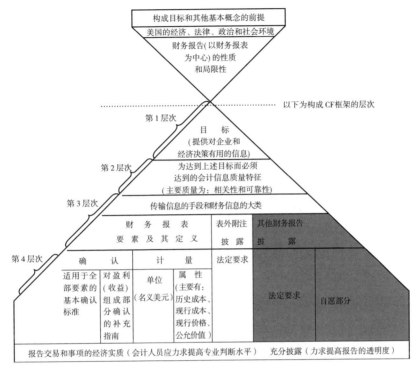

图 1-1 美国财务会计准则委员会（FASB）的财务会计概念框架总体内容

注释：

［1］构成目标和其他基本要素的前提是以 SFAC No.1（pars.1-27）为依据。

［2］SFAC No.1 及 SFAC No.5 均涉及其他财务报告，但美国财务会计准则委员会（FASB）却未对其他财务报告的披露做详细研究。因此上图中"阴影部分"表示缺少有关的概念公告。

［3］本框架突出两个信息质量的要求：1.报告交易与事项的经济实质；2.充分披露，力求提高透明度，把它们列为确认、计量和披露的基础。

我们可以用图 1-1 进行描述：

相比而言，美国财务会计教材引用的财务会计概念框架图较为简化（如图 1-2）①：

---

① 转引自 Kieso 和 Weygandt（1995: 55）。

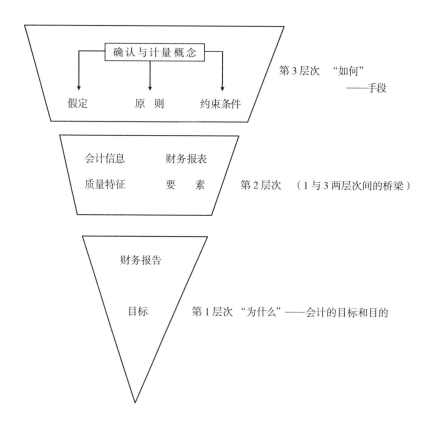

图 1-2　财务会计概念框架的内容〔Kieso & Wygant（1995）〕

　　美国财务会计准则委员会（FASB）的《财务会计概念公告》固然最能代表财务会计概念框架项目，但国际会计准则委员会（IASC）、英国会计准则理事会（ASB）、加拿大特许会计师协会（CICA）和澳大利亚会计准则委员会（AASB）也都发布了各自的概念框架，只是名称不完全相同：（1）国际会计准则委员会（IASC）的财务会计概念框架名为《编报财务报表的框架》。（2）英国会计准则理事会（ASB）的财务会计概念框架名为《财务报告原则公告》。（3）加拿大特许会计师协会（CICA）的财务概念框架名为《一般会计》（"General Accounting"），分为:《财务报表概念》61 段和《财务报表编制的一般准则》("General Standards of Financial Statement Presentation") 12 段两部分。(4)澳大利亚会计准则委员会(AASB)的财务概念框架名为《会计概念公告》,共 4 份,也被简称作"概念框架"。

二、关于财务会计概念框架的主要内容比较

下面我们将通过表 1-1 对不同国家的财务会计概念框架的主要内容进行比较。

三、各个国家会计组织制定的财务会计概念框架的概要评述

通过表 1-1(最简括地比较了世界上业已存在的财务会计概念框架的组成内容)① 可以看到:各个国家会计组织制定的财务会计概念框架既大同小异,又各具特色。

(一)美国的《财务会计概念公告》

美国的概念框架内容最详细,同澳大利亚相似,是当前两个按财务会计概念框架组成内容分别形成单独文件的文献。它从 1978 年开始至 2000 年前后发表了 7 份文件。除 SFAC No.6 是用来代替 SFAC No.3 以外,至目前为止生效的是 SFAC No.1、SFAC No.2、SFAC No.4、SFAC No.5、SFAC No.6、SFAC No.7(其实 SFAC No.7 只能作为 SFAC No.5 的补充)。

1. 美国财务会计准则委员会(FASB)的财务会计概念框架最重要的特点及贡献

(1)将财务报表扩展到财务报告

我们知道,美国财务会计准则委员会(FASB)的财务会计概念框

---

① 其中未曾详细列示的只是财务报表的要素及其定义,该问题以下将专门论述。

表 1-1　财务会计概念框架比较

概念、框架内容	财务会计准则委员会（FASB）的财务会计概念框架（美）	国际会计准则委员会（IASC）的框架	《财务报告原则公告》（英）	《财务报表概念》（加）	《会计概念公告》（澳）	说明
目标	财务报告的性质与局限性／经济、法律、政治、社会环境 向投资者、债权人和其他类似信息使用者提供有助于经济决策的信息。	引言：前言／目的与范围／使用者及其信息需求／现状 提供有助于一系列使用者进行经济决策的企业财务状况、经营业绩和财务状况变动的信息。反映企业经营、管理层受托责任的信息。	目的／性质／范围／主体类型／真实与公允（准则制定程序） (1) 提供有关企业财务业绩、财务状况的有用的信息要有助于一系列使用者评估管理当局的受托责任和进行经济决策； (2) 上列信息符合现在的和潜在的投资者的需要； (3) 现在的和潜在的投资者需要报告主体有关财务业绩、财务状况的信息，用于评估其现金产生能力（包括时间安排和产生的不确定性）和财务适应能力。	目的与范围 财务报表的目标是传输有助于投资者、组织成员、债权人和其他使用者用来进行资源分配决策和评估资源分配当局受托责任的信息。	财务报告的定义／财务报告主体定义 通用的财务报告提供信息给信息使用者，用于做出并评估稀缺资源分配的决策。	在英国的《财务报告原则公告》中有★部分指体现目标的原则，每条原则都有解释说明（从略）。 国际会计准则委员会（IASC）的框架所指财务报表的框架表除基本报表外，还包括附注和附表，但不包括附注和产生报告、董事长陈述和管理当局评论与分析（MD&A）。
基础假设	权责发生制。	持续经营。				

概念、框架内容	财务会计准则委员会（FASB）的财务会计概念框架（美）	国际会计准则委员会（IASC）的框架	《财务报告原则公告》（英）	《财务报表概念》（加）	《会计概念公告》（澳）	说　明
会计信息质量特征	主要：相关性与可靠性；次要：可比性与中立性。	主要：可理解性、相关性、可靠性、可比性。	(1)相关性与可靠性；如果彼此排斥，则选择的方法，应使得到的信息的相关性最大；(2)可比性；(3)可理解性；(4)重要性。	可理解性、相关性、可靠性、可比性。可靠性与相关性相互交替，适当平衡，服从目标，取决于职业判断。	财务信息的质量特征：相关性、可靠性、重要性测试；财务报表编报质量特征：可比性、可理解性；相关性和可靠性的约束条件：及时性、成本与效益对比。	在英国的《财务报告原则公告》中，有★部分也都是原则。
财务报表的要素	资产、负债、所有者权益、业主投资、全面收益、派给业主款、收入、利得、费用、损失。	财务状况：资产、负债、权益；业绩：收益（收入＋利得）、费用（包括损失）。	资产、负债、所有者权益、利得（期末较期初业主投资——的增加；利得＝收入＋营业外利得）、损失（期末较期初业主权益——的减少；损失＝费用和营业外损失）、所有者投资、派给业主款。	资产、负债、产权/净资产、收益、费用、利得、损失。	资产、负债、产权；财务状况：资产、负债、产权；业绩：收益、费用。	"利得"代替收入并包括收入；把"损失"代替费用并包括费用。

概念、框架内容	财务会计准则委员会（FASB）的财务会计概念框架（美）	国际会计准则委员会（IASC）的框架	《财务报告原则公告》（英）	《财务报表概念》（加）	《会计概念公告》（澳）	说明
确认	确认的基本标准：可定义性、可计量性、相关性与可靠性。盈利确认的补充指南：收入：已赚得、已实现或可实现；费用：报告期内经济利益的消耗（耗用）或发生未来经济利益的损失。	如果符合下列标准就可确认一个符合要素定义的项目：①与该项目有关的经济利益将很可能流入或流出企业；②对该项目的成本或价值能够可靠地加以计量。	确认的标准是①该项目有一个恰当的计量基础并可合理地估计其包含的金额；②与该项目有关的、获得的或放弃的未来经济利益，其获得或放弃是可能的。		资产确认准则[1]：①体现在资产中的可能的未来经济利益终将于发生；②资产拥有的成本或其他价值能可靠地予以计量。收入的确认准则：①未来经济利益的流入或流出使节约流出的可能性已经发生；②上述流入或流出能可靠地计量。	
计量	计量单位按名义美元计量属性。在财务报表中表述多种项目，计量的性质、属性的相关性与可靠性。	财务报表在不同程度上并且以不同方式采用不同的计量基础，包括：①历史成本；	在编制财务报表中，计量是决定一个项目的金额在结合现行价值或历史成本或现行价值的（Current Value）。为每一类资产或负债选择的基础应是最符合目标和信息质量特征	计量是决定一个项目金额的程序；计量有许多基础，然而编制财务报表基	在澳大利亚，《会计概念公告》仅发表计4份，即SAC No.1《报告主体的定义》然SAC No.2《通用目	英国的《财务报告原则公告》的现行价值包括：入账价值（Entry Value，即重置成本）、脱手价值（Exit Value）或可实现净

概念、框架内容	财务会计准则委员会（FASB）的财务会计概念框架（美）	国际会计准则委员会（IASC）的框架	《财务报告原则公告》（英）	《财报表概念》（加）	《会计概念公告》（澳）	说明
	性而采用下列不同属性：①历史成本；②现行成本；③现行市场；④可实现净值；⑤公允价值。 有现行市价最好按现行市价，无现行市价可按利用现行现金流量和现行技术探求公允价值，特殊项目还可用数学模型求得适用于特殊项目（如期权）的公允价值。	②现行成本；③可变现现值；④现值。	的要求，还要牢记有关资产、负债的性质和它们所处的环境。 一项资产或负债是利用历史成本基础进行计量的，其初始确认按"交易成本"（Transaction Cost）；一项资产或负债是利用现行价值基础进行计量的，其初始确认按它们取得或承担时将按它们的现行价值。如果发生以下各点是必要的，将发生后续的重新计量（Subsequent Re-Measurement）：①资产按历史成本计量，通过成本与恢复项目的金额孰低（the Lower of Cost and Recoverable Amount）来表述。②以外币标明的货币性项目，通过以现行汇率（Up-to-Date Exchange Rates）为基础的金额予以表述。③资产和负债的计量基础是现行价值，应通过现行成本价值（Up-to-Date Current Value）来表述。	本上是利用历史成本计量基础。计量基础也可在有局限性的情况下利用其他基础：①重置成本；②可实现价值；③现值。	的财务报告的目标）；SAC No.3：《财务信息的质量特征》；SAC No.4：《财务报表要素的定义和确认》。上述《会计概念公告》均未涉及计量，但澳大利亚会计准则委员会（AASB）已发表了两份理论专题研究：①财务报告的计量；②关于偿付能力和现金状况的报告（故"计量"从缺）。	值，在使用着的价值（Value in Use），即从现在的所有者持续使用或最终销售预期的现金流量的贴现值（Discounted Present Value of Cash Flow Expected from Continuing Use and Ultimate Sale by the Present Owner）。

概念、 框架内容	财务会计准则委员会 （FASB）的财务会计 概念框架（美）	国际会计准则委员 会（IASC）的框架	《财务报告原则公告》（英）	《财务报表概念》 （加）	《会计概念公告》 （澳）	说　明
财务信息 的呈报			财务报表包括主要的财务报表以及进一步阐述和解释基本财务报表的支持性附注。主要财务报表本身包括财务业绩表、财务状况表即资产负债表和现金流量表。 财务业绩表的呈报重点向业绩的组成和组成项目的特征。 财务状况表的呈报重点向持有的资产与负债的类型和作用以及两者之间的关系。 现金流量表的呈报将展示主体各种活动产生的现金及其用途并且在经营结果产生的现金流量和来自其他活动的现金流量之间做特别区分。 财务报表附注中的披露不能代替确认，也不能为在主要财务报表中更正或对任何错误表述遗漏寻找理由。			

概念、框架内容	财务会计准则委员会（FASB）的财务会计概念框架（美）	国际会计准则委员会（IASC）的框架	《财务报告原则公告》（英）	《财务报表概念》（加）	《会计概念公告》（澳）	说 明
对在其他主体中权益的会计			个别主体的财务报表和合并财务报表可以从不同的视野表述报告主体在其他主体中的权益。 在个别主体的财务报表中，对其他主体中的权益应面向这些权益产生的收益（根据所采用的计量基础）和资本增长未进行基础处理。 在合并财务报表中，对其他主体中权益的处理取决于内含子该主体权益（报告主体对其他主体的财务报表影响程度（实际上指这一其他主体的财务报表应是报告主体财务报表的一部分）。[2] 虽然合并财务报表是把一个集团作为整体列示的财务报表，但它们是按母公司的观点进行编制的。这样，合并财务报表应面向母公司在其所有子公司中所占的股权。因此，在子公司中，任何在权益以外的利益流动的影响将被单独列		

（续表）

概念、框架内容	财务会计准则委员会（FASB）的财务会计概念框架（美）	国际会计准则委员会（IASC）的框架	《财务报告原则公告》（英）	《财务报表概念》（加）	《会计概念公告》（澳）	说　明
对在其他主体中权益的会计			示（识别）。合并财务报表反映整个母公司在其子公司中的投资，包括购买的商誉。 涉及两个或两个以上并购的报告主体的交易按其性质在合并财务报表中予以反映。所以： ①一项购买业务如同购买者在公开市场上购买的一批资产和负债，在其合并财务报表中反映这些资产和负债； ②一项合并业务合并财务报表中的反映，如同新的报告主体，包括交易时所有业已存在的部分。			

注释：

[1] 负债确认准则指在下列情况下（只有在下列情况下）一项负债应当确认：①未来经济利益牺牲的可能性将是必要的；②负债的金额能可靠地计量。费用确认准则指当准则指在（只有发生）下列情况下发生时，一项费用应在决定报告期内的成果表上予以确认：①未来经济利益的可能耗费或损失导致资产减少或负债增加已经发生；②经济利益耗费或损失能够可靠地予以计量。

[2] ①涉及可控制其他主体的经营和财务政策可实行联合（共同）控制或施加重大影响的经营和财务政策的一项权益，应作为报告主体可控制的一部分进行处理；②涉及对其他主体的成果和资源中所占份额，应通过确认报告主体其他主体的成果和资源中所占份额，而不是像它们被报告主体控制的那样在报告主体的业绩报表和资产负债表中反映这些成果和资源的（全部）；③其他权益按与任何其他资产向其他资产的相同方式予以处理。

架使用的正式名称是《财务会计概念公告》。本来，概念框架是用来评估、指导财务会计和财务报表的，财务会计准则委员会（FASB）称之为财务报告的概念公告是由于它在 SFAC No.1 中把财务会计信息的传统手段——财务报表——扩展为财务报告，即"财务报告＝财务报表（中心部分）＋包括报表附注在内的其他财务报告"。于是财务会计的处理程序，就由适用于编报财务报表的确认、计量、记录和报表等予以了扩大，增加了一个表外"披露"。

(2)以会计目标为制定财务会计概念框架的起点

财务会计准则委员会（FASB）发展概念框架如同它的前任会计原则委员会（APB）一样，不再以会计的"基本假设"为起点，财务会计准则委员会（FASB）几乎与会计原则委员会（APB）站在同一立场，默认了会计原则委员会（APB）对 20 世纪 60 年代初 ARS No.1 和 ARS No.3 的否定，而决定继承 20 世纪 70 年代特鲁博鲁特委员会（特鲁博鲁特报告）的思路，以目标为制定概念框架的起点。美国财务会计准则委员会（FASB）的这一做法，几乎影响了世界后来的所有的概念框架制定者。这从上表可以看到，在所有的财务会计概念框架文献中，"基本假设"全部消失了。

(3)提出会计目标的"决策有用观"

财务会计准则委员会（FASB）首先提出了提供对经济决策有用的信息是财务报告的目标，人们简称为"决策有用性"（见 SFAC No.1），后来，它把上述目标概括为三点（当然，这三点，在 SFAC No.1 中也都涉及）：

①提供有助于现在和潜在的投资者、债权人和其他使用者做出合理的投资、信贷和类似决策的有用信息；

②提供有助于现在和潜在的投资者、债权人和其他使用者估计一

个企业预期现金净流量的金额、时间安排和不确定性信息,并以此为基础估计他们自己的现金流入;

③提供一个企业的经济资源信息,以及其对资源的主权与交易、事项和相关情况对资源及资源的主权变动的影响的信息(FASB,1998)。

(4)完整的会计信息质量体系

财务会计准则委员会(FASB)继承和发展了特鲁博鲁特报告,在SFAC No.2 中提出会计信息质量特征的完整框架及其层次联系。财务会计准则委员会(FASB)把"相关性"和"可靠性"列为主要质量。这一点也为其他财务会计概念框架所效法[①]。

此外,美国证券交易委员会(SEC)前主席阿瑟·利维特(Arthur Levitt)又提出"透明度"(Transparency)作为重要的会计信息质量特征(Levitt, 1998: 79—82),并由此对准则制定机构提出一个要求:制定高质量的会计准则。

(5)给出了最具代表性的会计要素的定义

财务报表的要素及其定义历来是会计学界注意的中心。在美国,财务会计准则委员会(FASB)以前的会计组织和会计著作都提出过不同的会计要素并给出不同的定义,但财务会计准则委员会(FASB)肯定的要素和给出的定义却具有新意并对其他国家和国际会计准则委员会(IASC)制定财务会计概念框架产生了重要的影响。仅就适用企业的报表看,财务会计准则委员会(FASB)提出了资产、负债、所有者权益、业主投资、派给业主款、全面收益、收入、费用、利得和损失共 10 项要素,其中:

---

①　只不过英国会计准则理事会(ASB)增加了"可理解性"和"重要性",加拿大特许会计师协会(CICA)增加了"可理解性"和"可比性"而已。

①资产、负债和所有者权益是资产负债表的基本要素；

②收入、费用是收益表的基本要素；

③业主投资和派给业主款是所有者权益变动表的要素；

④全面收益则是全面收益表的要素（当然包括收入、费用、利得、损失在内）。

由于企业普遍采用权责发生制（应计制）为确认基础，通过转换便可以产生另一个重要报表——现金流量表，因此，财务会计准则委员会（FASB）没有为现金流量表规定其特有的要素。如果考虑到所有者权益变动表并非基本的财务报表，则"业主投资"和"派给业主款"两个要素就显得多余。

对比美国以前会计准则制定机构的文献，财务会计准则委员会（FASB）在要素的定义上具有重要的突破：

①它不是为定义要素而下定义，对要素下定义的目的很明确，是为了在记录上和报表中确认各该要素提供一项最基本的标准。

②基于上述考虑，财务会计准则委员会（FASB）的要素定义是由要素的若干特点合成的。换言之，把定义拆开来就是该要素的特点；而把若干特点组合起来，就是要素的定义。这样，在确认某一项目是否属于某项要素时，不是抽象地说它符合某项要素的定义与否，而应检验其符合某项要素的所有特点与否。

③财务会计准则委员会（FASB）在给出要素定义时仍充分考虑财务会计是以提供历史信息为主的基本属性，但又密切地关注未来。所以它认为，一切要素特别明显地指出资产、负债、所有者权益三个要素都来自过去的交易和事项，但却代表着面向未来的一系列可能的、未来经济利益的不同变化。

资产是由过去的交易和事项发生的，由企业控制或拥有的未来的经济利益[①]，其特点是：

①过去的交易和事项所发生；

②企业能控制或拥有；

③代表未来的经济利益，单独或与其他资源结合，最终能为企业产生现金净流入。

负债是由过去的交易和事项发生的、企业在未来向其他主体交付经济利益（转交商品或劳务）的现有义务。负债的定义同样包括三个特点，与资产特点相同的是它也是过去的交易和事项所发生，与资产特点不同的是，它在将来要放弃经济利益。

所有者权益则代表企业可控制和拥有的将资产减除负债的剩余未来经济利益。

实际上，收入、费用等也可用未来的经济利益来定义〔不过 SFAC No.6（par.78 和 par.80）却不是这样定义〕。收入是由过去的交易和事项所发生，由于交付商品或劳务而使企业现在流入未来的经济利益或使企业减少未来的经济利益流出的义务；费用是由于过去的交易和事项所发生而消耗商品或劳务，而使企业现在流出未来的经济利益或使企业增加未来的经济利益流出的义务。

从以上的要素定义，特别是资产的定义可以看到，财务会计准则委员会（FASB）既继承财务会计传统特征，把主要的要素立足于过去的交易和事项所发生的结果，但更关注在该要素中未来经济利益的流动（控制、持有、流出的未来义务和现在的流入与流出）。因此，财务会计准则委员会（FASB）在 SFAC No.6 中反复强调"未来的经济利益是资产的本质"（SFAC No.6: par.172）、"资产定义的要点主要在某一

---

① 在这里，"未来的经济利益"前，本来还有"可能的"（probably）的定语，我们引用时取消了。未来的经济利益已经说明该经济利益具有不确定性。若再加可能的，那么这样的资产，就只能指"或有资产"了。能否可靠地确认资产就成了问题。

主体所拥有的未来经济利益"(SFAC No.6: par.185)。

我们曾经说过，20 世纪 60 年代被会计原则委员会(APB)否定的 ARS No.1 和 ARS No.3 中有许多值得借鉴的、有价值的观点。严格地说，强调未来的经济利益并非财务会计准则委员会(FASB)所首创。ARS No.3 对资产所下的定义，同财务会计准则委员会(FASB)关于资产的定义很少差别。斯普劳斯和穆尼茨写道："资产表示由于某些现在和过去交易的结果，企业已经取得的预期未来经济利益和权利。"(ARS No.3: par.8)同样，他们把负债定义为由于过去和现在的交易，需要在未来偿付的资产交付或劳务提供的义务(ARS No.3: par.8)。

但是，我们仍然要肯定重新用一系列未来的经济利益来定义报表中的主要要素是构建财务会计概念框架的一个贡献。概念框架是由若干基本概念及其引申的、应用性最广的概念构成的，各种要素就是财务会计中最常运用的概念，每当交易和事项发生，立即涉及它将会引起哪些要素及其所属账户和项目的变化，因而需要确认和计量。确认的第一条标准就是要符合要素的定义，所以，需要首先给出正确的要素定义。

财务会计准则委员会(FASB)关于要素的定义虽然说立足过去，但又面向未来，其正确指出了未来的经济利益是资产的本质。其实，未来经济利益的流动也是其他要素的本质，不过这个定义也具有缺点：为财务会计准则委员会(FASB)所最关注的未来经济利益，对于单个要素来说，往往难以可靠的单独计量。目前，例如资产，其计量的基础一般还是过去交易和事项发生时为取得该资产的代价——过去的交换价格即后来的历史成本，这就是说：定义的重点是未来的经济利益，而计量的对象仍是企业为取得该经济利益所付出的牺牲(成本)。定性说明与定量描述出现了明显的矛盾。财务会计准则委员会(FASB)在 2002 年 10 月 21 日关于准则制定以原则为基础的建议书中也承认资产与负债的定义，具有含糊不清、内在不一致等问题（FASB，2002：Principles Developed Using the Conceptual Framework）。

　　财务会计准则委员会（FASB）的要素定义虽然为各国财务会计概念框架所借鉴，但修正之处也不少。例如，仍以资产定义为例，国际会计准则委员会（IASC）的框架首先定义资产为资源（Resource），再说这种资源"预期会导致未来经济利益"；英国会计准则理事会（ASB）的《财务报告原则公告》则在企业控制的"未来经济利益"之后加上"权利和其他使用权"（Rights and other Access），即资产不是未来经济利益本身，而是经济利益的权利和其他使用权。

　　(6)确认标准的创新及计量属性

　　财务会计准则委员会（FASB）在财务报表的确认和计量方面的重要创新是提出确认的四项基本标准：可定义性、可计量性、相关性和可靠性，同时补充了对盈利构成内容（主要指收入和费用）确认的补充指南。以收入来说，两个补充的确认标准是：①已实现或可实现；②已赚得。这两项标准往往会同时具备，但财务会计准则委员会（FASB）没有要求必须同时具备，可能是考虑了一些特殊情况：比如商品虽已交付（已赚得），但收货方尚未验收或附有退货条件；又如某些贵金属，只要采挖到，即使未加工完成赚得全过程，国家即已收购，也表现为已实现或可实现。

　　在计量方面，财务会计准则委员会（FASB）仍主张根据项目的性质和计量属性的相关性和可靠性的不同，各种计量属性同时并用。但SFAC No.7则鲜明地倾向于采用公允价值。

　　财务会计准则委员会（FASB）把计量属性分为两类：

　　①着眼于初始确认及后续期间的新起点计量（包括现行成本、现行市价，应用现值估计的公允价值）；

　　②着眼于初始确认及后续期间的成本分摊，这仅是历史成本。

财务会计准则委员会（FASB）在 SFAC No.7 做了更正：

可实现净值不是一项可提升到概念框架地位的计量属性，它只是一种摊配的方法，并且是在一项资产或负债缺乏可观察到的市场价格时，同现金流量的结合（即现金流量结合恰当的折现率）可以有资格作为一项计量属性的公允价值的选择金额。现金流量同利率的任何组合，都可算出一个现值。现值计算不是最终目的，把任何一个现值作为计量属性都是不恰当的。现值是捕捉最能反映并构成公允价值的各项要素的手段。

2. 财务会计准则委员会（FASB）的财务会计概念框架的不足

以上所分析的，基本上属于财务会计准则委员会（FASB）的概念框架的优点，给予其他各国制定财务会计概念框架包括国际会计准则委员会（IASC）制定的框架以有益的借鉴。但是，财务会计准则委员会（FASB）的概念框架也有一些缺点，除财务会计准则委员会（FASB）发表的一份名为《以原则为基础的美国会计准则模式》建议稿（"Proposal, Principles-Based Approach to U.S. Standard Setting"）① 中关于《运用概念框架构建原则》（"Principles Developed Using the Conceptual Framework"）部分已举例列举 4 个缺陷，并承认概念框架在某些方面还存在不完整、内在不一致以及含混等问题外，我们还可突出地指出财务会计准则委员会（FASB）的概念框架有以下几点不足：

----

①　其实，在会计准则的制定方式和导向方面，采用原则导向或规则导向孰优孰劣，未经长期实践检验尚难下结论。各国均有自己的国情。以我国而论，由于尚处于社会主义市场经济的转轨时期，我国制定会计标准时，若贸然紧追美国，按照或武断地根据美国会计准则制定模式，改变我国的会计准则制定方式，可能会考虑不周。原则导向与规则导向似乎并无不可逾越的鸿沟，原则导向本质上体现为规则导向的抽象化，而规则导向往往是原则导向具体化的结果。因此，将会计准则制定的原则导向和规则导向绝对对立未必可取。制定会计准则的现实和战略选择是，在充分考虑规则导向和原则导向会计准则的各自优缺点的基础上，根据各自经济环境的具体特点和财务会计人员、注册会计师的总体水平，融合两者的优点，对可能出现的缺陷进行扬弃。

（1）概念框架的内容过于详细，犯有与其制定的财务会计准则同样的毛病，那就是面面俱到，主次不分，重点不突出且论述重复甚至有明显的矛盾。

SFAC No.1 通常得到肯定，但究竟什么是财务报告的目标？在该框架的第二部分从第 32 段至第 54 段，几乎用了 23 段来描述这个主题。其实，紧紧围绕第 32 段，完全可以重点回答 SFAC No.1 的主题。可是在此后的 22 段中，反反复复说了又说，反而把真正的重点——"使用者为了经济决策，究竟最需要什么信息？以及现在的财务报告能否提供这些信息？"——淹没在大段大段的重复描写之中。概念框架应当粗线条地、重点地（当然要十分准确地）描写基本概念，应当突出它对实务的指导和应用。

财务会计准则委员会（FASB）的概念框架，姑且不论其内容，在写作方法上，存在着令人遗憾的败笔！

（2）财务会计准则委员会（FASB）的另一个重要缺陷是在其研究项目中缺少非常重要而必要的一项，即"财务报表的列报和财务报表其他手段的披露"。我们本来期待在 SFAC No.5 之后（SFAC No.6 实际只是取代 SFAC No.3）接下来的 SFAC No.7 应是报表列报（确认）和表外披露的项目，但结果却是在会计计量中应用现金流量和现值，目的在于探求在不可观察到市场价格下的公允价值。可见，美国制定和发展财务会计概念框架项目不但重点研究基本概念，而且服从当前会计实务（积极推广"公允价值"的应用）的需要。

（3）财务会计准则委员会（FASB）7 份概念公告中存在不少矛盾和含糊不清之处，例如：

① SFAC No.2 对于相关性和可靠性若发生矛盾时的取舍问题避而不谈。

② SFAC No.6 的第 168 段曾强调指出：要使某一项目成为资

产，必须符合 a 含有未来的经济利益；b 该利益为主体获得；c 有
关 a、b 两项的交易和事项已经发生，共 3 个基本特征（Essential
Characteristics）。同时它又在第 172 段强调未来经济利益是资产的本
质（Essence）。人们不禁要问：作为资产的本质和作为资产的三个基
本特征有何区别？此外，在 FAS 133 中，财务会计准则委员会（FASB）
认为衍生工具（Derivatives）符合资产或负债的定义应当在财务报表
中报告是因为它们代表权利（Rights）或义务（Obligations）（FAS 133:
par.218）。本来，财务会计准则委员会（FASB）的 SFAC No.6 中关于
资产的定义并无"权利"这一概念，即使我们同意权利等于含有未来
的经济利益，也还不能满足资产的全部特征。尤其是衍生工具难以肯
定其所带来的权利（可能的未来现金流入）是过去交易和事项的结果。

③在 SFAC No.6 中，对资产、负债和所有者权益的定义都把它们
同一个主体的未来的经济利益联系起来，认为它们"都属于相同的一
批可能的未来经济利益"。可是，对综合（全面）收益及其组成要素的
定义却不再提未来的经济利益（例如收入、利得是流入或增加，费用、
损失是流出或减少本来是很好定义的），不知为何在定义时各要素的
提法并不一致？

（二）国际会计准则委员会（IASC）的框架

国际会计准则委员会（IASC）的框架基本上考虑了美国财务会计
准则委员会（FASB）的概念公告，但也有其特点：

（1）它的标题并不是《财务报告的概念框架》，而是"编报财务报
表的框架"。这是因为，国际会计准则委员会（IASC）在核心准则出台
之前主要起协调作用。它面对全世界和差别性很大的各国国内会计准
则。因此，它提出的基本概念更应是：

①粗线条的；

②仅限于具有可比性的各国财务报表的编报，不可能涉及复杂分

歧的表外披露。

在制定概念框架时,缩小范围、仅以财务报表为对象是比较明智的。

(2)它提出的财务报表的目标,既考虑一系列使用者经济决策的有用性,又要求反映企业管理层对交付给它的经济资源的经营成果(受托责任)。这样就更能满足世界上不同筹资方式的国家的需要。

(3)对于财务报表的质量特征中的主要特征,除相关性和可靠性外,它还增加了可比性和可理解性。

(4)国际会计准则委员会(IASC)定义资产和负债不是落实于未来的经济利益而是落实于资源,但明确指出这种资源是含有未来经济利益的。其流入为资产,而现时承担在未来流出该资源的义务是负债。

(5)与财务会计准则委员会(FASB)不同,国际会计准则委员会(IASC)定义收益(收入与利得)和费用(包括损失)也通过经济利益的增加和减少来表述。

(6)与其他财务会计概念框架项目不同,国际会计准则委员会(IASC)的编表框架在"目标"之后增加"基础假定"(Underlying Assumptions),共列了 2 项假定:①权责发生制,即应计制(Accrual Basis);②持续经营。提出这两条假定,一是为了实现目标;二是为了编制报表提供基础。

(三)英国会计准则理事会(ASB)的《财务报告原则公告》

英国会计准则理事会(ASB)的《财务报告原则公告》(1999 年 12 月公布),按其名称就可以看到它有自己的特色:

1.表述方式

这份公告一个最重要的特色是在每一项目下先列示出若干原则,然后分别对每条原则进行解释和说明。这样一种框架,既重点突出(重点就是原则),又条理分明(对原则进行解释说明)。

我们认为英国的这种形式的财务会计概念框架,值得我们参考借鉴，因为由基本概念组成一个框架，就应当勾画出在基本概念基础上组成的会计处理和编报原则。如果实行以原则为导向制定会计准则，那么，原则从何而来？主要应来自概念框架。

2. 结构上对财务会计准则委员会（FASB）的《财务会计概念公告》的突破

对比财务会计准则委员会（FASB）的概念公告，英国的《财务报告原则公告》在结构上有两个特点：

（1）在引言中提到产生于英国的重要会计概念——真实与公允（True and Fair）。

公告认为，这一概念在英国始终处于财务报告的核心地位，是对财务报表的最终检验。真实与公允高于一切。如果公司法的规定与真实与公允的要求相矛盾，甚至违反了公司法。真实与公允也是一个动态概念。如何才能实现"真实与公允"不断具有新的内涵，《财务报告原则公告》并不对也不可能对"真实与公允"的含义做出定义。但有一点要指出：不论是准则，还是法律，凡对财务报告做出规定，都必须符合"真实与公允"的观点，甚至可以说，真实与公允是一个可望而不可企及的要求。因此，在英国，是否符合真实与公允，不仅要求通过高水平的职业判断，而且最后要由法庭来判决。

必须指出，英国会计准则理事会（ASB）1993 年 7 月发表的《会计准则前言》（"Foreword to Accounting Standards"）第 16 段有一些话非常重要，它反映了英国 1989 年公司法从法律上承认了会计准则并暗示了会计准则在财务报告中的作用，特别是，它在一定程度表示遵守了会计准则，也就基本符合了真实与公允的观点[①]。

---

① 第 16 段写道："会计准则是有关特定类型交易及其他事项如何在财务报表中予以反映的权威性表述（Authoritative Statement）。财务报表为了实现真实与公允的观点就必须遵循会计准则。"

（2）对比财务会计准则委员会（FASB）的概念公告，增加了财务信息的列报（Presentation of Financial Information）和对在其他报告主体中的权益的会计处理（Accounting for Interests in other Entities）。

3. 关于财务报表的目标

它对广大的财务报表信息使用者提出要求：①评价主体的受托责任；②判定经济决策，将注意力集中于当前和潜在投资者及其他使用者对信息的需求。除此之外，财务报表能够提供主体业绩、财务状况等信息，并借以评估报告主体生产现金的潜力、评价其财务适应能力（in Assessing the Entity's Financial Adaptability）。

4. 关于报告主体（The Reporting Entity）

关于报告主体的阐述是财务会计准则委员会（FASB）的概念公告未涉及的内容。它讨论了两个有关报告主体的问题：确认报告主体和确定一个报告主体的范围。

（1）关于"确认报告主体"的问题，《财务报告原则公告》提出的原则是"如果法律要求的信息财务报表可以提供，而且该主体是一个有凝聚力的经济单位，则该主体必须编制并公布财务报表"。

（2）关于"确定一个报告主体的范围"问题，《财务报告原则公告》提出的原则是："报告主体的边界决定于报告主体所控制（Control）的范围，为此目的，可以考虑的首先是直接控制，其次是直接加间接控制。"

①什么是控制？该公告认为一个报告主体如要对另一主体实施控制，必须具备两种能力：配置被控制主体有关经济资源的能力；从以上的配置中，收取利益（或承担损失）的能力。

②一个主体何时控制了另一个主体？该公告认为，如果一个主体有能力指导另一个主体的经营和财务政策以便从中获取经济利益，这时该主体就控制了另一个主体。

这个原则与控制的原则有无矛盾？应当说没有。配置另一个主体经济资源的能力必然具体化为能左右其经营和财务政策。

5. 在关于财务报表的质量方面就相关性与可靠性的关系进行了明确的回答

相关性与可靠性的关系是财务会计准则委员会（FASB）所一再回避的问题。财务报表的信息必须相关和可靠，当两者互相排斥，需要对产生信息的方法选择时，所选择的方法应当是能使信息相关性最大化的方法。

上述提法与英国会计准则理事会（ASB）于 1999 年 10 月通过的《财务报告原则公告》明显不同。上述公告指出，如可靠性与相关性互相排斥，那么有用的信息应是"那些可靠信息中最相关的项目"（ASB SP: par.3.34）。该公告是把可靠性作为相关性的前提和基础的。时隔两月 [1]，英国会计准则理事会（ASB）修改了这段话的含义，改为似乎只考虑提供相关性最大化的信息了。对于可靠性的要求，在这里则含糊不清，可以理解为：①不考虑可靠性而只要求相关性最大；②在考虑可靠性与相关性并重的情况下，选择相关性最大的方法来产生信息 [2]。

6. 在财务报表的要素中，英国的《财务报告原则公告》在两个方面具有特色

（1）英国的《财务报告原则公告》推出资产、负债、所有者权益、利得、损失、业主投资和派给业主款共 7 项报表要素，其中与众不同

---

[1]　现在英国会计准则理事会（ASB）公布的《财务报告原则公告》发表时间是 1999 年 12 月，比 10 月公告迟两个月。

[2]　不过该公告第 6 章做了这样的说明："如果历史成本计量基础和现行价值计量基础都是可靠的，那么，较好的一种计量是其中最相关的一种计量。"（ASB SP: par.6.27）这样看来，1999 年 10 月发表的公告中关于相关性与可靠性有矛盾，应在可靠性的前提下选择最相关的方法（信息）的精神在 12 月公告中仍然保留。

的是，收入和费用不见了，而代之以利得和损失。

在英国会计准则理事会（ASB）的《财务报告原则公告》中，利得代表主体所有者权益除业主投资以外的本期净增加。利得包括收入和美国财务会计准则委员会（FASB）所指的"利得"。损失代表主体所有者权益除派给业主款以外的本期净减少。因此，损失包括费用和美国财务会计准则委员会（FASB）所指的"损失"。

在英国，尽管损益表也还是目前许多企业编报的业绩报表，但更重要、更全面的企业财务业绩反映在另一份业绩报告——全部已确认利得及损和表（Statement of Total Recognized Gains and Losses）中。这就是利得和损失被提升为财务报表中两个反映业绩报表要素的原因。

（2）它对要素给出的定义，特别是对资产给出的定义。资产是由过去交易或事项的结果而由主体控制的未来经济利益的权利或其他未来经济利益的增长（Other Access to Future Economic Benifits）。

该定义与美国财务会计准则委员会（FASB）的资产定义和国际会计准则委员会（IASC）的框架的资产定义都有明确的区别：

①它承认资产的本质是未来的经济利益，但是，它认为资产不等于未来的经济利益，也不等于含有未来经济利益的资源，而是具有未来经济利益的权利或其他利益增长。

②权利一般是法定权利，如主体拥有一项资产，就对该资产的未来经济利益有所有权、使用权、流通权、处置权、租赁权等等。

③其他经济利益的增长一般指非法定的使用权如租入资产的使用权、对未注册专利的使用权等等。

资产是一个经济学的概念，所以把它的本质定义为未来的经济利益，但它又是法律上的概念，未来的经济利益要由某个企业控制，因而拥有对它的使用权、处置权等和其他能使此种经济利益增长的权利，才是某企业的资产。未来的经济利益最终表现为现金流入，但也可表现在投资、债权和其他对现金流入产生要求权的事物上。

7. 关于财务报表的确认

(1)《财务报告原则公告》分别为资产、负债和利得、损失提出确认的标准。

①关于资产和负债：

要有足够的证据存在并表明：

第一，一项交易或事项可产生新的资产或负债，或可以为现有的资产或负债增添价值；

第二，上述新的资产或负债或已有资产或负债的价值增添可按足够可靠的货币金额加以计量。

②关于利得和损失：

在一项为获取净利润而提供劳务或商品的交易中，确认利得或损失取决于关键事项（Crucial Event）的发生。对于多数交易类型，关键事项指交易已全部完成〔相当于财务会计准则委员会（FASB）所说的已赚得〕；对于少数特殊交易，关键事项发生在经营循环的其他时间、并且可能有不止一个关键事项存在。

(2)当资产或负债已消除时应当终止确认；如果一项交易是为现有的资产和负债增添价值不应属于被确认而应为后续确认。

(3)《财务报告原则公告》特别提到一个令人感兴趣而其他财务会计概念框架项目都未涉及的问题：未执行合同（Unperformed Contracts）的确认，这个问题同衍生工具的确认是有关联的。

《财务报告原则公告》从第 5 章 20 段至 21 段说明了这个问题：

①当主体与另一方签订一份协议后，它获得某些权利，同时，作为交换条件，必然承担对等的义务，在合同执行前，此种权利和义务通常是平衡的，但情况的变化可能导致不平衡；权利大于义务时，将

形成一项资产，义务大于权利时将形成一项负债①。

②两个主体签约时，双方均采用历史成本为计量基础，则账面金额是签订协议的成本，由于此合同未形成交易，其成本是零。若确认该合同，其成本事实上也是零。但若此项合同变成一项任何一方都不得违反的具有法律责任的合同（Onerous Contract）；又无初始成本（非衍生工具），确认时应按公允价值计量（ASB SP: chap.6, par.11）。

8.英国的《财务报告原则公告》在计量问题上也有特色，且论述相当详细

首先，英国的《财务报告原则公告》提出了两种计量基础，即历史成本与现行价值，可以对所有的资产和负债采用历史成本计量，名为历史成本制度（Historical Cost System）；也可以对所有的资产和负债采用现行价值计量，名为现行价值制度（Current Value System）；也可以对某些类别资产或负债采用历史成本计量而对另一些类别的资产或负债采用现行价值计量，名为混合计量制度（Mixed Measurement System）。如同财务会计准则委员会（FASB）在 SFAC No.5 中的立场一样，英国会计准则理事会（ASB）在《财务报告原则公告》（ASB SP: chap.6）中主张采用混合计量制度，即不同计量属性同时并用。历史成本基本是交易成本，即一次交易事项发生时的交换价值（当时的市价或双方一致接受的公允价值）。现行价值可以表现为至少 3 种形式或 3 种方法，即入账价值、脱手价值和使用价值。

怎样从中选择相关性最大的一种方法？公告认为"如果现行价值可以反映主体由于丧失有关资产可能受到的损失，则它就是最相关

---

① 例如，甲乙双方签订一项购货合同，总金额为 1 亿元，签订合同之后的第 6 个月一次性地交付货物并归还货款，但合同规定双方均有权在签约后 4 个月内通知对方中止合同，但每迟一日须付对方违约金 0.5‰，若甲方于签约 4 个月又 10 天通知乙方取消合同，乙方即产生一项收取 10 天违约金的资产；反之，甲方应承担相应的违约金负债。这种违约行为必须有足够的证据。

的"。这一计量价值通常被称为"丧失价值"或"剥夺价值"（Deprival Value），又称"企业价值"（Value to Business）。

现以资产为例，说明它的"企业价值"的可能变化。资产由于含有未来的经济利益，所以它有获利的功能。资产的一种获利方式是销售，放弃该资产将取得可收回金额（收入），欲对该资产重置，一般期望重置成本低于可收回金额，否则企业就不会重置；资产的另一种变现方式是在持续经营中使用——处于经营循环中的某个必要阶段。它的可收回金额是预期在使用后最终处置它时所获得的现金净流入（即扣除所有处置费用）的现值，即使用价值。英国《财务报告原则公告》第 6 章的第 8 段列举了如下的图式（图 1-3）：

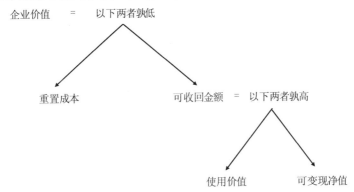

图 1-3 英国的《财务报告原则公告》中的会计计量属性

《财务报告原则公告》还阐述了初始计量、后续计量（指采用现行价值为计量基础时）和中止计量（在终止确认时）。

其次，《财务报告原则公告》还提出，在为特定类别的资产或负债选择计量基础时，应当考虑的几个因素：

（1）财务报表的目标、质量特征，尤其是相关性和可靠性；

（2）有关资产和负债的性质；

（3）所涉及的特殊情况。

下面一段话已反映了英国会计准则理事会(ASB)的观点,那就是,尽管可靠性与相关性同并列,但后者以前者为前提:

"资产和负债的账面金额必须充分可靠。如果只有一种计量基础是可靠的,只要它同时相关,就可以采用这种计量基础。另一方面,假定历史成本计量和现行价值计量都是可靠的,那么,较好的计量是其中最相关的一种计量。"(ASB SP: par.6.27)

9."财务信息的列报"的相关内容别具一格

英国的《财务报告原则公告》对比财务会计准则委员会(FASB)的概念公告而言,增加了一个重要的组成部分即"财务信息的列报"。这里,它提到的是四类信息:

(1)财务业绩表

一个主体的财务业绩由各种成分组成,但主要是利得和损失,这两项又可根据职能和项目性质做进一步区分。按照英国的财务报告准则 FRS 1《报告财务业绩》,一个企业的财务业绩可以由两张表构成,如图 1-4 所示:

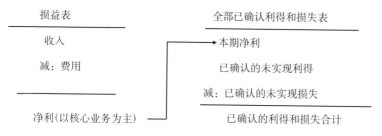

图 1-4　FRS 1 企业财务业绩报表的构成

实务上也常常编制两张报表,而《财务报告原则公告》似乎倾向于将两张报表合并为一张财务业绩报告(即全部已确认利得和损失表)。

(2)财务状况表(资产负债表)

(3)现金流量表

主要财务报表都包括表内确认项目和表外附注，两者形成一个不可分割的整体，后者对前者做必要的补充说明和解释，但附注不能代替确认，不能为表内任何遗漏和错误做出更正和寻找理由。

（4）补充信息（Accompanying Information）

这些信息不作为财务报表的一部分，但经常附带于财务报表作为补充，如五年趋势信息（Five Year Trend Information）、经营和财务评论（Operating and Financial Reviews）、董事报告（Director's Report）和董事长说明（Statement by the Chairman）等。

（四）加拿大《财务报表概念》

加拿大《财务报表概念》总体上与国际会计准则委员会（IASC）的框架和美国的《财务会计概念公告》接近（有的相同或相似），但它比较简短扼要（共 61 段），但也有自己的特色。

（1）在目标方面，加拿大《财务报表概念》仅指财务报表不涉及财务报告。它认为使用者及其需要的信息是对投资者、机构投资者、捐赠者、债权人和其他使用者提供①有助于他们资源分配的决策；②评估管理当局受托责任的信息。这些信息包括：

① 一个主体的经济资源、经济义务和权益／净资产；

②上述资源、义务和净资产的变化；

③ 一个主体的经济业绩。

在阐明目标之后，研究信息的质量特征之前，加拿大《财务报表概念》先提出：

①基本的约束条件——效益大于成本；

②信息有用性的基本底线——重要性。

（2）在信息质量特征方面，加拿大《财务报表概念》提出的质量主要是可理解性、相关性、可靠性和可比性。

（3）关于财务报表的要素和要素定义除 7 个基本要素——资产、负债、所有者权益用于描绘某时点的经济资源、义务和权益；收入、费用、利得、损失用于描绘某一期间内的经济资源、义务和权益的变化——外，其余大体上类似于国际会计准则委员会（IASC）的框架。

（4）加拿大《财务报表概念》列示了确认的两项基本标准：

①一个项目有恰当的计量基础并能合理地估计其内含金额；

②很可能将会取得或放弃一个项目包含的经济利益。

同时，它还补充：一个项目即使符合一项要素的定义，而不符合上述两项要求，它仍然不能予以确认。

（5）关于计量，加拿大《财务报表概念》认为：

财务报表的编制，凡一项交易或事项在财务报表中确认时已收到或付出现金或现金等价物的，主要应用历史成本计量基础；而当交易或事项发生时可随意取得或给付现金或现金等价物时，应用公允价值（Fair Value）计量。

另外，它还提出仅在有条件的情况下，可用"重置成本""可实现价值"和"现值"作为计量基础。

（6）对公认会计原则给出定义和说明。

①公认会计原则是一个术语，用于描述财务报表在一般情况下的编制基础，在一些特殊情况下，其他不同的基础可能更恰当；

②公认会计原则这个名词包括特定的规则、实务和关于特殊业务的程序，特别地，也包括了加拿大特许会计师协会手册的会计推荐（Accounting Recommendation by CICA Handbook）。

（五）澳大利亚会计准则委员会（AASB）制定的《会计概念公告》

澳大利亚会计准则委员会（AASB）制定的《会计概念公告》是由6个文件构成的：

（1）SAC Nos.1—4

SAC No.1：《报告主体的定义》；

SAC No.2：《通用目的财务报告的目标》；

SAC No.3：《财务信息的质量特征》；

SAC No.4：《财务报表要素的定义和确认》。

（2）两个会计理论专题（专著）：《在财务报告中的计量》及《关于偿付能力和现金状况的报告》

《会计概念公告》的特色有以下四点：

①报告主体的定义是为了描述财务报告的边界从而界定会计概念公告、会计准则和其他权威文件的范围，它可使通用财务报告与特殊财务报告区别开来。

②SAC No.1 的目的是建立一个关于报告主体的标准，以便决定编制通用的财务报告。报告主体包括所有的主体（含经济主体）；就其财务报告存在的使用者而言，期望依靠通用财务报告的信息做出并评估有关稀缺资源分配的决策是合理的。

③SAC No.2 所提的目标主要是提供有助于使用者做出并评估有关稀缺资源分配的信息，同时可用来解除管理当局和管理团体的受托责任。

④SAC No.3 认为，财务报表应包括全部信息，这些信息必须满足相关性和可靠性的概念并且要经过重要性的测试。

通用财务报告应在及时性的基础上表述，并应满足可比性和可理解性两个概念。

本章主要参考文献

杜兴强："制定我国财务会计概念框架若干问题的思考"，《四川会计》，2003 年第 6 期。

杜兴强、章永奎主编：《WTO 与中国会计的国际化》，厦门大学出版社 2003 年版。

葛家澍："回顾与评介——AICPA 关于财务会计概念的研究"，《会计研究》，2003 年第 11 期。

葛家澍："美国关于高质量会计准则的讨论及其对我们的启示"，《会计研究》，1999 年第 5 期。

葛家澍："在中国建立财务会计概念框架的总体设想"，《会计研究》，2004 年第 1 期。

葛家澍:《中级财务会计》,辽宁人民出版社 2000 年版。

葛家澍、刘峰:《会计理论:关于财务会计概念结构的研究》,中国财政经济出版社 2003 年版。

AASB(1995). "SAC No.4: Definition and Recognition of Elements of Financial Statements."

AASB(2001). "The Nature and Purpose of Statements of Accounting Concepts."

AICPA(1958). "Special Committee on Research."

APB(1962). "APBO 2: Accounting for the Investment Credit."

APB(1962). "Statement No.1: Statement by the Accounting Principles Board."

APB(1965). "APBO 6: Status of Accounting Research Bulletins."

APB(1970). "Statement No.4: Basic Concepts and Accounting Principles Underlying Financial Statements of Business Enterprises." The American Institute of Certified Public Accountants.

ASB(1999). "Statements of Principles for Financial Reporting."

CICA(1980). "Corporate Reporting: Its Future Evolution."

CICA(1991). "General Accounting: Section 1000."

Evans, Thomas G.(2003). *Accounting Theory: Contemporary Accounting Issues*. South-Western Pub.

FASB(1976). "Scope and Implication of Conceptual Framework Project."

FASB(1978). "SFAC No.1: Objective of Financial Reporting by Business Enterprise."

FASB(1980). "SFAC No.2: Qualitative Characteristics of Accounting Information."

FASB(1980). "SFAC No.3: Elements of Financial Statements of Business Enterprises."

FASB(1980). "SFAC No.4: Objectives of Financial Statements of Business Enterprises."

FASB(1984). "SFAC No.5: Recognition and Measurement in Financial Statements of Business Enterprises."

FASB(1985). "SFAC No.6: Elements of Financial Statements-A Replacement of FASB Concepts Statement No.3."

FASB(1988). "International Accounting Standing Setting: A Vision for the Future."

FASB(1997). "FAS 130: Reporting Comprehensive Income."

FASB(1998). "FAS 133: Accounting for Derivative Instruments and Hedging Activities."

FASB(2000). "SFAC No.7: Using Cash Flow Information and Present Value in Accounting Measurements."

FASB(2002). "Proposal: Principles-Based Approach to U.S.Standards-Setting."

FASB(2002). *Original Pronouncements 2002–2003, Accounting Standards: As of June*

1, 2002(set). John Wiley & Sons Inc.

IASC(1989). "ED32: Comparability of Financial Statements."

IASC(1989). *Framework for the Preparation and Presentation of Financial Statements.* International Accounting Standards Committee.

IASC(Revised 1997). "IAS 1: Preseritation of Financial Statement."

IASC Steering Committee on Presentation of Financial Statement(1995). "Draft Statement of Principles."

Kieso, D. J., and J. J. Weygandt(1995). *Intermediate Accounting, 8th edition.* John Wiley & Sons Inc.

Levitt, Arthur(1998). "The Importance of High Quality Accounting Standards." *Accounting Horizons,* 12 (1): 79−82.

Moonitz, Maurice(1961). "Basic Postulates of Accounting: Accounting Research Study No. 01." ARS No.1.

Pacter, Paul A.(1985). "The Conceptual Framework: Make No Mystique about It," in Zeff and Keller(eds.), *Financial Accounting Theory:Issues and Controversies.* McGraw-Hill Companies.

Paton, William Andrew, and Ananias Charles Littleton(1940). *An Introduction to Corporate Accounting Standards.* AAA.

Peasnell, Kenneth V.(1995). "The Function of Conceptual Framework for Corporate Financial Reporting," in Bloomd and Elgers(eds.), *Foundations of Accounting Theory and Policy.* Dryden Press.

Sprouse, Robert Thomas, and Maurice Moonitz(1962). "Tentative Set of Broad Accounting Principles for Business Enterprises: Accounting Research Study No.03." ARS No.3.

Sterling, Robert(1980). "Companies are Reporting Useless Numbers." *Fortune,* Jan 14: 105−107.

Watts, Ross L., and Jerold L. Zimmerman(1979). "The Demand for and Supply of Accounting Theories: The Market for Excuses." *Accounting Review,* 54 (2): 273−305.

Wolk, H.I., Francis, J.R., and Tearney, M.G.(1992). *Accounting Theory: A Conceptual and Institutional Approach.* South Western Publishing.

Zeff, Stephen A.(1978). "The Rise of Economic Consequences." *The Journal of Accountancy,* Dec: 56−63.

Zeff, Stephen A., and Thomas F. Keller(1985). *Financial Accounting Theory: Issues and Controversies.* McGraw-Hill Companies.

第二章 我国制定财务会计
概念框架的总体构想

第一节 关于制定我国财务会计概念框架
若干问题的思考

一、我国制定财务会计概念框架的必要性

1. 高质量是企业会计准则走向国际化的共同要求

当前，世界经济走向全球化的趋势日益加强。资本正在全球加速流动。资本的所有者越来越远离他们投资的企业。投资者只掌握股权，而把经营权委托给他们的代理人——经理层。然而同股权相联系的经济利益迫使投资者不得不关注投资报酬及投资风险，并做出相应的决策。决策离不开信息，远离企业的投资者能够获得的主要信息来自企业经理层对外提供的财务报告。对于两权分离的现代企业的经营活动，经理层拥有巨大的信息优势。投资者，特别是广大的、分散的中小投资者则成为对企业信息知之甚少的弱势群体。为了维护投资者的利益，促进资本的合理流动，资本市场客观上需要形成一种减少企业经营者和所有者之间信息不对称的有效机制，这就是上市公司管理当局必须公开披露的财务报告。资本流动的全球化要求在全球具有

可比和透明的高质量的财务报告。高质量的财务报告需要很多条件，例如经理人的诚信、注册会计师的职业道德和执业水平等等。而高质量的会计准则（当然也包括高质量的审计准则）则是重要的基础条件。财务报告是在会计准则的规范下编报的，会计准则只有用国际上普遍公认的目标指引方向，并以若干基本概念当作前后一致的工具，任何使用者都能做出一致的解释，才算具备高质量。虽然具有了高质量的会计准则，若不具备其他主客观条件，未必导致高质量的财务报告；但若缺乏高质量的会计准则，必不能保证财务报告的高质量。

　　早在 1994 年 12 月，在我国上海举行的会计准则国际化研讨会上，当时国际会计准则委员会（IASC）的主席白鸟荣一和秘书长凯尔恩斯（David Cairns）在联合发言中就曾指出："国际会计准则委员会（IASC）的长期目标是建立可用于世界各国的企业发布财务报表的高质量的通用会计准则。"（财政部会计司、财政部国际合作司，1995）这时，国际会计准则委员会（IASC）正在与证券委员会国际组织（IOSCO）沟通，积极制定高质量的、可在全球适用的核心会计准则（Core Standards）。6 年之后，即 2000 年 5 月 17 日，证券委员会国际组织（IOSCO）正式宣布通过了对国际会计准则委员会（IASC）的 30 个核心准则〔30 份 2000 版国际会计准则和 11 份国际会计准则委员会（IASC）的解释公告〕的评估。与此同时，国际会计准则委员会（IASC）进行并完成了重大的战略重组，成立了基本上由技术专家组成的国际会计准则理事会（IASB），全权负责批准国际财务报告准则和它的解释公告，其目的是从组织上和制定程序上保证国际财务报告准则的高质量。核心会计准则由于质量较高，现已被不少国际组织和国家所认可。例如欧盟就同意 2005 年，其成员国的上市公司的合并报表、非上市公司的个别报表（与合并报表相对应），可以运用国际会计准则委员会（IASC）的核心会计准则来编报。当然，高质量的会计准则并不等于就是国际会计准则委员会（IASC）的核心准则。在有些发达国家，特别是最早制定公认会计原则的美国（1937），其国内的有些会计准则也是高质量的，甚至在可靠性、相关性、可比性和透明度及规范的详细、完备程度方面，都超过了国际会计准则委员会（IASC）的核心准则。由于美国的公认会计原则经历了比国际会计准则委员会（IASC）准则历史更悠久的实践检验，其质量同样得到国际公认。

因此，高质量的国际化会计准则既包括已发表的国际会计准则委员会（IASC）的核心准则和未来将要发表的国际会计准则理事会（IASB）的国际财务报告准则，也包括美国公认会计原则和其他国家被公认为先进的会计标准。此外，我们也必须看到一个事实，那就是：国家还存在。各国总要维护本国的主权和利益。会计准则从来就不是一个纯技术手段，而是具有协调经济利益的作用。由于会计准则可用来保护各国的经济利益，而且各国的经济发展水平和市场化的程度也很不一致，在这种情况下，除了跨国、跨地区公开发行证券的企业应当按照非歧视原则相互遵守一致的会计准则〔如国际会计准则委员会（IASC）的核心会计准则〕外，对于各国的国内企业或仅在本国、本地区发行证券（如我国的 A 股）的上市公司，要在全球范围内推行统一的会计准则即全球的公认会计原则，至少在可以预见的将来，还不可能。但是，经济全球化的趋势不可逆转。经济全球化带来的资本在全球加速流动要求尽量缩小会计准则之间的差异，并努力提高各国会计准则在相同或相似交易与事项的会计处理上的可比性和透明度。各国的会计准则尽可能沿着国际会计准则委员会（IASC）准则的要求趋同（Convergence），也是一个不以国家意志为转移的规律。

2. 我国财务会计概念框架制定方面的现状

我国企业会计准则的制定，已有 10 年。10 年来，除制定了一个基本准则外，我国还制定并颁布了 16 个具体准则，总的来说，质量是高的，但也存在一些问题。主要问题是在我国入世后，中国准则的制定速度、覆盖面和准则的质量应当进一步适应国际化的要求。

我国 1992 年制定、1993 年实施的《企业会计准则》实际上是一份既包括基本方法体系又包括具体核算处理要求的"一揽子"准则。制定时并未明确指明它是一份基本准则。不用说，现在看，这份准则已落后于形势；即使从当时看，对比国外的概念框架也相去甚远。

当然，我们都会注意到，2000 年 6 月 21 日国务院颁布的《企业财务会计报告条例》(以下简称"条例")和 2000 年 12 月 29 日财政部公布的《企业会计制度》对《企业会计准则》(1993 年 7 月 1 日开始实施)做出了重要的补充与修正。然而，"条例"和"制度"的匡正，主要仍局限于财务报表要素的定义和一些会计原则，并未涉及财务报告的目标和会计信息质量特征(基本原则虽有涉及，但未区分层次和重要性)，也未涉及确认的基本标准和收入、费用确认的补充指南(在已经制定的具体准则中包括了对收入的讨论，这说明了对收入确认的重视。但其他要素的确认也应有基本标准，那么是否有必要对其他要素都逐一制定一项项具体的会计准则？)。而且，迄今为止，"条例""制度"同准则的关系并不明确。如果说条例有了，制度改了，基本准则就可以不动，我们又没有看到条例、制度可以统辖准则的明文规定。在人们的心目中，我国的准则和制度虽都是会计标准，却是两种不同的形式，而且各有侧重点。既然我们把从《关联方关系及其交易的披露》(1997 年 1 月 1 日开始实施)起陆续颁布实施的准则称为具体会计准则，那么有具体会计准则就应该有指导它的一般或基本准则(国外称为财务会计概念框架)。

所以我国应制定自己的财务报告概念框架。其目的在于明确财务报告的使用者及其对会计信息的需求、会计信息质量要求、要素的定义特征及其在财务报告中的确认、计量与报告。这是用于发展企业会计准则的一套内在严密、协调一致的方法体系，它能在技术上保证具体准则的连贯性，而不致前后发生矛盾。

我们认为，如果我国也制定一套符合中国国情（特别是财务报告的目标），又反映国际化进程的概念框架，必能提高具体会计准则的质量。

3. 我国制定财务会计概念框架的迫切性

加入 WTO 后会计准则的国际协调化的顺利进行，有一个必要条件，那就是各个国家（包括我国）会计准则的制定必须奠定在大致相同的概念基础之上，否则概念基础不一致将给会计准则和会计的国际化带来诸多障碍。为此，作为会计准则制定概念基础的财务会计概念框架的研究就十分迫切，因为财务会计概念框架的作用就在于为会计准则的制定提供一致性的概念基础，并用于评估已经制定的会计准则的质量、发展新的会计准则，及在缺乏会计准则的领域起到暂时性规范的替代作用。我们认为，加入 WTO 后，我国目前制定属于自己的、财务会计概念框架的时机已经成熟，甚至已刻不容缓了！

《财务会计概念公告》（FASB, 1976[a]: 2）"是一部章程、一套目标与基本原理组成的、互相关联的内在逻辑体系。这个体系能够导致前后一贯的会计准则，并指出财务会计和财务报表的性质、作用与局限性。目标用于辨明会计的目的与意图；基本原理指会计的基本概念，它们指引应予以进行会计处理的事项的选择，各项事项的计量以及汇总并使之传递给利害关系集团的手段。由这类概念派生的其他概念，在制定、解释和应用会计与报告准则时又必须反复引用它们。从这个意义上讲，这类概念是最基本的"（葛家澍，2000）。财务会计概念框架作为财务会计的专门术语最早出现于 1976 年 12 月美国财务会计准则委员会（FASB）公布的《财务会计和报告概念结构：财务报表的要素及其计量》中。从 1978 年到 2000 年,财务会计准则委员会(FASB)总共公布了 7 份《财务会计概念公告》。《财务会计概念公告》是由一系列说明财务会计并为财务会计所应用的基本概念所组成的理论系统,可用来评估现有的会计准则、指导和发展未来的会计准则和解决现有的会计准则未曾涉及的新会计问题(葛家澍,1996:376)。

正如第一章论及财务会计概念框架的作用时所概括的,财务会计概念框架是指导和评价会计准则的基本理论框架。此外,在缺乏会计准则的领域,财务会计概念框架可以起到规范会计处理和财务报告信息披露的作用。目前,美国(FASB)、英国(ASB)、加拿大(CICA)、澳大利亚(AASB)、国际会计准则委员会(IASC)都制定了自己的财务会计概念框架或类似的文件。随着我国加入 WTO,积极参与会计准则的国际化已经成为大势所趋,无论是为了改善国内投资环境还是减少国内企业对外投资的成本,都要求我国的会计、审计标准做进一步的调整与改革。为此,紧密围绕党的十六大报告的有关指导精神,在借鉴国内外关于财务会计概念框架(或类似文献)的既有研究成果的基础上,就如何联系我国的具体经济环境特点,制定我国自己的财务会计概念框架进行系统研究,对于推进我国会计标准的完善、理顺我国会计标准体系的关系、对会计标准中不符合市场经济改革和发展的内容及时进行调整与补充,使我国的会计标准尽快实现与国际会计惯例的协调化具有积极的意义(冯淑萍,2002)。

我国 1992 年 11 月 30 日颁布自 1993 年 7 月 1 日起实施的《企业会计准则》(即目前所称的基本准则)在性质上与国外的财务会计概念框架相近,但若不进行重大修正、扩充内容、完善对会计要素的定义,就不能起到国外财务会计概念框架的相应作用,以使其和现存的具体会计准则、日后将要制定的会计准则保持逻辑上的一致性。

正是考虑到如上的现实需求,财政部于 2003 年下半年启动了中国财务会计概念框架的研究计划,决定分 6 个专门的子课题进行财务会计概念框架的研究。这 6 个子课题包括:

(1)会计基本假设

(2)会计目标

(3)会计信息的质量特征

(4)财务会计要素及其确认与计量

(5)财务报告的列报

(6)会计准则制定的原则导向或规则导向

本章及下两章将围绕着这六个基本的子课题展开,并主要分析如下几个关键问题:

(1)制定我国财务会计概念框架的基本问题

(2)我国财务会计概念框架如何对国外的已有研究成果进行恰当的借鉴与发展?

(3)我国的财务会计概念框架包括哪些基本内容?

(4)会计基本假设

(5)会计目标

(6)会计信息的质量特征,特别是相关性和可靠性的有关问题

(7)会计要素的设置及其资产要素的定义问题

(8)会计确认

(9)会计计量

(10)财务报告的列报

(11)会计准则制定的规则导向或原则导向

其中第(1)—(6)个问题,我们将在第二章中进行探讨;第(7)—(10)个问题我们将在第三章中进行分析;第(11)个问题,我们将在第四章中扼要进行讨论。

二、制定我国财务会计概念框架过程中的若干问题

1.我国制定财务会计概念框架的指导思想：继承与发展

对于国外既有的、关于财务会计概念框架的研究结论，我们的看法是：会计具有技术性和社会性的双重属性，会计的技术性可以确保各国之间的会计程序、方法、技术和一些基本的会计学概念可以相互借鉴，取长补短；会计的社会性源自各国会计环境的具体差异，不可能完全相同（国外使用"趋同"的术语，而我国使用"协调"的术语）。为此，制定财务会计概念框架应该持有"**继承与发展**"的思路，借鉴国外〔如美国、英国、国际会计准则理事会（IASB）、加拿大、澳大利亚等〕制定财务会计概念框架的先进经验的基础上，充分考虑我国会计环境（尤其是经济、政治环境）的具体特点，进行实地调查，制定符合我国国情的财务会计概念框架，使之能够真正起到指导我国会计准则制定的作用。此外，财务会计概念框架的制定，要充分吸收国外财务会计概念框架制定中的经验教训，注意保持适当的**前瞻性和稳定性**。

对于财务会计概念框架制定中的继承性，我们认为并不局限于对财务会计准则委员会（FASB）的 SFAC Nos. 1–7、英国的《财务报告原则公告》、国际会计准则委员会／理事会（IASC/IASB）的《编报财务报表的框架》的借鉴，而应该充分发掘所有国家财务会计概念框架及其类似文件中的合理的内容。譬如，穆尼茨（Moonitz, 1961）的《论会计基本假设》中就有相当一部分合理的内容值得借鉴。以市场价格问题为例：穆尼茨提出的"市场价格"概念包含了过去、现在和将来的三个时间点，实际上覆盖了企业持续经营的整个区间，所有的会计计量属性都可以涵盖在市场价格概念范畴内。过去的市场价格（交易价格）就是历史成本，现在时点上的市场价格分为如下几类：(1)从投入角度看的、购买方角度看的、现在的虚拟交易市场价格——重置成本；

(2)充分竞争市场上的均衡价格——现实的市场价格;(3)未来的交易预期的市场价格——未来现金流量贴现值(后被 SFAC No.7 修正,该框架认为现金流量贴现值是一种计量技术,而不是计量属性);(4)对市场价格进行微调后得到的可变现净值;(5)对重置成本、(现行)市场价格和未来现金流量贴现值进行综合后的现行成本 ①。

2. 我国财务会计概念框架的内容

虽然美国财务会计准则委员会(FASB)对财务会计概念框架的研究是很权威的,但我们并不尽同意其所规定的概念框架的定义和范围。1976 年 12 月,财务会计准则委员会(FASB)发出名为《财务会计和报告的概念框架》的讨论备忘录。财务会计准则委员会(FASB)在此文件中写道:"概念框架是一部宪法(Constitution),一种相互联系的、目标与基本概念协调一致的体系。"财务会计准则委员会(FASB)开宗明义地强调了财务报告目标和由目标指引形成的其他基本概念的作用。"目标在于识别会计的目的和意图。基本概念是会计基础概念……其他概念是由这类概念所派生的。在制定、解释和应用会计与报告准则时,可能需要反复引用它们。"(FASB, 1976b: 2)1980 年 5 月,财务会计准则委员会(FASB)在发布 SFAC No.2 时,再一次强调了上述观点:"概念框架是相互联系的、目标与基本概念协调一致的体系。这些目标和基本概念可望引出前后一贯的准则,并对财务会计和报告的性质、作用和局限性做出规定。""确立目标和识别基本概念并不是为了直接解决财务会计与报告问题,而是目标指引方向,概念作为解决问题的工具。"(FASB, 2002)

我们一方面认为,财务会计准则委员会(FASB)关于概念框架的

---

① 现行成本的确定是首先从"可变现净值"和"未来现金流量的贴现值"中选择较高的一个,然后再与重置成本进行比较,选择较低者,由此确定现行成本;因此,现行成本并不等于重置成本。

研究及其涉及的内容是严谨而深刻的, 它强调目标的研究确有十分重要的意义; 另一方面又认为, 财务会计准则委员会(FASB)不研究财务会计的基本假设和假定也许是其一个重大的缺陷。对于现行财务会计概念框架来说, 最基础的概念恐怕首先是基本假设, 其次才是目标。1958 年, 美国会计学会(AAA)组织的一个关于研究项目的委员会, 建议美国注册会计师协会(AICPA)的理事会责成会计研究部(ARD)研究会计的基本假设和企业广泛适用的会计原则, 使用它们作为会计原则委员会(APB)制定准则的基础(Moonitz, 1996: PIII, Preface; Pacter, 1985: 84-85)。于是在 1961 年和 1962 年分别产生了 ARS No.1 和 ARS No.3。在当时虽然被会计原则委员会(APB)所否定, 但它们所阐述的观点直到现在仍有重要的参考和借鉴价值。问题并不在于当时研究基本假设和广泛的会计原则能否被会计实务界所接受, 而是在于财务会计的运行确实受到一系列基本前提的限制与制约。要认识并改进现行财务会计与报告系统, 研究目标和由此形成的其他基本概念当然是必要的, 而研究基本假设和基本假定对财务会计与报告模式的深刻影响也是必要的。

通过第一章第二节的简单比较, 我们发现, 各个国家或国际组织制定的财务会计概念框架的内容并不完全一致, 所以我们一定要结合我国会计环境的基本特点, 在制定我国自己的财务会计概念框架时, 在确保概念框架内部逻辑一致的基础上, 尽量扬长避短, 吸收国外制定财务会计概念框架或类似公告中的合理部分, 并对相关内容进行补充修正, 确保我国制定的财务会计概念框架具有适当前瞻性, 而不是唯国外的研究成果马首是瞻。所以我们认为:

(1)应该将会计基本假设纳入财务会计概念框架

综观国外的财务会计概念框架, 几乎都没有明确地将会计基本假设纳入其中。但这并不能够说明会计基本假设没有受到重视, 我们研究的结论是：这些国家在制定财务会计概念框架时，已经将会计基本假设看作是一种会计界的"共同知识"，不言自明，因此无须再次重复强调。我国在 1992 年的《企业会计准则——基本准则》中，明确地提出了会计基本假设，并以此为起点架构了该准则。随着我国近年来会计法规体系的完善，《企业会计准则》所具有的功能已经部分地被《企业财务会计报告条例》和《企业会计制度》的总则所代替，这两份会计文献都无一例外地明确论及会计基本假设。

我们认为，会计基本假设不应只是作为一个会计基本理论问题而被提出，对会计基本假设的研究结论，将直接影响到我国制定的财务会计概念框架中关于会计要素的定义以及对会计信息披露总体框架的要求。下面以会计基本假设对会计要素（资产）的影响为例进行说明：按照财务会计准则委员会（FASB）财务会计概念框架的定义，资产是"一个主体因为过去的交易或者事项而拥有或控制的、能以货币计量的未来的经济利益"。其中"一个主体"的术语隐含着会计主体假设的制约，"过去的交易、未来的经济利益"则体现着会计分期和持续经营两项会计基本假设的精神，"货币计量"则明显地受到货币计量假设的影响。这样，目前公认的 4 项会计基本假设（会计主体、持续经营、会计分期和货币计量）都对会计要素的定义产生着非常重要的影响。

所以，我们认为会计基本假设与会计目标作为会计的基本概念，都应该在财务会计概念框架中得到应有的体现，把两者相结合作为概念框架的第一层次既是完全可行的，也比较尊重我国会计界的研究传统，因为会计基本假设曾是我国 1992 年制定《企业会计准则——基本准则》的重要概念，也一直是我国会计学者关注的重心之一。

此外，适当的情况下，我国制定财务会计概念框架时，应该考虑我国会计学者在会计基本理论研究方面的特色，将会计对象等概念融入财务会计概念框架中。实际上，会计对象并非一个纯理论概念，它将直接影响到会计要素的设置、会计要素的定义等诸多财务会计概念框架的关键问题。而且，适当地考虑会计对象等理论和概念问题，也符合应该将那些与会计准则制定直接相关的概念纳入财务会计概念框架中的基本宗旨。

（2）财务会计概念框架应否包括财务报告信息披露的要求

把财务报表的概念扩展到财务报告的概念，是美国财务会计准则委员会（FASB）的 SFAC No.1 的首创，结果却把美国的财务会计概念框架制定引入了备受指责的境地。因为财务会计准则委员会（FASB）仅集中于财务报表的确认与计量，至今未曾制定出有关"披露"方面的概念框架，这不能不说是美国财务会计概念框架制定中的一个缺憾！财务报表与财务报告的区别可用图 2-1 表示：

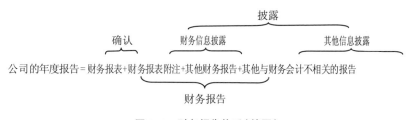

图 2-1　财务报告体系（简图）

而国际会计准则委员会（IASC）则相对比较务实，在其具有概念框架性质的《编报财务报表的框架》中明确地将范围限定在"财务报表"范围内，因此只涉及表内确认的问题，也避免了因其"框架"中无披露方面的规范而受到指责。

所以我国将要制定的财务会计概念框架是否应该用独立的内容和篇幅涉及财务报告表外信息披露的要求，取决于我国概念框架的定位是"财务报表"还是"财务报告"。如果财务会计概念框架的范围是财务会计及其报告，则应该尽量避免财务会计准则委员会（FASB）制定的《财务会计概念公告》的缺陷，对财务报告的表外披露进行恰当的规范。

（3）应该对公允价值和历史成本的适用情况进行单独说明的问题

在美国上市公司财务欺诈频繁曝光后，财务会计准则委员会（FASB）已经反思其在 SFAC No.5 中没有对各种计量属性的使用范围给出指导性意见的做法，所以此次制定我国财务会计概念框架时应该吸取教训，避免重蹈覆辙，应该对规定的各种计量属性给出指导性的意见。我国会计准则制定和实施过程中对待"公允价值"概念的态度，正经历着前所未有的困惑——最初公允价值全面体现在我国的会计准则之中，但随后由于公允价值容易受到上市公司操纵的现实问题，我国又修订了一批原本考虑公允价值作为计量属性的会计准则，这反映了我国在完善国内会计标准和努力参与会计准则国际化过程中所遇到的现实障碍。

（4）财务会计概念框架是一份独立的文件还是一系列文件

美国作为全世界制定会计准则最早的国家，拥有全世界最为严格的会计审计制度和丰富的会计准则制定经验，其制定的财务会计概念框架也被奉为圭臬，为世界各国所纷纷效仿（以会计目标作为逻辑起点的制定财务会计概念框架的模式就是典型的例证）。美国财务会计准则委员会（FASB）制定的财务会计概念框架是由一系列前后存在着逻辑继起性的概念公告所组成的，目前生效的概念公告共 6 份。而在推动会计全球化和会计准则可比性进程中不遗余力的国际会计准则委员会／理事会（IASC/IASB）制定的具有财务会计概念框架性质的文件《编报财务报表的框架》则是一份独立的公告。美国的财务会计概念框架的一个主要优点就是可以根据新形式的需要而进行增添，而无须触及未曾涉及的其他相对独立的概念公告。国际会计准则委员会（IASC）的框架优点是简洁和扼要，但在遇到需要变更时，往往需要通盘修订。

我们认为，我国最终制定的概念框架性质的文件，到底是像美国财务会计准则委员会（FASB）制定的财务会计概念框架那样由一系列概念公告组成，还是像国际会计准则委员会（IASC）的《编报财务报表的框架》那样由一份独立的公告组成，只是形式上的问题，关键是如何使制定的财务会计概念框架具有前瞻性，不至于总是受各种原因影响而修修补补。尽管如此，考虑到国际会计准则委员会（IASC）的核心准则及财务报告准则日益增加的影响，以及我国融入会计准则国际化的必要性与必然性，我们建议我国的概念框架应是一份类似于IAS 1的、独立的总体要求性文件，加上一系列涉及财务会计概念的多份独立（含目标、假设、对象、会计信息质量特征、会计要素、确认与计量、财务会计报告披露等）概念公告。

在对西方财务会计概念框架已有研究成果进行继承和发展的基础上，同时考虑我国的具体情况，我们认为财务会计概念框架的内容应该包括（葛家澍，2000）：

（1）会计目标、会计基本假设、会计对象，三者共同作为财务会计概念框架的第一层次；

（2）财务会计要素及会计信息质量特征作为概念框架的第二层次；

（3）会计要素的确认、计量（含计量属性）、记录与报告可以作为财务会计概念框架的第三层次。

按照这种设想，财务会计概念框架的体系简图如下（图2-2）：

①与目前被各国会计准则制定机构奉为"圭臬"的财务会计准则委员会（FASB）的《财务会计概念公告》相比，我们的框架力争吸收各国（包括我国）会计界的已有研究成果，包含有以下特殊内容：会计基本假设（将在第二章第二节探讨）、其他财务报告的披露①（将在第三章

_____

① 若干年来，会计界对财务会计准则委员会（FASB）的《财务会计概念公告》也是颇有微词，甚至著名会计学家戈尔（Gore）将其缺陷概括为7条观点混乱、10条未实现的承诺

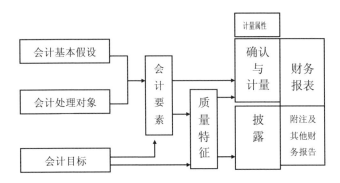

图 2-2   财务会计概念框架内容体系

第四节探讨)等。

②各项会计基本假设、会计目标和会计处理对象共同决定了会计要素,包括它的具体设置、设置会计要素的数目以及会计要素的定义等。

③会计信息质量特征处于会计目标与财务报告之间,具有"桥梁"的性质,既反映会计目标的基本内涵——使用者对会计信息质量的基本要求,又和财务会计的确认与计量一起统驭着财务报告信息披露的范畴。能够符合会计确认标准、计量属性抉择和会计信息的主要特征——相关性和可靠性的会计信息应该选择在财务报表中进行确认,而不能完全满足确认标准或不能够同时和完全满足可靠性和相关性的会计信息,应该选择在财务报表附注或其他财务报告中进行披露[①]。

④会计信息系统可以广义地看作是一个计量过程,计量问题在会

和 6 项未解决的问题。具体可参见 "Conceptual Framework Project"(1973-1985),或可参见葛家澍、刘峰(1998:163)。在这些批评之中,最为直接的是财务会计准则委员会(FASB)是在理想与现实的矛盾中制定了《财务会计概念公告》,而财务报告的信息具有一定的经济后果,所以不得不向现实屈服,甚至选择取了逃避的做法,将关于"财务报告"的概念公告无限期后延,也就是说,财务会计准则委员会(FASB)没有制定关于财务报告的概念公告。

①   但是,应该注意到,这种"两分法"最终将导致一种尴尬的局面,那就是财务报表提供的是高度相关、同时几乎不相关的会计信息,结果财务报表披露的会计信息很可能将失去其决策有用性。此外,这似乎与财务会计准则委员会(FASB)的 SFAC No.1 (par.6)指出的结论——"财务报表是财务报告的中心,是企业向外界传输会计信息的主要手段"相互矛盾。然而,"可靠性和相关性之间究竟是一种什么样的辩证关系"仍旧是一个值得深入研究的问题。

计信息系统中具有举足轻重的作用。而计量问题的核心就是计量属性的抉择问题。目前存在的计量属性包括历史成本、现行成本、重置成本、市场价格、未来现金流量贴现值搜寻的公允价值等。但是，目前无论是美国的财务会计概念框架、还是英国的《财务报告原则公告》、亦或是国际会计准则委员会（IASC）的《编报财务报表的框架》都未对各种计量属性的选择提供指南，这不能不说是一个缺憾！因此，用独立的篇幅论述计量属性的选择，尤其是公允价值和历史成本两种最具特点的计量属性，十分有必要（将在第三章第三节进行分析）。

⑤财务会计区别于传统会计的最主要的特征就在于其以财务报告为核心。财务报告作为会计信息系统的最终产物，由于会计信息具有一定的经济后果（Zeff, 1978），所以备受会计信息使用者的关注。因此应该形成关于财务报告（含财务报表、其他财务报告和其他报告）的、相对独立的概念公告。

3. 制定财务会计概念框架需要关注的其他问题

（1）关于会计目标是定位于受托责任观还是决策有用观的问题

目前，包括美国在内的大多数国家都将会计目标定位于决策有用观，而英国会计准则理事会（ASB）则将受托责任观和决策有用观的思想融合、并提。我们认为受托责任观和决策有用观的融合是关于财务报告目标的科学表述。因为受托责任观和决策有用观实际上并不相互排斥，而是可以互相融合的。如果关注受托责任，在评估代理人履行受托责任的好坏时，必然做出持有、买进或抛出股票的决策、奖励或更换经理的决策；关注决策如果有用，在其做出的经济决策中，也会直接或间接地同委托、代理关系的变动有关。

（2）关于会计信息的两个主要质量特征——相关性和可靠性的关系问题

会计信息的质量特征是复合性的，可靠性和相关性在各国的财务会计概念框架或类似的文献中并列为会计信息的首要质量特征，美国 SFAC No.2《会计信息的质量特征》将相关性和可靠性并列为会计信息的首要质量特征，英国会计准则理事会（ASB）的《财务报告原则公告》（ASB SP: pars.2.8–21）认为可靠性优于相关性，认为企业提供会计信息时，应该从符合可靠性的信息集合中选择最相关的信息提供。

　　会计信息的相关性意味着该信息能够影响使用者的经济决策，而且该信息是及时提供的（ASB SP: par.3.2）；相关性是指会计信息能够帮助使用者去预测过去、现在和将来事项的结局，或者去证实、纠正以前预期的情况，从而具有影响决策的能力（SFAC No.2）。尽管英国会计准则理事会（ASB）和财务会计准则委员会（FASB）对相关性的表述有所区别，但都认为满足相关性的信息应该包括预测价值、反馈价值，此外 SFAC No.2 还提及符合相关性的会计信息应该具有及时性。会计信息的可靠性，是指会计信息合理地、不受错误或偏向的影响，能够真实反映它意欲反映的（SFAC No.2），可靠性包括反映真实性、中立性和可验证性；英国会计准则理事会（ASB）对可靠性的表述更进一步，认为可靠性包括真实披露、中立性、无重大错误、完整性和谨慎性（ASB SP: par.3.8）。相关性和可靠性两者之间缺乏任何一个，由此导致的会计信息都不会是有用的（SFAC No.2: par.33）。

　　尽管在美国财务会计准则委员会（FASB）颁布的 SFAC No.2 中，相关性和可靠性被财务会计准则委员会（FASB）并列为财务会计信息质量的首要属性，但是我们不得不面临的一个问题就是，当相关性和可靠性两者产生矛盾而需要权衡时，如何抉择？从国际范围来看，相关性无疑是被隐含地认为是更为重要的信息质量特征，比如沃尔曼（Wallman, 1996[a]）构建的彩色模式（the Colorized Model）中，5 个不同的报告层次都涉及相关性，而可靠性则在某些报告层次中成为可以缺

省的因素 ①。葛家澍教授(1999)针对沃尔曼提出的彩色模式进行了辩证的分析后却认为:"可靠性是会计信息的灵魂。……可靠性是基础,是核心。"英国会计准则理事会(ASB)的《财务报告原则公告》针对这个问题也提出了"在满足可靠性基础上追求相关性"的思路 ②。有些文献提出根据财务报告的不同组成部分对相关性和可靠性进行取舍的思路,即对于财务报表中的会计信息应该首先满足可靠性,甚至牺牲相关性;而对于其他财务报告,则强调相关性,甚至不惜牺牲可靠性。

(3)关于制定财务会计概念框架要素定义的资产负债观或者收入费用观的问题

财务报表要素的定义,是一个比财务报表要素的确认和计量更高层次的概念,因此对财务报表要素的定义将直接关系到要素的确认与计量原则和计量属性等一系列问题。譬如,利润作为反映一个主体在特定期间内经营成果的要素,到底将采取何种定义方式将直接关系到我国是否需要像英国、美国或国际会计准则委员会(IASC)那样报告全面收益的信息。值得注意的是,近年来西方组织〔美国财务会计准则委员会(FASB)、国际会计准则理事会(IASB)、英国会计准则理事会(ASB)〕改进企业财务报告和业绩报告的重心可以概括为利润确定和要素定义方面明显地由收入费用观的当期经营观转向综合收益观,进而向资产负债观靠拢,这一改革动向值得我们借鉴。

---

①　沃尔曼的彩色模式分为 5 个层次:相关性、可靠性、可定义性和可计量性均符合要求;相关性、可计量性和可定义性都符合要求,但可靠性存在着疑问;相关性与可计量性符合要求,但可定义性与可靠性存在疑问;相关性、可靠性和可计量性符合要求,但可定义性存在疑问;仅相关性符合标准,可靠性、可定义性和可计量性都不符合。从上面 5 个层次的划分中,明确地可以读出其基本思想,相关性是首要的、不可或缺的,甚至有时可以牺牲可靠性。

②　英国会计准则理事会(ASB)(ASB SP: par. 3.34, 3.35)指出,"及时性是相关性和可靠性产生矛盾的一个主要方面,但是在会计信息可靠之前,企业不应当提供"。换言之,英国会计准则理事会(ASB)认为,企业提供的会计信息应该在满足可靠性的基础上提高相关性。

（4）应否提出"真实和公允"概念

"真实与公允"概念是由欧共体第4号指令所提出的，此后受英国等欧共体各国会计准则制定和会计实务的影响，逐渐进入国际会计准则委员会（IASC）制定的国际会计准则和国际财务报告准则中。但是遗憾的是，该概念的定义目前仍不十分明朗，而且不具备较强的可操作性。因此，与其说该概念对会计实务和会计人员提供具体指引，毋宁说该概念的存在其实描述的是一种理想境界，是对会计人员在处理经济业务时的一种精神指引。考虑到会计人员的诚信操守，所以应该增加该概念进行约束，但要考虑相应的操作性。此外，将该问题纳入框架中必须建立在对"真实与公允"的辩证理解基础上。

（5）财务会计概念框架指导下的会计准则制定是原则导向还是规则导向的问题

我们认为，草率地对原则导向或规则导向的优劣下结论，或武断地根据美国会计准则制定模式的可能的转变来推定我国的会计准则制定方式，都显然不符合科学的态度。我们认为，原则导向与规则导向本无不可逾越的鸿沟，原则导向本质上体现为规则导向的抽象化，而规则导向往往是原则导向具体化的结果。因此，将会计准则制定的原则导向和规则导向绝对对立是不可取的。我国加入WTO后，准则制定的国际化进程必须加快，但我国制定会计准则的现实和战略选择仍应是，在充分考虑规则导向和原则导向会计准则的各自优缺点的基础上，根据我国经济环境的具体特点，融合两者的优点，对可能出现的缺陷进行扬弃。

（6）财务会计概念框架的协调问题

我国制定财务会计概念框架后，将如何实现与如下已存在的《企业会计准则——基本准则》、《企业会计制度》和《企业财务会计报告条例》相互协调？这是需要关注的问题。

①关于基本会计准则与财务会计概念框架的协调

一般都认为,我国 1992 年 11 月份颁布的《企业会计准则》是一份基本会计准则。按照定义,基本会计准则应是准则的准则。如果说,《会计法》是整个会计规范体系中的基本法,那么,基本会计准则就是整个准则体系中的基本法。它通过假设、目标、要素、确认、计量、披露等基本概念和一般原则,用于指导会计准则的制定、评估已制定的会计准则,并对在缺乏会计准则的领域内所发生的会计实务起到基本的规范作用。所以,我国的基本会计准则,既是理论,又是准则;在我国的准则体系中,处于第一个层次,而不是最后的层次。但是,由于当时(20 世纪 80 年代末 90 年代初)会计环境的制约,基本会计准则无法起到它理应具备的作用。所以今天看来,基本会计准则只是具备了财务会计概念框架的雏形,但需要修改与完善①。问题在于,未来是修订基本会计准则,使其实质上真正起到财务会计概念框架的作用,还是重新制定财务会计概念框架,来取代基本会计准则?

我们认为,最终制定的具有财务会计概念框架性质的文献,到底是维持目前的叫法——《企业会计准则》,还是像国外一样叫作《财务会计概念框架》,不是问题的关键。问题的关键在于,加入 WTO 后,为了与国际会计惯例趋同,我们能否制定一套内在逻辑一致的概念体系,用以评估既有的会计准则,为这些准则的修订提供理论依据;指导未来会计准则的制定,避免出现会计准则之间前后不一致,影响会计准则指导会计实务功能的发挥;在缺乏会计准则的领域内用以指导会计实务;抵御外来的压力,尽可能地保持准则的技术性。

---

①　这里有一个理论联系实际的问题。所谓理论联系实际,绝不是用今天的实际联系昨天的理论、进而指责昨日的理论的解释力度不够——正如站在目前的会计环境下指责 1992 年制定的基本会计准则无法起到像国外财务会计概念框架一样的作用。应该说,基本会计准则当时的出台,标志着我国会计改革一个新阶段的开始,它已经起到了其应该起到的作用。

②关于《企业财务会计报告条例》与财务会计概念框架的协调问题

在我国颁布基本会计准则和若干具体会计准则后，为了配合新修订的《会计法》的实施，由国务院颁布实施的《企业财务会计报告条例》对基本会计准则中诸多不尽完善的概念如资产、负债等进行了修正，对规范我国的会计工作起到了一定的作用。应该说，《企业财务会计报告条例》与未来将要制定的、具有财务会计概念框架性质的文件肯定在内容上有相互交叉的地方，但是《企业财务会计报告条例》无法完全替代财务会计概念框架的作用。因为《企业财务会计报告条例》主要规范的是以企业对外提供的财务会计报告为中心的、企业的会计行为（当然也附带论及了财务会计要素的定义），而财务会计概念框架的内容，则不仅涉及财务会计报告及会计要素的定义，而且还包括会计目标、会计基本假设、会计信息质量特征、会计要素的确认与计量等诸多问题。所以《企业财务会计报告条例》的存在并不能够成为不重视财务会计概念框架制定的理由。同样，未来的财务会计概念框架也无法替代《企业财务会计报告条例》的角色。因为后者作为国务院颁布的条例，具有一定的威严性，其中涉及财务会计报告的构成这项财务会计概念框架的基本内容，而且作为高层次的法规，还规定了企业如何进行财务会计报告的编制及进行财务会计报告编制时应该遵循的其他层次的法规如国家统一的会计制度等，更是规定了企业财务会计报告对外提供虚假财务报告等相关违法行为的法律责任（这些并非财务会计概念框架的范畴）。所以财务会计概念框架与《企业财务会计报告条例》两者虽具有交叉的内容，但彼此并不能够完全替代，而两者作为层次不同的规范，只需要保持交叉内容部分不相互矛盾即可。

其次，财务会计概念框架制定后，由于要保持一定的前瞻性，所以有时两者甚至会出现一定的冲突。的确，作为一个成文法的国家，层次较低的法规不能和层次较高的法规相互矛盾①，但是我们认为出现冲突并不可怕，因为任何法律、法规、制度的规定和条文都不可能是一成不变的，我国完全可以借此修正《企业财务会计报告条例》的局部内容，使其更加科学。

③关于《企业会计制度》与财务会计概念框架的协调

《企业会计制度》的总则涉及会计基本假设、会计核算的基本原则（类似于会计信息质量特征），其他部分涉及各项要素的定义、会计科目的设置及相应的会计处理、财务会计报告的编制等，表面上看似乎具备了财务会计概念框架几乎所有的内容。但是，仔细对比任何一份国外的财务会计概念框架或具有财务会计概念框架性质的公告后，我们不难发现，《企业会计制度》更像是西方国家会计准则的"合订本"，其大多涉及的是具体业务的具体会计处理，并未抽象出制定会计准则中最为基础的概念，也并未阐明这些基本概念之间的关系。譬如，《企业会计制度》只涉及具体的资产项目按照什么样的计量属性进行计量，但并未对各种计量属性的特点及应用范围进行详细剖析。所以，《企业会计制度》与财务会计概念框架的侧重点不同。

应该说，未来财务会计概念框架的制定，将为企业会计准则的制定、企业会计制度的完善提供更加合理、一致的概念基础。企业会计制度的总则及相应的部分可以根据财务会计概念框架的研究成果适时地进行修正。

(7)关于一些概念的修正问题

目前，不论在制度还是准则中，我国所使用的一些概念均同国际

---

① 我国的会计事务和会计管理工作由财政部会计司负责，会计准则、会计制度也都是由财政部颁布，因此它们都具有了法规的性质。未来制定的财务会计概念框架若由财政部颁布，那么它也将具有法规性质（因颁布的机构），所以其层次相对于《企业财务会计报告条例》来说是较低的。

惯例有一定的差距。这些差距不是中国特色的反映,而是受到计划经济(更确切地说是苏联会计模式)有关观念的影响,例如:

①会计就是"会计"(Accounting),而我国的会计文件却常称之为"会计核算"。会计与核算显然是同义反复的概念。"会计核算"原是从苏联的"经济核算"一词而来。苏联会计教材认为,经济核算是由会计核算、统计核算和业务核算三部分构成。可是,统计学界却从不曾接受这个观点。统计学的教材始终使用统计、统计学等概念而不用"统计核算"。"业务核算"的提法由于它自己本身成不了一个体系,也没有多少人去用它。只有会计核算这个名词一直被我国的有关法律、法规准则和制度所采纳并沿用至今。在使用中,会计核算不仅当作名词,与会计同义;而且还当作动词,与确认、计量和记录同义。这样一些表述方法与国际惯例似乎明显地不相一致。

②财务会计是区别于管理会计的对外报告会计。企业对外报告的会计报表,只包括财务报表(资产负债表、利润表、现金流量表和全面收益表),不包括成本报表。一方面是因为成本信息属于商业秘密,企业为了保护自身的生存、竞争和发展的能力,可以不予以披露;另一方面是因为企业外部会计信息的使用者关注的一家企业的盈利(经营业绩)、财务状况和现金流量等能够从总体上近似地反映该企业的价值及其增值的指标。成本则只具体到企业所生产销售的各类产品(或劳务)。所以产品成本仅能够反映企业内部的经营效率而不能够反映企业整体的财务效益,外部信息使用者对成本信息一般不予以关注。

因此,各国总是把对外应予以公开的财务报表称为"财务报表",但我国的准则和制度却一直沿用"会计报表"这一传统的概念。

③在准则和制度中,我们迄今为止还没有规定财务报表要素应予以确认的标准。确认与计量的定义也很不明确。表(指财务报表)内

属于确认,表外(包括附注)属于披露的这一科学界限也未区分。

我们赞成会计的概念应中国化,并力求通俗易懂,但前提是科学严密。概念具有科学、确切的含义是其实质,通俗易懂与否则是其形式。实质重于形式是人们公认的原则。许多外来的会计概念进入我国都曾经历一个"从不习惯到习惯"的过程。过去长期的"借贷"之争就是由于有人对用借贷作为记账符号(即概念)感到不习惯。但争来争去,借贷记账法的科学性还是得到了肯定。于是我国的记账方法最终融入了国际化的商业语言之中。我们希望我国在制定会计准则的过程中,注意若干基本概念与国际惯例的接轨,不要使各个学校使用的会计教材(现在已经越来越多的高校使用原版的英文财务会计教材,鼓励双语教学)同国家制定的会计文件,在一些名词和术语的使用上,长期互相不一致,既影响会计的教学质量,也影响各个高校对未来后备人才的培养。

第二节 会计基本假设

基本假设是由财务会计的经济、政治、社会(主要是经济)环境所决定的,作为财务会计存在和运作前提的基本概念。财务会计系统立足于企业、面向市场,所以它提供的信息,直接的服务对象是投资者和债权人等微观经济决策者,但对政府的宏观经济决策也有用处。企业是国民经济的细胞和基础,是市场最为重要的参与者。在这个意义上,企业和立足于企业的财务会计又受到企业外在经济环境的影响。财务会计的基本概念、基本特征和基本程序都离不开主要由企业内部和外部经济环境所建立(决定)的假设。著名的经济学家科斯(Coase)在其获得诺贝尔奖的经济学论文《企业的性质》中说过,"过去,经济理论一直未曾清楚地陈述其假设"。经济学家在建立一种新的理论时，常常忽视对理论赖以建立的基础的考察（Coase，1937：386-405）。值得庆幸的是，会计学家在这方面表现得还比较明智。80 多年前，美国现代会计之父佩顿写了第一本《会计理论，兼论公司会计的一些特殊问题》（*Accounting Theory, With Special Reference to the Corporate Enterprise*）。该书第 20 章（最后一章）明确地探讨了会计假设共 7 项 [①]（Paton，1922）。此后 20 年左右的时间里，佩顿和其他会计学者并未对上述会计假设重新做深入的考察。直到 1940 年，佩顿与另一著名会计学家利特尔顿合著了《公司会计准则导论》，才把假设改称为"基本概念"（Concepts），除保留主体假设（the Business Entity）并将"持续经营"改为"经营活动的连续性"（Continuity of Activity）外，另提出同计量和权责发生制（其核心是通过收入和费用的配比确定企业的利润即净收益）有关的 4 项基本假设（4 个概念），即可计量的对价（Measured Consideration）、成本归属性（Cost Attach）、努力与成就（Effort and Accomplishment）、可稽核性的客观的证据（Verifiable, Objective Evidence）。《公司会计准则导论》是会计学中的一部经典著作，但佩顿提出的会计基本假设除了会计主体（营业主体）和持续经营两项外，并未被会计界视为财务会计的基础。也正如科斯在其《企业的性质》一文中引用罗宾逊（Robinson）的文章所指出的：经济学的假设，有一类未必可控，但符合现实。会计假设可能也是如此。可计量的对价、成本归属性、努力与成就、与可稽核性的客观证据都是会计程序中的必需步骤，但并非用来指导和控制财务会计、特别是财务报表的基本概念。会计假设研究的巅峰是美国会计学会（AAA）1961 年出版的 ARS No.1《论会计基本假设》，该论著的作者为穆尼茨，他创造性地提出 A、B、C 三类共 14 项假设，在

---

①　The Business Entity; The Going Concern; The Balance-sheet Equation; Financial Condition and The Balance Sheet; Cost and Book Value; Cost Accural and Income; Sequences.

A、B 类中均列示了会计主体假设，而在 C 类中列示了持续经营假设。穆尼茨的论著既相当系统全面，又可称独树一帜 ①。

一、会计基本假设的内涵及发展

迄今为止，会计界共同承认的基本假设包括会计主体、持续经营、会计分期、货币计量等 4 项。

1. 主体假设

会计是现实世界的产物。会计的外在经济环境是市场，内在环境则是企业。新制度经济学认为，市场通过价格机制配置资源并使生产与消费、需求与供应互相适应，自行进行协调。在企业内部，价格机制的功能被企业家的权威和指令所取代。但是，不论市场还是企业的经济活动都离不开信息。价格既是调节资源流动的机制，它本身就是一种信号（Signal）。在企业内部，所有者和经营者，特别是决定资源在企业内部有效配置的高层经营者（简称高层管理当局）不可能直接利用价格信号，而必须依据一种据以决策的特殊的信息系统，而且这种信息不能是封闭的。因为企业的所有权与经营权相互分离，而处于资本市场上的投资者、信贷人等也需要来自这一系统的信息做出投资决策、信贷决策及其他经济决策。这个特殊的信息系统就是财务会计。

经济学家认为"在企业外部，价格变化指导生产是通过市场上一系列交易协调的；在企业内部，这些市场交易被取消，进行这些交易的复杂的市场结构被企业家的协调所取代，后者指导生产。很明显，这些都是协调生产的不同方式"（Moonitz，1961；Coase，1937）。为什么指导生产（资源配置）不直接地全部通过市场这个可以自行运转的

---

① 不过可惜的是该份公告及其之后的 ARS No.3《试论企业广泛适用的会计原则》（Sprouse & Moonitz，1962）都被否决（APB Statement No.1）。

体系、而必须同时借助于除市场之外的、按照一定边界存在的、若干个相互联系并作为市场参与者的企业呢？这是因为，市场的运行，如果没有企业而由供给方和需求方直接通过谈判而达成双赢的价格，将产生过高的交易成本。企业之所以能够取代市场的价格机制，一方面在于它能够降低（尽管并不能够完全排除）交易成本，另一方面还在于它的存在节约了社会生产力①。

其实，企业不仅能够降低交易成本，由它来组织生产，将使资源配置优化，而且可通过会计这一特殊的手段，来量化生产的进程及其结果。就是说，会计信息系统作为一种手段可以回答"资源配置是否优化"这个问题。投入企业的生产要素和由企业产出的资源可以进行对比并反映其经济业绩。在所有市场上、在全部社会经济活动中，会计可能无直接的用武之地。但有了资本市场，人们就看到了会计信息在市场运转中所能够起到的极为重要的媒介与信号作用了。在企业中，会计巧妙地运用了价格机制和价格的转化形式，产生了它特有的、用来反映和控制企业生产经营过程的若干基本概念。例如，将投入企业的资源转化为企业的"资产"，资源的耗费转化为企业的"成本"和"费用"，而企业投入并进行经营的产出（结果，努力后的成就）则转化为企业的"收入"。将收入同成本、费用进行比较，又产生了可以反映企业经营业绩的"利润"概念。它们都抽象了资源流动中的使用价值，按照佩顿和利特尔顿的话说，变成了可以量化、加总和比较的价值概念。

从价值派生的概念组成了会计信息的基本框架，会计信息生成于

---

① 企业的交易成本节约论是科斯及其追随者对经济学的贡献，然而将交易成本绝对化似乎也背离了经济学发展的基本规律。以企业的存在为例，企业之所以能够替代最基本的生产单位——家庭，并且存在不同的生产制度结构，一方面有降低交易成本的原因，但也同企业可作为节约社会生产力的机制不无关系。

企业，从整体上反映企业对经济资源的占有（控制）、义务及其成果。但这些信息在对外揭示之前是企业的私有产品（Private Goods），而一旦向社会公开后，就为社会所共享而具有了公共产品（Public Goods）的属性①，也成为投资者、债权人和其他一切愿意利用这些信息的人们进行经济决策的依据。就资本市场和市场参与者的上市公司而言，各个公司生产并对外传输的会计信息，可以看作是企业与市场相互沟通的媒介。运用上市公司的会计信息，社会资源就可能从效率较低、效益较差的企业中被抽走，而向效率高、效益好的企业中流去，即实现了资源的趋利性流动。从这个意义上说，会计信息也是促使社会资源优化配置的手段。

尽管经济学家分析了企业出现的必然性，从科学的分析中得出前面的结论：为了优化资源配置，降低交易成本，有市场就必须有企业，但会计学家则认为财务会计之所以立足于企业是一个假设，一个必要前提。以上我们实际上分析了财务会计的第一个基本假设或第一个基本概念——会计主体（主要是企业）的性质与作用。主体假设的一个重要作用是规定了会计活动的空间、范围及其存在的基础。会计信息系统不能建立在整个市场上。尽管财务会计信息能引起资源流动，并能对供需平衡起导向作用，但它毕竟不能取代调节市场的价格机制本身。财务会计是立足于有自己的资源、义务、收入、成本并可确定其经营业绩的企业之中，主要限于观察企业全部活动中的财务方面，这就确定了会计最基本特点及其边界。

---

① 所以，会计信息并不必然是公共产品（前提是必须向社会公开）。历史地看，在相当长的一段时期内、甚至包括企业面向社会公众筹集资金开始后的一段时期内，会计信息还停留在"私有信息"的阶段，那时"保密、保密、再保密"是商业社会的信条。会计信息公开并具有公共物品的属性是公司治理动态变迁对资本市场信息披露提出的新的要求。瓦茨（Watts, 1977）指出，（已审计的）财务报表披露的信息体现并维系利益相关者之间的均衡。

所以会计主体概念即以企业为边界的假设是财务会计（其实也包括管理会计）的第一个基本假设和第一个基本概念。它同时也成为财务会计的第一个也是最基本的特征。严格地说，立足于企业、面向市场是我们对会计主体这个基本假设的概括，也是对财务会计的基本特征的部分概括。

一般认为，把会计建立在每一个经营主体（主要指企业）的基础上，要求会计只反映涉及该主体的资产、负债、业主权益、收入、费用和盈利（或亏损）的交易或事项，需要把该主体的经济活动与其他主体的经济活动、把企业的经济活动与企业所有者的私人经济活动严格分开。其实，这不过是从现象上描述会计主体的含义。根据以上对企业性质和作用的分析，主体假设至少还有两个特点是值得我们注意的：

第一，在主体（企业）范围内进行的经济活动（都同资源配置与运用有关）能够比在市场上通过价格机制进行资源调配活动节约交易成本（其中包括一系列缔约成本、代理成本及剩余损失）。

第二，在主体内进行的经济活动能够有效地控制并节约生产和经营成本，使资源使用的优化能够量化表现，集中表现在利润（价值增加）和现金净流入这两个财务指标上，也表现在通过资产、负债和所有者权益所体现的流动性、财务弹性和风险等其他重要的财务信息上。

当然，上述特点并非依靠会计主体假设一个概念就能形成，它必须同其他几个相关的概念相结合。但不把会计定位在一个主体（企业）的范围内，会计的其他概念将不会产生，也就没有会计的一系列其他特点和特有的功能与专门的程序。所以，从佩顿、利特尔顿到现代的会计学家，都无一例外地把主体假设列为财务会计的第一个基本假设，值得我们深思①。

---

① 我们认为，即使有人认为知识经济下会计主体假设正面临着巨大的冲击，但是知识经济影响的更多的只是企业和会计主体的外延，而会计主体的内涵仍未发生本质的变化。

2. 以货币为基本计量单位

市场经济决定了企业是经营主体，在主体中，财务会计的主要任务是立足主体、面向市场，把该主体作为一个整体的财务状况、经营业绩和现金流动传递给外部的信息使用者以供决策。为了有效地帮助使用者决策，会计信息既要用文字说明，又要用数量描述，并应以数量描述为主。那么，在数量描述中，会计应采用什么尺度作为计量的主要单位呢？这又同财务会计的对象有关。财务会计所处理的交易和事项，以及最后由财务报表揭示的内容，概括起来，不外乎企业经营过程中价值增值运动的具体、单项表现。其中，最本质的东西是"价值"。"价值"是商品的特有属性。但是，存在于商品（资源）中的价值不管你怎样把商品颠来倒去，也看不见，摸不到它的存在，只有货币是价值唯一可以捉摸的存在形式。在货币上，一切商品的特殊有用性都消失了，它们（特殊有用性）被转化为一个同名数，一个可以量化的共同尺度（可汇总、分配、合计和比较）。因此，以货币为主要计量单位也是由市场经济所决定，不以人们意志为转移的财务会计的基本前提。不过，应当指出，货币是一个自身可变的经济计量尺度，而不是像1米、1千克那样，是一些可以令其自身不变的物理计量单位。由于货币也是商品，它本身也有价值，其价值是用货币的购买力来计量的，在通货膨胀或紧缩时期，货币的购买力不可能不变或基本不变。如果物价发生剧烈变动，以货币（即名义货币）作为主要计量单位的假设就不尽合理了。所以，这一假设经常受到人们的怀疑和抨击，从而谋求用货币的"不变购买力"来取代，其道理就在于此。

在市场经济中，货币具有价值尺度、流通手段和财富的物质代表（支付手段）等三种主要职能，这些职能使货币能够成为交换的媒介，保证了市场的生存和运转。因此，各种商品在交换时都被折换为货币，用货币作为分母以表示商品的交换价值（价值）。在货币上，商品被转化为交换价值；而在价格上，交换价值则转化为一定数量的货币。市场经济一方面决定了财务会计必须采用货币为基本计量单位，另一方面也决定了财务会计应当以市场价格为计量属性。例如，在 20 世纪 40 年代，佩顿和利特尔顿曾主张用"可计量的对价"来计量企业之间的交易行为并认为"对价"既包括买进的成本又包括卖出的价格（Paton & Littleton, 1940）。1961 年，穆尼茨则明确地把市场价格作为 B 类（补充的）第 2 项假设。不过，这一假设由于当时受到会计原则委员会（APB）的抵制而未被当时的会计界所接受。

3. 持续经营

（1）传统解释

主体假设是财务会计最基本的假设，对于作为会计主体而存在的企业，会计主体已经规定了它的空间范围，为了对主体企业的经济活动进行数量描述，还需要确定其活动的时间，即主体能否长期经营下去？在市场经济中，任何企业都面临剧烈的竞争和巨大的风险，任何企业的经营期限都是很难确定的。经过长期大量的观察，持续经营（即未曾给自己规定经营期限）的企业属于绝大多数。但是，由于各种原因而关闭的个别、少数企业也同样存在，因此，会计学家假定，除非有反证，一个主体将持续经营。正如波普（K.Popper）所说："在科学和非科学之间所拟定界限并不是绝对的；可证伪性和可证实性都是程度性的问题。"[①] 会计学家认为，一个主体将持续经营显然是一个判断而不是市场经济所决定的必然前提，但这个判断是一个有证据的科学的判断，而且是一个必要的判断，它把一个主体经营前景从高度的不确定性转化为中度的不确定性（或相对的确定性）——在无反证的情况下，经营可以长期连续。这样，以该主体为范围的财务会计就同时

---

① 转引自马克·布劳格（1990：15）。

以该主体能持续经营为前提,由于确认、计量、记录和报告都离不开这个前提,所以持续经营尽管是一个基本假定,而其影响则涉及财务会计和财务报告的全部,人们通常也视它为一项基本假设。

(2)企业能力理论与持续经营假设内涵的重新界定 ①

任何一个概念都有其内涵和外延,内涵决定着该概念的客观存在性,而外延则可能受到各种综合因素的影响而呈现出一定的弹性。然而,目前传统的教科书在涉及持续经营假设时,往往采取了如下的界定方式:"除非有明确的反证存在,否则都假定企业将持续经营下去。"这种界定持续经营假设内涵的方式属于"非此即彼"的逻辑,本质上并无信息内涵和知识的增量,因此无助于我们理解持续经营假设及其对赖以构建的会计理论的深刻影响。其实对于持续经营假设,我们无法回避的一个问题是,什么决定着企业的持续经营性? 也许我们可以列举若干种企业非持续经营的反证,但是有一点可以肯定,我们无法穷举所有企业非持续经营的情况。

按照现代企业理论,企业只是一种法律虚构,其本质是一系列契约的集合(Jensen & Meckling, 1976: 305-306);更为确切地,企业是一个人力资本和非人力资本(财务资本,下同)所缔结的特别契约(周其仁,1996)。这可以看作是企业本质界定的契约理论,其必然衍生出"交易费用范式"。交易费用范式支持者试图将企业的一切运作都纳入"契约——交易费用——产权"框架下进行解释,然而事与愿违,该范式忽视了对企业生产领域的关注与分析,导致企业的决策机制不是以生产成本进行区分,而往往沉溺于交易费用中而无法自拔(Knudsen

---

① 会计理论的形成是一个继承与发展的过程,继承可以保持会计理论的前后连贯性,发展确保了会计理论具有生命力。会计理论的作用在于解释、预测和指导会计实务,但这并不排除我们通过观察既定的会计实务现象、抽象概括其背后的深刻理论根源来寻求拓展我们对会计理论的已有知识存量。

& Foss, 1996)，这至今无法合乎逻辑地解释企业负债经营等一系列重要现象①。其实，我们认为，企业能否持续经营，能否顺利实现企业的"生存、发展、获利"的企业目标，关键在于**企业能否确保其独特的核心能力**（Core Competence）。因为企业的核心能力是确保企业在市场经济中获取持续性竞争优势的关键。这是企业能力理论的中心内容，也是持续经营假设的根基，因为持续经营假设本就是源自企业所面临的环境的抽象。问题在于如何缔造企业的核心能力、确保持续性的竞争优势？

生产要素的稀缺程度决定着其拥有者在企业产权博弈中的优劣位置，这一点已经为一部企业发展史所证明。在财务资本相对稀缺的年代，财务资本所有者承担企业的风险并拥有企业的剩余索取权，这就是在通常意义上我们称股东是企业的所有者的根本原因。然而，由于社会分工、知识结构和个人禀赋等多方面的制约，企业家的职能正在逐渐分解，随着企业经营活动的复杂性程度日益增加，财务资本所有者直接经营企业已经十分罕见，更多的财务资本所有者选择雇用职业经理负责企业的日常经营，从而财务资本所有者和代表人力资本的职业经理共同形成联体企业家。财务资本所有者独立地进行是否投入财务资本的决策（投资决策），而职业经理负责企业的经营决策。所以现代企业实质上是在人力资本和财务资本的合作框架下运作的，而且两者的合作密切依赖于企业的客观经济环境。我们可以清晰地看到人力资本和财务资本的精诚合作激发了新经济和硅谷奇迹，人们也看到了由人力资本和财务资本的貌合神离导致的一系列财务欺诈和股东集体诉讼。因此我们认为，人力资本和财务资本的精诚合作是企业获取和缔造企业的核心能力来确保持续经营性的关键（杜兴强，2002）。下面

_____

① 本节试图将企业的契约理论和企业的能力理论相结合来阐述持续经营假设。

进行简单论述:

财务资本属于一种消极（Negative）资本，若缺乏人力资本的参与，财务资本要么只能够靠自然缓慢增值（算术增长），要么严格地说根本就不可能增值甚至出现贬值的情况；而人力资本则属于一种积极（Positive）资本，若能动地参与到财务资本的运营中，并实现和财务资本的精诚合作，那么往往会促使财务资本呈几何倍数增长。为什么呢？为了方便解释，我们绘制如下的三维图像（图 2-3，含有Ⅰ、Ⅱ、Ⅲ三个象限）来说明。

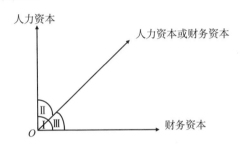

图 2-3 企业人力资本与财务资本

象限Ⅰ：该象限代表人力资本和财务资本共同组成的一个平面，其代表着企业的契约本质。任何企业从本质上都必须解决财务资本和人力资本的关系问题，这是获取企业核心能力和竞争优势、确保企业持续经营的关键。其中的核心问题体现为财务资本如何在激励人力资本的前提下对其进行适度监督，在监督和激励相容（Compatible）的框架下发挥人力资本的能动性。结合美国的情况就可以看出这一点：早期美国曾因为创造性地在一些企业中运用了股票期权制度，较好地解决了人力资本和财务资本之间的关系问题，结果激发了新经济的萌芽和硅谷奇迹，期权制度也被称为"自公司制后资本主义的第二次制度革命"；然而，由于股票期权制度被不恰当地运用，财务资本和人力资本的貌合神离终究无法掩盖两者的内在冲突，职业经理"聪明"地更热衷于在短期内吹高股价套取巨额收益，而并不力图去为财务资本所有者缔造一种长期的、持久的盈利能力，结果导致企业的持续经营性受到极大的挑战。从这里应该看到，人力资本和财务资本之间的关系其实是纲领性、框架性的，否则要么会出现职业经理懈怠（Shirk）和虐待财务资本的情况（激励不足），要么会出现"内部人控制"（Insider Control）现象，导致"所有者缺位、经营者篡位"和"经营权膨胀并侵蚀所有权"的情况（监督不足）。这两种情况都无法确保企业的可持续发展，也无法通过缔造企业的核心能力来确保企业的持续经营。

象限Ⅱ：该象限以象限Ⅰ的存在为根基，代表人力资本与人力资本共同组成的一个界面，但本质上蕴涵着人力资本之间的关系对维系企业核心能力和持续经营的作用。人力资本之间的关系更多地体现为在尊重个人创造力的前提下，通过营造良好的团队精神（Team Spirit）来产生巨大的协同效应。对比一些高新技术企业和公司改制不甚彻底的企业的情况就可以看出人力资本之间密切协作的重要性：公司改制不彻底的企业往往由于激励制度的缺陷而无法形成人力资本之间的凝聚力，导致企业的运营恰如乌龟、天鹅和兔子拉车的寓言一样，无法形成"合力"。譬如以前在推行职工持股的企业中，员工往往不是靠优异的表现，而是靠其员工资格来赢得股份，这样就容易诱发职工的"大锅饭"情怀，无法体现职工持股制度所应该具备的激励作用。此外，职工持股制度往往"一刀切"，没有给新进入企业的职工预备有一定数量的股份，所以无法使新职工有机地融入企业的人力资源团队中。

象限Ⅲ：该象限由财务资本与财务资本共同组成。财务资本之间存在着资源配置效率的问题，否则为什么同样规模的企业效益差距如此明显？但是，财务资本之间的有效配置的决策不可能自主完成，其必须有人力资本的能动参与。如果说企业经营的重心在管理，那么管理的重心则是在决策,人力资本所有者能动性的强弱将直接关系到企业决策的成败和企业的兴衰,从而决定着企业的核心能力能否形成和能否持续经营。

小结:我们可以看到,无论是财务资本与人力资本形成的共同框架、人力资本之间的团队协作,还是财务资本的优化配置,其实都离不开人力资本的能动参与,因此可以说,企业的人力资源、人力资本和财务资本之间的精诚合作是缔造、维系企业核心能力和确保企业持续经营的关键。

在上述的三个象限中,任何一个象限最后都会形成类似于一种物理学上所说的"合力",即 $S = \sqrt{H^2 + F^2 + 2HF\cos\alpha}$(其中 H 代表人力资本的贡献、F 代表财务资本的贡献、α 代表人力资本与财务资本、财务资本之间、人力资本之间合作而形成的夹角),夹角越大,合力越小,反之亦然。所以,企业持续经营的前提就是尽量促使人力资本和财务资本精诚合作,缩小"夹角",增加"合力",缔造企业的核心能力来确保持续经营性。

(3)持续性高质量的会计信息披露是企业持续经营的必要条件之一

由于信息不对称,企业的竞争优势、核心能力乃至持续经营的信息无法为外界准确地了解。为此,需要高质量的会计信息披露体制,因为高质量的会计信息可以降低投资者决策过程中所面临的不确定性,从而达到改进决策效用、促使社会资源趋利性流动和优化社会资源配置的目的。需要注意:①投资者不仅包括财务资本所有者,而且包括人力资本所有者,因为人力资源是否愿意融入企业,本身也是属于决策的范畴,时至今日我们不应该再将员工进入企业看作是企业单方面的招聘,而是应该透过现象看本质,员工特别是高技术人才和管理型人才进入企业本身就是在对企业的总体认可下对企业的一项投资行为;②企业资源的配置不仅只涉及财务资源配置一个方面,而且还包括人力资源的配置问题,因为只有良好的人力资源配置,才可以激发出良好的团队合作精神,从而确保企业的核心能力和持续经营。

考虑到会计主体或者企业的持续经营性,管理当局及其代理人必须不断地定期提供会计信息。然而会计信息使用者则是不固定的,经常处于变动状态之中,证券市场上的股东尤其如此。管理当局可能选择提供高质量或者低质量的会计信息,会计信息使用者可以信任,也可以不信任管理当局所提供的会计信息。由于信息的不对称性,信息使用者并不能够对会计信息的质量未卜先知,但是他们可以根据所观察到的现象来修正自己的认识。假设会计信息使用者所信任的、管理当局提供的会计信息是高质量的,并据此进行决策,那么他获得效用 W;如果所信任的会计信息是低质量的,那么他的效用为 $-W$。相应地,如果管理当局提供高质量的会计信息来取得使用者的信任并赢得了投资,那么他的效用为 W;如果提供了低质量的会计信息骗取了使用者的信任,那么他的效用为 $2W$。那么,博弈矩阵如表 2-1 所示(张维迎,1996[a]):

表 2-1　管理当局与会计信息使用者博弈矩阵

管理当局	使用者	
	信任	不信任
高质量	W, W	0, 0
低质量	$2W, -W$	0, 0

如果只对一个会计期间进行分析,那么唯一的纳什均衡是(不信任,低质量)。注意,对小投资者和潜在的投资者而言尤其如此。但是由于持续经营前提的存在,假设贴现因子小于 0.5,我们可以发现如下情况:提供高质量会计信息的企业必须持续地提供高质量的会计

信息，后来的投资者观察到在他之前的投资者信任企业提供的会计信息，自己也信任。如果企业曾经提供过低质量的会计信息，那么它将持续地提供低质量的会计信息，因为以后的投资者将会根据在其之前的使用者不信任企业的会计信息而持不信任的态度。那么，此时唯一的子博弈精练纳什均衡为(信任，高质量)。详细分析如下：

①管理当局的决策。给定会计信息使用者对企业披露会计信息的信任程度，如果管理当局提供低质量的会计信息，那么可以得到 $2W$ 单位的短期效用；当资本市场了解到该企业提供低质量会计信息的事实后，这个消息很快就成为资本市场上诸多投资者的共同知识，因此这之后的每个会计期间的效用都为 0。如果管理当局始终如一地提供高质量的会计信息，那么每个阶段都可以获取固定的效用 W，假设贴现因子为 γ，考虑时间价值进行贴现后管理当局的总效用为：

$$U=\left[\,W/(1+\gamma)+W/(1+\gamma)^2+\cdots+W/(1+\gamma)^n\,\right]$$

当企业持续经营时 ($n\rightarrow\infty$ 时)，总效用收敛于 W/γ，因此，如果 $W/\gamma>2W$，即 $0.5>\gamma$，管理当局就不会提供低质量的会计信息。当 $\gamma>0.5$ 时，企业会持续提供低质量的会计信息。

②使用者决策。给定 $\gamma<0.5$，由于会计信息使用者只关心某个特定阶段的支付，当他认为会计信息是高质量时，他才予以信赖并据此做出自己的投资决策；如果管理当局曾经提供过低质量的会计信息，那么使用者将会预期管理当局将继续提供低质量的会计信息，所以不信任乃至不投资是其最优决策。

③高质量的会计信息披露是企业持续经营的必要条件之一，否则企业将无法取得投资者的持续性的信任，从而无法吸引充裕的财务资本和人力资源的投资，这样企业将无法确保其实现价值最大化的适当规模，从而无法形成甚至丧失其核心能力和竞争优势，最终导致无法持续经营。

4. 会计分期

判断会计主体的经营具有连续性的假设,为财务会计的处理和财务报表的编制,提供了必不可少的相对稳定的时间条件。会计人员一般可以不必考虑个别主体有可能出现中止经营的偶然事件,而按照持续经营的要求,向市场提供持续经营的量化信息,尤其是能用货币量化的财务信息。在各个主体之间,能够相互提供并相互利用会计信息是保证市场(尤其是证券市场)有序运转的重要条件。由于假定主体连续经营的时间是无限的,为了使信息有用,进一步就必须提出信息提供的时间要求,考虑到需要与可能,把主体持续经营的"时间长河"分割为若干期间片断,以便分期编制财务报表并对外提供会计信息就提到了议事日程。在提出"持续经营"假定之后,再提出"会计分期"假定,不仅顺理成章,而且解决了市场对会计信息的及时需要,进一步突出了财务报表的作用。"会计分期"假定与"持续经营"假定是相辅相成、缺一不可的,它也涉及财务会计与财务报告的所有方面,因此可以视为一项基本假设。

5. 小结

上述四项基本假设为什么成为财务会计和财务报告的前提?怎样认识它们的重要意义和作用?对下列事例的简单分析可以帮助我们回答这些问题。

第一,一切财务会计的记录(如账簿)和报告(如财务报表)都是指特定主体(如 ×× 企业)的账簿和特定主体(×× 企业)的报表。没有一部会计记录或一份会计(财务)报表不是以特定主体为基础的。此外,所有的会计记录和财务报表都要规定以特定货币(如人民币)作为记账和报告的主要计量单位。其他计量单位若不能用货币表现并折算为本位币,均不能最终计入账簿与报表的合计。以特定主体为报告范围并以特定货币为"本位币",可以被视作会计(主要指财务会计)

这一信息系统区别于其他经济信息系统(例如统计)的基本标志。

第二,财务会计是以向主体外界传递有关财务信息供他们进行决策作为自己的主要目标的。就全部财务信息而言,在财务报表中确认的信息应当属于最重要、最有用的信息。财务报表的各种信息是以财务报表的要素为基础的。因此,怎样定义要素,对于财务会计信息的生成,具有不言而喻的重要性。对财务报表要素的定义〔以美国财务会计准则委员会(FASB)的定义为例〕加以分析,就足以说明,一切要素的定义都不能离开上面所提出的(也是会计界普遍承认的)四项假设。

(1)财务报表的要素都同可能的未来经济利益有关。按照财务会计准则委员会(FASB)的 SFAC No.6 第 54 段、第 78 段和第 80 段中的相关表述:

资产——可能的未来的经济利益(即收取可能的未来的经济利益的权利,以下简称"未来的经济利益");

负债——交付可能的未来的经济利益的义务;

所有者权益——剩余的未来经济利益;

收入——资产(未来的经济利益)的增加或负债(支付未来经济利益的义务)的减少,或两者兼而有之;

费用——资产的减少或负债的增加,或两者兼而有之。

所谓"未来的经济利益",按照财务会计准则委员会(FASB)的解释,是指它具有直接或间接产生现金流入的能力〔SFAC No.6: 26(a)〕。如果一项资源在将来能够产生现金净流入,那么它现在必然是一个可以货币计量的价值物。也就是说,财务报表中所有要素(它们是组成财务报表信息的基础)必须是能够用货币表现的现金等价物(观念上的货币)或现金(现实的货币)。

(2)上述未来经济利益的流入、流出、增加、减少,还不能构成财务报表中有关要素的定义。构成要素定义的条件之一，是未来经济利益的流动须由已发生的（即过去的）交易或事项所产生。这里，交易或事项发生于过去，而导致的结果——经济利益却只能形成于可能的未来。"过去"和"未来"是对时态的表述。显然，这是在"持续经营"和"会计分期"等基本假设的基础上才会产生的概念。

（3）在要素的定义中，还有一个共同的，也是最重要的前提条件：特定主体。离开特定主体，既不会有过去的交易或事项，又无从辨认未来经济利益的流入、流出等其他变动。"特定主体"这个定语对于定义财务会计（财务报表）的所有要素来说，起着不可或缺的重要作用。特定主体是什么？就是会计主体假设在会计要素中的具体表述。在上列四项基本假设中，由于包括持续经营和会计分期两项假定，估计和（在过去，现在和将来之间）分摊将不可避免。所以穆尼茨在 ARS No.1 的 B 项假设中提出"暂时性"。

6. 对上述 4 项会计基本假设的补充

第一，会计主体假设，以及以货币为计量单位的假设，是由企业的外在经济环境（主要是市场经济）决定的，它们均具有客观性质。至于持续经营、会计分期以及货币的价值稳定不变假定等，尽管也是客观经济环境要求会计进行的必要补充（假设），但其主观性却较为明显。即使不考虑作为计量单位的货币的币值稳定不变这个假设，以持续经营和会计分期两个假设为基础的财务报表及其信息，并不能够代表一个主体（企业）的最终财务状况和经营结果。1940 年，佩顿和利特尔顿在其经典著作《公司会计准则导论》中分析"经营连续性"这个概念（即持续经营假设）时，着重指出："必须认识到，即使在最顺利的情况下，财务报表在性质上具有'暂时的'特征（Provisional in Character）；依据报表进行的决策，常常可能由于未来事件的变化而需要予以调整。经营账户（即损益表）的期间合计可能被看作是企业经营的结果，但它距离真实的结果相去甚远。资产负债表中的重要指标，也是从属于至关重要的经营连续性假定。一个企业的全部（完整）图像，在企业最终清算之前，是不可能完全看清的。"（Paton & Littleton, 1940: 10）

1961年，美国注册会计师协会（AICPA）的 ARS No.1 针对会计分期假设必须运用摊销程序而带来的不确定性，也把"暂时性"（Tentativement）列为第四个补充假设（Postulate B-4）。这项假设认为，"每当在过去、现在和未来之间予以分配，则有关短期内的经营成果总是暂时性的"（Moonitz, 1961）。每一会计期间的财务报表，所传输的信息带有暂时性。不论是否承认"暂时性"可列为一项会计假设，但对于利用财务信息（包括财务报表和已发展了的财务报告）的使用者，在根据或参考这种信息进行决策时，关注上列提示，是非常重要的。投资者在做出决策时，往往要观察、比较并分析若干个相毗邻的会计期间（比如若干个连续的会计年度）的经营业绩，并评估其发展趋势。这就是大多数会计信息的使用者自觉地认识到财务报告、特别是投资者最关心的盈利等财务指标具有暂时性特点而形成的应用财务信息的重要经验。

第二，由于财务会计的对象是价值增值运动，所以以货币为基本单位的假设就明确规定了会计的这一基本特征。这条基本假设说明了会计信息主要是能够用货币量化的价值信息（财务信息）。在市场经济条件下，几乎一切的产品、劳动和知识与技能都属于商品。商品的使用价值（除了无形资产外）都有它的外表特征和各种用途，人们完全可以看得见、摸得着，而商品的价值（比如企业的厂房、设备与存货的价值），你无法看到其存在。那么，怎样确定和量化价值呢？"只有商品价格的分析才导致价值量的决定，只有商品共同的货币表现才导致商品的价值性质的确定"（卡尔·马克思, 1985: 45）。货币具有多种职能①，在我们看来，最重要的是：第一，它代表商品的价值，可用来购买任何商品和资源，因而在这个意义上，货币就是财富，即现实的货币。人们努力工作、努力赚钱的积极作用应看成是为社会创造财富并增加财富，推动社会进步。第二，货币可以作为价值尺度，是一切商品的等价物，这指的是观念上的货币。而要使观念上的货币作用发挥出来，就必须以货币为形式来表现并计算商品的价值。严格地说，商品价值及其增值的货币表现就包括以货币为计量尺度（不可能是千克、米、磅等其他计量尺度），而把价值的属性加以量化表现。什么是用货币量化价值的最公认、最公允的属性？一般地说，是在商品交换活跃市场上所形成的价格即市场价格。

　　上述会计基本假设仅涉及货币计量单位（当然这是用来限定会计的对象和边界所不可或缺的）。不足的是没有提出财务会计的基本计量属性。关于这一点，ARS No.1 曾明确指出并将之列入其补充的假设（Postulate B-2），即市场价格。该假设指出，"会计数据是以已实际发生或预期的过去、现在或将来的交易为基础而形成的价格"（ARS No.1）。过去的市场价格是已经发生的交易在成交时的价格，在会计上就表现为历史成本；将来的市场价格是对未来交易成交价的估计；而现行市场价格才是通常所说的现行价格（即现行成本）。可见，一个"市场价格"概念可以基本上包容现行会计实务流行的各种计量属性。遗憾的是，当年穆尼茨在 ARS No.1 中提出的该项假设，由于美国会计原则委员会（APB）的反对（认为同现行公认会计原则差异太大）而被搁置在一旁（APB Statement No.1），甚至被人们遗忘。不料在 23 年

---

　　①　关于货币出现及其功能的理论分析从来就未间断过，马克思主义学者和产权制度派的经济学家都对该问题进行了持续关注，目前最流行的观点是（契约经济学家的观点）：在不存在需求的双向契约（Double Coincidence）中，货币起到的是润滑交易、减少交易费用的作用。也有学者从信誉机制和承诺问题角度论述了货币的产生。

后，穆尼茨提出的"市场价格"假设又成为美国财务会计准则委员会（FASB）的主要参考。财务会计准则委员会（FASB）在做了修改补充之后，把"市场价格"这一假设反映在了其制定的 SFAC No.5 中①。

二、会计基本假设的重新认识

如果联系会计环境的变迁进行仔细分析，我们不难发现产生于或者归纳于几十年以前的、目前得到公认的 4 项会计基本假设即会计主体、持续经营、会计分期和货币计量都不同程度地经受着巨大的冲击，这一点之前已经进行了初步的涉及。会计基本假设本来就是在对会计环境进行概括与总结的基础上进行的人为假定，那么在会计环境变迁的冲击面前，我们有必要也必须对会计基本假设的内涵进行重新分析与界定，并尝试根据会计环境的新特点提出新的会计基本假设。

1. 会计基本假设受到的冲击

①关于会计主体假设

会计主体的空间范围正在发生急剧的变化——在信息革命面前，会计主体的空间范围正变得越来越难以界定。正如美国注册会计师协

① 　穆尼茨提出的"市场价格"假设是广义的市场价格，包含过去、现在和将来的三个时点，覆盖了企业持续经营的整个区间。而财务会计准则委员会（FASB）将穆尼茨提出的市场价格"狭义化"并进行分类，把过去的市场价格（交易价格）称为历史成本，把现在时点上的市场价格分为如下几类：从投入角度和购买方角度看的、现在的虚拟交易市场价格——重置成本；充分竞争市场上的均衡价格——现实的市场价格；未来的交易预期的市场价格——未来现金流量贴现值（后被 SFAC No.7 修正，认为现金流量贴现值是一种计量技术，而非计量属性）；对市场价格进行微调后得到的可变现净值；对重置成本、（现行）市场价格和未来现金流量贴现值进行综合后的现行成本（现行成本的确定是首先从"可变现净值"和"未来现金流量的贴现值"中选择较高的一个，然后再与重置成本进行比较，选择较低者；因此，现行成本并不等于重置成本）。现行成本不等于重置成本，财务会计准则委员会（FASB）在其 1979 年 11 月份颁布的 FAS 33（现已被 FAS 89 替代）中曾有一种解释："现行成本不同于现行重置成本是因为现行成本计量关注的是企业持有资产内含的服务潜能（Service Potential），而现行重置成本可能计量不同的资产，但它可用来代替企业持有的资产。"如果代替的资产的服务潜能小于被代替的资产，现行成本可能小于现行重置成本（FAS 33: par.97）。

会（AICPA）下属的紧急事务委员会（Breakthrough Task Force）所指出的，到2005年，法律主体的平均规模将大大下降，企业的供应商、雇员和顾客将以"交易为纽带"进行经济活动，这些交易网络将以存在着密切联系的企业群体或"虚拟企业"为中心，这些企业群的经济活动的规模、迅捷性和复杂性也许是目前的企业、甚至是企业集团所不能比拟的。如果企业的空间范围界定如此具备弹性，那么未来的非传统性企业——"虚拟企业"，将会是一些企业网络，甚至是成千上万的个人联合在一起形成的网络，当然这些个人主要是一些极具潜力的"人力资源"或"智力资本"，他们构成了虚拟企业的主要的资产。因此，需要抛弃传统的将企业实体或有形的企业当作会计主体的思路，应该对会计主体的内涵与外延重新进行认识。

②关于持续经营和会计分期假设

会计理论中对持续经营假设的定义采取了"非反例即为真"的思路，即"除非有明显的反证证明一个企业或者会计主体在可以预见的日期将进行清算，否则都认为企业将持续地经营下去"。而会计分期假设是在持续经营假设的基础上，将企业连续的经营活动人为的划分为若干个间隔期，以便定期提供一个企业财务状况、经营成果和现金流动的有关信息，通过向委托者报告受托资源的保值和增值情况来解除管理当局的受托责任，并向目前的或潜在的会计信息使用者提供决策有用的信息。持续经营和会计分期假设的定义决定了它是会计基本假设中主观性和人为性较强的两项。

根据市场经济优胜劣汰的规律，任何企业都不可能做到真正意义上的永续经营，企业在会计分期假设下的期末财务状况和经营成果只具有暂时性和近似性（由于权责发生制允许会计人员的主观判断），真正客观的财务状况和经营成果只有等到企业经营期限终止以后才可能得到。因此建议将暂时性假设作为持续经营假设的一个子假设（Sub-

Postulate）明确提出。因为，持续经营假设固然必须，但是持续经营假设就仿佛是一把"双刃剑"：一方面，只有假设企业持续经营，权责发生制原则、历史成本原则和实现原则才能获得存在的合理性和必要性；另一方面，持续经营假设以及会计分期假设下最终得到的财务报告不可避免地含有人为估计和判断的成分在内，由此得到的反映企业财务状况和经营成果和财务状况变动情况的会计信息只是对企业整个经营过程某个横截面（Cross-Section）的综合与分析，因此不可避免地具备了"暂时性"的特点——持续经营总是相对的。了解到这一点，会计信息的使用者就会认识到，目前会计期间或几个会计期间企业的财务状况和经营成果只能是一种暂时的结果（最终的结果要到企业经营彻底结束以后才能客观得到），因此在进行相关的决策时，就会注意到会计信息所反映的和客观事实不可能完全一致的特点，并适当地做出分析调整。此外，明确"暂时性"这一点，无疑在一定程度上可以降低使用者对会计信息的主观期望，降低"注册会计师诉讼爆炸"的发生频率。

至于会计分期假设，目前受到网络化和实时报告系统（Real-Time Reporting System）的冲击，我们认为目前该假设虽仍有存在的必要性，但是其内容必须相应地得到修订。修订后的会计分期假设的间隔期将大大缩小，将会出现按照季度、月甚至旬为时间单位编制财务报告。中期财务报告（Interim Financial Reporting）的作用将日益突出。另外，考虑到年报的滞后性，建议编制简化年度报告（Summary Annual Reporting, SAR）来使会计信息使用者尽快地了解到企业本会计期间的重要的财务状况和经营成果，并对会计信息使用者浏览最终的年度财务报表提供导读的作用。

③关于货币计量假设和币值稳定不变子假设

由于企业最终生成的财务报表上体现的数字具有概括性的特征，

而货币则是唯一的、统一的计量尺度,所以货币计量假设必须存在。但是,货币计量假设的子假设币值稳定不变假设则成为财务会计和会计计量乃至财务报表改革的一个巨大的障碍。币值稳定不变假设是历史成本计量的坚实根基,而与公允价值则是不相称的。公允价值会计计量属性要想得到更广泛的运用,至少在未来与历史成本并驾齐驱,币值稳定不变假设必须排除在会计基本假设之外,但可以降格为会计假定①,仅仅适用于利用历史成本计量的经济业务的情况。

关于增设会计计量属性为会计基本假设的观点,如果将会计看作是一个以提供财务信息为主的经济信息系统,那么会计计量贯穿于整个会计信息系统之中,会计计量是会计信息系统的核心职能,会计本身就是一个计量过程(ARS No.10)。关于会计确认,权责发生制(确认的时间基础)被认为是一项会议基本假定(参见 IAS 1),那么鉴于会计计量的重要性和会计计量属性对会计计量的重要性,我们认为会计基本假设中应当为会计计量属性留有一席之地。在对币值稳定不变假设做出修正之后,建议引进穆尼茨在 ARS No.1 中所介绍的"交换价格(市场价格)"假设,为解决会计计量属性抉择的难题提供一定的思路。其实,在进行交易的临界点上,历史成本与现行成本、重置成本取得了一致——都为交换价格,而一旦交易完成,这个交易价格就转化为历史成本,日后的交换价格就演化为其他会计计量属性。那么,在市场价格的会计基本假设下,我们可以推断出各种会计计量属性的适用范围:历史成本适用于反映初始的交易价格,它具有可验证性与客观性,有助于会计信息系统的相对精确性②,避免像其他学科计量结果一样的

---

①　葛家澍(1996)认为:会计基本假设与会计假定(Assumption)的层次不同,适用范围亦不同。

②　当然,会计学科范围的拓展,尤其人力资源会计和社会责任会计的出现,也使得会计计量结果出现了一定程度的模糊性,有关论述参见杜兴强(1997)。

模糊性。公允价值适用于像签订了不可更改的合约、需要在未来履约的项目、单独贡献现金流量的项目如衍生金融工具等的计量。

2. 会计基本假设的逻辑层次再认识

此外，得到会计界普遍认可的 4 项会计基本假设，并非是并列的、概念层次相同的，下面将运用历史与逻辑相结合的思维进行探讨：

历史考察①。意大利复式簿记在理论上的总结固然标志着记账方法的改进，同时不可忽略的是，复式簿记的有关论述之中，已包含了"会计主体"的胚胎——"在三本账簿（日记账、分类账和备查账簿）中，合营的资本账户必须和自己的资本账户分开登记"（R.G. 布朗、K.S. 约翰斯顿，1988：80-81）。实际上，会计从产生之日起，就与特定的主体结下了不解之缘，从中国原始公社的"结绳记事"到印度原始公社出现的"记账员"的事实分析都是如此。此外在当时的意大利，虽然还不存在稳定而统一的货币，但是巴其阿勒在其著作中已经明确指出，"在计算价值总数时，只能采用同一货币单位，因为不同的货币单位不适宜汇总合计"，这可以看作是货币计量思想的发端。当然，随着历史的发展出现通货膨胀现象后，会计界才给货币计量假设附上一个子假设——币值稳定不变。1673 年，法国国王路易十四签署《商业条令》，规定商人必须每两年编制财产目录，标志着会计分期思想的逐步形成。随着工业革命的成功，工厂逐渐采用机器设备等长期资产，经济活动的重心也告别了合伙冒险的商业活动，过渡到具有持续经营特征的工业生产活动。此时会计分期和持续经营假设才成为一对经常并称的基本假设，而并非像一些人认为的"会计分期假设是对企业的持续经营活动进行的人为分割"，这一点可以从定义——"除非有明显的反证，否则一般都认为企业将无限期地经营下去"中得到旁

----

① 主要参考了葛家澍、林志军（1990）和迈尔·查特菲尔德（1989）。

证,因为会计分期假设思想出现雏形时,企业的活动还是一次性交易和短期的合伙式经营(葛家澍、林志军,1990：5)。

逻辑分析。此处我们用逆向思维来解释。按照逻辑推理的原则,**最先产生的会计基本假设应当是会计所必要的,或者是会计更迫切需要的**(尽管人们当时不进行会计研究,也可能并未意识到这一点),**那么它在会计环境的变迁面前受到的冲击也应该最小**,依此类推。现在让我们来具体分析在目前会计环境下各项会计基本假设受到的冲击的情况。目前会计依存的大环境是市场经济,且正在实现由工业经济向知识经济的过渡。

(1)在市场经济下,企业优胜劣汰是客观事实,从长远来看,没有一个企业可以做到真正意义上的"持续经营"——即使经营业绩良好,也有可能被其他企业恶意并购,这是西方若干次兼并浪潮给我们的深刻启示。事实上,早在1961年,著名会计学家穆尼茨就在《论会计基本假设》(ARS No.1)中提到了暂时性假设,指出企业经济活动的暂时性是绝对的,而持续经营则是相对的。国际会计准则委员会(IASC)的《编报财务报表的框架》将持续经营称作是一项基本假定(Basic Assumption)而并非基本假设是有其道理的[①]。

(2)其次受到冲击的是会计分期假设。知识经济下,"信息是全球经济神经传递的讯号、金融资本是全球经济的血液、通信是连接经济的动脉"(罗伯特·赖特：1994：Ⅳ),为了正确、快捷的决策,必然要求及时的有用信息。然则目前以年为时间单位的年度财务报表、甚至以半年、季度为时间单位的财务报表已经越来越不能满足会计信息使用者的需要,随着计算机网络等通信技术的进步,未来的会计信息提供必然是一种实时报告系统,那么会计分期的限制将摆脱传统的内

---

① 按照葛家澍(1996)的区分,会计基本假设的地位要高于会计基本假定。

容,而变得更富有灵活性!

(3)接下来受到冲击的是货币计量和币值稳定不变假设。币值稳定不变假设在持续的通货膨胀面前显得是那么的"苍白"。但是,除了个别国家的个别时期外,通货膨胀还是可以限制在一个认可的范围之内的。当然,此处并非为币值稳定不变辩解,而是认为,在现有会计环境下,该假设相对于持续经营和会计分期假设而言受到的冲击要小。

尽管有人设想了种种的会计模式,企图对货币计量假设提出质疑,但是只要复式簿记系统存在,货币计量假设就必不可缺,因为没有任何计量单位能够取代货币这种统一的计量尺度来完成复式簿记那内在的平衡机制,至少目前是如此。那么,有人要问:"目前多数软资产如智力资本、人力资源等为什么不能在财务报表中确认?"我们认为出现这种情况固然有目前尚无法完美地用货币对之进行计量的原因,但是恐怕最大的难处还在于无法选取合适的计量属性对之进行计量。后者比前者更严峻!

(4)尽管沃尔曼认为不久的将来,会计主体将体现为以产品为中心的网络即"虚拟企业"(Wallman, 1996[a]),而不再是传统意义上的法律实体,但是不可否认的是,这些改变的只是会计主体的形式,会计主体的内涵并未因此而不存在,相反会计主体的内容将更加丰富!也就是说,受到冲击的只是会计主体的形式而已。

上述历史洞察和逻辑分析的结果是不谋而合的。会计基本假设的概念层次顺序是"会计主体→货币计量(币值稳定)→会计分期→持续经营"。

三、我国财务会计概念框架中考虑中国的经济环境及其衍生的会计基本假设

由于财务会计是一种国际商业语言,财务会计概念框架的基本内

容应当是一致或相似的，否则，就不可能做到：①相同或相似的交易或事项，不论在全球何时何地发生，都应当按相同或相似的方法进行会计处理；②相同或相似的交易或事项，不论在全球何时何地发生，都应当按相同或相似的方法进行报告并予以基本一致的解释。但毕竟国家还存在，各国的社会制度和经济体制不尽相同，各国制定的概念框架或多或少带有自己的特点，这是由各国政治、经济、社会、法律等环境所决定，其中，经济环境尤为重要。现在，各国和国际会计准则委员会（IASC）制定的财务会计概念框架都建立在市场经济的基础上，市场经济是一个大前提。各国实行的市场经济总是具体的，是不尽相同的。例如，以美国为代表的西方国家市场化的程度最高，绝大多数企业的资金来自资本市场。而资金既比较分散又都属于企业私有。股份公司是其最普遍的企业组织形式。在另一些国家中，如德、日等国，企业的资金主要来源则来自银行。当然，在这些国家中，绝大多数企业也属于私有。

我国正从计划经济向市场经济转轨。我国是社会主义国家，我们要建立的不是什么"100%的完全由市场经济调节的"市场经济，而是社会主义市场经济。即使加入 WTO 后也是如此。其主要特点（仅指同财务会计有关）是：

第一，国有经济（企业）在全部经济中占主要比重，以税利来说，根据最近调查数据显示，国有工业企业及国家控股企业上缴税收占全国工业企业上缴税收的 2/3；仅 196 家中央企业实现的利润就占全国 15.9 万家国有企业利润的 64%。

第二，在我国，上市公司中的大多数是国有企业。经过股份制改组的结果，最大的投资者是持有国有股和法人股的国家，即国资委（国有资产管理委员会）及其地方所属机构（为简化计算，我们一律称为"国资委"），出于对国有资产保值和增值的关注，国资委作为我国最大的投资者最需要真实与公允的财务报告，用来评估、监督公司管理层，对受托经营国有资产的保值、增值责任进行考核，并据以进行相应的人事任免和奖惩决策。

第三，现在各国实行的市场经济，都配合政府的必要干预。例如，最近，美国出现的一系列上市公司财务欺诈、会计作假等案件，震撼了美国和全世界，于是在 2002 年 7 月，美国就制定了前所未有的一项严厉监督上市公司财务报告和审计的《萨班斯—奥克斯莱法案》（Sarbanes-Oxley Act），进行会计改革并对投资者进行保护。我国由于实行社会主义市场经济，国家对市场经济（特别是对证券市场）的宏观调控，不但力度很大，而且是一种主要的、经常的政府行为。

第四，我国政府设有许多宏观调控机构如国家发展和改革委员会、财政部、中国人民银行、中国银行业监督管理委员会、中国证券监督管理委员会、中国保险监督管理委员会[①]、国家税务总局等，以及国家审计机关——审计署、国家统计局等单位，这些单位都要直接或间接运用财务会计数据，制定有关的政府法规、不断完善国家宏观调控行为。

第五，我国也有大量的商业银行、保险公司等金融机构成为上市公司的债权人，还有机构投资者和比较分散的大中小个人投资者。

在上述复杂的经济环境中，产生了我国特有的和各国共有的若干基本假设和假定。

（1）宏观调控

这是我国社会主义市场经济条件下特有的基本假设，它表明政府对市场干预的经常性和较强的力度，它在一定程度上影响财务报告的框架和信息需求。这项基本假设决定了我国的财务会计（会计核算）既应为微观经济管理服务，又应为宏观经济管理服务。

----

①　中国银行业监督管理委员会和中国保险监督管理委员会现已合并为中国银行保险监督管理委员会。

(2) 会计主体

对财务会计来说，不论日常的会计处理或最终的财务报告，都必须以一个企业（或一个非企业的独立核算单位）为自己的边界。经济资源、经济义务和资源与义务的变动从而表现的企业业绩，都只能属于特定的企业——特定的会计主体。会计主体决定了财务会计的空间范围，也决定了它主要是微观经济管理的工具，奠定了财务会计的一个本质属性。会计主体同时也是财务报告主体。每一个独立经营、自负盈亏、独立核算的企业都是一个独立的会计主体。但一个主体若直接控制或间接控制另一个主体，具有控制能力的主体，既是本企业财务报告主体，又是合并被控制主体的合并财务报告主体。这是市场经济下共有的基本假设。

(3) 以货币为基本计量单位

市场经济实际上也是商品货币经济。财务会计处理的交易或事项莫不与价值及其变动有关。价值不能自我表现。货币是价值惟一可以捉摸的存在形式。货币的一项重要职能，就是当作价值的尺度。所以，财务会计能够把会计主体发生的交易或事项予以量化的唯一手段就是货币（要注意，这里讲的"货币"主要不是"实际的"货币而是"观念"上的货币，是以货币为符号来表示的交易或事项成交的数量——金额）。以货币为基本计量（包括记录和报告）单位，通常采用各国、各地区的法定"名义货币"。因此，尽管这一基本假设衍生于市场经济，采用与否并不以人们意志为转移，但它却暗含一种带有主观意志的假定——作为计量单位的名义货币，其购买力（即货币本身的价值）是不变的或基本不变的。

(4) 市场价格（或交换价格）

财务会计是一个主体提供以财务信息为主的信息系统，由于是提供财务信息，所以必须采用货币为计量单位。但一个量化的财务信息的生成，不仅要有计量单位，而且要有计量属性。在市场经济中，凡是活跃的市场，其商品劳务的交换总是通过可观察的市场价格达成交易。凡是市场参与者（主要指供应者和购买者）普遍愿意接受的价格即市场价格，应是最理想的公允价值，而应成为财务会计计量的基础。市场价格是动态的成交金额，是在不断变化着的，而且有许多衍生的形式。如过去的市场价格就是企业的"历史成本"，现在的市场价格既可以是购买企业的"现行成本"，又同时是供应企业的"脱手价格"，等等。但市场价格是在市场中客观地形成的，是不以个别人或个别企业的意志为转移的。它的形成、变化及其对市场的影响是由一只看不见的手所左右。佩顿和利特尔顿所说的"可计量的对价"和"价格积数"（Price-Aggregate），已经指出了价格是会计计量的必要属性（Paton & Littleton, 1940: 11-13）。穆尼茨则把市场价格明确列为第二个补充假设（Postulate B-2），他认为，会计的数据一般是奠定在过去、现在或未来交换的基础上，即已经发生或预期其发生的市场价格（Moonitz, 1961）。

以上 4 项，我们称之为基本假设。基本假设为数甚少，是由财务会计赖以存在的环境特别是经济环境决定的，因而具有客观性质，并具有相对的稳定性。基本假设也可被称为"基本概念"，或"基本前提"，构成了财务会计的基础和基本特征。

除以上 4 项基本假设外，为了保证财务会计的顺利运行及时提供有用的信息，在一定程度上也要考虑市场特点，还应提出并承认 3 项补充的基本假设。由于提出这几项基本假设，适用人们对事物的假定具有一定的主观估计与判断，所以，在严格意义上，补充的基本假设应被称为"基本假定"。不过，为了避免使用过多的相似名词，我们仍称它们为"基本假设"。这 3 项基本假设是：

（5）持续经营

在市场经济中，竞争使任何企业都不可能无限期永远经营下去。

我国的所谓"百年老店"也不过只有百年或几百年历史。当前，收购兼并的浪潮席卷世界，更加剧了企业经营的不稳定性。改组、重组、被并购，以致关闭、破产、部分或全部中止经营，随时可能发生。但每一个企业总是期望自己无限期地持续经营下去，尽管能否持续经营带有很大的不确定性，而财务会计这个信息系统必须建立在企业经营连续性这一假设的基础上，因为企业持续经营还是中止经营，对会计的要求是完全不同的。所以，必须做如下的补充假定：只要没有反证，即没有确切证据证明一个主体的经营将中止，则财务会计系统就以该主体是连续的、无限期经营为前提，建立从数据加工、生成到传递（一个主体的经济资源、经济义务、资源与义务变动的）经营业绩信息的模式。换言之，如果企业中止经营，则现行财务会计模式就不再适用。

（6）会计分期

会计分期是同持续经营紧密联系的一个假设，财务会计不能等到一个主体中止经营才向使用者提供信息，否则，建立在持续经营基础上的财务会计信息系统将无法提供信息而等于无用。因此，人们必须把一个主体的连续经营活动人为地分割为若干会计期间（比如半年、一年），这样，财务会计信息的提供，既有主体作为空间范围，又有会计分期拟定时间界限，就保证了会计目标的实现，及时满足使用者的各种信息需求。

当然，会计分期同持续经营一样，都带有人们主观意愿的假定性，但它们都是必要的假定，构成了财务会计不可或缺的基础。只有前述4项假设，而没有这两项补充假设，财务会计的模式既不能形成有用的信息，也不可能及时地定期地提供。但佩顿、利特尔顿和穆尼茨都曾提醒财务会计信息的使用者：在一个主体终止经营之前，分期提供的信息是估计、判断的结果，都有"暂时性"〔Provisional in Character（Paton & Littleton, 1940: 10）or Tentativeness（Moonitz, 1961: par.37）〕。我们应当注意这一点。

（7）权责发生制（应计制）

财务会计作为一个信息系统，以财务报表为终端，是由确认、计量、记录和报告 4 个程序组成的数据加工的系统，其中的确认和计量两个程序最重要也最复杂。前面提到的"以货币为计量的基本单位"和"市场价格"两个假设，都是为计量提供的前提和基础。这里提出的"权责发生制"则是属于确认的一个补充假设，而且主要（或直接）是对业绩的两个组成要素（收入或利得；费用或损失）而言。权责发生制含义是：在交易或事项中，当一项收取收入（利得）的权利已经发生时，应当确认收入或利得；而当一项承诺在未来支付费用或损失的义务已经形成时，则应当确认费用或损失。权责发生制强调的是收入和费用发生的所属会计期间，而不问此项收入是否已经收到和此项费用是否已经支付。因此，同它相对立的还有另一个确认基础——收付实现制，后一确认基础曾盛行于农业和商业社会，到工业社会基本上由权责发生制所取代。这有两个原因，一是信用制度在工业社会日益发达，绝大多数交易和事项都要借助于信用来完成；二是现代企业使两权分离，产生委托和代理关系日益远离企业的投资者，要求按期间业绩来检查资源受托经营和企业管理层（特别是高级管理层）的受托责任，明确业绩的期间归属，才能分清受托责任的履行和完成情况，从而有根据地对管理层做出奖惩和人事任免的决策。因此，我国也应承认权责发生制假设。

第三节　会计目标

财务会计是一个人造经济信息系统。这个系统总是依存于产生和运用它的经济政治等环境,所以,出现了若干基本假设和假定,为该系统的运行设定了来自客观环境的基本前提。关于这一点,上面已经说过了。但是,任何系统都有自己的功能,而人造系统还有人们所意欲达到的目标。系统的功能在基本假设和假定的基础上,力求实现目标。当我们说明财务会计的目标时,实际上就是要回答:人们为什么需要财务会计?

对这个问题的回答也很容易。由于处在主体外部的利益关系集团需要了解有关该主体的许多重要经济信息,以便进行投资、信贷和其他类似的经济决策,并评估主体的管理当局对受托资源的经管责任,从而进行经营决策和人事管理与监督。这就是会计主体在市场经济条件下,人造一个财务会计信息系统的理由,也是该系统的目标。财务会计是一项提供财务信息帮助使用者进行决策和管理的行为,顺利开展这项行为又需要运用一系列内在一致的概念、理论和准则来规范。

财务会计可以看成是几个系统的结合:一是行为系统;二是准则系统;三是概念系统。行为系统包括确认、计量、记录和报告等程序,最后形成外部使用者所需要的会计信息。"外部使用者所需要的会计信息"就是"目标",行为系统是为了提供信息,实现目标。但由于信息提供者与信息使用者的分离,而需要对会计这个行为系统进行约束与规范,以保证信息得以真实与公正地提供,因此,就产生了会计准则系统。但在会计行为和会计准则中都需要运用内在一致的财务会计概念。一系列概念及其互相的联系又组成财务会计概念。财务会计概念系统着重研究财务会计的目标,财务会计准则系统所制定的准则则体现目标并用目标指引准则的制定方向。至于会计行为,则是直接为了实现目标。我们可以把会计行为系统简单地概括为"做",而把有关的规范准则系统和概念系统概括为指导会计人员"怎样做"和"为什么应当这样做"。它们的作用都是为了最好地达到目标。就财务会计目标而言，概念系统是确定目标，准则系统通过行为规范体现目标，而行为系统则在加工和生成信息中实现目标。它们之间的相互配合表现为理论与实践的统一，目标起着导向作用。

一、财务会计目标的通用提法

财务会计目标所要回答的问题主要是：

(1)谁是财务报告的信息使用者？

(2)使用者对信息主要用途是什么？

(3)现行财务报告能提供哪些主要信息？

关于第(1)个问题，各国的财务会计概念框架项目的提法基本是一致的，那就是不参与企业经营管理、远离企业的投资者、债权人及其他企业的利害关系人，我国也是如此，不过应突出我国最大的股东是国有股，最大的投资者是代表国有投资者的"国资委"。

关于第(2)个问题，使用者对信息的主要用途是：①供投资者用来监督检查经理层受托管理企业资源的受托责任，了解企业净资产的保值、增值，并对企业的重大经营、理财方针和人事变动进行决策；②供各类使用者进行经济决策，特别是投资决策(如买进、卖出或保持股票的决策)和信贷决策(如应否继续贷款，已贷借款应否催收的决策)。

关于第(3)个问题，现行财务报告可以提供一个主体的经济资源、经济义务、资源与义务的变动、财务业绩(特别是每股盈利、每股净资产等业绩指标)、现金流量(特别是现金净流入的金额、时间分布和不确定性)、流动性、偿付能力、发展前景的预测等财务和非财务信息。

财务会计的目标密切依存于使用者的信息需要。在不同的社会经济环境中，由于信息使用者有差别，严格地说，不可能有完全一致的目标。不过，市场经济毕竟是当前大多数国家的经济体制。这一点决定了在市场经济条件下，应当有一个通用的财务会计的目标。这一目标可简单地概括如下：

（1）财务报表的目标是提供在经济决策中有助于一系列使用者的关于主体财务状况、经营业绩和财务状况变化（主要是现金流量）的信息（IASC, 1989[b]: par.12）。

（2）为此目的而编制的财务报表可以满足大多数使用者的共同需要，但是它是以过去的交易与事项为基础的，且必须符合确认的基本标准，因而不可能反映未来的事件、可能的损失和基本确定的可能利益，因此，它不能提供使用者决策需要的未来信息和非财务信息。增加其他财务报告（不受公认会计原则制约且无需注册会计师审计）的资料，在一定程度上可弥补这一缺陷（IASC, 1989[b]: par.13; SFAC No.1: pars.5-8）。

（3）财务报表的目标应有助于一系列使用者，特别是最主要的使用者评估主体管理当局履行资源受托责任的情况并据以进行重大的经营、人事任免与奖惩等决策（IASC, 1989[b]: par.14; ASB SP: par.11）。

对于上述通用目标，还需要做如下说明：

（1）一系列使用者包括现在的和潜在的投资者、债权人、职工、供应者、销售客户、政府有关部门和公众，其中，最主要的使用者是专业用户（Professional Users）。因为专业使用者决策时能使用先进的方法与模型。专业使用者通过诸如共同基金（Mutual Funds）等形式，极大地、迅速地扩大了他们所控制的能用于投资、贷款的资本。专业使用者对资本流动与资源配置的影响力显著增强。当前，市场日趋复杂，变化十分快速，风险也日益增大，涉及资本流动和资源配置的决策，主要来自专业使用者。专业使用者最懂得，也就比较重视会计信息的作用。他们对会计信息的需求，必将影响未来财务报告的改进方向（AICPA, 1994）。

（2）就专业使用者对财务会计信息的需求而言，专业使用者是代表广大资本持有者进行投资决策和信贷决策的。为了进行这两种决策，使用者共同关注一个主体（企业）"创造有利现金流动的能力"（SFAC No.1: par.25），从而"要求评估企业生产现金和现金等价物的能力及其产生的时间与不确定性"（IASC, 1989[b]: par.15）。

任何一个企业，在其经营、投资、理财等活动中，无处不需要现金。这里涉及职工工资的支付，商品、劳务的购买，借款本息的偿还，股利分派和有利的投资机遇等。信息使用者在作投资决策时，必然关注该企业未来支付股利的能力，在进行信贷决策时必然关注该公司未来债务的清偿能力，特别是即将到期本利的偿付能力。全面而正确地评估一个企业的未来现金流动并非易事，但也不是不可能。说它不容易，是因为当前的财务报表还不能直接向使用者提供企业未来现金流量的信息。说它有可能，是因为全面研究一个企业的财务报表，对于企业未来的现金流动，还是可以做出有根据的预测的。专业使用者的长处，就在于他们既有能力，又重视分析利用企业的财务报表。正像财务会计准则委员会（FASB）在 SFAC No.1 中指出的："财务信息是一种工具……对于没有能力或不使用它或是错误地使用它的人来说，不可能有多大的直接帮助。然而，他们可以学会使用财务信息。财务报告应当为所有可以正确使用它的人们（专业使用者和非专业使用者）提供可资利用的信息。"（SFAC No.1）因此：

①尽管现金流量表反映的是已发生了的现金流动，但过去是评估未来的基础；

②尽管资产负债表和利润及利润分配表均以权责发生制为基础，但企业盈利及其组成的信息既能确切地反映当期经营业绩，也同企业的未来现金净流入有关；

③在资产负债表上，资产要素所属项目，通常是按其流动性（变现能力）高低来分类、排列，负债要素所属项目也按其偿还期长短来

分类、排列，这种排列方式，显然为预测企业未来的现金流动，提供了便利；

④以权责发生制为确认基础的资产负债表，包含了一些基于应计、递延（Deferral）、分配（Allocation）和摊销（Amortization）而形成的应收款项、应付账款；递延借项（递延资产）、递延贷款（递延负债）；备抵、准备等项目。这些项目是在可确认和可计量的范围内，对未来将引起的现金流动（如应计项目）或提前引起现金流动（如递延项目）的交易与事项，在其发生时即加以记录和揭示的结果。若能理解权责发生制会计的这种描述方式的特点，正确地分析上述项目的未来变化，必能有助于评估在未来会计期间经由这些项目转化的现金流动（未来现金流入、流出或未来现金流入的减少，流出的节省）的金额、时间安排与不确定性。

（3）一系列使用者，尤其是专业使用者还会关注一个主体的财务状况、经营业绩以及同现金流动有密切联系的"财务适应性"等信息。

①关于财务状况。一个企业的财务状况是指其可控制的经济资源、财务结构、流动性、偿债能力及其适应经营环境变化的能力。财务状况信息主要是由资产负债表提供的（ASB SP: chap.1, par.10）。

②关于经营业绩。一个企业的经营业绩是指企业在其所控制的资源上取得的报酬（扣除理财成本、筹资成本等减项），这些报酬原则上应是可实现的。

利润及利润分配表（收益表或损益表）可提供经营业绩的信息〔参阅 ASB SP（ED）: pars.1-11〕。

在英国，英国会计准则理事会（ASB）自 1993 年 6 月 22 日结束的会计年度起要求企业增加一个报告经营业绩的新财务报表——全部已确认利得和损失表，它反映全部已确认的利得和损失。该表除概括反映损益表已确认的经营利润外，还要反映未实现的财产重估价盈余、商业投资和未实现利得或损失、在净投资上外币按现行汇率折算差额等项。这样，在英国，经营业绩及其组成信息就由损益表与全部已确认利得和损失表共同提供（FRS 3: par.13, 27 and example）。

③关于财务适应性。

财务适应性也称财务弹性（Financial Flexibility）。一个企业的财务适应性，指企业采取有效措施来改变其现金流动的金额、时间安排以便对付意外事项和有利机遇的反应能力。财务适应性的评估不能依靠某一个财务报表，而必须综合运用全部财务报表。

二、财务会计目标的两种典型观点：受托责任观与决策有用观

目前来看，存在着两种不同的、关于财务报告目标表述的观点：受托责任观和决策有用观。由于会计目标（财务报告目标）引导和指引着会计信息系统的运行，所以不同的财务报告目标决定着企业提供财务报告的信息的侧重点不同。

1. 受托责任观

关于受托责任概念的形成，最早出现于宗教用语，后延伸至欧洲中世纪的庄园主和管家之间的、最早出现的明确、稳定的委托代理责任关系中，其英文表述为 Custodianship[①]。随后，随着受托责任在经济生活中的普遍化，其英文表述逐渐衍生为 Stewardship（经管责任），意为资源的管理者对资源的所有者承担的、对资源所有者交付的资源进行有效经营和管理的责任。此后以日裔美籍会计学家井尻雄士（Ijiri & AAA, 1975）为代表的一批学者，认为应该由 Accountability

---

① 美国会计学会（AAA）1966 年颁布的《会计基本理论说明书》在界定会计目标时，就援引了 Custodianship 一词。

替代 Stewardship。Accountability 的意义除了可以包容 Stewardship 所具备的意义之外，还具有与公司治理相关的特殊意义：资源的受托者对资源的委托方负有解释、说明其经营活动及其结果的义务。这和公司治理中的"说明责任观"是不谋而合的。此外，随着公司治理的"利益相关者观"的逐渐蔓延和发展，受托责任的内涵也逐步扩展到"社会责任"（Social Responsibility）。由此看来，立足于公司治理的背景，受托责任观的基本内涵可以概括如下：

①委托代理的存在是受托责任观的基石。在委托代理关系下，受托方接受资源投入方的委托，将承担起合理管理和运用受托资源、使之在保值基础上实现增值的责任；

②受托方承担如实向委托方报告和说明履行受托资源的过程及其结果的义务；

③随着公司治理内涵的丰富和外延的扩大，公司的受托者还承担着向企业的利益相关者报告有关社会责任情况的信息的义务。

受托责任观要能够得到明确地履行，一般要求有明确的委托代理关系（刘峰，1995）。在受托责任观下，使用者（投资者）更关注资本保全（资本保值和增值）以及经营业绩（反映管理业绩）和现金流量（反映现金股利的金额，发放的时间安排和不确定性）等信息。通过财务报告提供的信息，应能帮助投资者（股东）通过决策，促进其投资的增值和投资回报的最大化。

2. 决策有用观

决策有用观是美国财务会计准则委员会（FASB）在其财务会计概念框架中的创新。目前，该观点已经成为研究财务报告目标的主流观点，国际会计准则委员会（IASC）、加拿大特许会计师协会（CICA）等在相关的公告中均采纳了该观点。财务会计准则委员会（FASB）在 SFAC No.1 中所揭示的决策有用观包括如下内涵：

①财务会计的目标与财务报表的目标的趋同性。会计是一个以提供财务信息为主的经济信息系统，而最终向外部传递信息的主要手段就是财务报表。财务会计的目标与财务报表的目标因此是相互影响的，财务报表的目标直接影响到财务会计采纳一系列程序与方法对财务报表要素的确认、计量、记录和报告。所以财务报表的目标应该等同于财务会计的目标。

②财务报告应该提供有利于现存的、可能的（潜在的）投资者进行合理投资、信贷决策的有用信息。理论上讲，所谓有用信息，就是与特定投资者的特定决策相关。由于财务报告提供的信息是通用信息，它肯定无法直接满足所有投资者的需求。但是，财务报告提供的信息，对那些具有一定的专业知识而又相当勤勉、愿意进行分析的投资者而言是具有信息含量和决策有用性的。

③财务报告应有助于现在和可能的投资者、债权人以及其他财务报告的使用者评估来自销售、偿付到期证券或借款的实得收入金额、时间分布和相关的不确定性信息。

④财务报告应该能够提供关于企业的经济资源、对这些资源的要求权、以及使资源和对这些资源的要求权发生变动的交易、事项和情况的信息。

⑤采用权责发生制基础所得出的企业利润方面的信息，作为一个说明企业获得现金净流量的现时和持久能力的指标，比单纯依靠现金收付说明的财务情况更加有用。

⑥现在的投资者、潜在的投资者、债权人、供应商、职工、管理人员、董事、客户、证券分析师、税务部门、主管部门、立法机构、工会、新闻媒体等根据他们对企业的经济利害关系和需要了解企业的情况而做出各自的经济决策，都是财务报告的使用者（用户）。因此，财务报告具有通用性。通用报告主要根据会计准则和会计制度，反映特定企

业以财务信息为主的经济信息。

一言以蔽之，在决策有用观下，投资者、债权人、职工、政府有关部门等都会利用财务报告信息做出各自的决策。特定企业（公司）的财务状况，经营业绩与现金流量，具有不同程度的决策相关性。但"与特定企业最直接相关的财务信息的潜在使用者，一般关注的是企业获得现金有利净流量的能力，因为他们的决策，都同期望中现金流量的金额、时间安排和不确定性有关"（SFAC No.1: par. 25）。

3. 受托责任观和决策有用观的融合是关于财务报告目标的科学表述

关于财务报告目标的两种观点：受托责任观和决策有用观可以互相融合。如果关注受托责任，在评估代理人履行受托责任的好坏时，必然做出持有、买进或抛出股票的决策、奖励或更换经理的决策；如果关注决策有用，在其做出的经济决策中，也会直接或间接地同委托、代理关系有关。

要理解两者之间的融合性，首先我们要区分广义和狭义的受托责任观。目前大多数国家的准则制定机构在其财务报告目标相关的权威性文件中往往提及"决策有用观"，但并不能够得出"受托责任观"过时或退出历史舞台的武断结论。事实上，即使是"决策有用观"的始作俑者和坚定的奉行者财务会计准则委员会（FASB），也在 SFAC No.1 中不止一次隐含地提到了"受托责任"的内涵：

"编制财务报告要提供企业在报告期内财务业绩的信息，还要表明企业的管理人员怎样对企业的所有者尽了他们应有的受托责任（Stewardship Responsibility）"……

由此我们可以推知，财务会计准则委员会（FASB）等准则制定机构往往提及"决策有用观"，原因在于他们持有的是狭义的受托责任观。遵循公司治理的发展脉络，狭义的受托责任观往往和狭义的公司治理背景息息相关。狭义的公司治理主要探讨"公司是谁的、控制公司的又是谁"，换言之，狭义的公司治理一般被园囿于狭窄的"所有权与控制权"的框架内进行实践。狭义的公司治理强调股东对企业的所有权，从不同视角阐释着企业管理当局和股东之间效用函数的不一致、利益目标的差异，从而提出如何对管理当局进行激励，借以实现两者目标函数趋同。狭义受托责任下，强调股东对企业的所有权，必然要求管理当局定期报告对受托资源履行责任的情况。这可以看作是公司治理、狭义受托责任和财务报告的"受托责任观"之间的有机联系。

此外，狭义的受托责任立足的社会经济环境如下：存在着明确（不只是形式上明确，而且是实质上明确）、可辨认的委托方。然而，企业规模的扩大化和资本的趋利性流动以及社会资源逐渐分散化逐渐形成这样一种格局：在大多数的公司，尤其是在股票上市交易的股份有限公司中，股权十分分散。这样，一个个小股东可能基于私人成本效益的约束，并不愿意去对企业的管理当局进行监督，一般情况下也不愿意真正履行委托方的权利，对管理当局的经营进行监督，而只是心满意足地接受公司管理当局定期支付的股利。这样，原本明确、对应的委托代理关系开始逐渐模糊化，原本在狭义受托责任下既定的委托代理决策（如是否聘任或解聘管理当局）逐渐演化为个人的决策——在股票市场上"以脚投票"的方式，决定是否持有或抛售特定公司的证券。此时，投资者就迫切需要决策相关的会计信息来帮助他们进行相关的投资决策、借以降低决策过程中的风险和不确定性。由此，决策有用观逐渐形成并发展起来。

但是"受托责任观"和"决策有用观"并非是矛盾的或排斥的，相反，两者之间具有某些交集。受托责任观下，根据代理人提供的财务报告决定是否继续聘任或就此解聘本身就是一项决策；而决策有用观下通过股票市场持有或抛售特定公司的股票本身也可以看作是一种受托责任决策，是一种间接行使受托责任关系权利的体现。如果以一种更为广义的角度去理解受托责任概念或受托责任观，我们发现，两者不仅并不矛盾或排斥，而且决策有用观往往体现为受托责任发展到一个特定历史横截面上的特例。可以说，受托责任始终是公司治理和公司财务报告的根基。

我们也应该注意到这样一个现实，企业理论和公司治理研究对受托责任的关注经历了一个否定之否定的辩证过程。最初受托责任在公司治理中占据主导和支配性的地位；随着股权的分散性，决策有用观开始出现。但受托责任随着社会经济环境的发展，公司治理的内涵不断地扩充、外延不断地扩大。尤其是 20 世纪 70 年代末在学术界的推动下，公司治理研究不断深入。具体来讲，在公司治理领域出现了如下引人注目的现象：管理当局与日俱增的高薪引发不满、恶意并购的涌现、股东诉讼案件的激增、机构股东的兴起、来自股东以外的利益相关者的呼吁（Voice）、东欧国家涌现的"内部人控制现象"。此外更为关键的是，在公司治理中出现了机构投资者。机构投资者的出现解决了股权分散情况下股东缺乏动力对管理当局进行监督的弊端，由于他们掌握着大量的社会资源，所以机构投资者的存在又使受托责任在公司治理中的作用得到扬弃。

其实，英国会计准则理事会（ASB）在其《财务报告原则公告》中，率先将"受托责任观"和"决策有用观"融合性地表述，形成了财务报告的完整目标。英国会计准则理事会（ASB）认为，财务报告的目标是"向一个广泛范围内的使用者[①]提供关于一个报告主体财务业绩和财务状况的信息，以利于他们评价该主体管理当局履行受托责任情况并

[①] 这些使用者包括目前或潜在的投资者、信贷人、供应商、雇员、顾客、政府、公共部门等。

进行相应的经济决策"。

对于会计目标，我国往往借鉴西方财务会计概念框架的研究成果即"决策有用观"。但是，会计目标本身就是特定会计环境下对会计信息使用者及其需求进行的一种主观认定，会计环境的差异决定了会计目标相关的研究成果不可以简单地套用。一般认为，"决策有用观"比较适宜于资本市场高度发达并在资源配置中占据主导地位的会计环境，而"受托责任观"比较适合于委托方和受托方可以明确辨认的会计环境——"决策有用观"下委托方往往是"虚位"的，而资本市场介入成为一种委托方和受托方之间的中介；"受托责任观"下委托方和受托方往往是直接地建立各种关系（葛家澍，1996：75-83）。我国资本市场尚不十分发达，国家作为委托方仍然占据着十分重要的地位；证券市场的不完善并不能为会计信息使用者提供有效的"信号"服务来引导资源的有效配置；相当一部分会计信息使用者的个人素质尚不能够保证理解复杂的会计信息也是一个不容忽视的事实。这些都决定了我国会计目标应该定位于"受托责任观"。实际上，瓦茨曾经做过一项实证会计研究表明作为披露会计信息的财务报表本就是履行和报告"受托责任"的产物（Watts, 1977: 53-75）；同时，实证会计文献如"契约成本"（Contracting Cost）也证实，即便是在高度发达的资本市场中，会计信息与受托责任之间仍旧存在着一致性。

三、我国财务会计的目标

我国实行社会主义市场经济体制。社会主义市场经济体制下的企业财务会计的目标，既同上述目标有相似之处，又会有自己的特点。

（1）从相似处看，我国已有 1000 多家股票上市的股份有限公司。上市公司遵照《企业会计准则》《企业会计制度》和中国证监会关于上市公司信息披露的要求，已有较为规范的财务报表可定期对外公开。

我国上市公司的投资者和债权人既有必要、也有可能借助于上市公司的对外报表和有关财务信息，做出自己的投资和信贷决策。

（2）但是，即使在这一方面，我国也有特殊的国情，值得注意。比如，我国市场经济发育程度较低，懂得并善于利用财务报表进行决策者甚少。这表现在：

①大部分投资者和债权人既缺乏必要的财务会计知识，又缺乏风险意识，投资决策和信贷决策有很大的随意性、盲目性甚至投机性；

②我国并没有形成把分散的资金集中起来、由一批专业人员管理的社会共同基金，也就缺乏一批素质较高的专业会计信息使用者；

③在研究我国财务会计和目标时，更重要的是必须考虑我国的会计信息除一般的信息使用者外，还有特殊的信息使用者，那就是社会主义国家。

在我国，国家具有社会管理者和国有财产所有者的双重身份。作为社会管理者，国家要监督市场经济运行，及时通过必要的宏观调控措施（即各项宏观经济决策）来防止市场机制失控，保证市场经济起着优化资源配置的积极作用。作为国有财产的所有者，国家有权通过各项安排与管理，保证并促进国有企业和其他企业中的国有股份得到保值和增值。这一切都需要利用会计信息，因此国家有关部门是我国财务会计信息主要使用者之一，甚至可以说是最重要的信息使用者，我国《企业会计准则》第十一条写道："会计信息应当符合国家宏观经济管理的要求，满足有关各方了解企业财务状况和经营成果的需要，满足企业加强内部经营管理的需要。"这里的"一符合""二满足"比较全面地概括了我国各方面财务会计用户及其需要信息的目的，并把国家这一特殊信息使用者放在首位。

基本来看，在我国社会主义市场经济条件下，财务会计即财务报告的目标可概括为：

第一，反映企业经理层受托责任的履行和完成情况；

第二，为投资者、债权人和其他与企业有利害关系的使用者提供有助于进行各类经济决策的信息，主要是表内和表外的财务信息；

第三，在必要时，按照国家的政策法规，在表外披露为国家宏观调控所必需的信息。

但是目标指引财务会计和财务报表的方向，同时涉及使用者及其对会计信息需求和诸多重要问题，因此我国经济环境下财务会计目标应如何予以明确和具体化，尚有待今后继续认真研究。

四、会计基本假设与会计目标的关系

在"会计是一个以提供财务信息为主的经济信息系统"的论断下，会计目标占据着十分重要的地位。但是，从本质上来讲，会计目标也是一项假设，而且始终是一项极为重要的假设（葛家澍，1997）。会计目标的实现必须以会计基本假设为前提来推定和假定谁是会计信息的使用者，会计信息的使用者需要什么样的会计信息。但是，会计目标也会反作用于会计基本假设、对会计基本假设产生影响，例如信息的分期和定时提供，就是出于会计信息使用者的需要，而反映了会计目标对会计基本假设的影响（葛家澍，1996）。会计目标强烈地感受到会计环境的变化并对之做出相应的反应，会计环境的动态性和混合兼容性决定了会计目标的动态性和非单一性。"决策有用观"适应于资本可以趋利性流动、所有者（委托者）缺位和模糊的市场经济环境，而"受托责任观"适用于所有者和受托者都十分清晰的市场经济环境（葛家澍，1996）。100%的市场经济环境是不存在的，目前市场经济亦是上述两种类型的市场经济的有机结合。那么，绝对地将会计目标单一地定位于"受托责任观"或"决策有用观"都是不完善的！我们比较赞成英国会计准则理事会（ASB）的观点，"会计目标就是向会计信息的使

用者提供本企业财务状况、经营成果和财务弹性等信息,以有利于其评价管理阶层受托责任和进行经济决策"(ASB SP)。英国会计准则理事会(ASB)实质上是将"受托责任观"和"决策有用观"作为会计目标的两个层次而同时并提。

一般来讲,会计基本假设来自客观会计环境,在一个特定的时期内无疑具有相当的稳定性,而会计目标具备主观见之于客观的特征,更容易"感受"到会计环境变化的强烈影响,因而会计基本假设的松动往往体现了会计目标的影响:

会计主体假设辨明了会计信息的提供方;限制了会计信息提供的范围,即主要提供关于本主体的交易、事项和情况的结果的综合信息(AICPA,1994)[①];初步辨明了会计信息的接受方。因为作为一种稀缺资源,会计信息的提供不可能是无代价的(事实上,会计信息的传递和提供过程是代价高昂的),所以会计主体假设的另一项功能还在于能为界定会计信息的产权提供基础。

持续经营和会计分期假设则确保了会计能够提供管理人员履行受托责任的信息,并在此基础上提供决策有用的会计信息。决策总是在研究历史资料、立足今天的会计主体现实情况,在掌握现有资料的基础上对未来的展望和预测,因而只有持续经营的会计主体提供的连续的会计信息,才是真正有用的信息、才能成为会计信息使用者的决策依据。同样,会计分期的假设则保证了资源的委托方能够定期了解到管理阶层履行受托责任的情况,以便及时做出更换或继续聘用管理人员的决策。

另外一项会计基本假设——货币计量假设(含币值稳定不变假

---

① 这份文件要求企业应该注意披露"有关竞争对手的会计信息",但这毕竟是在承认会计主体假设的前提下的改良措施,会计所提供的信息仍然是有关本"会计主体"的信息。

设），目前正在经受巨大的冲击，则更体现了会计基本假设和会计目标的依存和互动的关系！币值稳定不变假设将会计目标限制在"受托责任观"的层次上，但是会计环境的变化（逐渐成熟的证券市场、资本的高度流通性、衍生金融工具）对会计目标产生影响，使之定位于"决策有用观"。尽管历史成本会计信息也具备一定的预测能力，但是决策有用决不仅意味着简单地由过去推知未来，要真正对决策有用，及时的现在信息和具备合理预测能力的未来会计信息必不可少！这就要求采纳公允价值（公允价值不是一个单一概念，它可以是未来现金流量贴现值，也可以是市场价值等）计量属性。会计目标的变动无疑也影响到会计假设，使得币值稳定不变假设产生了松动。

第四节　会计信息质量特征

一、关于会计信息质量特征体系的代表性观点

会计信息的质量特征是联系财务会计目标和财务报告的桥梁，因此各个国家的财务会计概念框架都对该问题进行了阐述。下面，首先介绍一些有代表性的观点，包括财务会计准则委员会（FASB）的SFAC No.2、国际会计准则委员会（IASC）的框架、英国会计准则理事会（ASB）的《财务报告原则公告》中关于会计信息主要特征的论述：

1. 美国财务会计准则委员会（FASB）的观点

如图 2-4 所示，在财务会计准则委员会（FASB）的会计信息质量特征体系中，相关性和可靠性被并列认为是首要的信息质量特征，可比性属于次要的信息质量。此外，相关性由预测价值、反馈价值和及时性三个子质量特征构成，而可靠性也包含了如实表述、中立性（不偏不倚性）和可稽核性（即可验证性）等三项内容。然而，财务会计准

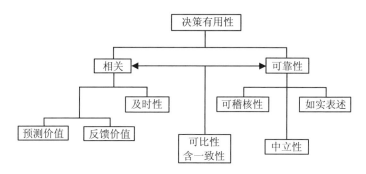

图 2-4　财务会计准则委员会（FASB）的会计信息质量特征体系

则委员会（FASB）技巧性地回避了一个基本问题：相关性和可靠性哪个更为基本？或者说当需要抉择时，相关性和可靠性何者应该被优先考虑？

2. 国际会计准则委员会（IASC）（对财务报告信息质量特征的要求）①

国际会计准则委员会（IASC）在《编报财务报表的框架》中提出，财务报表的质量特征（使财务报表提供的信息对使用者有用的那些性质）主要有 4 项，即可理解性、相关性、可靠性和可比性。可理解性是财务报表内所提供信息的基本质量特征之一，目的是便于投资者理解。国际会计准则委员会（IASC）认为相关性和重要性联系在一起，一项信息的相关性受到其性质和重要性的影响。一项信息的可靠性则由真实反映、实质重于形式、中立性、审慎和完整性等要素共同决定。此外鉴于国际会计准则委员会（IASC）的宗旨及机构目标，国际会计准则委员会（IASC）一直将会计准则在全球范围内可比作为其努力的目标之一，所以可比性也被其认为是财务报表质量特征的主要组成部分。在可理解性、相关性、可靠性和可比性之外，国际会计准则委员

---

① 主要参考了国际会计准则委员会（2000）。

会(IASC)还勾勒了相关和可靠信息的制约因素，包括及时性、成本效益原则等。

3.英国会计准则理事会(ASB)对财务报告信息质量特征的要求(ASB SP)

英国会计准则理事会(ASB)于1999年2月发表了一份完整的《财务报告原则公告》，全面阐述了财务报表的概念框架。在这份公告的第2章"财务信息的质量特征"中，有以下一些新的见解[①]：

(1)财务信息的质量主要是针对财务报表而言，所以，可分为两类：一类与包括在财务报表中的信息的内容(Content)有关，主要指：相关性与可靠性两个质量。可靠性又包含如实表述、中立性、完整性、谨慎和实质重于形式等次要质量。另一类与包括在财务报表中的信息的"表述"有关，主要指可理解性、披露、可比性、一致性和及时性等。

(2)最低的信息质量是重大性。不符合重大性的信息一般不再进一步考虑其他质量。

(3)对质量特征的限制条件有：各种特征之间的协调、及时性、效益大于成本等。不及时的信息将大大降低信息的有用性，甚至变成无用的信息。信息的成本不能超过其收益，否则就不值得去加工、传递、使用此类信息，它们对信息质量的限制作用是显而易见的。此外，各种质量很难全部达到要求，它们之间经常存在矛盾是难免的。例如：相关性的信息未必可靠，可靠的信息有时不够相关，中立(不偏不倚)

---

① 英国对财务报告质量特征的要求与美国财务会计准则委员会(FASB)的要求具有一定的差异性。英国是国际会计准则委员会(IASC)的成员国之一，同时英国又是欧盟成员。前一个因素决定了英国的财务报告质量特征在一定程度上残留着国际会计准则委员会(IASC)关于财务报告质量特征的相关影响，如将相关性、可靠性、可比性和可理解性并列；后一个因素对英国财务报告质量特征的影响是：由于欧盟国家以前对会计信息的共同要求体现在欧共体第4、7号指令中，"真实和公允"往往是会计信息的至高无上的标准。

的信息有时不符合稳健原则, 而过分谨慎又偏离了中立。所有这些, 都需要加以协调, 即在可靠性与相关性之间进行平衡。由此可见, 不论是相关性或是可靠性, 都是相对的, 绝对可靠又绝对相关同时并存的信息, 十分难得。

(4)英国一向注重并坚持"真实与公允"的原则, 它经常被视为信息质量的最高标准。这次征求意见稿没有直接使用"真实与公允"的概念, 但强调了这一概念的动态性质, "真实与公允"是随着会计发展和企业实务的变化而演进的。英国会计准则理事会(ASB)表示它并没有放弃这一概念, 但它将结合其他公告进一步解释这一概念(ASB SP)。英国会计信息质量特征的标准体系如图 2-5 所示:

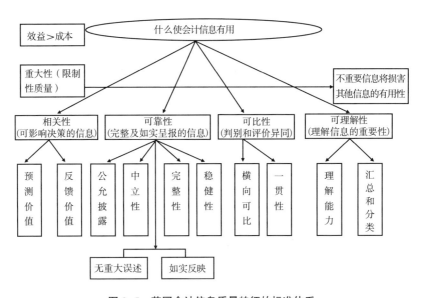

图 2-5　英国会计信息质量特征的标准体系

4.学者乔纳斯和布兰切特用于评估财务报告质量的建议框架如图 2-6 所示(Jonas & Blanchet, 2000: 353):

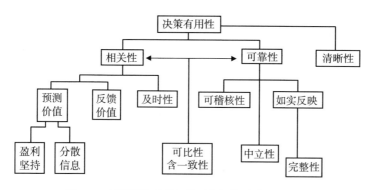

图 2-6　乔纳斯与布兰切特财务报告质量评估框架

显然,乔纳斯和布兰切特的框架是在财务会计准则委员会(FASB)的 SFAC No.2 的基础上进行修正的结果。

5. 关于会计信息质量特征体系内容的简单比较,如表 2-2 所示:[①]

表 2-2　会计信息质量特征体系内容比较

质量特征	美国财务会计准则委员会(FASB)的 SFAC No.2	国际会计准则委员会(IASC)的框架	英国会计准则理事会(ASB)的《财务报告原则公告》
相关性	Y	Y	Y
可靠性	Y	Y	Y
可比性	Y	Y	Y
预测价值	Y	N	Y
反馈价值	Y	N	Y
可验证性	Y	N	N
如实反映	Y	Y	Y
无重大误述	N	N	Y
中立性	Y	Y	Y

---

① 部分参考了汪祥耀等(2002)。

（续表）

质量特征	美国财务会计准则委员会（FASB）的 SFAC No.2	国际会计准则委员会（IASC）的框架	英国会计准则理事会（ASB）的《财务报告原则公告》
及时性	Y	Y	Y
充分披露	N	N	Y
可理解性	Y	Y	Y
完整性	N	Y	Y
重要性	Y	Y	Y
实质重于形式	N	Y	N
稳健性	Y	Y	Y

注释：
其中 Y 代表概念框架中涉及某质量特征，N 代表概念框架中未涉及某质量特征。

从上表中可以看出，美国财务会计准则委员会（FASB）的财务会计概念框架、国际会计准则委员会（IASC）的框架、英国会计准则理事会（ASB）的《财务报告原则公告》涉及的会计信息质量特征体系，绝大部分的质量特征因素是相同或类似的，但在个别的信息质量特征上存在着差异。

6. 财务会计信息质量特征要素的简单解释

以下我们将就如上各种关于财务会计信息质量特征的框架图中涉及的主要要素进行简单的解释[①]：

（1）相关性

相关性是指会计信息系统提供的会计信息应该与使用者的决策相关。具体到我们国家，会计信息满足相关性是指，必须符合国家进行

① 更为详细的解释请参见美国财务会计准则委员会（FASB）的 SFAC No.2；英国会计准则理事会（ASB）的《财务报告原则公告》；国际会计准则委员会（IASC）的框架。

宏观经济管理的要求、符合企业投资者和债权人进行决策了解企业财务状况和经营成果以及现金流动情况的需要、满足企业内部加强经济管理的需要。满足相关性要求企业在会计信息的处理过程中，要考虑财务报表使用者不同的信息需求。但这并不等价于说会计信息必须满足所有会计信息使用者的需求。实际上，企业提供的会计信息从根本上讲，只能够是一种通用的会计信息，是在考虑各个会计信息使用者共同需要的基础上进行提供的，而不同使用者在进行决策时，还需要对企业提供的通用会计信息进行恰当分析、整理和理解。

会计信息是相关的，必须满足具有预测价值、反馈价值和及时性三个基本质量特征。预测价值是指，因为投资者的决策是面向未来的，所以会计信息能够帮助投资者预测企业以后的财务状况、经营成果和现金流动情况；反馈价值是指投资者在获得会计信息后，能够据以修正某些以前的认识；会计信息的及时性要求及时收集会计信息、及时对会计信息进行加工和处理以及及时传递会计信息，不及时的会计信息是无用的。

（2）可靠性

可靠性是指会计信息合理地、不受错误或偏向的影响，能够真实反映它意欲反映的。可靠性包括公允披露、中立性、无重大误述、完整性和谨慎性。

所谓公允披露，即客观性，是指会计信息应该以实际发生的经济活动为依据，能够客观地表述企业的财务状况、经营成果和现金流动状况；所谓中立性是要求会计人员在处理会计信息时，应该保持一种不偏不倚的中立态度；所谓无重大误述是指会计信息应该反映其所意欲反映的内容；所谓完整性，要求反映在企业财务报表上的会计信息要能够全面反映企业在特定时点的财务状况、特定期间的经营成果以及现金流动情况，数字计算准确；所谓谨慎性或稳健性，是指当存在若干种备选方案时，企业在处理会计信息时应该从中选择一种不高估企业收入和资产、不低估企业负债和费用的方法，最终确保不高估企业的净资产，也不导致利润虚盈。

(3)可比性及国际会计准则委员会(IASC)为推动可比性而进行的努力

可比性包括两个内涵，第一是要求横向可比，即为了满足投资者进行决策时的比较分析、为了满足国家进行宏观经济管理的需要，企业对相同或类似的经济业务应该尽可能采用相同的会计处理方法；第二是要求纵向可比，即满足一贯性，要求企业在前后各期采纳的会计处理方法应该尽可能保持一致，一般不允许随意变更，除非法律、制度要求变更，或企业确信变更会计处理方法后能够更加真实、公允地反映企业的财务状况和经营成果。

国际会计准则委员会(IASC)成立于 1973 年。它在成立的最初 15 年中所制定的国际会计准则包含较多的备选方案，其目的在于容易被各国政府和公司所接受，显然，这会降低它的可比性和质量。从 1987 年开始，国际会计准则委员会(IASC)觉察到它在制定国际会计准则方面所采取的宗旨，即保留较多的会计程序与方法方面的备选方案，容许编报者过分地自由选择已经同资本市场全球化的趋势不相适应了。资本在全世界范围内的自由流动需要的条件是：以可比的财务信息按最低的成本提供给最有效的使用者。日益强大的经济和技术力量正迅速地把一国或地区市场汇合为世界(全球)市场。以往制定的国际会计准则，往往允许对相同或相似的交易和事项，选用不同的备选方案，若使这种做法继续下去，必然降低国际会计准则在促进市场全球化中的作用，也会严重损害国际会计准则委员会(IASC)的声望。为此，国际会计准则委员会(IASC)于 1989 年 1 月出台了《财务报表的可比性》的征求意见稿，即著名的 ED32。ED32 针对 IAS 2、

IAS 5、IAS 8、IAS 9、IAS 11、IAS 16、IAS 17、IAS 18、IAS 19、IAS 21、IAS 22、IAS 23 和 IAS 25 提出对 29 项自由选择的会计事项进行修改的目标,一是删除其余全部,只保留一项备选方案在相似的交易和事项中选用;其次保证以"必需或优选会计处理"〔Required or Preferred Treatment,后由理事会改为"基准会计处理"(Benchmark Treatment)〕作为恰当的会计方案用于通常所有情况,而备选方案只用于特殊而类似的情况,基准的会计处理和至多允许一种自由选择是按下列标准确定的:

①在各国的会计准则、法律和公认会计原则中代表世界范围内流行的实务;

②遵守国际会计准则委员会(IASC)制定的《编报财务报表的框架》(当时还是草案,当年 7 月方正式批准);

③充分考虑资本市场运作规则监管者(制定者)和它们的代表机构,如证券委员会国际组织(IOSCO)的意见;

④在同一份国际会计准则和多份国际会计准则之间保持一致性(ED32: par.19)。

从上列标准可以看到,国际会计准则委员会(IASC)在制定 ED32 时已意识到实现财务报表可比性方案必须尊重证券委员会国际组织(IOSCO)的建议并争取得到它的支持。而证券委员会国际组织(IOSCO)也已经注意到当时国际会计准则委员会(IASC)这个民间组织对制定国际会计准则所付出的努力以及它在全球经济将发挥的愈来愈大的作用。作为一个民间的准则制定团体,它必须寻求更大的权威支持。在美国,由财务会计准则委员会(FASB)及此前两任组织制定的公认会计原则的重大权威支持主要来自美国的证券交易委员会(SEC)。如今,国际会计准则委员会(IASC)制定的国际会计准则,要使它得到广泛的应用和严格的遵守,当然也要寻求重大的权威支持者。很明显，证券委员会国际组织（IOSCO）正是能够给予国际会计准则委员会（IASC）以强有力支持的证券界的国际权威组织。国际会计准则委员会（IASC）的可比性计划是在 1990 年 6 月经过理事会讨论、修正并发表了理事会的意向书（Statement of Intent, Comparability of Financial Statements）之后开始实施的。大约在可比性计划实施的第三个年头，即 1993 年，证券委员会国际组织（IOSCO）开出了旨在运用于跨国证券发行与上市的核心准则的清单，五大类 40 个项目。从此，这两个国际组织开展了有关核心准则制定的相互交往与合作的历史：

1994 年，证券委员会国际组织（IOSCO）审核了当时国际会计准则委员会（IASC）制定的准则，指出证券委员会国际组织（IOSCO）考虑认可这些准则可在跨国之间证券交易中使用之前，国际会计准则委员会（IASC）尚需改进的问题；

1995 年 7 月，证券委员会国际组织（IOSCO）和国际会计准则委员会（IASC）就制定核心准则工作计划达成协议；

1996 年 3 月国际会计准则委员会（IASC）宣布了力争在 1998 年完成这一计划的意向；

1996 年 4 月，证券交易委员会（SEC）公布了支持证券委员会国际组织（IOSCO）和国际会计准则委员会（IASC）这些努力的文件，这份文件清楚地表达了用来指导证券交易委员会（SEC）和国际会计准则委员会（IASC）核心准则可接受性（Acceptability）的关键因素（Key Elements）①；

1998 年 12 月，国际会计准则委员会（IASC）批准了核心准则计划列出的 12 个项目（其中有几个项目不只涉及一个准则）中最后一个

---

① 请注意，这里清楚地表明：美国接受核心准则是有条件的。这一点下面再进行叙说。

项目的主要内容,即关于金融工具的确认与计量的准则;

1999 年,证券委员会国际组织(IOSCO)和证券交易委员会(SEC)开始对已完成的核心准则进行评估,同时国际会计准则委员会(IASC)继续进行两个项目的扫尾工作(Turner, 1999);

2000 年 5 月 17 日,证券委员会国际组织(IOSCO)正式宣布国际会计准则委员会(IASC)的 30 个核心准则项目(30 份 2000 年准则连同 11 份解释公告)已通过了评估,证券委员会国际组织(IOSCO)的技术委员会(Technical Committee of IOSCO)发布了一份评估公告。

证券委员会国际组织(IOSCO)的主席委员会在批准这份项目评估的决定时说:"证券委员会国际组织(IOSCO)相信,通过高质量的、被新的多国证券发行商加以应用的国际公认的会计准则必能有利于证券的跨国发行与上市;""主席委员会祝贺国际会计准则委员会(IASC)的努力工作和对在世界范围内提高财务报告质量的贡献。国际会计准则委员会(IASC)迄今的工作对有效地改进国际会计准则委员会(IASC)的准则的质量取得了成功。"决定还指出应补充下列情况的会计处理:按一个国家或地区的实际,必须提出的突出重大问题。对这类问题的补充处理是:

①调整(Reconciliation)——当采用不同于国际会计准则委员会(IASC)制定的准则的方法时,财务报表应该调整某些项目由于应用不同的方法的影响;

②披露——需要在财务报表上表述或在其附注中补充披露;

③解释(Interpretation)。

在完成了可比性项目计划的同时,又完成了核心准则项目计划,这标志着国际会计准则委员会(IASC)取得了辉煌成就。如果说国际会计准则委员会(IASC)成立后前 14 年所制定的会计准则仅仅起到了协调的作用,那么它最近 10 多年却实现了两个飞跃:一是一改过去妥协、协调的作风，坚决删除不合理的备选方案，为提高财务报表的可比性而努力；二是改进财务信息的质量特征，为制定高质量的国际会计准则而奋斗。从此，国际会计准则委员会（IASC）提升了自己的地位和作用，它正以一个有可能成为全球公认会计原则制定者的形象出现在国际会计领域。

（4）可理解性

可理解性是指企业提供会计信息时，必须考虑到会计信息使用者的理解能力，提供保持明晰性的会计信息。使用者的理解能力和使用者的决策类型（包括个人偏好、对待风险的态度以及所采纳的决策模型）紧密相关；而明晰性要求会计记录和会计信息必须清晰、简明、便于使用者理解和运用。

（5）重大性和成本效益原则

重大性是指企业在会计核算和提供会计信息的过程中应该区别经济活动的重要性，从而采取不同的会计处理方法、程度以及不同的披露政策。对于重要的经济业务应该单独反映，并通过会计信息进行重点说明；对于不重要的会计信息合并反映。但是，对重要性的判断取决于企业的实际情况，一般可以从质和量两方面进行判断。从性质方面来讲，只要该信息或其反映的经济活动可能给投资者的决策带来重大影响，不论其金额多寡，都应该进行反映；从量的方面看，一般某个项目的金额超过总体的5%时，就被认为具有重要性，应该单独进行反映。

成本效益原则是指企业在提供会计信息时，应该对比提供会计信息所花费的成本和由此带来的效益，只有确保效益大于成本时，提供会计信息才是值得的，否则将不选择提供该信息。

（6）会计信息质量特征的核心——相关性和可靠性的关系问题

会计信息的质量特征是一个多层次的综合体系，其中可靠性和相关性被普遍认为是会计信息的首要质量特征，相关性和可靠性在美国SFAC No.2《会计信息的质量特征》（SFAC No.2: pars.46-80）中被并列为会计信息的首要质量特征；在英国会计准则理事会（ASB）的《财务报告原则公告》（ASB SP: pars.2.8-2.21）中，相关性、可靠性、可比性和可理解性同时并列。

关于相关性与可靠性的关系问题，目前存在两种比较有代表性的观点：

①美国的《财务会计概念公告》将相关性与可靠性并提，但深究其背后的倾向，似乎其比较赞成相关性优先，这一点在沃尔曼（Wallman，1995，1996[b]）、美国注册会计师协会（AICPA，1994）等学者和职业团体的研究成果上得到体现。

②英国会计准则理事会（ASB）的《财务报告原则公告》，则认为可靠性优先于相关性，它指出，"会计信息披露应该从可靠性的信息集合中选择最相关的信息"。这就意味着可靠性是相关性的前提。

③葛家澍（1999）也认为，可靠性是财务会计的本质属性，是会计信息的灵魂。在会计信息质量体系中，可靠性是基础、是核心，即使在公允价值得到日益广泛应用的情况下也是如此。

二、我国会计信息质量特征体系

1. 我国目前对财务报告信息质量特征的要求

我国目前没有对财务报告信息质量要求的明确论述，仅有的相关表述主要集中体现在《企业会计准则》（1993年颁布实施）和《企业会计制度》中。该准则是以会计基本假设为逻辑起点，详细罗列了12项可能影响会计准则和会计信息质量的"一般性原则"，包括如实反映、相关性、一贯性（一致性）、及时性、明晰性或可理解性、权责发生制、配比、谨慎性、历史成本、划分收益性支出和资本性支出、全面反映或充分披露（包含有重要性的思想）（第10—21条）。但是，从该份准则的相关规定看，首先这些一般性的原则并不等价于会计信息质量特征，有的属于会计基本假定，有的属于众所周知的会计知识、有的属于会计计量属性；其次，这些原则并未形成一定的层次性。我国对严谨的会计信息质量特征体系规定的"空白"，势必会影响到投资者和利益相关者对我国公司治理背景下企业披露会计信息的质量的有效评估。因此，加入WTO后，借鉴国外财务会计概念框架中关于会计信息质量特征体系的研究成果，建立我国的会计信息质量特征体系，已成为迫在眉睫的事情了。

2.我国财务会计概念框架中关于会计信息质量的设想

评价企业财务报告质量标准应包括：财务信息内容的质量和财务报表表述的质量两个部分，如图2-7所示：[①]

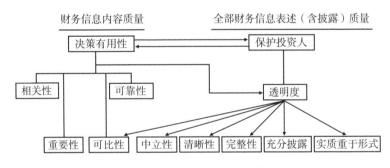

图2-7 企业财务报告质量评价标准

从该框架图可以看出，作为评估财务报告的两个目标，决策有用性和保护投资者是相互联系的，从根本上讲是一致的，只是各有侧重[②]。

---

① 两者分别根据财务会计准则委员会（FASB）模式和证券交易委员会（SEC）模式进行勾勒。

② 更为详细的论述请参见葛家澍、陈守德（2001）。

①财务报表内容的质量

财务报告信息的核心部分是财务报表表内信息。各国财务会计概念框架关于信息的质量特征大同小异,而以美国SFAC No.2最为详尽,我们基本可以借鉴吸收。

关于财务报表内容的质量,可靠性与相关性是主要的质量;可比性(含一致性)是次要质量。

不论主要或次要质量都要具有可理解性。重要性是有用质量的前提,效益大于成本是选择信息的约束条件。

信息是可靠的,说明信息必须真实与公允;信息是相关的,说明信息必须导致决策的差异;信息是可理解的,说明信息必须含义明确和准确,不可含糊不清,模棱两可;信息是可比的,说明应尽可能减少备选的会计方法;信息是重要的,说明它对决策不是无足轻重的。

美国、英国、国际会计准则委员会(IASC)、加拿大、澳大利亚的财务会计概念框架所认可的主要质量并不完全相同。但有一点共同,即把相关性列在可靠性之前。我们的设想同它们相反。可靠性应列在相关性之前。就是说,当一种方法所能提供的信息不可能在可靠性与相关性两个方面等量齐观时,我们的选择应该是:在可靠性的前提下,选择最相关性的信息。更重视可靠性是财务会计的本质——反映经济真实——所决定的,也是近年来美国和我国上市公司财务欺诈案件给予我们的教训。不相关的信息固然无用,但并非对所有人都无用。而不可靠的信息更为危险——所有的使用者的决策都会被它误导,从而带来难以估量的风险。

②财务报表表述和在其他财务报告中披露的质量

关于财务报表表述和在其他财务报告中披露的质量,完整性、充分披露、实质重于形式、谨慎和透明度是主要的质量。

完整性说明无论表内表外,不应遗漏按照准则制度必须列报的所有项目。

充分披露说明虽然未曾违反准则和制度隐瞒列报该列报的项目，仍须尽可能披露对使用者决策有用的、并非法定披露的其他事项和情况。

实质重于形式说明对任何一项交易或事项的报告，必须反映其经济实质，而不能只反映其法律形式而导致错报、误报。

谨慎则说明在准则或制度允许选择的前提下，宁可多报可能的损失，而不多报可能的收益。

透明度是总体信息质量，形式上看，似乎等于"充分披露"，而在实质上，应是在可靠性和相关性的基础上，同时具备了第二类信息的全部特征（完整性、充分披露、实质胜于形式和谨慎），真实地反映一个企业整个财务图像。这样的报告才认为具有透明度。

第五节　会计信息的相关性和可靠性的进一步研究

一、会计信息的相关性和可靠性概述

企业财务报告披露的会计信息的重要功能是力图降低投资者在决策过程中所面临的不确定性（Uncertainty）。但由于企业的管理当局作为受托方是会计信息的提供主体，外部的投资者作为会计信息的使用者却并不参与企业的日常经营管理和会计信息的生成过程，所以会计信息披露中必然存在不对称（Asymmetry）现象，管理当局拥有优势信息。再考虑到同作为有限理性经济人的管理当局和投资者效用函数并不一致，所以不能够完全排除管理当局可能利用其作为会计信息提供方对会计信息的"天然"垄断性做出有损投资者利益的行为（道德因素）。为此，会计信息使用者必将十分关注企业提供的会计信息的质

量。实际上，会计信息披露过程本就是一个管理当局和使用者／投资者围绕会计信息质量展开连续博弈（产权博弈）的过程，必要时国家或政府可以凭借其保护投资者利益和关注"公共利益"的"法定身份"介入会计信息披露，对会计信息披露进行规范（管制），以确保通用会计信息的基本质量。

当会计目标的定位从"受托责任观"转变为"决策有用观"[①]后，财务会计信息披露的使用者导向（User-Oriented）模式逐渐形成。在决策有用观下，所有者的模糊和高度分散性使得财务报告信息的受托责任解除功能大大降低，而财务报告信息使用者进行决策时所需要的相关信息则成为在既定环境下支配会计信息披露的因素，因此相关性就成为关注的焦点。特别是 20 世纪 90 年代以来，由于使用者对现行财务会计和财务报告模式逐渐不满，由此而引发了一场财务报告改革的浪潮（ICAEW，1991；AICPA，1994；Wallman，1996[a]），财务报告改革的焦点正是集中于提高财务报告披露信息的决策相关性上。那么，当相关性和可靠性两者产生矛盾[②]时，如何抉择？从国际范围来看，相关性无疑是被隐含地认为更为重要的信息质量特征。例如，在沃尔曼（Wallman，1996[a]）构建的彩色模式中，五个不同的报告层次都涉及

[①]　从"受托责任"概念内涵的变迁过程来看，最初的受托责任是单一的、一一对应的，体现为中世纪庄园管家对主人交付财产的管理；随后受托责任演变为职业经理对资源投入者交付资源的保值和增值责任，此时受托责任依然存在着明确的、数额确定的委托方，这保证了委托方和受托方之间私人契约的可行性；以后，资本市场的高度发展、企业规模的扩大使得所有权和经营权的高度分离，所有权细分的结果造成了每个所有者所拥有的所有权份额只占很小的一部分，此时企业提供的会计信息作为评价企业管理当局受托责任履行情况的作用已经降低，更体现为一种决策效用。小股东往往将追求定期的股利收益放在第一位，一旦不能够获得预期的股利收益，他们往往采取"用脚投票"的方式，即以"市场退出"的方式来对管理当局进行"惩罚"，而并不希冀撤换、控制或监督管理当局。

[②]　可靠性与相关性矛盾（有时体现为两者组成要素之间的矛盾）的情况在财务会计中屡见不鲜，比如过分强调及时性，会计信息的可靠性程度就会削弱；而强调可验证性，相关性也会有所损失。

相关性,而可靠性则在某些报告层次中成为可以缺省的因素[①]。葛家澍(1999)针对沃尔曼提出的彩色模式进行了辩证的分析后认为:"可靠性是会计信息的灵魂。……可靠性是基础,是核心。"然而,遗憾地是,关于会计信息的相关性和可靠性哪个更为重要,或者说当相关性与可靠性在一定的情况下必须取舍时应该侧重于何者[②],会计界意见并不一致,也仅仅各自说明自己所坚持的观点的理由。美国财务会计准则委员会(FASB)、英国会计准则理事会(ASB)对此并无明确的指导性意见[③]。财务会计准则委员会(FASB)的SFAC No.2(par.34)中明确指出,"会计信息不同质量特征的相对权重必须根据具体情况而定,区分质量特征的层次性只是作为解释的手段,目的是澄清(概念之间)一定的关系"。葛家澍教授(1999)认为,"可靠性是财务会计的本质属性,是会计信息的灵魂""可靠性是基础,是核心"。英国会计准则理事会(ASB)的《财务报告原则公告》针对这个问题也提出了"在满足可靠性基础上追求相关性"的思路[④]。有些文献提出根据财务报告的不同组成部分区分相关性和可靠性取舍的思路,即对于财务报表中的会计信息应该首先满足可靠性,甚至牺牲相关性;而对于其他财务报告,则强调相关性,甚至不惜牺牲可靠性。但是我们认为,按照这种"两

---

① 沃尔曼的彩色模式分为五个层次,具体见本书第87页注释①。

② 可靠性和相关性在一定情况下出现冲突的例子并不罕见。有时为了满足及时性可能就会牺牲可靠性;而为了满足更高程度的可靠性,则往往会影响及时性。财务会计准则委员会(FASB)在SFAC No.2(par.31)中曾经指出,"相关性和可靠性在使企业会计信息成为有用的质量特征中居于重要地位,但相对重要性确实可能会出现分歧"。

③ 但是从相关文献的论述中或者一些作者(Wallman, 1995, 1996[a], 1996[b], 1997; AICPA, 1994)的态度中推断,相关性被隐晦地认为是更为重要的质量特征。

④ 英国会计准则理事会(ASB)(ASB SP: par.3.34, 3.35)指出,"及时性是相关性和可靠性产生矛盾的一个主要方面,但是企业在会计信息不可靠之前,企业就不应该提供"。换言之,英国会计准则理事会(ASB)认为,企业提供的会计信息应该在满足可靠性的基础上提高相关性。

分法"最终将导致一种尴尬的局面,那就是财务报表提供的是高度可靠、同时几乎不相关的会计信息,结果财务报表披露的会计信息很可能将失去其决策有用性。此外,这似乎与财务会计准则委员会(FASB)的 SFAC No.1(par.6)指出的结论——"财务报表是财务报告的中心,是企业向外界传输会计信息的主要手段"相互矛盾。然而,"可靠性和相关性之间究竟是一种什么样的辩证关系"仍旧是一个值得深入研究的问题。本部分将从另外一个视角,综合考虑会计信息提供和需求两方面来进行分析,力图提供一种思路。

二、可靠性和相关性的分析新视角：交易费用的引入

会计信息是一种有价值的信息资源,管理当局是会计信息提供方主体,会计信息使用者是会计信息的需求方,会计信息对于供求双方而言都是不可或缺的。管理当局需要会计信息来解除受托责任、供资源投入方评价其经营业绩,从而获取补偿方案规定的奖金或红利。会计信息使用者需要会计信息来减少决策中面临的不确定性,以达到改进决策获取收益的目的。但会计信息的供求需要花费资源和代价,管理当局提供会计信息需要花费簿记成本、支付代理人(会计人员)工资、培训费用等显性成本[①],也要承担诸如诉讼成本、竞争劣势的隐性成本[②],还面临着会计信息披露对企业竞争力、谈判地位带来的不利影响(AICPA,1994);会计信息使用者需要花费时间和精力消化会计信

---

①　会计信息提供的显性成本指处理和提供会计信息的成本,除了正文中所列的各项成本外,还包括审计成本、传输信息成本、回复对已经披露的会计信息的质询的成本。

②　隐性成本是指或有成本或者不能够利用货币较为准确地进行确定的成本。会计信息披露并不一定引发诉讼成本,但并不能够排除使用者指责企业提供会计信息的误导性而引起的诉讼费、立案费和结案费及企业在诉讼中面临的潜在声誉损失;竞争劣势导致的隐性成本因企业不当地披露有关技术和管理创新的信息、战略计划、经营信息而引发。

息①。会计信息供求双方因会计信息而发生的各项成本,都可以统一于交易费用的框架下进行分析。因为会计信息的生产、提供和理解、分析、利用,都与企业的生产过程无关,因此属于交易费用。这是本章立论的一个关键。

包括交易费用学派的创始人科斯在内的经济学家虽然广泛引用交易费用概念进行相关研究,但是根据我们掌握的资料,没有任何人对交易费用给出完善、可操作的定义。阿罗(Arrow)将"交易费用"界定为"经济制度运行的费用"。按照我们的理解,自从康芒斯(Commons, 1950: chap.3)将"交易"②界定为"人与人之间经济活动的基本单位,人与人之间的权利关系"之后,"交易费用"其实就在微观领域内获得了与"生产费用"相对应的地位,即生产费用是指"生产出产品所需要的费用",而交易费用是指"完成交易所需要的费用"。具体到会计信息问题,我们认为一切为了保证会计信息的质量而发生的各项费用,都属于交易费用的范畴。

出于理性的考虑,每个会计信息的利益关联者都希望能够以较小的代价获取尽可能的利益,实现个人决策效用的满意化。管理当局同样面临着一个私人决策的满意化问题,尽管管理当局披露会计信息是必要的,但他可以选择财务报告披露的会计信息的信息含量,他所愿意提供的会计信息的水平和质量取决于私人边际收益和私人边际成本的比较和权衡。理想状况下,信息使用者同样也希望管理当局能够通过财务报告提供可以为他们所直接利用的会计信息,但财务报告的通

---

① 　财务报告提供的会计信息一般来说具有通用性,财务会计准则委员会(FASB)在SFAC No.1 中曾指出过这一点。此外,SFAC No.1 (par.36)指出,编制财务报告所提供的会计信息,对于那些于企业的经济活动具有合理程度的知识,而又愿意用合理的精力去研究信息的人士,是可以理解的和有用的。

② 　康芒斯认为交易包括三类:买卖交易、限额交易和管理交易。现代产权经济学进一步发展了康芒斯的交易概念,认为交易是"人与人之间的关系"。

用性否定了这种理想状况的存在性。此外，通过私人契约，使用者也许可以直接得到与其决策相关程度最高的会计信息，但是成本—效益的约束往往阻止了使用者个人与管理当局之间私人契约的缔结，尤其当使用者个人在企业中拥有的权益份额较小时更是如此。因而使用者可能转而求其次，要求管理当局尽量提供满足其特定决策的会计信息，这些信息最基本的应该满足可靠性和相关性。

三、会计信息的可靠性

会计信息的可靠性，涵盖了两个层次的考虑，即单个会计数据的可靠性和一系列会计数据经过企业会计人员的主观判断、分析综合、加工汇总之后的、反映在财务报表上的单一、仿佛十分精确的项目的可靠性。单个会计数据的可靠性依赖于对原始凭证和记账凭证的真实、完整、合法、合理性的审核，而汇总得到的财务报表上单一项目的可靠性则不仅取决于单个原始会计数据的可靠性，还依赖于分析会计人员在一系列会计程序过程中的行为。

会计信息的可靠性问题属于企业会计信息系统的一系列程序、方法，与利益相关者（大股东、债权人、管理当局）的个人决策事后因素相互作用的结果。由于信息不对称，个人对企业会计信息可靠性的直接验证一则由于成本高昂而不大可能，二则如果每个使用者对会计信息都进行验证是社会资源的过度浪费，但独立、客观和公正的注册会计师和外部审计签证机制的存在使得会计信息的可靠性往往成为一般使用者决策时的事前（Ex Ante）忽略变量。必须明确的是，投资者事前认为可靠性是决策的忽略变量并不意味着会计信息的可靠性一定能够得到投资者的认可，因为一旦依据会计信息进行决策后导致了事后（Ex Post）不利的结果，使用者势必转而指责会计信息的可靠性。但是，为了避免决策可能导致的失误，再加上事后对会计信息可靠性的指责总具有某些不可捉摸的味道，以及中小投资者一般往往通过"用脚投票"、选择市场退出方式对管理当局进行惩罚的事实，具有理性的会计信息使用者在事前对会计信息的可靠性提出基本要求是现实的，并且可以借此来降低决策面临的不确定性。事实上，会计信息的可靠性，无论从使用者事前的要求、还是会计信息系统的功能限制、抑或因事后指责而反馈导致的会计信息可靠性提高方面进行考虑，都存在着一个"度"的问题，对反映特定经济业务的个别会计数据而言是如此，对若干个别会计数据经过加总、减除和会计人员估计和判断后形成的财务报表上单一、仿佛绝对精确的集合数据而言更是如此。会计信息的可靠性是相对的[①]，不存在"黑""白"的绝对界限。可靠性并不意味着精确性，反之亦然——逆否命题仍成立，因为貌似精确的数字往往是对可靠性的否定。受企业私人效用函数的制约，当投资者事前无法直接验证会计信息的可靠性程度，当注册会计师因为审计程序和审计技术乃至审计费用方面的因素未能够发现会计信息的可靠性可能存在的问题时，会计信息的可靠性程度的高低也许是企业管理当局的私人信息。注册会计师也只是在重大性原则的制约下对企业会计信息基本可靠性的满足程度进行签证，其发表的无保留审计意见只能表明企业会计信息实现了基本的可靠性。苛求绝对可靠性既违反财务会计的本质，也将增加额外的交易费用。

那么，什么决定企业财务报告的会计信息是否可靠呢？我们认为这样的决定因素包括：会计信息系统独特程序和方法的限制，准则、制度等规范的要求，不同决策类型的会计信息使用者的事后判断。会计信息系统的一系列程序、方法的存在决定了单一会计数据的可靠未

---

① 这主要是由于允许会计人员进行必要的估计与判断。如在交易与事项中，由于权责发生制的运用，就不可避免地存在着摊销与分配等。

必衍生出最终通过财务报告披露的集合数据的可靠性,因为期间会计人员的估计、判断等人为因素和不确定性大量存在。准则、制度对于会计信息的可靠性的作用具有一定的稳定性,在特定时期不会产生剧烈的可靠性问题,但这并不排除环境剧烈变化时使用者对企业遵循原来规定所生产的会计信息的可靠性的怀疑。会计信息使用者的事后判断是前者的依存函数,换言之,准则、制度限定得越详细和固定,一般情况下会计信息使用者事后将不会过度指责会计信息的可靠性;准则、制度规定得越灵活,管理当局拥有越多的会计政策的选择权,使用者事后越可能对会计信息可靠性产生怀疑,进而指责其不够可靠。原因在于,当存在多种备选方案时,管理当局可能会出于自身利益的考虑选择一种能够在约束条件下最大化自己私利的会计政策,而这种会计政策也许与经济事实或客观性存在一定的差距,当然也就影响了会计信息的可靠性。例如,当管理当局为了给投资者造成一种公司平稳发展的印象,往往利用应计、待摊、递延、预提等会计程序来营造一种"平滑"(Smoothing)的假象。

　　设想企业的坏账①准备的计提问题。坏账准备的计提在过去统一的会计制度下只允许采纳应收账款余额百分比法计提坏账,且坏账的计提比例规定的也很死板,比如农业、施工、房地产企业计提比例为1%,对外经济合作企业计提比例为2%,其他行业为3%—5%,外商投资企业不得超过3%。而1998年开始实施的《股份有限公司会计制度》允许企业可以采取赊销收入百分比法、应收账款余额百分比法以及账龄分析法来计提坏账,而且坏账的比例由企业根据企业经营的实际情况自行确定。前两种方法涉及根据企业的历史经验采纳单一、统

---

① 所谓坏账,是指无法收回的应收账款。一般认为包括超过3年得不到清理的应收账款,或者债务人破产或死亡、以其剩余财产和遗产抵偿后仍不能偿还的部分。

一的坏账计提比例计提坏账准备,后者涉及针对不同客户的多个坏账计提比例来确认坏账准备。此时管理当局就拥有了一定的会计政策选择的自由度,也具备了坏账比例确定的灵活性。同等情况下,采纳账龄分析法比赊销收入百分比法和应收账款余额百分比法核算的坏账准备更为准确,但会计信息使用者是否就一定认为前者就符合可靠性,而后者不符合可靠性? 答案是否定的。3 种方法都是会计准则和制度允许采纳的方法,企业按照任何一种方法进行核算提供的会计信息,如果计提比例是合理的、无重大差错的,那么注册会计师经过审计以后就会认为企业提供的会计信息是可靠的,一般的使用者因此也事前认定会计信息是可靠的。但是,采纳应收账款余额百分比法和赊销收入百分比法计提坏账时是按照一个统一的比例进行核算的,这个统一比例的确定过程含有会计人员的主观判断和经验因素在内,因此不可避免地会出现偏差。同时,由于使用者的决策是特定的,这样的偏差对某些使用者而言是非重大的,可以接受的,也不会对其相关经济决策带来不利影响;但对另外一些使用者而言,这些偏差就可能是重大的甚至是错误的信息,足以对其决策带来不利影响,而一旦不利影响的结果最终出现,这些使用者就因此指责与坏账有关的会计信息的不可靠性,认为企业如果按照账龄分析法将会提供更加可靠的会计信息。但是,如果企业改按照账龄分析法计提坏账准备[①],那么将会发生相对高昂的交易费用:(1)采纳账龄分析法必须详细分析每一笔应收账款的欠账期限、欠账企业的历史信誉等,在企业主要采纳赊销政策而应收账款对象又十分繁多的情况下,这会给企业带来巨额的交易费用;(2)会计准则或制度一般规定,企业可以选择采纳任何一种坏账计提方法,但一经选定,一般不允许随便变更,如果要进行变更,应该在

---

① 有关会计政策变更的有关问题请参考财政部相关文件。

财务报表的附注中说明变更的原因、变更会计政策给企业财务状况、经营成果带来的累积影响（即使不能够确定也要说明理由）；（3）会计政策的变更，还需要按照追溯调整法确定企业的累积影响数，并在会计账簿中做出相应的调整；（4）在我们国家，企业会计核算按照相关的会计标准（企业会计制度、会计准则等）进行核算，如果与税法规定不相符的，进行纳税时再进行调整。上述 4 项都会导致企业的交易费用增加，企业提供会计信息的私人成本曲线上升，在私人收益曲线既定或变化幅度较小时，必然决定了企业会计信息提供均衡点的下降^①。

坏账计提比例变更属于会计估计的变更，也会导致企业交易费用的激增，分析思路类似于上述，此处不再赘述。

此外，交易费用的提高未必就一定导致会计信息可靠性的提高，这种交易费用的发生是反生产力的，是一种绝对的浪费。苛求可靠性可能导致"精确的不可靠"或"真实的谎言"之类的未预料的结果，导致"过犹不及"。例如，一个常年在野外进行建筑施工的企业，由于环境条件的制约，在会计核算时碰到了困难，不能够（受客观环境制约，而不是不愿意）取得应有的原始凭证（譬如在外施工时的餐饮费用）。其会计核算往往缺乏一般人眼中的基本可靠性，为了满足可靠性，经办人员不得不花费另外的资源来拼凑可靠性。即经办人员只好在当地或者公司常驻地以"购买发票"^②的形式来满足可靠性，也就是说并不是经济业务发生时从交易对方处获取发票，而是事后为了满足形式上的可靠性（可验证性）而临时采取的应急性措施。譬如，经办者发生了

---

① 看起来这好像一个"悖论"，企业改按账龄分析法提供坏账准备的会计信息，信息的提供水平和质量都有所提高，为什么均衡点反而回下降呢？必须注意到，管理当局拥有私有信息，准则或者制度规定企业必须提供哪些类型的会计信息，但管理当局有权决定提供会计信息的信息量。所以这个看起来的"悖论"只是一个"佯谬"（Parodox）。

② 更有甚者，企业为了躲避来自税务机关的不必要的麻烦，索性直接向税务机关购买发票。税务机关出于某种不可言语的目的，也乐于接受并帮助企业遮掩得天衣无缝。

9975 元的支出而未取得发票，考虑到"购买"发票时的税负问题，设税率为 5%，那么他将以 525 元的另外支出购买发票 ①，发票载明的不含税金额为 10000 元，税款为 500 元。而实际情况应该是不含税金额为 9500 元，税款为 275 元。这真是"真实的谎言"！

考虑到上述的原因，我们认为，会计信息的可靠性也存在着一个基本的"度"，这个"度"一般是以是否遵循会计制度或会计准则的规范、能否通过和经受注册会计师的签证为基本判断标准的。如果管理当局提供的会计信息不满足于基本的可靠性的"度"（而又骗取了注册会计师的无保留意见），那么投资者在进行决策时将面临花费更多的交易费用去验证会计信息的可靠性，这种情况下属于交易费用不合理地由企业转嫁给信息使用者。会计信息的可靠性满足基本的"度"的重要意义在于：任何真正意义上的投资者都不会满足于企业提供的通用会计信息，只要边际成本小于边际收益，他们就可能会对置于"公共领域"内的具有价值的信息资源（即所谓的"租"）进行进一步攫取。虽然这种举措（攫取租金的行动）属于个人化行为，但不否认的是，由于信息不对称，意欲针对会计信息进行攫租的投资者的一个基本依据仍旧是企业通用的会计信息，因此通用的会计信息是否符合基本的可靠性的"度"，就成为攫租过程是否可行的第一个关键因素。否则，在不可靠信息、甚至是严重背离经济事实的会计信息的基础上进行的进一步的加工、整理、再组合过程产出的新会计信息要么将是更不可靠的，对决策是有百害而无一利的；要么投资者要得到自己满意的、可

---

① 若 X 为企业发票上的不含税金额，那么 9975+X（1+5%）×5%=X（1+5%），X=10000 元。经办者实际付出 10000（1+5%）=10500 元，超出实际的支出 525 元。这 525 元中间有 498.75 元是经办者应该向发票开具方支付的税收额，另外的 26.25 元是经办者因为多支付的 525 元的税收额。这样，经办者为了可靠性，巧妙地进行了操纵，既拥有原始凭证满足了可靠性，自己也分文未付，最终企业白白损失了 525 元。

靠性的会计信息将耗费更大的交易费用。正是从这个意义上讲，英国
会计准则理事会（ASB）（ASB SP: par.3.35）认为不可靠（基本可靠性）
的财务信息不应该提供。

明确了会计信息的可靠性存在一个基本的"度"之后，我们还应
该意识到该"度"是对财务报告提供的通用会计信息而言的，因此该
"度"也只是通用意义上的度。有些使用者譬如专业用户或机构投资
者，由于其决策过程的复杂性和精密性[①]，所以他们进行决策时可能并
不满足于会计信息可靠性这个"基本的'度'"，他们可能会针对会计
信息的更高的可靠性进行攫租。这个攫租的过程可以视为是专业用户
在成本效益原则制约下追求个人决策效用满意化的过程，如果其私人
边际收益＝边际成本，则攫租过程终结。但是，如果专业用户所需要
的更高可靠性的会计信息由管理当局通过另外途径（如私下协议）无
偿供给，那么其边际成本曲线将是非常平坦而接近并平行于横轴（代
表会计信息可靠性程度），而企业的边际成本曲线因此上移，企业以
财务报告形式公开披露的会计信息的基本"度"下降。换言之，如果
个人决策可靠性的苛求将导致与更高可靠性联系的交易费用由决策者
个人转嫁给提供会计信息的企业[②]，而企业由于受到边际成本和边际
收益的制约，也理性地将由特定决策者个人转嫁而来的交易费用转嫁
给一般使用者，那么这最终将会体现为会计信息基本的度的下降。最
终，对资源配置存在重大影响的专业用户的交易费用被转嫁给一般投

---

①　美国注册会计师协会（AICPA, 1994: chap.1）在《改进企业报告：侧重于用户》
（"Improving Business Reporting—A Customer Focus"）中指出，专业用户一般控制有大量的
资本，在资源配置中的影响力重大，其决策时一般采取先进的模型与方法，对会计信息的需
求和原因更为清楚，而且对会计信息的处理更加标准化和规范化。此外，这份文献还指出，
会计信息使用者的决策方法对信息需求有重大的影响。

②　这种情况可能出现，原因就在于专业用户一般掌握了足以影响资源配置的大量资
本，在与管理当局进行博弈的过程中处于一种支配或者强权的地位。

资者,由其默默地承担,这是一种典型的强权博弈,但与资本市场发展的宗旨相违背,因为资本市场是否健康的一个重要标志就是看其能否保证中小投资者和潜在投资者的利益。

此外,如果忽视会计信息可靠性的基本"度",过分强调会计信息的可靠性,则容易导致"过犹不及"的问题。"过犹不及"性体现在容易带来损害或削弱相关性的可能。譬如使用者绝对强调可靠性或企业绝对追求可靠性将导致对历史成本的过分偏倚和过分强调客观性,但这无疑将削弱会计信息的及时性乃至相关性。而决策有用的会计信息应该同时满足相关性和可靠性。

总的来说,会计信息的可靠与否首先是会计信息系统的机制使然,会计准则和会计制度以及审计的存在使会计信息的可靠性成为一般使用者的决策的事前忽略变量,但会计信息的可靠性可能成为使用者事后的指责对象。如果企业提供的会计信息不满足一个基本的"度",那么属于交易费用不合理地由企业转嫁给信息使用者;相反,过分苛求会计信息的可靠性,容易引发"过犹不及"的问题和交易费用转嫁的问题,对社会总体而言是一种无谓的损失。

四、会计信息的相关性研究

(一)会计信息相关性研究现状

相关性的含义揭示,相关性既有普遍性的一面,也有特定性的一面。从会计信息提供是否及时考虑,会计信息将影响到全部会计信息使用者的决策。从会计信息的预测价值和反馈价值方面进行考虑,会计信息是否具有相关性则与会计信息使用者的特定决策类型有关。严格意义上理解,投资者要想得到决策相关的会计信息,必须对企业提供的财务报告本身进行恰当的分析、理解,甚至可能进行重新的分解和组合以获得更多的会计信息。

出于个人决策的成本—效益考虑，使用者一般希望管理当局提供的会计信息能够直接为其所用，然则由于管理当局通过财务报告提供的会计信息只是通用意义上的会计信息，所以使用者必须进行恰当的理解、分析和利用。相关性并非会计信息系统本身所能够解决的，它与会计信息使用者的决策类型包括投资者个人的知识结构、所掌握的分析技能和决策模式、偏好、决策环境等因素密切相关。不同使用者的不同决策需要不同相关程度的会计信息。

（1）过分强调相关性将会导致可靠性的削弱。为了追求相关性，就必须满足及时性（因为及时性是相关性的灵魂），而过度追求及时性则导致企业在未获取客观、可验证的数据之前就进行相关会计处理，必然损害可靠性。相关性可能受到会计技术和程序方面的影响而降低，如某些项目如人力资源或智力资本等信息就因为不符合确认条件或不够可靠的计量方法而不能够在企业的财务报告体系中进行披露，尤其是不能够通过传递会计信息的主要手段——财务报表——进行传递。由于可靠性方面的限制，许多不完全符合会计确认 4 项条件[①] 的项目最终不能够在财务报表中进行确认，而只能够相机在其他财务报告中进行披露[②]。因此从普遍意义上审视，财务报表提供的会计信息的相关性正在下降，而其他财务报告中提供的会计信息的相关性却有增强的趋势。但是这种状况并非长久之计，因为照此下去将不符合整个财务报告体系最初的构想，可能发生其他财务报告取代财务报表成为主要的会计信息传递手段的危机。

[①] 会计确认的 4 项基本条件为：符合要素的定义（可定义性）；可计量性（即可以选择某种计量属性进行计量）；相关性；和可靠性。

[②] 确认和披露的区别在于：确认是对财务报表表内而言的，要在财务报表表内进行确认，必须符合公认会计原则并接受注册会计师的审计；而披露则是对财务报表的附注和其他财务报告而言的，其他财务报告中披露的会计信息可以不符合公认会计原则，也无须审计。

(2)现行的财务报告模式提供的通用会计信息,是按照"公共选择"的思路,考虑"公众利益"权衡后的结果。如此确定的、企业财务报告披露的会计信息的相关性满足一个基本的"度"。当然,这个基本的"度"是由管制机构在调查会计信息使用者作为一个总体的需求状况后得出的,但其是可能变化的。显然这样的会计信息披露相关性,对机构投资者而言,可能意味着信息不足,对小投资者而言,则可能意味着信息过载。不过值得声明的是,无论会计信息披露最终导致信息过载或不足,相应的投资者必须默默承受,因为这是集体选择的结果。但在会计信息相关性这个基本的"度"未变化之前,任何投资者若根据自己的决策类型而要求更相关的会计信息时,就可能面临交易费用的转嫁等诸多问题。假若企业管理当局主要考虑机构投资者的决策需求来选择相关性进行会计信息披露,那么此时受益的将是机构投资者,但中小投资者由于被迫接受"信息过载"的现实而不得不花费更多的时间精力和资源去对财务报告进行分析,其利益其实是受损的。此外,按照机构投资者的要求提供会计信息还存在着"信息披露成本分摊的非公平性现象"。为了说明,我们假设按照投资者总体期望需求提供的会计信息披露成本为 A,那么持有比例 λ 的投资者承担的信息披露成本为 $A\lambda$;假定信息分析成本为 C,总收益为 R,那么利用会计信息进行决策的净收益为 $R-A\lambda-C$。当主要考虑机构投资者要求提供会计信息的披露成本为 B,毫无疑问 $B>A$,此时投资者承担的信息披露成本为 $B\lambda$;假定会计信息分析成本为 C'($C'>C$),总收益为 R[1],那么利用会计信息进行决策后的净收益为 $R-B\lambda-C'$。显而易见,$R-A\lambda-C > R-B\lambda-C'$,两者差额为 $(B-A)\lambda+(C'-C)$,代表本应由机构投

---

[1]　或者更一般性的假设是,由于面临信息过载问题,中小投资者在信息过载情况下得到的"扣除披露成本之前的净收益"较小。

资者承担的交易费用,但却转嫁给中小投资者。机构投资者受益,但中小投资者受损。

(3)严格意义上,如果要求管理当局提供完全与决策相关的会计信息,可以通过两种途径实现,或者由会计信息使用者和管理当局签订私人契约要求特定的信息,或者要求管理当局提供专用财务报告。由于个人成本—效益原则的制约,一般的中小投资者并不寄希望于通过私人契约来得到理想的会计信息,而是希望通过"搭便车"来获取部分会计信息。专用财务报告本质上也是需要通过私人契约来完成的,只不过因为使用专用财务报告的投资者在与管理当局的强权博弈中处于优势地位或一旦投资将占据优势地位,所以他们在与管理当局针对会计信息进行的博弈中可能居于一种相对较为有利的地位。专用财务报告的存在带来诸多问题,具体体现为:

①在资本稀缺的前提下,若机构投资者因为掌握的大量社会资源而在与管理当局的强权博弈中获得优势地位,那么当要求企业通过专用财务报告提供更高相关性的会计信息时,企业将面临着成本效益问题的权衡。但企业的会计信息披露成本既包括显性成本如簿记成本、会计人员工资等,也包括隐性成本如可能的竞争劣势,由于后者是一个"或有"问题,所以企业往往陷入两难抉择的境地:或者会计信息提供达不到规模效应,因而提供专用财务报告的信息生产成本和诸多隐性成本有时可能无法间接回收;另一方面,若不披露专用信息,将面临筹集资金的困境。

②即使企业提供专用财务报告时解决了成本—效益的对比问题(即符合效益大于成本的前提),仍然可能引发对中小投资者的利益损害问题。因为机构投资者得到的会计信息和中小投资者得到的会计信息不一致,其实无异于将管理当局和投资者之间的信息不对称问题扩展为"管理当局和机构投资者""机构投资者和中小投资者""管理当

局和中小投资者"两两的信息不对称,机构投资者可能利用其相对于中小投资者的信息优势获利,但却损害中小投资者的利益。而一个国家的资本市场是否健康发展的一个根本标志是看其能否恰当地保护中小投资者的利益。管理当局和投资者之间的信息不对称程度可以通过不断对会计信息披露进行规范而得到降低,尽管不能够完全消除,但由此造成的较低程度的不对称是投资者可以接受的,而投资者绝对不能够接受投资者中的某一小部分不是依靠自己的分析才能,而是靠内幕信息(不论是否付费)得到更多会计信息的事实。

(二)相关性问题的尝试解决途径

既然为了追求会计信息的相关性,目前存在着上述的问题,包括相关性的具体性和特定性、追求相关性可能损害可靠性、按照机构投资者要求提供更相关的会计信息导致成本转嫁,以及通过私人契约要求会计信息不利于保护中小投资者等,那么如何恰当地解决会计信息披露中面临的这些问题呢?我们认为方案大致有二:

1. 建立根据对会计信息的不同需求进行收费的机制

在承认企业管理当局和会计信息使用者具有不对称信息的前提下,我们就可以合乎理性地假设企业的管理当局相对于处于企业外部的投资者而言,能够较低成本地提供各种相关性程度不同的会计信息。管理当局可以提供更为相关的会计信息是一回事,但他是否愿意提供相关程度更高的会计信息又是另外一回事,后者取决于若干项具体的因素:①管理当局作为追求个人私利满意化的理性经济人的利益驱动因素,即管理当局的道德因素是否导致其利用信息优势或私有信息欺骗投资者;②会计信息披露的私人成本因素,即增加会计信息披露相关性的效益是否可以超过由此导致的成本(显性和隐性成本);③在对相关性理解存在歧义的情况下,若按照最高程度的相关性进行会计信息披露,可能导致损失可靠性的情况,也可能引起事后诉讼,即考虑到不同的投资者对会计信息相关性和可靠性的要求程度不尽一致，有些投资者可以忍受在一定情况下牺牲可靠性来换取相关性，但另外一些投资者则宁愿选择更可靠的会计信息；④管制因素和审计因素，即财务报告尤其财务报表及其附注必须接受公认会计原则的制约和注册会计师的审计；⑤管理当局和使用者之间的强权博弈因素，即投资者在和管理当局进行的博弈中，能否占据优势地位而迫使管理当局提供更相关的会计信息；⑥会计信息披露的公平和效率，即会计信息披露成本的分摊问题等等。

影响管理当局是否愿意提供相关程度更高的会计信息的各项因素，可以归结为一点：管理当局能否符合成本效益，满足不同投资者不同决策相关性的会计信息需求，并体现公平性和不至于引起不必要的法律诉讼。

为此我们建议，由管理当局利用其作为"内部人"的"信息处理优势"，在调查的基础上根据经验，尽可能生产不同相关程度的会计信息，以备具有不同会计信息需求程度的投资者使用，并按照生产会计信息边际定价的原则进行收费。这样建议的理由在于：

首先，不同投资者的决策类型不同，所以他们需要不同相关程度的会计信息。企业根据投资者的不同需求提供会计信息，相关性需求程度高的投资者将不会抱怨企业会计信息提供不足，对相关性需求程度较低的投资者也不会因会计信息过载而在分析理解时做无用功，承担不必要的机会损失。这是目前企业通过财务报告提供通用会计信息的模式所不具备的优势。

实际上，由于历史经验的积累，企业和投资者之间已经形成了某些"共同知识"（Common Knowledge），双方也都认可这些共同知识，并在共同知识的制度文化背景下理解会计信息披露。这样企业就可以区分投资者的类型，并据此为不同的投资者群体提供相关性程度不同的会计信息。若投资者提出的信息需求超越了"共同知识"的传统，那么由此导致的会计信息的"定制"的附加相关成本，就应该由该投资者全部承担。这好比于衣服的买卖，作为卖方的制造商只能够根据"共同知识"或经验，将消费者的型号大致划分为 XXL、XL、L、M、S 几个先验的大致型号，消费者根据自己的具体身体自然状况进行选择，在可能存在出入时只需要进行简单的改制即可。如果消费者的需求十分特殊，不属于上述任何类型，那么就需要进行按需定制，消费者将面临更高的支付。

其次，会计信息披露的成本分摊问题会得到相对更为科学的解决。在企业通过财务报告提供通用会计信息的情况下，会计信息披露成本由全体投资者按照拥有的所有权份额分摊，正如本节以上所分析的，若为了满足机构投资者的要求而提高通用会计信息的相关性，由此导致的成本增加属于交易费用由机构投资者和大投资者向并不需要如此多会计信息的中小投资者的转嫁，而任由中小投资者的利益受到损害是不利于资本市场的长远发展的。而若根据不同使用者对会计信息的不同需求进行收费，那么将不会存在会计信息披露成本转嫁的不公平现象。下面通过详细分析来解释上述观点。

(1)不同会计信息披露模式比较

为了说明的简便性，我们虚拟了一个企业，由三个人组成，包括管理当局、机构投资者和中小投资者；假设企业在扣除信息披露成本之前的净收益为 P，并完全分配；机构投资者拥有的所有权份额为 m，中小投资者拥有的所有权份额为 n，管理当局拥有份额为 t(即管理当局的效用取决于企业净收益的高低，与之正相关)，且 $m+n+t=1$，$m>n$；设在每种情况下，机构投资者的净收益为 R_1、中小投资者的净收益为 R_2，管理当局的净收益为 R_3，那么就可能出现以下几种情况(如表 2–3 所示)：

表 2-3　不同会计信息披露模式下各方净收益情况

净收益情况	披露选择				
	按机构投资者的要求披露会计信息	按中小投资者的要求披露会计信息	按投资者总体的期望披露会计信息	考虑投资者不同需求，并按边际定价实行收费	按照管理当局私人收益最大化提供会计信息
机构投资者	$(P-C_T)m$	$(P-C_t)m-L_1$	$(P-C)m-L'_1$	$Pm-mC_t/(m+n)+C_T-C_t$	$(P-g)m-l_1$
中小投资者	$(P-C_T)n-L_2$	$(P-C_t)n$	$(P-C)n-L'_2$	$Pn-nC_t/(m+n)$	$(P-g)n-l_2$
管理当局	$(P-C_T)t$	$(P-C_t)t$	$(P-C)t$	Pt	$(P-g)t$
社会总体[1]	$P-C_T-L_2$	$P-C_t-L_1$	$P-C-L'_1-L'_2$	$P-C_T$	$P-g$
社会总体[2]	$P-C_T-L_2-Fa$	$P-C_t-L_1-F_b$	$P-C-L'_1-L'_2-Fc$	$P-C_T$	$P-g-Fe$

注释：

[1]代表交易费用为 0 时社会总的净收益。

[2]代表交易费用非 0 时社会总的净收益，而且假设每种情况下交易费用的总额分别为 F_a、F_b、F_c、0、F_e，不失一般性地假设 $F_e>F_c>F_a>F_b>0$。

①若企业按照机构投资者的需求提供通用会计信息的披露成本为 C_T。那么机构投资者和中小投资者的投资净收益为 $(P-C_T)m$、$(P-C_T)n-L_2$。L_2 代表企业按照机构投资者的要求提供会计信息导致"信息过载"而使中小投资者面临的机会损失为 L_2，体现为机构投资者行为的外部性。整个社会作为总体的收益为 $R_a=R_1+R_2+R_3=P-C_T-L_2$。

②若企业按照中小投资者的需求提供通用会计信息的披露成本为 C_t。那么机构投资者和中小投资者的投资净收益为 $(P-C_t)m-L_1$、$(P-C_t)n$。L_1 代表企业按照中小投资者的要求提供会计信息导致"信息不足"而使机构投资者面临的机会损失为 L_1，这体现为中小投资者行为的外部性。$R_b=R_1+R_2+R_3=P-C_t-L_1$。

③若企业按照中小投资者和机构投资者的"需求期望"提供通用会计信息的披露成本为 C。那么机构投资者和中小投资者的投资净收益为 $(P-C)m-L_1'$、$(P-C)n-L_2'$。此时中小投资者面临着"信息过载"而承担机会损失为 L_2'，机构投资者因为"信息不足"而承担机会损失为 L_1'，这体现为中小投资者和机构投资者之间行为外部性的相互性。$R_c=R_1+R_2+R_3=P-C-L_1'-L_2'$。

④再假设企业管理当局为机构投资者和中小投资者提供相关性程度不同的会计信息的成本分别为 C_1、C_2，并假设前者所需要的会计信息是在后者需要的会计信息基础上进一步加工而成的，在该收费机制下，机构投资者和中小投资者实际应该承担的成本分别为 $mC_t/(m+n)+100\% \cdot (C_T-C_t)$、$nC_t/(m+n)$，所得投资收益为 $P \cdot m$、$P \cdot n$（因为企业会计信息披露成本已经因收费机制而得到补偿）。$R_d=R_1+R_2+R_3=P-C_T$。

⑤若以管理当局利益最大化进行会计信息披露，那么管理当局将在如下选择中进行权衡：第一，拥有私人信息，借以最大化自己的效用；第二，考虑提供会计信息的边际成本和边际收益，使提供会计信息的效益最大化。至于第二点，可能会衍生出两种结果，一种是效益最大化的会计信息提供水平小于投资者期望（平均）的要求，另外一种是前者大于后者。我们在此只分析第一种，即会计信息提供不足的问题。

根据以上论述，我们可以得出以下几个基本结论：

第一，任何一种会计信息披露方式都具有外部性，而且外部性是相互的。若按照机构投资者的要求提供会计信息，那么这等价于允许交易费用由机构投资者向中小投资者进行转嫁，负外部性为中小投资者所承受；按照中小投资者的要求提供会计信息则属于交易费用由中小投资者向机构投资者转嫁，由此导致的负外部性由机构投资者承受；若按照投资者的期望要求来提供会计信息，那么有可能同时存在机构投资者和中小投资者都承担彼此行为带来的外部性的局面；若按照管理当局私人收益进行会计信息披露，那么中小投资者和机构投资者同样可能因管理当局的行为导致的外部性而受损。

第二，考虑到 $C_1>C_T>C>g>C_t$，以及 $L'_1+L'_2>L_1>L_2$ 的一般性，若将管理当局看作是和投资者同样权力（Power）的利益相关者，那么由于不确定性的程度非常高，根据"公共选择"决定哪种会计信息披露方式更为可取，将是一个"阿罗不可能"问题。

第三，若交易费用为 0，则各种会计信息披露方式的外部性都可以通过缔结新的契约来界定补偿行为，各种会计信息披露方式是等价的。

第四，若交易费用非 0，那么不同的会计信息披露制度安排将导致不同的经济后果，因为既得利益方和利益受损方无法低成本地达成一致的补偿方案。

第五，科斯（Coase, 1960）指出，"当比较不同的制度安排时，应该考虑不同制度安排的社会总产出，而对私人产出和社会产出进行比较不会得出任何有意义的结论""真正的问题是要设计各种可行的制度安排，它们将纠正制度中的某些缺陷，而不引起其他方面更严重的损害"。考虑到交易费用，实行收费机制可以实现科斯的设想，因此此时社会收益最大，同时也未引起其他方面更严重的损害。

（2）由"收费机制"向"事项会计"的过渡

不论企业是通过财务报告提供通用会计信息，还是通过"收费机制"为不同投资者提供相关性程度不同的会计信息，其实都假设了信息使用者类型及其决策所需要的会计信息已经事先为企业管理当局所知悉。区别在于：在企业通过财务报告提供通用性会计信息的情况下，由政府或者管制机构对投资者作为总体的信息需求进行调查，在此基础上遵从"公共选择"的逻辑（相当于通过"投票"）来决定什么样的会计信息提供水平是符合"公共利益"的，能够满足大多数使用者的普遍要求；然后，通过公认会计原则对企业提供会计信息的行为进行管制，来满足投资者决策对信息的需求。按照"收费机制"进行会计信息披露的前提是投资者的信息需求与其决策类型相关，因此该需求存在差异性，而且企业管理当局可以根据投资者的决策类型事先将投资者的信息需求划分为有限个集合，然后为不同的投资者群体提供相关性程度不同的会计信息。

和通过财务报告提供通用性的会计信息相比，按照收费机制为不同的投资者群体提供不同相关性的会计信息更具针对性，在一定程度上减少了相关性需求程度高的投资者对会计信息提供不足的抱怨和相关性需求程度低的投资者对"信息过载"的抱怨，可以更好地实现会计信息披露的成本分摊的公平性。但是，由于交易费用的制约和投资者类型的信息不对称，企业在根据投资者类型划分投资者群体时只能粗线条地区分，而不可能进行详细分类，所以每一个投资者群体内部，仍然存在"信息不足"和"信息过载"的现象，但随着企业管理当局对投资者类型划分的进一步精细化，出现"信息不足"和"信息过载"的概率将降低。

在会计信息提供过程中，存在两类不同的信息不对称，第一是管理当局和投资者总体之间关于企业经营情况的信息不对称，第二是关于投资者类型的不对称。管理当局的会计信息披露具有一定程度的垄断性，考虑到管理当局会计信息提供方的身份和管理当局的自利本性，该不对称性不可能得到完全克服，而只能够有所降低。与此相反，投资者作为会计信息需求者，他们有机会低成本地将自己的决策类型让管理当局知悉。但由于交易费用高昂，管理当局不可能逐一去了解日益扩大的投资者群体每个人的信息需求。那么是否可以转换一下思路,管理当局和投资者之间不必再进行关于投资者类型的信息传递,而由企业提供基本资料,让投资者自己根据自己的决策类型自主进行会计信息的生成和处理,决定完全相关的会计信息含量和相关性。这就是事项会计提出的初衷。

2. 事项会计思路

该思路来自索特(Soter, 1969)。索特的设想是,单一的历史成本计量无法反映经济环境特有的动态性和不确定性,也往往与经济现实不符,但多元计量属性并存又受到公认会计原则的制约,而且通过单一财务报告体系提供的会计信息又难以满足所有会计信息使用者的不同决策需要,因此他主张将企业经济活动的主要事项提供给投资者,而将根据这些基本事项生成会计信息的任务转移给投资者,以更好地实现信息加工和信息使用的连贯性,避免出现无限制地指责企业会计信息披露的现象。具体来讲,事项法的主要思想在于(融入了我们的理解):

(1)在肯定会计目标是向投资者/使用者提供决策有用会计信息的前提下,认为由于决策类型的不同,不同的会计信息使用者所需要的会计信息的相关性各不相同,企业通过一套财务报告体系提供的通用会计信息不可能符合所有投资者的决策所需。

(2)通用会计信息在形成的过程中,既要接受公认会计原则的制约,也要受到具体处理会计数据的会计人员的个人职业判断的影响,同时还要注意到会计人员的中性特征,因此会计信息生成时并未考虑不同决策类型投资者的具体信息需求,导致最终反映在财务报表上单一、貌似十分精确的数据因为信息过滤而无法满足投资者的决策相关性。

(3)投资类型的制约决定了投资者在进行决策时可能依据自己的知识结构、决策模型、偏好对企业财务报告上的数据进行重新排列组合，来获取自己所需要的、与特定决策更为相关的会计信息（体现为分析和理解过程）。设想一下，会计人员按照"会计数据→会计凭证→账簿→财务报告"的过程生成通用会计信息，而投资者又要将财务报告内容反方向进行分解、再组合，以获得可直接利用的、决策相关的会计信息，那么会计人员在提供财务报告过程中所做的工作作用何在，是否在做无用功，这是否意味着社会资源的浪费？

（4）随着投资者素质的提高，他们已经掌握了企业会计人员所应该具备的会计信息处理能力，甚至掌握大量社会资源的机构投资者比企业会计人员具有更强的信息处理能力，而他们唯一的缺点是因为信息不对称而缺乏对企业的经营情况进行基本的了解。既然如此，若企业能够在不影响企业商业秘密的情况下将企业经营活动的基本数据和相关资料传递给投资者，由投资者按照自己的决策类型进行会计信息的生成和利用，就可以很好地解决不同投资者的不同会计信息需求问题。

（5）由于现行的、通过一套财务报告提供通用会计信息的范式，要受到公认会计原则的制约，所以企业提供的会计信息侧重于可以用货币计量的内容，而另外一些不能够恰当进行计量的项目则得不到任何反映。事项法则不然，该模式下会计信息不是由企业会计人员而是由投资者自己进行生成和分析（两个连贯的环节），因此投资者个人如何生成会计信息、如何利用会计信息是投资者自己的事，在很大程度上摆脱了公认会计原则的强大束缚，这使得他们能够了解那些原本在财务报告体系中得不到反映的事项或情况（如环境变化），以便进行更有效的决策。

（6）事项法下，企业向投资者传递的企业经营情况的有关资料，不再拘泥于价值或净收益，也不再通过现在的 3 张报表——资产负债表、利润表和现金流量表来提供，而是遵循这样的模式：平时借助于发达的通信技术，将企业进行所有经济活动的有关情况归类，通过经营事项表的形式，实时（Real-Time）传递给投资者（满足及时性）。若有必要，可以进行提示性的结构排列，以便投资者在进行决策时，具有较大的重新解构（Re-Constructability）价值。

（7）按照事项法模式，会计人员就可以很大程度上从传统的、复杂的记账、算账和报账工作中摆脱出来，着力于对经营活动进行各种预测、分析，更好地发挥参与决策的作用。

事项会计模式的主要优点就是能够节约交易费用，使企业的边界更具弹性。事项法模式下对交易费用的节约体现在：①节约了管理当局和投资者对投资者类型进行识别、获悉投资者具体的信息需求的交易费用；②管理当局提供的企业经营活动基本情况的资料，是企业内部进行预测、核算经济效益和进行生产决策所必要的，企业将这部分基本资料中不影响企业商业秘密的部分传递给投资者，可以节约企业提供会计信息的生产成本和披露成本；③投资者根据自己的决策类型直接决定自己的会计信息需求特征，并进行相关的会计信息生成的处理和利用，那么将不会存在投资者指责相关性程度的问题，也因此避免了政府对会计信息进行管制而导致的管制成本；④由于投资者根据自己的决策类型进行生产和利用，所以将不存在会计信息的需要量提供不足或过载的现象，投资者避免了原本由此导致的机会损失；⑤投资者自行进行会计信息的相关处理，所以相关性与每个投资者的决策类型是完全匹配的，也不存在事后引发的诉讼问题。

但是，事项会计也可能存在着一定的缺陷。由于管理当局和外部的投资者相比而言具有处理会计信息的优势，那么让投资者根据管理当局提供的基本资料自行进行会计信息处理，可能导致以下问题：

①投资者交易费用的增加，至少比管理当局进行同样相关性的会计信息处理的交易费用要高（会计信息处理成本是一种交易费用）。

②投资者的信息需求的相关性不论多么不同，也都是在基本信息的基础上生成的，但若每个投资者都进行这些基本信息的处理，那么这等于资源的重复消耗，是一种明显的浪费。

③不同投资者的个人禀赋、知识结构和采纳的决策模型的差异，导致了不同投资者的信息处理能力各有高低，比如一些小投资者甚至缺乏基本的会计信息处理能力（请注意，这与理解能力不同），那么他们将不能够获取自己所需要的会计信息，最终给决策带来障碍——换言之，中小投资者的基本利益受到损害。

④提供基本资料可能导致一些基本的财务分析人员利用自身的优势生产不同相关性程度的会计信息，收取报酬牟利，降低投资者本应有的投资报酬率（与由企业提供相同的会计信息相比）；此外，这样还可能带来会计信息收费的"连锁性"，即财务分析人员为第一个信息需求者提供的边际定价（S_1），将超过为第二个投资者提供的边际定价（S_2），那么当会计信息需求基本相同时，第一个购买会计信息的投资者完全可能以一个价格 $S(S<S_2)$ 转手向第二个投资者转让会计信息，双方实现了福利的改进，财务分析人员为了克服不能回收成本的困境，将提高会计信息的收费，结果导致会计信息定价在前后各个投资者之间的连锁不公正计价。

五、相关性和可靠性的权衡

现代企业可以看作是一系列契约的结合（a Nexus of Contracts）。各类要素投入者作为缔约方并不直接参与企业具体的经营管理，因此定期的会计信息披露就成为这些要素投入者了解企业情况和评价管理当局经营业绩，并据此做出各类决策的重要依据。可以认为，会计信息的提供（包括质和量）对企业与各个要素投入者交易的成功产生了关键影响，那么提供会计信息而给企业带来的成本就属于典型的交易费用的一部分。

（一）企业私人边际角度的考虑

企业会计信息的提供并不是无成本的，实际上任何增加企业信息披露质量的要求都将增加企业的信息披露成本。信息披露成本分为两类：显性成本和隐性成本。所谓显性成本是指信息披露质量提高导致的会计人员工资的提高、簿记成本的提高等（Watts & Zimmerman,1978）；而所谓隐性成本，则是指信息披露给企业带来的不利因素所导致的机会损失，因为信息披露可能导致企业部分原本私有的信息公开[①]。那么，毫无疑问，出于理性的考虑，企业提供会计信息时，必然要进行成本—效益的权衡。单就企业而言，其提供会计信息质量的临界点满足边际成本等于边际收益（MC=MR）的约束条件[②]。只要边际成本小于边际收益，企业就会提供更多的会计信息量。这被视作会计信息自愿披露的一种动机。反之，如果提供会计信息的边际收益小于边际成本，那么假如缺乏外部强制力量，则企业不愿意提供更多的会计信息。如果将企业提供会计信息质量的选择记作 q，q 的构成是二维的，其实包含了会计信息的质和量，即（q_1，q_2）。那么，使会计信息提供这一过程效用最大化的点（即符合 MC=MR 约束条件的均衡点）记作 $q'(q_1'，q_2')$。以下除了特殊的考虑需要，都将企业提供会计信息的选择水平记作 q。当然，必须注意的是，这是立足于企业得出的结论。

---

① 尽管会计上并不考虑隐性成本，但毫无疑问企业管理当局在进行决策时类似的隐性成本却是必须考虑的。而值得注意的是，（在既定的会计准则和契约法定要求的约束下）会计信息披露的质量正是由管理当局来决定的。

② 既然提供会计信息只是企业与要素投入者交易的一部分，而交易的真正目的在于促使资源以各种方式流入本企业，那么会计信息的提供就存在收益—成本的权衡问题。换言之，提供会计信息的目的是效益最大化。根据简单的高等数学原理可知，使提供会计信息效益最大化的一个充分必要条件是"使提供会计信息的边际成本等于提供会计信息的边际效益"。

由于会计信息提供中存在成本效益的制约，再加上管理当局可能利用其拥有的信息优势损害投资者的利益，那么会计信息披露过程中就存在着外部性。当企业确定了会计信息提供的私人成本、收益最佳点后，一些问题（也是本节所要讨论的问题）就不能回避：由于企业会计信息提供存在私人成本、收益最佳点 q'，使用者对会计信息的需求 D 超过 q' 就会带来对企业的损害，此时到底是允许企业提供更多的会计信息满足使用者的不断膨胀的需要呢？还是应该捍卫企业的利益而使使用者遭受损失呢？

正如科斯在其经典性论文《论社会成本问题》（"The Problem of Social Cost"）中所指出的，外部性具有相互性（Reciprocal Nature），"为了避免 B 遭受损失而采取措施会对 A 带来损害，真正需要确定的是，到底应当允许 A 对 B 造成伤害，还是允许 B 对 A 造成伤害"（Coase, 1960）。问题的关键在于避免较大的损失。"避免更大损失"的表述可以转换为整个社会效用最佳的问题。其实，科斯的逻辑也好，会计信息的供求也好，都是一个私人效用和社会效用的对比问题。

（二）社会角度的考虑

在高度发达的资本市场上，企业的会计信息使用者既包括了所有者、管理当局和与企业直接有着明确契约关系的各个利益方，也包括了诸多潜在的投资者，企业提供会计信息质量可能促使这些潜在投资者所拥有的资源遵循趋利性流动原则而积聚于本企业。因此，企业提供的会计信息就天然地具备了外部性（Externality）的特征①。外部性必

---

①　关于"外部性"一个经典的定义是，设有 A、B 双方，他们分别在 X、Y 的水平上进行某些活动，A 的行为可能对 B 产生影响，并假设双方的净效用可以用货币进行度量，那么双方效用分别为：

$U=A(X)$；$V=B(Y)-S(X, Y)$，当 A 不对 B 进行补偿时。

$A(X)$、$B(Y)$ 代表双方行为不存在影响时的效用函数。如果 A 不对 B 进行补偿，那么此时外部性就等于 $S(X, Y)$。

须采纳各种方式予以内部化(Internalisation)。尽管企业提供会计信息带来的外部性因信息使用者和管理当局之间信息不对称(Information Asymmertry)程度不同而有所差异，但外部性的存在将使得企业在会计信息提供中将不能只考虑私人成本、收益的对比，而应该站在整个社会的立场上进行分析。此时，管制力量将会介入。管制的目的就是通过矫正产生外部性的行为来确保社会效用的最大化。

在管制存在时，我们问题的分析就需要进行一番重新解构。可以将与会计信息有关的全部利益集团假设为一个虚拟的企业合并体，那么外部性内部化问题就转化为使其联合社会效用(Joint Utility)最大化。但社会效用存在着难以进行测度的问题，所以我们进一步转换，将社会联合效用最大化转换为社会联合(Joint Cost)成本最小化，如下：

$$JC(q) = AFC(q) + E(q) \cdot P(E|q)$$

其中，$JC(q)$代表社会联合成本，$AFC(q)$代表会计信息质量成本；$E(q)$代表外部性；$P(E|q)$作为一个条件概率，代表既定会计信息质量给会计信息使用者带来损失的可能性[①]。可以肯定的是，$AFC(q)$是q的增函数，$E(q)$、$P(E|q)$是q的减函数，因此$JC(q)$一定是q的严格凹(Strictly Convex)函数，那么必然存在一个极小值点(同时也是最小值点)。我们将位于该点的会计信息质量称为$q*$。从$q' \rightarrow q*$（即企业私人效用最佳点向社会效用最佳点的移动），可以看作是一个整个社会效用(Utility-Improving)改进的过程。

---

① 这个变量很好理解，会计信息提供的高质量充其量只是会计信息使用者正确决策的一个必要条件而非充分条件（更不是充分必要条件），使用者的决策正确与否除了受会计信息质量高低制约外，还受一些环境因素和个人禀赋、知识结构差异的制约。反之，即使使用者进行决策后的实际结果并非损失，也并不能够据此断定会计信息是优质的。应该肯定的是，唯有会计信息质量因素带来的最终实际损失才能够被称为会计信息的外部性。

那么是否可以认为，会计信息在会计准则等规范形式下就一定正好位于 q^* 点之上？结论是不一定。原因在于：

会计准则和会计制度等对会计信息进行管制和规范的形式，从普遍意义上讲属于事前管制（Ex Ante Regulation），所以通常具有一般性和通用性。但是，投资者根据会计信息进行的决策将面临不确定性，决策恰当与否将不仅取决于企业提供的会计信息的质量，还与决策者个人的知识结构、偏好以及决策模型和面临的决策环境相关。另外还应注意到，企业提供的会计信息是否达到其应有的质量在很大程度上属于一种事后验证行为、依存于投资者的主观判断——若投资者根据会计信息进行决策的结果是不利的，那么投资者完全可以指责会计信息的质量。其背后的逻辑是，既然与投资者的决策相关，如果根据会计信息进行决策后的结果是不利的，那么会计信息提供的质量不高。当企业提供的会计信息给相当多的投资者决策带来不利结果时，企业将面临事后的惩罚。

①如若企业因提供会计信息而面临的事后惩罚是确定的，且会计准则对会计信息质量的规范是按照社会最佳效用水平确定的，那么企业管理当局将依据能够避免事后惩罚的最低限度来选择会计信息质量。

②若企业因提供会计信息的质量问题而面临的事后惩罚是不确定的，且会计准则对会计信息质量的规范是按照社会最佳效用水平来确定，那么企业管理当局提供的会计信息质量可能提高，也可能降低，即此时会计信息披露是一种或有行为、一种状态依存。

③如果管理当局提供存在质量问题的会计信息最终受到的惩罚是不确定的，不妨假定为服从正态分布，那么毫无疑问不确定性的增加将会导致会计信息质量降低；反之，当面临的不确定性降低时，会计信息质量将会提高。

本章主要参考文献

〔德〕卡尔·马克思:《〈资本论〉选读》,全国高等师范院校《资本论》研究会编,辽宁人民出版社 1985 年版。

〔美〕R.G. 布朗、K.S. 约翰斯顿:《巴其阿勒会计论》,林志军等译,立信会计图书用品社 1988 年版。

〔美〕罗伯特·赖特:《国家的作用:21 世纪的资本主义前景》,上海市政协编译组、东方编译所编译,上海译文出版社 1994 年版。

〔美〕迈尔·查特菲尔德:《会计思想史》,文硕等译,中国商业出版社 1989 年版。

〔英〕马克·布劳格:《经济学方法论》,黎明星等译,北京大学出版社 1990 年版。

财政部会计司、财政部国际合作司编:《完善与发展:会计准则国际研讨会(上海·1994)》,中国财政经济出版社 1995 年版。

杜兴强:"会计信息产权的逻辑及其博弈",《会计研究》,2002 年第 2 期。

杜兴强:"会计信息的相关性问题研究",《财经研究》,2002 年第 12 期。

杜兴强:"契约·会计信息产权·博弈",2001 年厦门大学博士论文。

杜兴强:"人力资本、核心能力及持续经营假设内涵的解读",《财会通讯》,2002 年第 12 期。

杜兴强:"人力资源会计的确认、计量与报告",《会计研究》,1997 年第 12 期。

杜兴强:《会计信息的产权问题研究》,东北财经大学出版社 2002 年版。

杜兴强、章永奎主编:《WTO 与中国会计的国际化》,厦门大学出版社 2003 年版。

冯淑萍:"关于中国会计国际协调问题的思考:在中国会计学会第六次全国会员代表大会暨理论研讨会上的发言",《会计研究》,2002 年第 11 期。

葛家澍:"关于财务会计基本假设的重新思考",《会计研究》,2002 年第 1 期。

葛家澍:"基本会计准则与财务会计概念框架:关于进一步修改完善 1992 年《企业会计准则》的个人看法",《会计研究》,1997 年第 10 期。

葛家澍:"美国关于高质量会计准则的讨论及其对我们的启示",《会计研究》,1999 年第 5 期。

葛家澍:《财务会计理论、方法、准则探讨》,中国财政经济出版社 2002 年版。

葛家澍:《市场经济下会计基本理论与方法研究》,中国财政经济出版社 1996 年版。

葛家澍:《中级财务会计》,辽宁人民出版社 2000 年版。

葛家澍、陈守德:"财务报告质量评估的探讨",《会计研究》,2001 年第 11 期。

葛家澍、林志军:《现代西方财务会计理论》,厦门大学出版社 1990 年版。

葛家澍、刘峰:《会计大典》第 1 卷, 中国财政经济出版社 1998 年版。

葛家澍、刘峰:《会计理论: 关于财务会计概念结构的研究》,中国财政经济出版社 2003 年版。

国际会计准则委员会:《国际会计准则 2000》,财政部会计准则委员会译, 中国财政经济出版社 2000 年版。

李维安、武立东编:《公司治理教程》,上海人民出版社 2002 年版。

刘峰:"会计目标与会计职能的比较研究",《会计研究》, 1995 年第 11 期。

汪祥耀等:《英国会计准则研究与比较》,立信会计出版社 2002 年版。

张维迎:"所有制、治理结构及委托—代理关系",《经济研究》, 1996[b] 年第 9 期。

张维迎:《博弈论与信息经济学》,上海人民出版社 1996[a] 年版。

张维迎:《企业理论与中国企业改革》,北京大学出版社 1999 年版。

周其仁:"市场里的企业: 一个人力资本与非人力资本的特别合约",《经济研究》, 1996 年第 6 期。

Aghion, Philippe, and Patrick Bolton (1992). "An Incomplete Contracts Approach to Financial Contracting." *The Review of Economic Studies,* 59 (3): 473-494.

AICPA Special Committee on Financial Reporting (1994). "Improving Business Reporting—a Customer Focus: Meeting the Information Needs of Investors and Creditors: a Comprehensive Report of the Special Committee on Financial Reporting, American Institute of Certified Public Accountants."

APB (1962). "Statement No.1: Statement by the Accounting Principles Board."

ASB (1992). "FRS 3: Reporting Financial Performance."

ASB (1999). "Statement of Principles for Financial Reporting."

Coase, Ronald Harry (1937). "The Nature of the Firm." *Economica,* 4 (16): 386-405.

Coase, Ronald Harry (1960). "The Problem of Social Cost." *Journal of Law and Economics.* Vol.3: 1-44.

Commons, John R. (1950). *The Economics of Collective Action.* Macmillan Ltd.

FASB (1976[a]). "Scope and Implication of Conceptual Framework Project."

FASB (1976[b]). "The Conceptual Framework for Financial Accounting and Report: Elements of Financial Statements and Their Measurement." (DM).

FASB (1978). "SFAC No.1: Objective of Financial Reporting by Business Enterprise."

FASB (1979). "FAS 33: Financial Reporting and Changing Prices."

FASB (1980). "SFAC No.2: Qualitative Characteristics of Accounting Information."

FASB (1984). "SFAC No.5: Recognition and Measurement in Financial Statements of

Business Enterprises."

FASB (1985). "SFAC No.6: Elements of Financial Statements-A Replacement of FASB Concepts Statement No.3."

FASB (2000). "SFAC No.7: Using Cash Flow Information and Present Value in Accounting Measurements."

FASB (2000). *Business Reporting Research Project: Electronic Disdribution of Business Information*. Norwalk Press.

FASB (2002). *Original Pronouncements 2002–2003, Accounting Standards: As of June 1, 2002 (Set)*. John Wiley & Sons Inc.

IASC (1989[a]). "ED32: Comparability of Financial Statements."

IASC (1989[b]). *Framework for the Preparation and Presentation of Financial Statements*. International Accounting Standards Committee.

ICAEW (1991). "The Future Shape of Financial Reports." Institute of Chartered Accountants in England and Wales.

Ijiri, Yuji., and American Accounting Association (1975). "Theory of Accounting Measurement." ARS No.10.

Jensen, Michael C., and William H. Meckling (1976). "Theory of the Firm: Managerial Behavior, Agency Costs and Ownership Structure." *Journal of Financial Economics*, 3 (4): 305–360.

Jonas, Gregory J., and Jeannot Blanchet (2000). "Assessing Quality of Financial Reporting." *Accounting Horizons*, 14 (3): 353–363.

Knudsen, Christian, and Nicolai J. Foss (1996). *Towards a Competence Theory of the Firm*. Routledge.

Moonitz, Maurice (1961). "Basic Postulates of Accounting: Accounting Research Study No.01." ARS No.1.

Pacter, Paul A. (1985). "The Conceptual Framework : Make No Mystique about It," in Zeff and Keller (eds.), *Financial Accounting Theory: Issues and Controversies*. McGraw-Hill Companies.

Paton, William Andrew (1922). *Accounting Theory: With Special Reference to the Corporate Enterprise*. Ronald Press Company.

Paton, William Andrew, and Ananias Charles Littleton (1940). "An Introduction to Corporate Accounting Standards." AAA.

Sorter, George H. (1969). "An 'Events' Approach to Basic Accounting Theory." *The*

Accounting Review, 44 (1): 12-19.

Sprouse, Robert Thomas, and Maurice Moonitz (1962). "Tentative Set of Broad Accounting Principles for Business Enterprise: Accounting Research Study No.3." ARS. No.3.

Turner, Lynn E. (1999). "Speech by SEC Staff: The Year of the Accountant." Remarks.

Wallman, Steven M.H. (1995). "The Future of Accounting and Disclosure in an Evolving World: The Need for Dramatic Change." *Accounting Horizons,* 9 (3): 81-91.

Wallman, Steven M.H. (1996[a]). "The Future of Accounting and Financial Reporting Part II: the Colorized Approach." *Accounting Horizons,* 10 (2): 138-148.

Wallman, Steven M.H. (1996[b]). "The Future of Accounting, Part III: Reliability and Auditor Independence." *Accounting Horizons,* 10 (4): 76-97.

Wallman, Steven M.H. (1997). "The Future of Accounting and Financial Reporting, Part IV: 'Access' Accounting." *Accounting Horizons,* 11 (2): 103-116.

Watts, Ross L. (1977). "Corporate Financial Statements, A Product of the Market and Political Processes." *Australian Journal of Management,* 2 (1): 53-75.

Watts, Ross L., and Jerold L. Zimmerman (1978). "Towards A Positive Theory of the Determination of Accounting Standards." *Accounting Review,* 53 (1): 112-134.

Watts, Ross L., and Jerold L. Zimmerman (1979). "The Demand for and Supply of Accounting Theories: The Market for Excuses." *Accounting Review,* 54 (2): 273-305.

Watts, Ross L., and Jerold L. Zimmerman (1983). "Agency Problems, Auditing, and the Theory of the Firm: Some Evidence." *The Journal of Law and Economics,* 26 (3): 613-633.

Watts, Ross L., and Jerold L. Zimmerman (1986). *Positive Accounting Theory.* Prentice-Hall Inc.

Zeff, Stephen A. (1978). "The Rise of Economic Consequences." *The Journal of Accountancy,* Dec: 56-63.

第三章　会计确认、计量及报告研究

第一节　会计要素的设置及资产要素的定义

一、会计要素的设置

作为一门商业语言，会计最终是通过以财务报告体系为载体对外提供的。在财务报告体系中，财务报表是核心。会计要素是财务报表的积木，会计准则规范的也主要是会计要素的确认和计量问题。加入WTO后各国的财务报表提供的财务信息要能够进行比较，必须首先尽量统一财务报表的要素问题。

会计是一个以提供财务信息为主的经济信息系统，它以财务会计报告为载体，着重提供关于一个企业特定时日的财务状况、一定期间的经营成果和现金净流量的信息，帮助投资者评价企业完成受托责任的情况，降低投资者决策过程中面临的不确定性，改进决策效用。在财务会计报告体系中，会计报表是核心。令人感兴趣的和值得注意的是，目前各国的财务会计中为资产负债表设置了资产、负债、所有者权益三个会计要素，也为利润表设置了收入、费用和利润三个会计要素，但是并未为现金流量表设置专门的会计要素。那么，现金流量表到底应不应该拥有专门的会计要素？什么决定着会计要素的设置？我们认为，对该问题的回答非常关键，它将直接关系到对现金流量表重要性和作用的认识以及对一些基础概念的理解,是正确学习、编制和利用现金流量表的关键。此外,根据实践经验,我们认为若综合进行考虑,不必为现金流量表单独设置会计要素。本节我们将首先对该问题进行论述,然后专门探讨资产要素的定义。

(一)决定会计要素设置的因素

传统教科书的观点认为,会计要素是会计对象的具体化。那么,既然会计对象的具体化即会计要素,且会计对象作为企业再生产过程中的价值增值运动体现为一种客观存在,为什么各个国家会计准则规定的财务会计的要素却不相同? 具体地,我国的《企业会计准则——基本准则》中涉及的会计要素有 6 个,即资产、负债、所有者权益、收入、费用、利润;美国的财务会计概念框架(SFAC No.6)的会计要素包括 10 个,分别为资产、负债、所有者权益、收入、费用、利得、损失、派给业主款、业主投资、全面收益;国际会计准则委员会(IASC)颁布的《编报财务报表的框架》则仅仅提及资产、负债、所有者权益、收益、费用;而英国会计准则理事会(ASB)为财务报表设置 7 项要素,分别为资产、负债、所有者权益、利得、损失、派给业主款及业主投资。会计要素设置的不一致性敦促学者们思考如下问题:除了会计对象之外,还有什么决定着企业会计要素的设置?

我们认为,除了会计对象决定会计要素的设置之外,会计目标和会计基本假设也间接地影响到会计要素的设置。原因如下:

会计作为一个人造的经济信息系统,必须存在一个明确的目标,即会计目标。会计目标主要涉及"谁是会计信息的使用者"和"会计信息使用者需要什么样的会计信息"两项主要内容。那么会计信息使用者的需求必然影响会计要素,乃至影响账户的设置和财务报表的编制。按照决策有用观,会计目标主要是提供决策相关的信息。会计信息系统运行将围绕着会计目标而进行,那么理所当然地,会计要素的设置，包括如何设置、数目的多少都必须将会计目标作为一个重要的因素进行考虑。例如当企业处于简单的生产和发展阶段时，企业经营中面临的资金不足往往通过向银行的短期借款来解决，因此银行是企业财务报表主要甚至唯一的使用者。银行作为债权人主要关注企业的偿债能力，而偿债能力主要是通过企业的财务状况来进行了解和判断的，因此银行需要企业提供反映其偿债能力的资产负债表。与此要求相适应，在长期的经验积累和总结的基础上，形成了企业资产负债表的三个要素：资产、负债和所有者权益（业主权益）。工业革命后，随着耐用性机器设备进入企业，企业开始面向社会公众筹集资金，企业的盈利问题备受投资者（会计信息使用者）关注。利润表模式得以确立，相应地也拥有了其专用的会计要素。由此可见，会计目标，尤其是信息使用者的需求成为影响财务报表要素设置的一个重要因素。

不同国家的资本市场的成熟程度各异，不同国家的会计信息使用者对会计信息的要求也不相同，因此具体会计目标有所差异，进而导致在会计目标影响下的会计要素的设置各不相同。美国的股票市场十分发达，所以其会计要素数目最多也最为完备；国际会计准则委员会（IASC）是一个以国际会计协调化和推行"可比性计划"为主要目的的民间组织，对会计要素的设置必须考虑到诸多均衡因素，因此其会计要素的设置体现为各个国家间会计要素的共性。

回顾会计发展史，我们发现会计信息使用者的需求作为会计目标的一个主要层面，对会计要素的设置产生着持续的影响：在合伙冒险企业阶段，会计的主要问题是如何确定合伙利润的分配和财产的流动状况，而这主要是通过资产负债表中的期末所有者权益和期初所有者权益来确定的，因此资产负债表是唯一存在的报表，也就产生了设置资产负债表要素——资产、负债和所有者权益的需求。当企业面向社会公众公开筹集资金时，盈利能力就成为投资者所广泛关注的问题，因此客观上产生了对利润信息的需求，利润表的要素——收入、费用等——也随即产生了。随着机构投资者的出现，利润信息已经不能够完全满足其需要，企业现金净流量、现金流入、流出的时间、金额及其概率分布成为投资者关注的焦点，因此客观上需要增加一张新的财务报表——现金流量表。

此外，我们认为会计基本假设影响会计要素的设置。下面以资产的定义为例进行说明。按照目前相对权威的表述，资产可以定义为"一个主体因为过去的交易或者事项而拥有或控制的、能以货币计量的未来的经济利益"，其中"一个主体"的术语隐含着会计主体假设的制约，"过去的交易、未来的经济利益"体现着会计分期和持续经营两项会计基本假设的精神，"货币计量"则明显地受到货币计量假设的影响。这样，目前公认的4项会计基本假设（会计主体、持续经营、会计分期和货币计量）都对会计要素的定义产生着非常重要的影响。

可见，会计要素是会计对象的具体化这一传统的表述是不完备的，科学的表述应该是，会计基本假设、会计目标和会计对象共同决定着会计要素的设置。会计要素既体现为会计对象的具体化，同时必须反映会计目标的要求，受会计基本假设的制约。为此，我们根据如上的阐述构建如下的框架图（图3-1）：

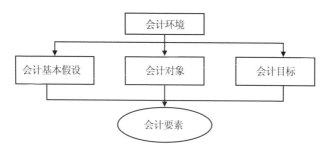

图3-1　会计要素的设置

(二)相关问题：现金流量表无须设置专门会计要素的原因

为什么现金流量表没有设置专门的会计要素？我们认为，对该问题的回答必须在考虑决定会计要素设置的基本理论的基础上，再综合考虑资产负债表和利润表的确认基础是什么、现金流量表的确认基础是什么、两者处理的是不是同样的经济业务、设置专门的会计要素是否符合提供会计信息所必须遵循的"效益＞成本"的制约条件等几个关键的问题。

我们知道，资产负债表和利润表确认的基础是权责发生制，而现金流量表的确认基础是收付实现制。如果要为现金流量表设置单独的会计要素，那么势必意味着要在收付实现制下像权责发生制一样为现金流量表设置一套账户，按照"凭证→账簿→报表"的程序来最终提供财务报表——现金流量表。

其实，从理论上讲，我们并非认定现金流量表就绝对不能够设置专门的会计要素，但是面对企业数目繁多的经济业务，若为现金流量表设置专门的会计要素，并按照收付实现制确认方式，并依照"凭证→账簿→报表"的程序来编制表格，则由此导致的簿记成本（包括账簿费用、会计人员的工资、以及为了适应新的变化而增加的会计人员的培训支出等）将非常高昂。瓦茨与齐默尔曼在其1978年的经典性论文中曾提及簿记成本对企业执行会计准则及对新颁布的会计准则的影响。实践经验告诉我们，若根据权责发生制的资料，进行恰当的调整，然后通过将权责发生制转换为收付实现制编制现金流量表，则成本相对降低许多。为此，我们认为无须专门为现金流量表设置单独的会计要素。可见，成本—效益原则是设置会计要素的制约条件。

(三)反思

会计要素的决定因素固然受会计目标、会计基本假设、会计对象及成本效益原则共同制约和决定，但有一点可以明确，会计要素的定义决定会计要素的确认与计量,而不能够倒过来由会计要素的确认和计量结果或过程来进行会计要素的定义,否则就会犯一种"后此谬误"的错误逻辑①。为此,会计要素的定义将是十分关键的!我们认为,会计要素的相关问题在会计准则的国际化协调化过程中非常关键。譬如,美国的财务会计概念框架在 1985 年的 SFAC No.6 中就提出"全面收益"的概念,并在时隔 15 年后才制定了 FAS 130《报告全面收益》;英国会计准则理事会(ASB)在 1992 年就根据之前已经确定了的利得与损失两个会计要素(而不是传统的收入与费用)颁布了 FRS 2《报告财务业绩》。

二、关于资产的定义的探讨

在世界各国或国际组织业已颁布的财务会计概念框架中,分歧较大的就是要素的定义。虽然,众所周知,在概念框架中给出要素定义的主要目的是严格划分不同要素的质与量的界限,从而为确认一个项目为某项要素确立一个严格而规范的标准。因此,要素的定义应由其基本特征组成,并尽可能揭示最本质的特征。因为这也是"实质重于形式",即会计必须记录和报告每一交易或事项的经济实质的要求。

在所有的要素中,资产要素最为重要。一个企业若没有资产,就没有营运的物质基础,其他要素都不会产生。因此,人们最关注的要素的定义是资产的定义。此外,我们之所以特别注意资产(也包括负债)的定义,还因为,我们主张定义"业绩"要素应当采用资产/负债观。一个企业的净利润应表明企业财富的增长〔按经济学家希克斯(Hicks)的话说就是在保持财富与期初相等的情况下,企业可供消费、处置的

---

① 其实这可以看作是财务会计概念框架中会计要素(定义)层次略高于会计要素的确认和计量的根本原因。

财富〕，即期末净资产-期初净资产＝期末(资产-负债)-期初(资产-负债)＝净资产的增长(企业价值的增加)。当然，这里不包括权益自身的变动。

会计要素可以看作是财务报表的积木。加入 WTO 后，我国企业提供的财务报表所披露的会计信息要想真正具有一种世界通用商业语言的功能，首先必须探讨会计要素定义的异同，尽量在该技术性环节上取得统一。

美国财务会计准则委员会(FASB)在 SFAC No.5 中，提出了会计确认的 4 项标准(SFAC No.5: par.63)——符合要素定义、可计量性、相关性和可靠性。其中，符合要素的定义或者叫可定义性是进行会计确认的一个"门槛"，只有满足这个标准，才有机会"登堂入室"——进入会计信息系统。那么，照此来讲，财务会计信息系统设置的要素数目应该恰当，以便既涵盖整个经济活动的各个方面，又不至于重复；各个要素的定义应该尽量完善，以避免将某些项目排除在会计信息系统之外，而影响最终生成的财务报告的信息含量。联系当前的会计环境，诸如衍生金融工具、租赁等项目在资产负债表上得不到反映，从而扭曲了企业的财务状况、经营成果，向证券市场传输了不正确的信息，导致投资者发生巨大损失，所以上述两个问题尤以后一个问题为重。

负债可认为是负资产(Negative Asset)、所有者权益可认为是净资产(Net Asset)，全面收益以及其组成要素——收入、费用、利得和损失(在我国会计要素之中体现为收入、费用和利润三个项目)——可以看作是所有者权益的变动，因此它们的定义都直接或间接地来自资产的定义。以下仅以资产为例来说明现行财务会计概念的缺陷。

(一)关于资产定义的各种观点

1. 以"未来经济利益"来定义资产

以未来的经济利益为核心概念定义资产，最具代表性和最具影响力的当属财务会计准则委员会(FASB)关于资产的定义[①]——"资产是特定的主体由于过去的交易或事项而拥有或控制的可能的未来的经济利益"。财务会计准则委员会(FASB)关于资产的定义一直被各个国家,尤其是加拿大、澳大利亚等国家和地区奉为圭臬,并以此作为参照在本国类似于财务会计准则委员会(FASB)的概念框架的文献之中定义资产;甚至从国际会计准则委员会(IASC)和我国对资产的定义之中也可以找到财务会计准则委员会(FASB)对资产定义的"影子"。但是不可否认的是,财务会计准则委员会(FASB)关于资产的定义——也不可避免地存在着各种缺陷。例如,美国证券交易委员会(SEC)前任首席会计师瓦尔特·舒兹(Walter Schuetze)曾经说:"财务会计准则委员会(FASB)的定义过于复杂、抽象、包罗万象而且含糊不清,会计人员无法用其解决问题……该定义无助于区分和确定哪些项目是资产,它描述的仿佛是一个带有巨大餐橱的空盒子,几乎所有的事项都适合这一定义。"(Schuetze, 1993)美国圣迭戈州立大学的理查德·萨缪尔森(Richard A. Samuelson)教授也认为财务会计准则委员会(FASB)的资产定义混淆了定义和计量的概念内涵、不能够区分财富的存量和流量并缺乏经验的内容,当然也不能够彻底区分资产和费用(Samuelson, 1996)。在借鉴这些批评意见的基础上,我们认为财务会计准则委员会(FASB)的资产定义的缺陷具体表现在:

(1)财务会计准则委员会(FASB)的资产定义概念的内涵过于抽象。将资产定义为未来的经济利益,首先存在着一个如何定量化的问题——因为未来的经济利益体现为未来现金流量的贴现值,那

[①]　在财务会计准则委员会(FASB)之前,尝试以未来经济利益来定义资产的其他代表观点有"资产包括以前获得的服务和企业正在得到的服务的积蓄(积累)"(Sprague, 1907)和"资产是指处于货币形态的未来服务,以及可以转换为货币的未来服务"(Canning, 1929);"资产是预期的未来经济利益"(Sprouse & Moonitz, 1962)等。

么如何确定未来现金流入、流出的时间和数额(体现为一种多维贝叶斯概率分布),以及如何确定折现率? 其次,未来的经济利益在多数情况下绝对不是单一资产所能够独立创造的,那么,如何将既定的未来经济利益在各项不同的资产之间、在会计上已经确认为资产的项目和目前会计上还不可能确认为资产的其他项目如知识产权(Intellectual Property)、人力资源(Human Resource)、自创商誉(Inherent Goodwill)等软资产之间进行分摊? 因为管理人员的管理才能同样有助于企业最终财富的创造,同样可以带来未来的经济利益或对企业的未来经济利益有所贡献。这是一个难题,难就难在对资产的定义涵盖了公认的事实,但是却不能解释由此产生的技术操作问题。

(2)财务会计准则委员会(FASB)资产定义的概念外延过于广泛。诚如瓦尔特·舒兹所说的,现行会计实务之中的许多项目都可以归类为财务会计准则委员会(FASB)的资产。

(3)财务会计准则委员会(FASB)的资产定义并没有完全贯彻资产/负债观,也没有完全摆脱收入/费用观。财务会计准则委员会(FASB)的财务概念框架之中力图贯彻的观点是"资产/负债观",而非"收入/费用观",然而财务会计准则委员会(FASB)在以财务会计概念框架作为指导制定会计准则时却并未一贯地遵循该观点。

此外,不同准则制定机构对财务会计准则委员会(FASB)关于资产的定义进行了修正与拓展。

美国 SFAC No.6(原 SFAC No.3)中关于资产的定义,是各国〔包括国际会计准则委员会(IASC)〕制定财务会计概念框架的参考蓝本,但有的则做了一些重要的修改。

国际会计准则委员会(IASC)的框架:在借鉴上述定义时主要的修改是最后一段话,"由企业控制的,预期导致未来经济流入企业的资源",这里(1)不提企业取得;(2)在未来经济利益前删去了"可能的"

（Probable）这一定语；（3）最重要的改动把资产落实到含有未来经济利益的资源上。按照原文，国际会计准则委员会（IASC）首先肯定"一项资产是一项资源，……"〔IASC, 1989: par. 49（a）〕。

英国会计准则理事会（ASB）的《财务报告原则公告》在借鉴美国财务会计准则委员会（FASB）的资产定义时做出的重要修改是："资产是未来经济利益的权利或其他增长额……"（ASB SP: chap. 4, "Principles", par.406）

1988 年 1 月 11 日，联合国经社理事会跨国公司委员会秘书长报告《财务报告的主要目标与概念》（"Objectives and Concepts Underlying Financial Reporting"）第七部分涉及的资产定义是"公司所控制的资源被称为资产，它们说明了公司创造未来资源的潜力"和"资产是由于过去事项的结果，给报告公司带来未来经济利益的资源"（United Nations Economic and Social Council, 1988: par.65）[1]。

以上所介绍的资产定义均参考了美国财务会计准则委员会（FASB）的 SFAC No.6，因而都把未来的经济利益作为资产的本质特征[2]。

在这个特征上，对美国的财务会计概念框架已有发展，但资产的定义中还包括两个特征：

①上述未来的经济利益或含有这种利益的资源、权利为一个主体所拥有和控制；

②一个主体能控制的未来经济利益或含有这种利益的资源或权利

---

① 此外，看来 1989 年国际会计准则委员会（IASC）的框架，部分是参照上述联合国文献的。

② 我们的提法其实在 20 世纪 20 年代末和 60 年代的美国已经出现。例如坎宁（Canning）把资产定义为"任何按货币表示的未来服务或任何可转换为货币的未来服务。它由某些人或一批人合法地或公平地获得，但此种服务成为资产必须营运"（Canning, 1929: 22）；斯普劳斯和穆尼茨给出资产定义与财务会计准则委员会（FASB）更为接近："资产代表由于某种现在和过去的交易，而由企业获得的预期的未来经济利益和权利。"（Sprouse & Moonitz, 1962: par.20）

是过去交易或事项的结果。

"拥有"和"控制"，可以不必两者同时并提，只要企业能够控制该资源或权利，就拥有最主要的使用权和处置权，就能使未来的经济利益流入企业，成为企业的资产。

"一个企业能控制的未来经济利益[①]是过去的交易与事项的结果"，是由传统财务会计的本质——主要提供一个企业的历史信息、历史的财务图像（APB Statement No.4: par.35），反映已发生的交易和事项的影响（SFAC No.1: par.21）——决定的。

2. 资产定义的"成本观"

持有这种观点的会计学者有：

（1）佩顿和利特尔顿（Paton & Littleton，1940）——"资产是未消逝或未耗用的成本"；

（2）亨德里克森（Hendriksen，1977）——"资产的性质是未分摊的成本或未结转为未来各期的数额"。

3. 资产定义的"财产权利观（产权观）"

按照这种观点来定义资产是近年来对资产定义的新尝试，包括：

（1）证券交易委员会（SEC）首席会计师舒尔茨（Schuetze，1993）——"资产是现金、对现金或劳务的求偿权，以及能够单独出

---

① 对于财务会计准则委员会（FASB）的资产定义，当时美国证券交易委员会（SEC）首席会计师瓦尔特·舒兹认为"财务会计准则委员会（FASB）的定义如此复杂，如此抽象，如此无肯定答案，如此无所不包，并如此不明确，以至于不可能用它来解决问题"。按照财务会计准则委员会（FASB）的逻辑，"假定一个企业拥有一辆货车。货车就其本身而论似乎不是资产。资产是货车运送木材、钢材、煤炭、面包所产生的现金流量的现值。然而，在今天的实务中，反映在资产负债表的资产是货车，财务报表信息使用者也把货车当作资产。使用者没有把资产看成是利用货车去运送木材这一经济利益，我想，绝大多数人令人宽慰的资产想法是货车，而不是一个抽象的东西"。瓦尔特·舒兹的批评不能说没有道理，因为财务会计准则委员会（FASB）的定义确实容易引起误解。但若修改为"含有未来经济利益的资源或权利"就比较明确了。因为定义应当反映事物的本质，货车毕竟是资产的现象。瓦尔特·舒兹的引文见 Schuetze（1993: 67,69）。

售和变现的一些项目";

(2)理查德.A.萨缪尔森(Samuelson, 1996)——"资产是能够用于交换的抽象权利,资产价值是财产价值的货币表现";

(3)1999年,英国会计准则理事会(ASB)公布的《财务报告原则公告》——"资产是会计主体由于过去的交易而控制的、对未来经济利益的权利和其他增长额"。

(二)关于资产定义的重新探讨 [①]

1.资产定义应该考虑的问题

(1)考虑会计基本假设、会计目标和会计对象等基本概念

资产,作为一个会计要素和一个基本的会计概念,应当置于整个财务会计的框架之中进行探讨,并应受到更高层次的会计概念的约束,也应该接受比之低层次的会计概念的反馈和影响。另外,需要注意的是,资产的定义决定公认会计原则,而并非公认会计原则影响资产的定义。明确这一点,就不会出现把资产定义为"某些具有借方余额的项目"了,因为这样明显混淆了概念之间的逻辑关系。因此,对资产的定义势必受到会计基本假设、会计目标和会计对象的约束。

(2)无论从概念上,还是从企业财务报表要素的产生角度看,资产都先于收入

从会计发展的历史来看,关于资产和收入两个概念之间谁占有支配地位,曾经经历了一个辩证的否定过程:即资产——收入——资产。承认收入在会计理论中占有和资产相比的占优地位,将会导致为了实现收入和费用成本的配比而按照前面所述的"成本观"定义资产。

---

① 会计界在定义时往往存在着一个误区——以会计准则或公认会计原则为导向来定义资产(这一点在资产的"成本观"之中尤为突出),而实质上按照会计理论的层次,资产作为一项基本的会计概念应该位居会计理论之中的较高层次(相对于会计准则而言)(Belkaoui, 1993),所以理应从资产定义出发来制定相关的会计准则,而不应从会计准则的需要出发来定义资产。

反之，如果认为资产的定义先于收益，则比较容易认识到资产的本质特征。

(3)必须同时考虑资产概念的法律、经济和会计特征

在资产的定义之中，我们不可能回避资产的法律、经济和财务特征。资产的法律特征体现在资产的终极所有权上；而资产的使用权往往体现了资产的经济特征。当然，资产定义也必须考虑到资产的会计特征，即资产必须是会计范畴所能够包纳的。

2. 资产定义：我们的观点

现代市场是一个充满不确定性的市场。在这个市场中发生的交易事项日益纷繁和复杂，一项交易完成的时间很长，而且衍生许多未来的事项。交易双方往往先通过各种方式达成不可更改的合同（契约），并在合同成立后立即产生了权利和义务。就是说，已签订的、尚未执行的合同，同样可使企业控制未来的经济利益。这样，构成资产的第三个特征（不仅是资产，也包括负债，甚至其他要素），"由于过去的交易和事项的结果"似乎可做一定的松动，例如可改为"由于过去的交易、事项和虽未执行但已签订的不可更改的合同"的结果。

能否设想将资产定义为：

"过去的交易、事项和虽未执行或还在执行中的不可更改的合同导致一个主体控制含有未来经济利益的资源和权利。"一切有形资产都属于资源，一切无形资产（包括应收款项、投资和人力资源）都属于权利。一项资源可能包含多种可带来未来经济利益的权利，如人力资源[①]。

---

① 人力资源应否和如何作为资产是一个争议很大的问题。每个人作为人力资源来仔细考察是异常复杂的，因为一个人具有各种能力和本领，共同构成某人作为人力资源的组成部分。如一位机械工程专家被企业聘用为高级工程师，他对企业的贡献，或企业要求他提供的服务是他的机械工程技术。但这位专家可能是一位业余画家、音乐家或者有其他专长，他被企业聘用时，企业通过这位工程师获得的未来经济利益的使用权只限于他的机械工程技

更具体地，资产定义可表述为："资产本质上是特定会计主体拥有或控制的、含有可能的未来经济利益的资源或权利，它需要符合如下条件：

(1)由过去的交易或事项所导致的；

(2)由于签订了权利和义务不可更改的合约，其风险和报酬实质上已经转移；

(3)能够选择某一特定的计量属性（历史成本、重置成本、市场价格、可变现净值或未来现金流量贴现值技术搜寻的公允价值等）进行可靠的计量。"

上述定义有三个部分的内容需要说明：

(1)过去的交易和事项在定义中仍然是前提。因为它代表财务会计的本质，但也是财务会计的局限性。"财务会计和财务报表主要是历史性的，即有关业已发生的事项的信息提供了财务会计与财务报表的基本数据"（APB Statement No.4: par.35）。历史的信息是已经确定的，且有凭证可以查询，具有可靠性和真实性。不过，有人也许会说历史信息对决策无用。因为决策总是对未来事项的预期与判断，似乎用不到回头看。其实，历史信息对决策还是有用处的！因为对未来做出评估预测和判断总是要以过去的事实为基础。任何事情总要有一个开始和起点。今年的计划（预测）总要参考去年计划的执行结果，而且今后的预测究竟有多大程度的可信性与合理性，又要用今后的财务会计所记录与报告的实绩来验证。所以，历史信息至少有一定预测作用和反馈价值[①]。把数据及其加工的信息和对外报告局限于过去的交易

术，而不能要求他在业余作画、歌唱方面为企业带来的经济利益。人有无限的智慧和创造力，因此可提供各种未来的经济利益和效益，从而产生有经济效益的权利。但这种权利是属于某个人的，都凝集在他一个人身上。于是，人力资源就可能是各种权利的综合。

①　财务会计准则委员会（FASB）在 SFAC No.2 中讨论相关性时说："信息对决策所起的作用，就是增强决策者预测的能力，或者证实或纠正他们早先的期望。"（SFAC No.2: par.51）

和事项之上，代表着财务会计的传统边界。随着经济的发展和技术的进步，要不要扩大这个边界，财务会计对象要不要冲破过去已经发生的交易和事项，能否考虑未来将会发生的交易或事项？这是一个需要进一步探讨的问题[①]。本处，我们认为应该增加如下的前提——"在执行中或虽未执行，但已属于不可更改的合同（如大多数的衍生金融工具等）"。

(2)通过市场价格或其他公允价值取得的。这里讲的就是资产的购买成本，代表企业资本的投入中的一部分。投入的价值是已经发生了的，所以它的金额具有确定性（代表过去的交换价格或其他公允价值），资产的价值可以用它来量化，成为资产的购买价值。这一价值，能真实地反映企业为取得资产而投入的资本，但也包括以未来现金流量贴现值技术搜寻的公允价值。

(3)能带来未来经济利益的资源和权利。能带来未来经济利益的资源是企业持有资产的目的，正如财务会计准则委员会（FASB）的SFAC No.6 概念所说，未来的经济利益代表资产的本质（SFAC No.6:172）。但资产应是未来经济利益的依附物而不是未来经济利益本身。资源可以是有形的，也可以是无形的（一般为权利），还可以是法律或合同赋予的权利（包括使用权和所有权）。尽管能带来未来经济利益代表企业持有资产的目的，是资产的实质，但毕竟只是企业资本的产出一方的预期目标，因此未来经济利益作为资产的定性说明是恰当的，但它不能加以可靠的计量，因为预期的未来经济利益毕竟是一种估计，它只具有可能性，即使能够量化，也难以像资产购买时通过交换付出市场价格或公允价值那样具有肯定（已知）的可靠性。缺乏可

历史信息对增强决策者预测的能力有一定的作用，而对证实或纠正他们早先的期望也有明显的作用。

① 对于该问题的详细讨论，请参见葛家澍（2003）。

比性和存在着很大的不确定性是未来经济利益的致命缺点。

我们还必须看到，不是所有的资产作为商品、权利或劳务在购入后即可单独卖出，从而能确定其收入中给企业带来的净现金增量①。

有许多企业的资产（特别是制造企业）总是需要同其他生产要素相结合，制造出新的产品、创造新的价值，才能为企业带来现金净流入，而这种未来经济利益很难在相互结合的各种资产中（例如有的资产是原材料，有的资产是机器设备）正确加以分离，这里尚未考虑对新价值创造起重要作用的管理人员、工程技术人员和工人们的组织作用和劳动的贡献，更未考虑创造新产品所使用的高科技、新发明和新技术。我们还可以设想，假如一位农场主买了一块土地（其购买成本是确定的），但始终没有雇用农业工人，又没有进行播种、耕耘和田间管理，整个土地一直荒芜着，试问，其未来的经济利益如何预测？难道仅仅预期这块土地将会涨价而产生"持有利得"（Holding Gain）？

总之，把"未来的经济利益"或"能带来未来经济利益的资源和权利"作为资产定义的主要组成部分，虽能够正确地对资产进行定性说明（反映企业持有资产的目的），但却无法进行定量描述。这就是财务会计准则委员会（FASB）和国际会计准则理事会（IASB）的资产定义的根本缺陷——定性说明与定量描述无法协调一致。若把资产购买时付出的现金（过去的交换价格）加到资产的定义中，至少可以真实地反映为取得该项资产而耗费的资本。这当然也代表资产的价值（只不过它不包含不确定的预期的未来增值而已）；

在一个持续经营的企业中，任何资产都在投入与产出的过程中进行流动。我们可以特别关注产出，预期资产能带来的未来价值增值；但也应同时关注为取得该项资产而对企业资本的耗费，即资本的投入

①　从这点上考虑，利用现值技术搜寻的公允价值也并非适用于所有的资产，譬如 FAS 133 就指出，公允价值是衍生金融工具唯一相关的计量属性。

（从现金转化为生产要素）。把资产定义为成本（仅注意投入），这当然带有片面性，但把资产定义为未来的经济利益或可获得未来经济利益的资源（仅注意产出）又何尝没有片面性？对于财务会计中的若干基本概念的理解，不能说凡是"面向未来"都是正确的。我们在定义资产时应当有一个全面的观点，即既要关注过去，又要面向未来；既要考虑正确确认的需要，也要满足可靠计量的要求。这就是我们设想修正当前流行的"资产"的定义的理由。

不过，如上所述，在制定我国财务概念框架时，财务报表要素的定义，特别是资产的定义，是一个需要广泛征求意见，深入进行探讨的问题。

第二节　会计确认

一、会计确认概念的发展

对经济业务的计量伴随着复式簿记的产生、发展和逐步完善而不断发展，而财务会计中对经济业务进行确认的思想的产生相对要晚得多。佩顿与利特尔顿 1940 年在《公司会计准则导论》（Paton & Littleton, 1940: chap.4）提到了"收入确认"的三种基础——现金基础（在收到现金时确认收入）、销售基础（在销售时确认收入）和完工比例法。但是，这种确认的思想有点类似于现行财务会计之中的"实现"概念。这之后，虽然一段时间内会计界并没有直接提及"确认"（Recognize）一词，但是确认的思想却在早期的会计文献之中时有提及。1953 年 8 月，由会计程序委员会 (CAP) 组成的会计名词委员会（the Committee on Terminology）重新整理发布的第 1 号会计名词公报〔"Accounting Terminology Bulletin（ATB）No.1"〕把会计定义为"一种艺术，将具有或至少部分具有财务特征的交易、事项予以记录、分类和汇总，使之成为有意义的形态并用货币表示以及解释由此产生的结果"（ATB No.1: par.9）。该定义中，第一、二、三和六项都涉及会计确认的有关问题。但确切地说，直到 20 世纪 60 年代前，会计仅以记录和报告作为自己的特征。

1966 年 8 月美国会计学会（AAA）为庆祝学会 50 周年纪念大会而发表了著名的《基本会计理论说明书》（"A Statement of Basic Accounting Theory"，ASOBAT）。该说明书将会计重新定义为"为了使信息使用者可做出判断与决策的辨认、计量和传递经济信息的程序"（ASOBAT: chap.1）。美国会计学会（AAA）在会计程序中第一次明确地提出了计量，同时也涉及确认。不过，仍仅用辨认（Identifying）这一狭义的概念，与后来财务会计准则委员会（FASB）提出的确认（Recognition）概念不尽一致。

之后，1970 年美国会计原则委员会（APB）发表 APB Statement No.4《企业财务报表的基本概念与会计原则》仍沿用《基本会计理论说明书》的观点，但在对确认这一会计程序的认识上有了发展。换言之，会计确认的思想被推进了一大步——这份报告已经具备了目前会计确认（以 SFAC No.5 为典型）的大部分特征，只是仍未明确使用会计确认这一术语（刘峰，1996）。APB Statement No.4 认为，财务会计存在着财务会计程序（Financial Accounting Process）。它由一系列操作构成，并在每一会计期间内有系统地加以执行，这一系列程序的第一、二两点就是：（1）选择事项，即将要报告的事项予以识别，因为影响一个企业经济资源及其义务的事项并不是发生时即能加以报告；（2）分析事项，即决定这些事项对企业财务状况的影响（APB Statement No.4: par.176），究竟什么是识别即确认，会计原则委员会（APB）在这里做了进一步（尽管尚不全面）的解释。不过，对会计确认做出迄今被公认为科学而全面解释的,应为美国财务会计准则委员会(FASB) 1984 年 12 月颁布的 SFAC No.5。早在财务会计准则委员会(FASB) 的 SFAC No.3 的第 83 段(即取代它的 SFAC No.6 第 143 段)已指出, 确认是将某一项目正式计入一个主体财务报表的程序。

二、会计确认的内涵

"会计确认是指将一个项目作为资产、负债、收入、费用等要素加以记录或将之最终纳入财务报表中的过程。会计确认包括用文字和金额对某一项目进行描述并将之金额计入财务报表的合计数中。对于资产和负债的确认而言,会计确认不仅包括对资产、负债取得时的记录,而且也涵盖了这些项目日后的增减变动乃至最终从财务报表中退出的记录[①]。"(SFAC No.5)会计确认应该涵盖三个阶段:(1)初始确认;(2)嗣后确认或再确认;(3)终止确认(Derecognition)。

一个项目可以进行(初始)确认,当且仅当有充分的证据表明该项目之中内含的资产或负债的变化已经发生(包括有恰当的证据表明将会带来未来的经济利益流入或流出企业)和能够用某个特定的货币量进行充分可靠的计量。

一项业已被记录的、金额发生了变化的资产或负债,当且仅当有充分的证据表明该资产或负债上金额的变动确实已经发生且新的金额能够充分可靠地进行计量时方进行再确认。

一项资产或负债应该终止进行确认,当且仅当存在着充分的证据

[①] 确认不同于实现概念。确认是指将某一个项目当作资产、负债、收入、费用或其他类似项目而正式地加以记录或将其纳入某一会计主体的财务报表的过程。确认包括用文字和数字对某一项目进行描述并将其金额计入财务报表的合计数里。对于资产或负债而言,确认不仅涉及对其购置或发生的记录,而且涉及对其嗣后的变动包括导致其最终从财务报表上消除的变动的记录。实现是将非现金的资源和权利转化为货币的过程,在财务会计和财务报告里,实现这一术语的最确切用法是指将资产出售并获得现金或现金要求权。

表明其并不能为主体带来未来的经济利益或主体已经不再承担转移经济利益的义务。

财务会计准则委员会（FASB）的 SFAC No.5 对确认的定义，确认与非确认的界限，以及确认的基本标准和收入确认的指南都做了重要的阐述：

（1）在整个会计程序中，确认是项目应否列入财务报表某一要素的第一道关口。其中要素的定义又是应否确认的首要考虑因素。"确认是将某一项目，作为一项资产、负债、收入、费用之类正式地记录或计入某一主体财务报表的程序（过程），它包括同时用文字和数字描述某一项目，其金额则包括在报表总计之中。对于一项资产或负债，确认不仅要记录该项目的取得和发生，还要记录其后发生的变动，包括从财务报表中予以取消的变动。"（SFAC No.5: par.6）

（2）由于确认既要用文字，又要用数字来描述一个项目，并且其金额且必须包括在财务报表的总计之中，那么，用其他方法（如注释、正文中的括号、辅助信息等）在财务报告中披露的信息与事实，就不是确认。

（3）确认一个项目和有关信息应符合 4 个基本标准，即可定义性、可计量性、相关性和可靠性。

从以上的阐述可以看到：

（1）确认这个程序需要会计人员的专业判断。每当一项交易、事项发生，就要识别是否某两项目应在会计上正式记录（即按复式记账要求，作成会计分录），它们应记入哪一个财务报表的要素（项目）和账户，应在何时予以记录并计入报表，在记录或计入报表时是否符合4 项基本标准？并且还应考虑：效益是否大于成本，所应记录和计入报表的项目是否符合重要性原则。

（2）凡是在财务报表上通过确认加以表述的部分，必然正式经过会计记录，其文字归属于报表的要素与所属的账户与项目，而金额则必须计入报表的总计，因此确认总是指在财务报表表格之内且不包括括弧中的旁注的部分。在整个财务报告中，财务报表是核心，而在财务报表中，表内确认部分应是最相关、最可靠的财务信息，确认不可能包括非财务信息。财务报告有两种表述信息的方式，一是确认（仅限在财务报表表内的、可计入总计的财务信息），二是披露（包括报表附注、辅助报表和其他信息传输手段所表述的财务、非财务信息，主要是非财务信息）。

（3）确认的范围，包括记录和报告，但确认不等于也不是要替代后两者。对记录来说，确认主要指：①是否有项目应作为要素进入会计系统正式记录；②何种要素应当记录；③何时应予记录。而如何记录则在上述三点决策完成之后才能运用复式簿记原理与技术做出。可见，如何记录虽然也在广义的确认程序（过程）之内，但狭义地看确认，此时已进入另一个会计程序——记录。从报告来看，也是如此。对于财务报表的表述而言，①有无项目应进入报表系统；②该项目应列入何种要素；③何时应当在报表中表述并将其金额列入报表总计等三个步骤属于会计确认，代表的是会计的决策行为。至于如何在财务报告中表述（除确认外还包括披露），那也意味着财务会计的活动进入了最后的程序——报告。总之，确认之所以重要，就因为它代表会计行为中的识别、判断即决策阶段，只有正确地进行确认，才有正确的记录和报告，也才能产生对会计信息用户决策有用的信息。正确的确认依靠什么？主要依靠会计人员的职业判断水平。

（4）作为一个程序和过程，大多数交易和事项所应予记录和报告的项目可以一次完成确认。例如发生的费用如电费，购入的该项劳务（能源）当时就能消耗掉，已记录的项目不可能发生后续的变动，因此这类交易和事项只需要一次确认即可完成，但是由于确认涉及对记录

和报告两个程序的决策，所以我们仍然可以认为，一切交易和事项都
要经过初步确认作记录，然后通过再确认（第二步确认）予以报告。

一些交易和事项的确认，其已记录和已报告的项目嗣后可能发生
变动，需要后续确认甚至不再符合确认标准而需要终止确认，比如：

①固定资产按历史成本确认为资产后，由于价值变动而批准进行
重估价，则重估价的记录与报告的确认，应属于后续确认。

②按现行成本或公允价值计量的某些项目在其交易开始时是通过
初始确认，在初始确认后如现行成本或公允价值发生变动时，一般于
下一个报告年度开始按变动后的成本或价值重新确认，即所谓后续确
认。如果已确认的某个项目不再符合某一要素的定义，例如已确认的
资产由于作为其他企业的抵押（担保）而当作担保品被偿付债务进行
处置，本企业对它不再保持控制的能力，这时，对该项资产，就要在会
计记录和财务报表中终止确认①。由此可见，确认不一定一次完成，它
可能需要一个较长期的，甚至多次才会完成的过程。

（5）财务会计准则委员会（FASB）在 SFAC No.5 中的重要贡献，
就是第一次提出财务报表所有要素必须共同遵循的确认标准以及收入
确认的补充指南。

确认的第一项标准是需符合要素的定义，也许有人认为"定义"
是抽象的概念，它如何作为确认的标准？其实，在财务会计概念框架
中，定义要素不是为定义而定义，而是为确认而定义。要素的定义必
须是要素的特征（本质属性）的反映。因此要素的定义乃是定义的基
本特征的组合，我们分解每一项要素的定义，就能发现不同的要素具

---

① 请注意初次确认和第二步确认，即再确认与初始确认和后续确认的区别。前者指交
易和事项发生后每一个应予确认的项目都先在账簿（或其他记录手段）上记录，然后再计入财
务报表的两个步骤。后者则指相同的项目可能由于计量上的变动，通过不同的事项修改原先
确认的金额。不论初始或后续确认均须通过初次确认加以正式记录并通过第二步确认在财务
报表表内表述。

有各不相同的特点。比如，资产的定义是"特定主体基于已发生的交易或事项而形成的可能的未来经济利益，它为主体所取得或主体能加以控制"①。这个定义可以分解为资产的 3 个重要的特性，第一，它是可能的、未来的经济利益②；第二，该经济利益已为企业所取得或予以控制；第三，企业所取得或已能控制的可能的未来经济利益是过去的交易、事项已发生的结果。这样，会计人员对这 3 个特征就不再感到抽象，而可当作辨认某一项目是否属于资产的本质的标准。

　　按照当前的财务会计准则委员会（FASB）的概念框架，一个项目要作为资产来确认，这 3 个特征是缺一不可的。但是财务会计准则委员会（FASB）又强调未来的经济利益才是资产的本质（the Essence of an Asset）（SFAC No.6: pars.27-31, 172），因为资产对企业必须有用：或用于交换其他经济资源；或用以清偿其债务；或用以生产有价值的商品与劳务。这一特性是资产最不可或缺的，其次它必须属于企业所有或企业有权予以控制。否则，它的有用性对企业来说便是空的。至于"为企业取得或控制的未来经济利益是过去的交易或事项的结果"这一特性，似乎可以灵活看待。就是说，不一定是过去（已发生）的交易或事项，也可以是尚未发生的未来事项，只要合约（合同）严格规定

---

　　① 这里是引用美国 SFAC No.6（par.25）的资产定义。国际会计准则委员会（IASC）在其《编报财务报表的框架》中则把资产定义为"资产是企业能加以控制的资源，该资源是过去事项的结果，预期可使未来经济利益流入企业"（IASC, 2001: 66）。两个定义的明显区别是财务会计准则委员会（FASB）认为资产是企业的可能的未来的经济利益；国际会计准则委员会（IASC）认为资产是预期可使未来经济利益流入企业的资源；财务会计准则委员会（FASB）认为该项可能的未来经济利益为企业取得和控制而国际会计准则委员会（IASC）则认为该资源仅为企业所控制。我国则把资产定义为："是指过去的交易、事项形成并由企业拥有或者控制的资源，该资源预期会给企业带来经济利益。"（参见《企业会计制度 2001》，第 5—6 页）我国定义同时参考了财务会计准则委员会（FASB）和国际会计准则委员会（IASC）的提法，但对于"经济利益"的表述，既不加"未来的"，也不加"可能的"等定语。

　　② 对未来的经济利益加上"可能的"定语，主要为了表明未来经济利益的不确定性。关于这个问题的详细阐述，可参考 SFAC No.6 注释 18 和注释 21（美国会计准则委员会，1992: 211；FASB, 1996: 1119-1120）。

了双方的权利和义务，未来经济利益已经明确地转移企业，也符合确认中的可定义性标准。

对资产 3 个重要特性中的第三个特性做灵活解释，财务会计准则委员会（FASB）似乎已有先例。在财务会计准则委员会（FASB）颁布的"衍生工具和套期活动会计"的准则中，它先重述了资产和负债的 3 项重要的特性，而后，就衍生工具来说，财务会计准则委员会（FASB）指出"通过收取现金、其他金融资产或非金融资产结算衍生工具而获得利得的能力，是用于判断其未来经济利益的权利的证据，从而也是衍生工具成为资产的有力支持"（FAS 133: pars.218, 219）。这里讲的衍生工具的清算能力显然是指未来，未来经济利益的权利也是指未来。把衍生工具定义为资产（金融资产）的基本标准是它能在未来，为企业带来经济利益（在获得"利得"的条件下有收取现金、其他金融资产或非金融资产的权利），可见，财务会计准则委员会（FASB）把衍生工具确认为资产的基本标准，正是基于资产特征中的第一个特征——未来的经济利益，这也体现了财务会计准则委员会（FASB）在 SFAC No.6 第 172 段中着重阐述的原则："未来的经济利益是资产的本质。"

确认的另一项重要标准是要素具有可计量性。这里应当着重阐明两点：

①每一个被确认的项目要成为会计上的某一项要素，必须符合要素的质与量的两个方面。一方面，被确认项目要符合要素的定义，是要求该项目合乎要素的质的规定性，即要素的各项特性，尤其是代表本质的特性，例如，资产是指可能的未来的经济利益这一特性；另一方面，被确认的项目要具有可计量的属性，即要求该项目合乎要素的量的规定性，由于财务会计的对象是能用货币表现的价值增值运动，可计量性主要指能用货币计量，一般指市场价格，包括过去的市场价格（历史成本）、现在的市场价格（现行成本或市价）、未来的市场价格

（按预期未来现金流量现值计算的公允价值）。以资产为例，正如财务会计准则委员会（FASB）所说："市场价格是未来的经济利益最明显的证明。"（SFAC No.6: par.173）前面曾经说过，计量也是财务会计的一个重要程序，对确认来说，计量又是确认的基本标准之一。即使一个项目符合要素的定义，如不能可靠地计量，则按照会计惯例，宁可推迟确认，也不冒降低信息可靠性与相关性的风险。正是基于这一理由，有些符合要素特性（特别是符合要素本质的特性——代表可能的、未来经济利益）的项目如企业自创商誉、人力资源等之所以不能确认为资产，就是因为它不能满足可计量性、可靠性和相关性的要求 ①。

②计量作为一个会计程序引起会计学家的注意要早于确认。这是因为，记录和报告应是最早被人们利用并最早被人们识别的会计活动，当时被称为簿记，而随着簿记向会计发展，为了使记录可靠，报告真实，计量就被提到会计活动的议事日程，而予以特别的重视。在一个相当长的时期，代表今天"计量"的会计术语是"资产计价和收益决定"。

三、初次确认（第一次确认）与再确认（第二次确认）

美国财务会计准则委员会（FASB）谈到确认，都是指在报表中的确认，这似乎不符合会计实务的实际程序。报表并非直接来自交易或事项的数据，恰恰相反，它是会计把数据加工转化成信息的终结，不论是手工操作还是运用电脑记账。记录这一环节，复式记账原理的运用都还是必要的。因此任何一项交易，从开始进入会计信息系统进行

---

①　在这些项目的确认问题上，会计界一直存在着争议。21 世纪后，我们已迈入知识经济时代，无形资产在企业财富的创造中所起的作用与日俱增！确认自创商誉、人力资源和其他无形资产的呼声甚嚣尘上！可以预料，在财务会计的今后发展中，人们必能重点解决这些项目在财务报表内的正确确认与可靠计量的问题。

处理到通过报表传递已加工的信息,总要经过两次确认:第一次确认是为了正确地记录,我们称为初次确认;第二次确认是为正确地列报(在财务报表中表述),我们称为再确认。

1. 关于初始确认

最早涉及初次确认的论述是 1970 年的 APB Statement No.4。在该报告的 145 段中会计原则委员会(APB)用的术语是"初始记录"并且仅对资产和负债而言。会计原则委员会(APB)认为初始记录有 3 项原则:第一,进入会计程序的数据;第二,做出分录的时点;第三,通常要予以记录的金额。这三项原则都是初始记录确认的原则。第一项原则解决反映企业可能发生财务影响的经济事项应否都进入会计信息系统,通过会计程序来处理。例如,购买一项原材料,其数量、价格交货期限均已在合同中予以规定,双方已在合同上签字,合同上是经济数据,是可能影响企业财务活动的,但它不是应由会计处理的;对会计来说,合同上是未实现的经济活动,因而合同上的数据不能进入会计信息系统进行处理。但是,如果供货方按照合同发来了一批原材料,并附有正式的发票和其他运杂费及应税单据,经验收合格,企业或立即付款,或经供货方同意在一个月后付款,或开出一个月后付款的银行承兑汇票。在上述任何一种付款条件下,该交易引起的经济数据都基本确定,因而都可以在会计上予以确认,正式加以记录。第二项原则要解决的问题非常明确,那就是记录和确认的时点,即何时确认? 这一点,对于收入和费用,尤其是收入的确认是极为重要的。所谓何时,是指具体的会计期间。凡是本期购买的资产、承担的负债、发生的收入、应付的费用均必须在本期进行记录,既不能提前,也不应推迟。否则,都会扭曲当期的财务状况和经营业绩。早在美国安然(Enron)丑闻曝光(2001 年 11 月)之前 3 年,即 1998 年 9 月,当时的美国证券交易委员会(SEC)主席阿瑟·利维特在纽约大学法律与商务中心所做的题为《数字游戏》（"The Numbers Game"）的演讲中，曾痛斥上市公司的会计作假行为，并把"提前确认收入"作为 5 种最主要的作假手段之一加以揭露。后来，在美国上市公司的一系列财务欺诈案件中，确有类似的作假行为发生。可见，在初次确认中，何时进行记录是最为关键的确认步骤。一个企业的期末财务状况和本期的经营业绩的真实性[①]如何，在很大程度上取决于各项会计要素特别是收入和费用要素的确认的正确时点。换言之，关于收入费用的确认，企业不应任意（指无正当理由）提前或推后，也不应任意递延或预提。总之，不应该将经营业绩本就具有波动性的财务真相，人为地加以平滑与粉饰（Dressing）而致其歪曲[②]。这才是初次确认的基本含义。至于第三项确认的原则，则属于计量问题，本节以下将专门探讨。

2. 关于在财务报表中进行再确认

在初次确认的基础上，按照财务报告的目标把账户记录转化（加工、整理、分类和归并）为报表要素与项目，成为对报表使用者有用的信息，所有金额均计入报表的合计——这一程序就是我们所说的再确

---

① 我们曾强调过："反映真实是会计的基本职能。"（葛家澍、黄世忠，1999）然而，不少的人以真实性缺乏操作性为由，认为并无绝对的真实性，而将"真实性"划分为程序真实和事实真实，并认为会计只能够做到程序的真实性，而无法做到事实的真实。但是，仅仅强调程序的真实而忽略事实的真实，往往可能使会计信息系统的"输出物"——会计信息——成为所谓的"真实的谎言"（Ture Lies）。所以，尽管结果的真实性需要程序的真实性，但仅仅程序的真实性并不能够确保结果的真实性。程序的真实是结果真实的"必要非充分条件"，程序真实和事实真实相结合才能够确保最终结果的真实。保证结果真实的最重要的依据就是客观、真实（绝不是伪造）的原始凭证。

② 资本市场和投资者必须能够辨别真实的波动和虚假的平滑，这样其决策才可能奠定在正确的基础上。只要信息不完备（Incomplete）、只要承认资本市场存在着不确定性，企业的经营结果就不可能实现前后各年绝对的平滑化！换言之，经营业绩在前后各年之间的波动性是客观的和可预期的，而平滑化则大多是人为操纵的结果。由于会计信息的提供存在着一个供需市场，如果投资者对人为平滑无动于衷甚至表示"欢迎"，那么这必将助长上市公司人为平滑业绩的"激情"，最终风险将被不恰当地隐匿，而当事实（波动）无情地出现时，受到损失的将只是在信息不对称中处于劣势的中小投资者！

认(即第二次确认)。再确认有四个特点：

第一，其数据(信息)来自日常的记录；

第二，它在财务报表表内(仅仅是表内)既用文字表述为财务报表的要素(报表大类)、项目(要素的分类)，又用数字(金额)描绘为要素和所属项目的数量，并求出各类合计和报表的总计；

第三，把日常记录转化为报表的要素与项目有一个挑选、分类、浓缩、汇总或细化的加工过程；

第四，就报表中的表述而言，资产负债表和利润表是以权责发生制为基础，而现金流量表是以收付实现制为基础。

3. 关于确认的时间基础和确认的基本标准

以上我们把确认按会计信息系统的基本程序分为初次确认和再确认，前者指应否、何时和如何进行日常的会计记录，而后者则指应否、何时和如何在财务报表表内进行表述。它们对于任何交易和事项涉及的财务报表要素的变动都是适用的。当然，个别交易或事项引起的要素变动也还可以分为初始确认、后续确认甚至是终止确认。

现在，我们不是研究个别交易引起的要素在日常记录中和财务报表上整个存续期间的金额增减或者消失，而是全部交易的确认基础和确认的基本标准。

确认的基础主要是确认的时间基础：对资产和负债是指应否即期确认；对收入和费用是指应否在发生的当期进行确认。确认的时间基础，对收入和费用比对资产和负债更为重要，因为前者较为复杂。资产和负债通常都是单项交易，属于时点概念(即使一揽子交易也发生在同样的时点)，所以只要交易成立，资产已经从其他主体取得，或已承诺在未来向其他主体交付资产的义务，则负债已经形成，此时资产与负债就可以进行确认。收入和费用则不同，它们乃是反映企业经营业绩的期间概念。在一个期间内，决不止发生一笔交易或费用，而是若干笔收入和费用的积累，更重要的是：①收入和费用发生的时间有先后；②以收入来看，赚得和实现都有一个过程；③过程的起点和结束参差不齐；④发生的收入和费用，同其实现的期间经常要跨越一个甚至若干个相互毗连的时间。收入和费用尤其是收入的确认面临较为复杂的情况，因此有两种确认基础可供选择：一为收付实现制（Cash Basis），二为权责发生制。传统会计最早采纳的是收付实现制，即收到现金时方确认收入，支付现金时方确认费用。后来由于经济业务的日益复杂，伴随着大量的商业信用，而且收入有了一个从发生、赚得到实现的过程，收付实现制已不能适应会计确认的需要，取而代之的是权责发生制（应计制），即收取收入的权利已发生时才确认收入、支付费用的义务（责任）已发生时，应确认费用。收入确认是在 3 个连续的过程均已完成的那一时点确认的：收入赚取过程开始→收入赚取过程（即企业整个经营过程，具体到应销售的产品，指产品已完工验收、打包、发送并开出包括发票在内的全部单据）→已实现或可实现（购货方已经支付现金；或已经收货并承诺在一个确定的期限后付款；或已开出商业承兑汇票；或银行承兑汇票支付这笔货款）。毫无疑问，已实现或可实现是确认收入的正确时点。费用除确认外还有一个同收入配比的问题，即同收入相比较来确定期间经营业绩（成果）的问题。权责发生制貌似只是收入费用的确认基础，其实也是资产、负债的确认基础。这正是复式簿记的巧妙机制之所在：每当确认一项收入，必然同时以相同的金额确认一项资产的增加或一项负债的减少；而确认费用，又必然同时以相同的金额确认一项资产的减少或负债的增加。权责发生制或收付实现制，只解决了要素（重点是收入）确认的时点，而不能解决确认为何种要素及其计量可靠与否。解决后一问题，必须参考国际会计准则委员会（IASC）的框架和财务会计准则委员会（FASB）在 SFAC No.5 中提出的确认基本标准。

最早提出确认基本标准的是财务会计准则委员会（FASB）。1984年12月，它明确提出"项目应符合要素定义（可定义性）"、"应有一个相关的计量属性，能可靠地计量"（可计量性）、"有关信息对决策有重要作用"（相关性）、"信息是真实的反映，其数据是可稽核、无偏向的"（可靠性）（SFAC No.5: par.63）。这是对会计概念确认的重要发展。

1989年7月，国际会计准则委员会（IASC）参考财务会计准则委员会（FASB）提出的4项基本确认标准（可定义性、可计量性、相关性和可靠性），对要素的确认重新表述为"如果符合下列标准，就应该确认一个符合要素定义的项目"（可定义性）：

（1）"与该项目有关的未来经济利益将很可能流入或流出企业"（可定义性的本质特征）；

（2）"对该项目的成本或价值能够可靠地加以计量"（可计量性）（IASC, 1989: par.83）[①]。

把财务会计准则委员会（FASB）和国际会计准则委员会（IASC）的确认标准加以比较，可以看到，两者存在较大差别：

第一，财务会计准则委员会（FASB）提到的第四条标准——相关性——在国际会计准则委员会（IASC）的确认标准中没有出现。但是，国际会计准则委员会（IASC）的概念框架中没有涉及相关性是有道理的，因为：

---

① 关于"可能"一词，按照阿普顿（Upton, 2001）的理解，其本意确切地应该解释为"期望"（Expected）。按照其逻辑，我们认为，只要事前认为或能够预期一个项目有价值而且愿意付出代价去进行交换，该项目就符合资产的定义，而不论最终的（事后）结果能否证明其有价值。"可能"这个限制性表述的存在，在于揭示不确定性的存在和未来的经济利益是不确定的。因此阿普顿认为，"可能"一词并不是资产定义的一个必要组成部分。其实任何一项资产，即使是有形资产如存货或固定资产，给企业带来的未来经济利益都内含不确定性的成分，所以我们也不能够仅仅因为存在不确定性和概率或然性而不确认一项资产、断然将其排除于会计信息系统之外。

①如果属于初次确认，是把原始数据记入某一要素所属的账户，数据中虽含有信息，但此时尚难断定它的相关性。否则就不需要先通过初次确认、记录、计量等加工步骤，逐步性地转换为具有相关性的报表项目了。

②即使属于再确认，个别可进入财务报表、属于某一要素的所属项目，也未必具有足够的相关性。报表是一个整体。以资产负债表为例，对企业的财务状况具有相关性的那些项目要把全部资产同全部负债与所有者权益相互联系起来观察。要了解企业流动性，也要分析资产的构成并确定流动资产在全部资产中的比例。严格地说，除了少数例外（个别项目对决策有明显的相关性），在通常情况下，相关性主要体现在一组项目而不是体现在单个的项目上。

第二，国际会计准则委员会（IASC）的确认标准，把可定义性作为前提，着重指出两个方面：

①该项目必须使未来的经济利益（即未来的现金）能够流入或流出企业，这是确认的一个本质特征；

②该项目的成本和价值必须能够可靠地计量，这是确认的量化要求。

①、②两项可以不相互联系。因为未来经济利益的流动未必能够可靠地按照某一计量属性计量，但应予以确认的项目必有成本或价值，而它们应当符合可靠计量的要求。

如果把国际会计准则委员会（IASC）的确认标准具体化到资产，则除必须符合资产的定义外，还需要满足其余两个标准：

第一，从产出考虑，该资产应为能够获得未来经济利益的资源，而这一点代表了企业控制或拥有资产的目的与本质要求，但它尚未发生，具有较大的不确定性，因而不涉及计量问题。

第二，从投入角度进行考虑，企业为控制（取得）该资产而发生的成本或价值，一般为交换价格，它代表了已发生并已确定的金额，因而有可能进行可靠的计量。

国际会计准则委员会(IASC)的确认标准同我们提出的资产定义还是较为一致的。这一确认标准分别指出了①资产的本质(预期其带来未来的经济利益)和②资产能量化的成本和价值两种属性。财务会计准则委员会(FASB)不仅在资产的定义上而且在用于确认资产的4项标准上，都侧重于资产(实际上也包括其他要素)的定性特征，即单纯地考察资产未来对企业的有用性。国际会计准则理事会(IASB)尽管对资产的定义基本上与财务会计准则委员会(FASB)相似，但在确认标准中却兼顾了要素的定性说明和定量描述两个方面，而且实事求是地指出，定性特征与量化属性是不一致的：前者由于面向未来(如对资产，则面向产出)，其结果(未来的经济利益)具有不确定性，难以可靠地量化；后者由于面向过去(如对资产，则面向投入)，在记录中已有确定的成本或价值，有可能取得可核实其真伪的证据而核算其数量(金额)。这样就在确认标准中，进一步解决了资产定义和资产的记录(列报)之间定性与定量的矛盾。

在整个会计处理程序中，确认是第一道关口。具体地说，记录是以交易或事项的初步确认为前提，而编制报表则以再确认为前提。记录包含一系列技术程序，其中最重要的程序是按恰当的要素所属账户作成互相联系的会计分录，并按照账户把分录进行科学的分类；编制报表也包括一系列技术程序，即把账户及其金额，按财务报表中要素所属的项目①，根据对决策有用的要求，进行重新分类，其中包括合并、

---

① 这里应当看到，"账户"与"报表项目"是相互呼应的。它们都是报表要素在日常会计处理和在财务报表内列报的不同表现形式，但账户是初始确认后的表现，而报表项目是再确认后的表现。从账户到报表项目是数据转换为信息并进一步提高信息含量的过程。也可以说，账户及其金额是初步加工的信息，而报表项目则是深加工的信息。

汇总、细分类和在报表中重新组合排列等技术。

四、收入确认

以上,我们已详细研究了确认的一般程序。但这里,我们仍须进一步研究会计要素中最重要的一个要素——收入确认的特殊问题。按照配比原则,一个企业的盈利(收益)主要是由收入同与其相配比的费用确定的。"盈利及其组成内容,作为报告期业绩的基本计量,其重要性被普遍承认。因此,盈利组成确认标准的应用,需要进一步的指南。"考虑到在企业中常常有许多复杂因素交互作用,对其进行合理分析,往往令会计人员无能为力。这样,再基于盈利信息的重要性,指南"对盈利组成内容的确认,比确认资产或负债的其他变动更为严格"(SFAC No.5: 79, n. 48)。

财务会计实务的发展,完全证实了财务会计准则委员会(FASB)在15年前的预言。盈利组成内容的确认,尤其是收入的确认必须特别严格,一定要有能比较有效地防止虚假确认收入的具体指南。根据刊登在2001年6月份《会计杂志》(*Journal of Accountancy*)上的一篇文章透露:在美国上市公司中,从1987到1997这10年中,超过半数的财务报告欺诈,涉及收入的高估[11]。这也难怪美国证券交易委员会(SEC)前主席阿瑟·利维特1998年9月28日在纽约大学法律与商务中心所作的演讲上,把这种行为斥之为"数字游戏"并揭露了5种造假手法,4种手法属于粉饰盈利;1种手法则为明显地通过提前确认收入来高估盈利。在这篇演讲中,他代表证券交易委员会(SEC)表示要重新研究关于收入确认中允许确认和禁止确认的解释性指南。基于打击会计作假的需要,收入确认标准再一次成为美国会计界关注的热点。现在,我们研究收入确认,既要充分肯定我国制定的《具体会计准则——收入》,又要借鉴财务会计准则委员会(FASB)在1984年

SFAC No.5 中的收入确认标准和指南（该公告第 4 部分）以及证券交易委员会（SEC）于 1999 年 12 月颁布的第 10 号专职会计公告（"SEC Staff Accounting Bulletin No.101"，SAB 101）。加强对企业收入确认及其会计政策的审计，这对于防止我国上市公司粉饰盈利，杜绝对经营业绩弄虚作假，也有十分现实的意义。

　　研究收入确认，主要解决的问题也是两个：第一，应否确认？即确认收入的条件是否具备，其中特别重要的是一项经济利益的流入是否符合收入的定义？第二，何时确认？即便符合了收入确认的标准，企业在毗连会计期间，提前或推迟确认也是不允许的。

　　众所周知，早在 1970 年，美国 APB Statement No.4《企业财务报表的基本概念与会计原则》中，即对收入给出定义："遵循公认会计原则予以确认与计量，从一个企业改变所有者权益的那些盈利活动所产生的资产增加总额或负债减少总额。"（APB Statement No.4: par.134）这一定义是从资产/负债观的角度来定义收入的。不过，它并不同于财务会计准则委员会（FASB）所定义的全面收益组成中的收入（Revenue）加上利得，这里仍仅指营业收入。会计原则委员会（APB）强调的只是：导致所有者权益变动的资产增加或负债减少应是来自各种类型的盈利活动。既然收入（严格地说，指企业的营业收入）来自营业活动，则其取得，必然是营业活动已经完成。所以，会计原则委员会（APB）确认收入提出了两个条件：（1）营业过程完成或实际上完成；（2）交换行为已经发生（APB Statement No.4: par.150）。这也成为财务会计准则委员会（FASB）在 SFAC No.5 中强调收入确认的标准之一是"已赚得"（Earned）的根据。

　　什么情况下才算盈利活动的完成呢？会计原则委员会（APB）对盈利过程（Earning Process）做了相当详细而具体的说明："大多数类型的收入是一个企业的许多盈利活动的联合结果。收入通常被当作赚得，是企业全部活动逐渐和连续形成的。在这个意义上，'盈利'[12]（Earnings）这一术语专指产生收入的活动，如采购、制造、推销、提供服务、交货、允许其他主体使用企业资产及契约载明事项的发生等等。一个企业的所有盈利活动，凡能构成收入被赚得（盈利）的过程，统称为'盈利过程'。"（APB Statement No.4: par.149）上述定义及说明适用于一般的商品销售和劳务提供。符合这一定义及说明的，就属于收入已赚得，凡通过其他途径如出售固定资产、捐赠、政府补贴以及各种与企业赚取盈利无关的方式获得收入的都不能作为收入的赚得。至于各种盈利活动赚取收入的过程尚未完成（如产品尚未完工，或虽已完工尚未交货），交换行为尚未发生（若是指劳务，则为劳务尚未提供），均不得视为完成盈利过程，不能理解为已赚得。在收入确认标准中，"已赚得"显然是收入实现的前提，是至关重要的一条。当然，收入实现，必须在交换行为发生之后。一个企业生产的商品（劳务）的使用价值被商品购买者所接受（不一定已经进入消费领域），则商品的价值才得到社会承认，购买者才考虑以货币或其他支付手段即期或延期支付货款。此时，收入实现进入了第二个过程——已实现（Realized）或可实现（Realizable）——决定收入确认与否的另一个必要标准。

继承和发展了包括 APB Statement No.4 在内的各种会计文献的成果，财务会计准则委员会（FASB）的 SFAC No.5 概念公告对于收入确认的补充指南，明确为以下两条：

（1）实现

实现概念又包括"已实现"——指商品及其他资产已经转换为现金或收取现金的要求，和"可实现"——指收入或持有的商品不难转换为已知的现金数额或收取现金的要求。所谓不难转换，则指：该资产有互换的组成单位；在交易活跃的市场上有公开的标价且该资产进入市场后，不致严重地影响价格。

(2) 已赚得

已赚得指已完成取得收入所必要的生产、销售等活动或 APB Statement No.4 所说的已完成了盈利活动的赚取过程。

根据财务会计准则委员会（FASB）的要求，企业的收入除非已赚得并已实现或可实现，否则不能确认。已赚得指卖方已完成盈利的赚取过程，例如已经交货或已经提供了劳务；已实现或可实现则指买方已交付货款或承诺交付期限确定、金额确定的货款义务。乍看起来，财务会计准则委员会（FASB）的确认收入的补充指南似乎已经相当严密了。其实，由于市场经济的不确定性，这两条基本标准不能严格地、全面地解决复杂的收入确认问题。①

先看"已实现"。商品或其他资产已经转换为现金后，在理论上，它已经完成了经营资本的一个完全的循环，确认收入似乎是理所当然的。如果企业销售的是劳务，这种劳务已经提供，购买者已经予以消费（如供水、供气、供电），则该项劳务所转换的现金，应当确认为收入，劳务提供方将不再承担风险。但如果企业销售的是商品，而合同又规定了购买方在使用商品后的一段时间内，销售方未能履行某些售后义务或出现产品质量问题时有退货的权利，则企业虽收取了货款，由于存在着买方退货的风险，该项售出商品所转换的现金，仍不能确认为收入。考虑到这一因素，财务会计准则委员会（FASB）专门制定了一条准则，即 1981 年 6 月颁布的 FAS 48《存在退货权的收入确认》。FAS 48 第 6 段规定，必须完全符合下述条件，有退货权的收入才能确认：

①销售价格实质上是固定的，或者，在销售日能够确定价格；

②买方已向卖方支付了货款或买方对卖方做出了支付义务的承

---

① 这里不包括一些特殊行业（例如建筑行业）和特殊交易（例如分期付款交易）的收入确认问题。

诺。当产品再销售^①时,这种支付义务不是或有的(即再销售后仍会付款);

③买方对卖方的支付义务不会因为商品被盗窃、实物自身损毁或产品受到损害而变化;

④买方对产品进行再销售获得了由卖方提供以外的额外经济利益(比如销售额为 1000,而买方再销售得到 1100);

⑤买方对产品进行再销售没有对卖方未来业绩形成重大义务;

⑥未来退货的金额能够合理地估计。

在美国会计实务上,有退货权的收入可能有不同的处理方法:一是完成销售过程(盈利赚取过程)时(不仅已实现,而且包括可实现)立即确认为收入,退货时再进行调整;二是先确认收入,同时建立销货收入退货的准备。当然,更稳健的第三种做法是:等退货权期限结束,产品完全被买方接受,报酬与风险完全转移后再确认收入。FAS 48 充分考虑了有退货权销售中可能的风险和不确定性,要求这种销售必须完全符合上述 6 个条件(特别是最后一个条件)才能确认收入。这样的规定,就能对已实现的收入中难以收回或难以完全收回的潜在风险进行合理估计。

再看"可实现"。可实现是一个不很严密的概念。因为"不难转换"的概念是一个非常不确定的说法。财务会计准则委员会(FASB)对"不难转换"的几点解释同样不能证明:在有互换单位,有公开的标价和该产品进入市场后不致严重影响价格等条件下,可实现就能转换为已实现。谁都知道,现代商品经济是建立在信用制度的基础之上,在经济全球化的条件下,各企业之间的相互依赖和祸福相倚的程度,

---

① 所谓"再销售"(Resale),是指买方虽不退货,但不接受该产品,而以再卖出为条件来偿付货款。买方的再卖行为被称为"再销售"。

比以往任何时代都密切，而且涉及跨国、跨地区的政治、经济等各种风险。引起信用危机的因素是极其错综复杂的。可实现的不确定性是现代市场经济的必然结果。不论企业会计人员或注册会计师多么精明，有多么高明的专业判断能力，要求他们按"可实现"这一抽象标准，就能够合理地判断收入能否确认只能是一种神话！这条标准，也给实质上未实现收入的确认和企业在关联方之间任意转移收入等弄虚作假行为以可乘之机。

最后看"已赚得"。已赚得是用来规范应予确认的收入性质的标准。只有通过企业的经营活动并完成了盈利的赚取过程，收入才算已赚得。已赚得的收入应有买卖双方，是通过交换行为所造成的。已赚得这条标准排除了利得，后者包括营业外收入、非经营性收入和一切其他收入。利得并非通过产品交换所赚取，一般地说，不存在已实现和可实现问题（资产重估价的利得除外）。

由此可见，财务会计准则委员会（FASB）的 SFAC No.5 中关于收入确认的补充指南在 APB Statement No.4 的基础上虽然有所进步，但仍不够严密和具体，特别表现在"可实现"的标准上 [①]。

1999 年 12 月，证券交易委员会（SEC）发布了 SAB 101，共提出

---

① 为此，根据前主席阿瑟·利维特关于《数字游戏》的演讲中"9 点行动方案"（Nine-Point Program）的要求，证券交易委员会（SEC）于 1999 年 12 月发布了 SAB 101，提出了收入确认允许和禁止事项的解释性指南。就这份指南的精神，证券交易委员会（SEC）首席会计师林思·特纳（Lynn E. Turner）说："从证券交易委员会（SEC）来看，我们认为财务报告的质量是非常重要的……，交易需要按照它的经济实质而不是按其形式予以会计处理。我们要求公司、审计师、财务分析师和投资者关注总体的质量。"（Phillips Jr, Thomas J., Michael S. Luehlfing, and Cynthia M. Daily, 2001: 39–46）SAB 101 的补充规定的总体精神并未离开财务会计准则委员会（FASB）的 SFAC No.5，但对于收入确认的标准，则从交易的经济实质而不是按其形式上做了更加严密而具体的修正。SAB 101 共提出 4 条确认收入的新标准、3 点应在管理当局的评论与分析中加以说明的事项、和在表外进行的关于收入确认政策的披露的要求，其中，关于 4 条新的确认标准和 3 点应由管理当局说明的事项是人们关注的焦点。

4条确认收入的新标准。在4项确认标准[①]中，有两项是把财务会计准则委员会（FASB）的"已赚得"标准进一步具体化为"货物已经发出，劳务已经提供"，同时参考了 FAS 48 的提法，加上"销售价格是固定的或可能确定"这样的要求。按照财务会计准则委员会（FASB）的"已赚得"的标准，能否确认收入与何时确认收入仍无法操作。而 SAB 101 改变为上述两项标准，这就明确而具体得多了。何谓"已赚得"？简单地说，按照证券交易委员会（SEC）的提法应是：买方的商品已经发出，劳务已经提供，买方允诺付款价格亦已确定。涉及已实现与可实现的新标准是 SAB 101 的4项确认收入标准中的第（1）和第（4）项，第（1）项是要求具备有说服力的证据能证明：买卖双方确曾达成交易的协议。这一项标准之所以重要，是因为它分析了与收入有关的交易的经济实质。按这一标准，可以杜绝假销售或根本未达成销售协议的所谓收入确认。这在很大程度上能保证应予确认的收入的可靠性。本来，任何交易和事项，都必须先检查它的合法性和真实性。重证据是财务会计的一个基本规定，早在1940年，佩顿和利特尔顿就把"可稽核性的客观证据"列为会计的6项基本概念（Fundamental Concepts）之一。他们写道："最早在英国发展起来的职业审计，其重要贡献之一就是必须取得客观证据来支持对交易记录的验证。"他们首先讲到收入的记录。"已记录（即已确认）的收入只有通过独立的对方，完成了真正的销售并在取得客观证据的基础上才能对其真实性加以验证。"（Paton & Littleton, 1940: 18）在这个意义上，SAB 101 中的第（4）项标准既有实际必要，也有理论根据。SAB 101 中的第（4）项标准是针对

---

① SAB 101 的4条标准和"管理当局的评论与分析"中应予说明的3点事项，具体如下：4条标准指具有有说服力的双方协议的证据；货物已经发出，劳务已经提供；销售价格是固定的或可以确定；收账能力能够合理地加以肯定。3点说明指影响收入的有利或不利事项；收入与成本之间的关系；影响收入增减原因与事实的分析。

"可实现"这一要求中的高度不确定性来说的。对于收取货款的要求权利必须评估收账的能力(即销货客户的还款能力)即只有在对该客户的偿付能力可合理地加以肯定时,"可实现"才能转化为"已实现",也才能据以确认收入。

应当说,美国证券交易委员会(SEC)关于收入确认的新的解释指南,补充了财务会计准则委员会(FASB)的 SFAC No.5 中关于收入确认标准的有欠严密之处。它不仅对于美国,而且对于中国,对于坚决反对企业造假账、制作假表,特别是对于打击盈利操纵有重要的借鉴意义。但是,决不能认为,美国 SAB 101、FAS 48 等规定已经无懈可击、尽善尽美了!绝对不是!收入确认始终是一个难以彻底解决的难题。要看到,在会计中,估计和判断贯穿于确认的全过程。即使不是故意作假,也会出现失误和失真。因此进一步的防范措施,还是任重而道远的!

下面,我们通过一个简单的例子揭示收入确认的基本问题:

会计的确认,特别是何时确认,可能是财务会计的最复杂的问题之一。最典型的确认时间的难题是收入的确认。财务会计所面临的同收入确认有关的交易、事项是十分多样的。美国的一本《中级财务会计》(*Intermediate Accounting*)按照交易的性质把收入确认的时点绘成下图(图 3-2)(Kieso & Weygandt, 1998: 970-974)[①]:

在会计准则中,确认的基本标准与主要原则仅就商品销售一项而言,可概括为:

①收入的定义——有预期的经济利益流入企业,并能可靠地计量。

[①] 该图所列举的交易类型和确认时点还不可能囊括与收入有关的交易事项和情况的全部,金融创新带来的交易与销售创新,正如雨后春笋,方兴未艾。

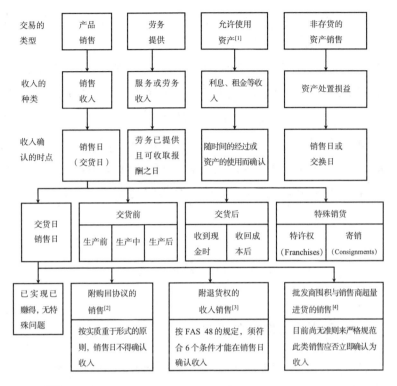

注释:
[1]permitting use of an asset;
[2]sales with buyback agreements;
[3]sales with right of return exists;
[4]trade loading and channel stuffing。

图 3-2　美国《中级财务会计》收入确认时点

②收入已实现或可实现(取得收取现金的权利)并已赚得(完成收入赚取的全过程)。

③与销售商品有关的所有权与风险,在实际上已经转移,或实质重于形式。

十分明显,一项交易或事项发生后,若仅同商品销售收入有关,则应否和何时确认为收入,就需要会计人员运用其专业知识和实际工作经验,即职业判断,从交易的类型、收入的种类、销售时有无附加条件而使所销售的商品表面上似乎钱货两清,但实质上与商品有关的所有权及其风险并未完全转移等方面进行分析与判断,并最终决定:收入应否确认、在何时确认,从而应做出怎样的记录,如何正确计入财务报表。因此,可以说,应否确认商品销售收入和何时确认这项收入似乎是人所皆知的会计常识,其实,它乃是一个很复杂、很难回答的问题。收入的确认固然困难,其他要素的确认也未必容易。这就是我们把确认(也还有计量)视为会计决策,列为会计行为中的高层次的理由。

第三节　会计计量

一、会计计量概念的发展

由于会计的基本特点之一是要求在定性说明的同时,还需要按货币金额进行量化表现,于是计量就成为一个与确认同等重要,甚至是与确认难解难分的程序。

如果把确认广义地理解为既包括初次确认、又包括再确认,是在交易与事项发生后把受到交易与事项影响的会计要素的变动正式按账户加以记录并按报表项目列示于财务报表的全过程,那么,在这一过程中,计量则贯穿于始终。

早在 1907 年,斯普拉格(Sprague)在其主要讨论记账原理的名著《账户的哲学》(*The Philosophy of Accounts*)中,在说明账户的形式时,就涉及同计量有关的价值信息。该书第二章指出:"(账户)需要提供如下的信息:多少价值(Value)？如何提供？何时提供？为何提供以及向谁提供。"(Sprague, 1907: 8, par.8) 1922 年佩顿则明确把反映价值列为会计的功能。他说："会计的作用（功能）是记录价值，分类价值并可以明智地按照所有者及其代理人处置资本的要求来组织现行价值数据。"（Paton, 1922: 7, chap.1）佩顿还说："会计人员的职责的本质包括分期决定企业净收益和财务状况。"（Paton, 1922: 6）1929 年，坎宁也重视计量与估价问题的研究。在他的名著《会计的经济学》（*The Economics of Accountancy: A Critical Analysis of Accounting Theory*）中，有五章涉及会计计量，除第八章专门讨论收益的计量外，第九到第十三章都在讨论资产、负债、所有者权益即财务状况的估价与重估价。坎宁把估价分为直接估价和间接估价。"直接估价是当且仅当已实现的货币收益存在并满足可决定的条件，这种收益的增加，既可能是正的符号，也可能是负的符号（钱进来或钱出去），它可用任何方法在将来的时期分配"（Canning, 1929: 207）。亚历山大（Alexander）则更强调收益决定。他写道："收益决定是企业会计人员的主要职责。"（Alexander, 1962: 131）其实，佩顿也是一贯强调收益决定的重要性的代表人物。他后来在 1940 年同利特尔顿合著的《公司会计准则导论》则把他们重视收益决定的观点发展到了新的高峰。该书共 7 章。其中 3 章（Ⅲ、Ⅳ、Ⅴ）就分别讨论了同收益决定有关的成本、收入和收益。还在第Ⅱ章会计的基本概念中，创造性地提出了也是同收益决定密切相关的"可计量的对价""成本归属性"和"努力与成就" 3 个概念。尤其在"努力与成就"部分，他们全面而深刻地阐述了会计上的"配比"（Matching）原则，所谓"努力"是用"成本"测量的，而"成就"则由取得的"收入"表示。由于企业行为具有连续性，其最终的经营结果总是在不确定的将来，管理当局、投资者和政府以及所有与企业利益相关的团体的决策决不能等到企业经营的最终结果（Ultimate Outcome），而必须对企业业务进度，在不同期间有一个"测量上的读数"（Test Reading），即把期间的收入同所费成本进行比较，也就是会计上的配比原则(Paton & Littleton, 1940: 24-25)。从会计的历史考察,佩顿和利特尔顿的这部著作的出版年代(1940年),大体上可以作为在会计计量上判断资产估价与收益决定孰轻孰重的分水岭。在20世纪40年代以前,会计界重视资产估价,资产负债表被列为第一报表;而在20世纪40年代以后,会计界转向重视收益决定(通过配比),损益表(收益表)变成实际上的第一报表,会计人员的作用也发生转变。佩顿和利特尔顿(Paton & Littleton, 1940)把资产视为"等待它们命运的未分配成本"(Unallocated Costs Awaiting Their Desting),会计师本质上是"成本员"(Costers)而不是"估价员"(Valuers)。为了进一步分析会计计量,以下将从3个方面加以探讨。

二、会计计量对象与会计计量结构

1.关于计量的对象

计量的对象应区分财务报表和其他财务报告。就财务报表而言,由于它仅反映财务信息(若含报表附注,则主要反映财务信息),货币计量是唯一或主要的计量属性。财务报表的计量,又分为资产(包括作为负资产的负债和净资产的所有者权益3部分)估价和收益决定两项内容。所谓收益决定一般指对收益表(损益表)的估价,亦即按实现原则确认收入,按配比原则分配费用,从而确定收益。其实资产的估价除决定企业财务状况外,也能达到收益决定的目的。按照复式簿记机制,资产负债表与收益表存在着如下的内在联系(如图3-3所示):

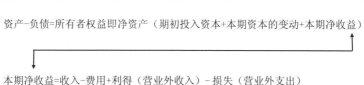

资产-负债=所有者权益即净资产(期初投入资本+本期资本的变动+本期净收益)

本期净收益=收入-费用+利得(营业外收入)-损失(营业外支出)

图3-3　资产负债表与收益表的内在联系

两表的这种内在的勾稽关系决定了收益决定可以采取两种方式之一来完成，其结果应当一致：

（1）资产／负债观

通过资产负债的正确估价，然后将不包含本期资本本身变动在内的期末与期初净资产相比较来求得本期净收益。

（2）收入／费用观

通过收入确认与费用配比，并对利得和损失进行确认[①]求得本期净收益。

至于其他财务报告的计量特点，将在"关于计量的结构"部分说明。

2. 关于计量的结构

计量是一个会计程序，也是会计的一项活动，这一活动需要进行两个方面的选择：

（1）计量的单位

计量的单位取决于计量对象的性质。凡是要计量企业经济活动中的价值（财务）方面，就只能选择货币为计量单位。货币是唯一可以捉摸商品价值存在的形式。所以对财务报表的计量，只能或主要以货币为计量单位。由于作为一种特殊的商品，货币本身的价值具有不稳定性，因此，在物价基本不变或变动幅度不太激烈（例如没有发生恶性通货膨胀[②]的国家和地区）的条件下，作为会计计量单位的货币通常

[①]　对于利得和损失，通常只确认已实现和已发生的。但近年来，包括国际会计准则在内的各国准则常常允许对某些未实现的利得和损失如外币折算损益、固定资产重估价涨价或跌价进行确认，在美国按 FAS 130《报告全面收益》的要求，所确认的这些项目应列入全面收益表中的其他全面收益部分。

[②]　恶性通货膨胀有一个国际惯例和标准，1994 年重编的 IAS 29 第 3 段列举的（但不限于）通货膨胀的 5 个特定特征可以参考（IASC, 2001: 701）。

都用一个国家或地区的法定名义货币，如中国用人民币，美国用美元，香港用港币。当物价发生激烈变化，如发生恶性通货膨胀时，则财务报表必须以不变价格货币（Constant Dollars），即不变购买力（Constant Purchase Power）重新表述，通常按资产负债表日的计量单位表述〔IAS 29: par.7〕。凡是要计量企业经济活动的非财务方面，那就不能用货币为计量单位。近年以来，会计信息的用户对非财务信息越来越表现出浓厚的兴趣和深切的关注。美国注册会计师协会（AICPA）1994年发表的《改进企业报告：侧重于用户》就推出了一个企业综合报告模型，该模型涉及五种非财务信息：经营数据、前瞻性信息、有关营业部门和股东的信息，以及公司背景。财务会计准则委员会（FASB）在2001年《改进企业报告：强化自愿披露的洞察》（"Improving Business Reporting: Insights into Enhancing Voluntary Disclosures"）中增加了有关无形资产的信息（FASB, 2001）。但这里必须指出，《改进企业报告：强化自愿披露的洞察》列举的各项非财务信息披露，有些是不能用货币计量的，它们属于非定量信息；有的如无形资产的确认，又可能属于货币计量的信息。一切事物都有质与量两个方面，非财务信息也能计量，但需要采用适用计量对象性质特点的多种计量单位。例如，"市场占有率"的量化标准是百分比，管理部门及股东的量化指标是这些人员的学历高低、经历长短和股份比率多寡以及人数，等等。

有关非财务信息的披露问题，英国《会计》（*Accountancy*）的一篇文章《非财务信息披露：比数字更重要》（"Counting More than Numbers: Counting More than Numbers"）做了详细的论述。它把非财务信息分为前瞻性的非财务信息（如公司的自身环境、公司的周围环境和战略与管理）和历史的非财务信息（如产品、顾客、公司发展趋势）。前瞻性非财务信息又可细分为（如图3-4所示）（Zarzeski &

Robb, 2001: 115, graph 1; 116, graph 2）：

①公司周围的环境	②战略与管理	③公司发展趋势
·新公司进入该行业的能力；	·外部发展趋势战略的一致性和管理方法；	·影响公司未来现金流量增减的有利和不利环境；
·在行业中的竞争对手及其地位；	·授权的基础结构：	·公司的财务弹性、变化和原因（资源流动性的识别）；
·市场、竞争或技术的变化；	（a）组织结构	·前瞻性信息的质量。
	（b）企业战略	
	（c）管理哲学	
·影响分部的法规和法律。	（d）雇员激励	
	·主要目标，战略和影响战略实施的因素；	
	·任务，广泛目标和达成目标的战略；	
	·指标的类型和数额／管理奖金和用于计算的方法。	

图 3-4　前瞻性非财务信息

（2）计量属性

计量的属性代表计量的特性，选择的计量属性是否恰当，对于计量的可靠、相关与否至关重要。美国财务会计准则委员会（FASB）曾列举过 5 种通用的计量属性（见 SFAC No.5 和 SFAC No.7），其中较常用的是历史成本、现行成本和公允价值。历史成本是财务会计沿用最久的计量属性。根据美国注册会计师协会（AICPA）在 1994 年的调查，大多数用户仍赞成历史成本为基础的计量模式，这不仅因为采用历史成本，运用的是过去的交换价格，有相对可靠的证据可以检查稽核；也不仅因为采用历史成本计量，可以不考虑入账后的价值变动，从而节约核算成本；而且因为它能向用户提供"稳定的和一致的基准（Benchmark），对于了解一个企业，识别其发展趋势，通过推断盈利和现金流量来评估一个企业有很大的好处"(AICPA, 1994: 94)。非常明显，历史成本的严重缺点是相关性不够，经常被人们认为对面向未来的决策作用很小 ①。人们试图用现行成本和公允价值取而代之。

在世界经济处于高通货膨胀的 20 世纪 60 年代末至 70 年代初，现行成本曾被会计界看好。英国的第 16 号标准会计实务公告（Statements of Standard Accounting Practice No.16, SSAP 16）和美国的 FAS 33，曾以现行成本（重置成本）为基础的计量模式逐渐取代历史成本计量模式的传统地位。所谓现行成本是指企业替换一项现在拥有的、功能良好的资产（减折旧或摊销）所应付出的购买现金数，它关注该资产的潜在服务成本。现行成本的一个重要特点是每一个会计时期，都要按现行成本重新开始计量，现行成本与历史成本，或前后两项现行成本的差额，要确认为持有（未实现）利得或损失。爱德华（Edwards）和贝尔（Bell）在其《企业收益的理论和计量》（*The Theory and Measurement of Business Income*）指出："每一个企业的活动都有持有活动（Holding Activities）和经营活动（Operating Activities）。一个企业意图取得利润的活动很方便地分为(1)通过联合或转换生产因素形成产品，其销售价值超过生产要素价值所产生的利润和(2)由于企业所拥有的资产的价值升值（或负债价值的减值）而产生的利得；在第(1)种情况下利润的形成由于利用要素，在(2)种情况下利得的形成结果则由于持有要素或产品。"（Edwards & Bell, 1961:36）现行成本的这一特点，决定它对决策具有相关性，但难以可靠地计量，要确定与现有资产具有相同服务潜力（带有相同的未来经济利益）的同类资产的现行购买金额不是一件容易的事情。就是说，用现行成本取代历

---

① 见 FAS 33 第 99 段关于 c. "现行重置成本" 和 f. "现行成本" 的解释（FASB, 1982: 1152−1153）。

史成本计量，未必符合效益大于成本的原则。因此当通货膨胀浪潮在全世界已基本平息的时代，除英国、荷兰等少数国家外，大多数国家已很少按现行成本表述财务报表。当前，被会计界看好的计量属性是公允价值。严格地说，公允价值应当视为"公允价格"。因为公允价值最理想的代表是市场价格。如果某种资产并无公开的活跃的市场，没有形成能为买卖双方均可接受的市场价格，则可用未来现金流量的现值来寻求公允价值（见 SFAC No.7）或通过模型计算。公允价值若能取代历史成本，这意味着财务会计报表模式将由以历史成本为基础的传统模式向以价值为主的创新模式转变。这将在一定程度上消除会计界与经济学界在企业计量问题上长期存在的分歧。但根据 1994 年美国注册会计师协会（AICPA）的杰金斯委员会（Jenkins Committee）的调查研究，在美国，大多数用户并不赞成用以价值为基础的计量模式替代现行的会计模式（使用多种计量属性并以历史成本为主），反对的理由是：第一，以价值为基础的会计模式与大多数用户评估企业或衡量风险的方法不一致。"资产负债表的目的不是提供公司价值的预计。使用者一般不会通过把个别资产的价值相加并减去个别负债总计去计量（估价）一家公司的持续经营，而是以（企业）未来盈利或现金流量为基础计价持续经营活动。这通常是公司价值占支配地位的驱动器。"此外，"财务报表中取代历史成本的价值信息缺乏足够的可靠性。价值的估计可能是管理当局的主观决定或以不完全市场或以假想市场模式为基础"（AICPA, 1994: 94）。

3. 关于计量的过程与确认的关系

计量包括货币计量与非货币计量。货币计量产生财务信息，它构成财务报表的内容并同确认存在着密切联系。货币计量实际上也是一个过程。凡是初始确认的项目都需要初始计量，历史成本、现行成本、公允价值等属性都可用于初始计量。但它们有所区别。区别在于：历史成本在初始计量后不再反映所计量项目的价值变化，因而不需要后续计量。而采用现行成本或公允价值为初始计量属性时，在价值变化后需要结合后续确认进行后续计量，一般为重新开始计量（资产重估价除外）。如果终止确认，则同样要终止计量。运用历史成本进行计量的项目的价值变化通常属于成本的摊销和分配，有时采用未来现金流量贴现值来表示。严格地说，只有初始确认时用于计量的历史成本、现行成本、公允价值等才能被称为财务会计的一项完整的计量属性。例如，未来现金流量的现值不能作为初始计量属性，总是在历史成本或现行成本的基础上加以应用，因此，现值技术只能算一种摊配的方法（SFAC No.7: par.6）。

三、会计计量模式

按照计量的一般原理，一项完整的计量应该包括（1）选择计量尺度；（2）确定计量规则；（3）分配具体数量三个部分（刘峰，1996）。会计计量一般具体涉及会计计量的属性和会计计量的单位两个方面。会计计量单位，一般有实物、劳动量和货币3种。自复式簿记诞生并在理论上得到总结以后，会计计量就以货币计量为主，但是即使是货币计量也还有名义货币和不变购买力货币两种；而关于会计计量的属性，则存在着较大的争议，现在公认的有历史成本、重置成本、现行成本、现行市价（脱手价格）、可实现净值（预期的脱手价格）和未来现金流量的贴现值技术搜寻的公允价值等。

将会计计量尺度与**会计计量属性**相结合，就形成了如下的会计计**量模式**（见表3-1、表3-2）[①]：

①　参考了葛家澍、刘峰（2003）。

表 3-1　会计计量属性一览表

计量属性	时态	投入或产出的类型	是否涉及交易及类型	计量可靠性排序	计量相关性排序
历史成本	过去	投入、取得	实际交易	1	6
重置成本	现在	投入、取得	虚拟交易	2	5
现行成本	现在	投入、取得	虚拟交易	3	4
现行市价	现在	产出、出售	虚拟交易	4	3
可实现净值	现在	产出、出售	虚拟交易	5	2
公允价值	未来	产出、出售	虚拟交易	6	1

表 3-2　会计计量属性与计量尺度

货币	计量属性					
	历史成本	重置成本	现行成本	现行市价	可实现净值	公允价值
名义货币	历史成本⊕名义货币模式	重置成本⊕名义货币模式	现行成本⊕名义货币模式	现行市价⊕名义货币模式	可实现净值⊕名义货币模式	公允价值⊕名义货币模式
不变购买力	历史成本⊕不变购买力模式	重置成本⊕不变购买力模式	现行成本⊕不变购买力模式	现行市价⊕不变购买力模式	可实现净值⊕不变购买力模式	公允价值⊕不变购买力模式

下面，我们尝试对**各种会计计量属性及与之相关的会计计量模式进行简单评述**。

（一）重置成本

重置成本所强调的基本观念是持续经营假设下的实物资本保持而非货币资本保持概念，而且要求计算资产的持有收益。重置成本下的会计利润由现时营业利润和资产持有收益组成。爱德华和贝尔（Edwards & Bell, 1961）建议的重置成本利润的计量中，资产的持有收益应该和营业利润一起报告。

理论上,重置成本下的经营利润满足现行财务会计模式下的实现惯例,而且同时谋求资本保全。但是,大多数会计人员不赞成把持有资产的收益作为利润。假定企业是持续经营的,那么特定的资产所带来的持有收益,应该用来在以后重新购买该资产,采纳重置成本计量属性的一个重要目的就是达到实物资本的保全。已实现的资产持有收益和未实现的资产持有收益的区别,从这个意义上来讲必须进行区分。未实现的资产持有收益可以留在一个恰当的账户之中,即资产重估价准备账户。

在满足会计信息使用者的投资决策方面,重置成本下的利润比历史成本下的利润更为有用,原因在于:采用重置成本计量属性,可以使所赚取的收入和与之相联系的资产的重置成本进行配比,以便保持企业长久的生产能力和资产的服务潜能。其次,将持有收益和经营收益进行明确的区分,与会计理论中的持续经营假设获得了一致,并可以更有效地促进资源的再配置;重置成本根据资产市价的变化来确认资产价值的变化,可以避免在历史成本下为了反映物价变动而采取的存货计价的后进先出法、固定资产的加速折旧等带来的会计信息缺乏可比性。当然,重置成本也具有其所固有的缺陷,那就是计量的主观性和估计性的大量存在。

(二)现行成本 [①]

现行成本和重置成本并不完全一致。现行成本着重于企业现在所拥有的资产的服务潜力,而重置成本一般则着重于置换企业现有的生产能力。但是,会计人员一般将现行成本和重置成本不做严格的区分。

---

① 现行成本和重置成本之间的区别在于:重置成本是从购买或建造的角度考虑,而现行成本则是从使用的角度而言的。要确定现行成本,首先比较某一资产的可实现净值和其未来现金流量的贴现值两者孰大,得出可收回额;其次再比较可收回额和重置成本两者孰小,得出现行成本(FAS 33: par.99)。

现行成本下收益的确定的基础是实物资本的保持。也就是说，现行成本所依存的收益概念是更接近于经济学中收益的概念，而基本不同于会计学中的收益概念。现行成本的一个重要特点就是随着物价的变动而及时地对资产的价值进行调整。现行成本的支持者认为，按照一般物价变动水平进行相应调整尽管也能够反映物价变动的影响，但是可能与会计信息使用者的决策并不相关。原因在于，一般的会计信息使用者所关心的是物价变动对特定企业财务状况和经营成果的影响。因此，现行成本会计中的物价变动指的是特定物价水平的变动，不同于按照一般物价水平对历史成本进行的调整。现行成本的另外一个基本的特点是，它克服了传统会计计量中的仅仅在资产处置时才进行利得和损失确认（这种情况下，会计信息使用者难以通过历史成本计量的会计数据来评价管理阶层对资产的管理效率）的缺陷，而将经营收益和持有收益单独列示。

对于持有收益，到底应该绕过损益表直接进入资产负债表，还是直接进入损益表？目前会计界意见并不一致。有的人主张将持有收益区分为已经实现的持有收益和未实现的持有收益两部分。有的人认为，持有收益无论是否实现都不应该进入损益表计算企业最终的利润，而应该直接进入资产负债表的股东权益部分（以资产重估价准备单独列示）；而有的会计人员则认为，所持资产的收益无论实现与否，都应该计入企业最终的利润之中，这样，企业的利润就包含两个部分即营业收益和持有收益。当然，还有一种调和的主张，即建议将已经实现的持有收益计入利润，而未实现的持有收益则直接计入资产负债表。

综观三种观点，第一种观点由于捍卫了实物资本保全概念，最为会计理论界所支持。持有该观点的人认为，作为一个持续经营的企业，持有一项资产是为了使用而不是为了处置，只要企业并不处置资产，那么，该资产上的持有收益就永远不会实现。其次，这种观点最为坚持成本属性的投入特征，而认为一旦确认持有收益，那就意味着将计量转向具有产出特征的计量属性了。投资者一般认为，企业的股利和盈利是与资产的使用高度相关的，而基本上和资产的清算没有关系。第二种观点代表了货币资本或财务资本保全的观点，其典型代表是爱德华和贝尔，他们将持有收益看作是可以实现的成本节约额（Realizable Cost Saving），并认为这一数额应该归属于持有该资产的收益这一事项。也就是说，两人赞成将持有收益计入企业的收益之中计算最终的利润，而且主张将持有收益和经营收益区别开进行会计核算。雷夫辛（Revsine）认为，之所以将持有收益作为计算企业利润的一部分，原因可能是，价格的上升所导致的持有收益相对于以前购入资产时所支付的代价来说是一种"节约"，是一种机会利得或机会收益。持有此种观点的会计人员认为，将持有收益列入企业总的收益之中，并将之和经营收益分别列示，可以提供一些比历史成本会计下更有用的会计信息：现代市场经济风云变幻，到处充满着不可言状的巨大风险，经营收益仅仅可以表明管理阶层的经营管理才能，而持有收益则在一定程度上衡量了管理阶层对环境的应变能力和对各种风险的管理能力，这两项因素都是十分重要的，缺一不可。事实上，这样做的另外一个优点是有助于正确评价管理阶层的经营管理才能，使得对其经营管理的业绩的考评刨除环境变化的影响。其次，此种处理方法可以避免预测企业未来现金流量时所面临的种种不确定性，与资产、负债相联系的现金流量的估计存在着诸多的不确定性，而现行成本则比较接近这一价值，既可以大致上预测企业以后为了保持现有的生产能力所需的现金流量，也可以预测应该发放给股东现金股利的大致数额。

（三）脱手价值会计

脱手价值会计（Exit Price Accounting）又称"变现价值会计"

（Realizable Value Accounting），最早由肯尼斯·麦克尼尔（Kenneth MacNeal）在《会计中的真实性》（*Truth in Accounting*）一书中提出，之后并未受到足够的重视。后来，脱手价值会计由雷蒙德·钱伯斯（Raymond Chambers）第一次进行系统阐述，他还提出了现时现金等价物（Current Cash Equivalent）的概念，这些都在一定程度上影响了以后会计理论的发展。当然，谈到脱手价值会计，罗伯特·斯特林也不得不提，他是历史成本计量属性的最坚决的反对者，甚至公开宣布目前公司财务报告上公布的是一堆毫无意义的数字（当时，美国的通货膨胀率曾高达 12% 左右）。他认为，与会计信息使用者的决策最为相关的会计计量属性是现时销售价格。

脱手价值会计力图从"投入—产出"二分法的产出层面而不是像前面几种计量属性那样从投入层面进行探讨。也就是说，脱手价值会计对资产的计量主要是以其产出价值为基础。产出价格可以是现时销售价格或清算价格，但是主要是现时销售价格，原因就在于清算价格不符合会计的持续经营假设。脱手价值会计下对收益的确定持有的是"资产负债观"而不是"收入费用观"，即通过年末和年初资产净额变动（或之差）来确定，当然这中间要刨除资本交易。这样，在脱手价值会计模式之中，资产负债表就取代损益表占据了支配地位。

尽管肯尼斯·麦克尼尔、雷蒙德·钱伯斯和罗伯特·斯特林都是脱手价值会计的拥护者，但是三者的观点或者说他们对脱手价值会计的分析角度却不尽相同。麦克尼尔通过对会计发展的 3 个阶段（12—17 世纪、18—19 世纪和 20 世纪 3 个阶段）的比较、分析和考察，指出传统的历史成本计量属性下的会计信息已经不能很好地适应现在的投资环境和该环境下会计信息使用者的主观需要，而且可能造成信息的误导，或者一部分人利用内部信息获取暴利引来不正当的竞争。因此麦氏认为，企业的价值应该通过自由竞争的市场来决定，那么资产的计量和收益的确定必须在考虑会计实务限制的条件下，以市场价格来确定。他认为，资产可以分为销售性资产、非销售性资产和偶尔持有的非销售性资产三类，第一类按照现时售价来计量，第二类按照重置成本来计量，而第三类按照原始成本来计量。可以看出，麦氏的脱手价值会计模式就体现出混合会计计量属性的思想雏形。

钱伯斯认为，市场经济下的企业，为了实现持续经营的企业目标，就不能采取购买价格等投入层面的会计计量属性来计量资产和确定收益，而应该按照现时销售价格来计量资产和负债，以适应企业所依存的环境。为此，他提出了现时现金等价物的概念。所谓现时现金等价物是"……相对于某一时点，企业将来可以在市场中进行经济活动的单一财务资源，它是企业所持有的任何物品的市场销售价格或可实现价格"。此外，他将机会成本的概念引入脱手价值会计中，认为只有预计到企业持有某项资产最终获得的现金流量的现值大于将该资产销售后所得到的现金用于另外的投资方案所获得的现金流量，企业才会继续持有该项资产，否则就会处理掉该项资产进行更有利的投资。当然，钱伯斯在此处的机会成本分析中使用了现时销售价格而不是机会成本的概念。关于现时销售价格，钱伯斯认为应该采用资产的交换价值而不是资产的使用价值，资产的使用价值代表了企业未来的经济利益，而不代表企业的现时财务状况，而且使用价值太过于主观，因此提倡采用资产的交换价值。他还认为资产的交换价值主要由市场所决定，受管理阶层的人为操纵的可能性较小，比较客观。

至于斯特林，他最为坚决地支持现时售价是与会计信息使用者的决策需要最为相关的计量属性。斯特林认为，现时售价具有相关性（Relevance）、可验证性（Verification）、具有经验意义（Empirical Meanings）、可加总性（Additivity）和即时一致性（Temporary Consistent）的优点。

此外，脱手价值会计的支持者们认为，变现价值利润是经济效益的可接受的替代物，因为它预计了现在持有的资产的变现能够带来的未来现金流量，从投资者的立场上来讲，与持有资产相关的未来现金流量是最相关的价值概念。而历史成本、重置成本这些追溯过去（Look-Backward）的概念对预测未来现金流量的意义不大。最后，脱手价值会计的支持者们认为，它能在大多数情况下满足债权人的信息需要，因为债权人在同意对企业进行贷款、购买企业债券之前，往往需要了解企业资产的现行市场价值。

脱手价值会计下企业的利润由两部分组成，即已实现收益和未实现收益，前者指实际销售收入和期初估计的可变现价值的差异，而后者代表期末未售出资产的可变现净值的变化。我们从此处可以看出，在重置成本下，出于实物资本保持的要求，持有收益一般不能作为企业的利润进行分配，而在脱手价值会计模式下，利润主要是衡量企业适应于环境变化的能力，为此必须同时考虑资产可变现价值的变化引起的已实现收益和未实现收益。为此，在脱手价值会计下，并不区分现时经营利润和资产持有收益。

脱手价值会计在提供企业收益的会计信息方面，存在着一定的缺陷，众所周知，脱手价值会计的收益数字是假设企业期末将所有的资产按照现时销售价格进行销售以后，通过比较期初期末资产现金流量的净现值的差额来确定，但是，事实上，一般来讲，企业是持续经营的或被假设是持续经营的，那么总是立足于清算角度得到的收益数字和企业持续经营下得到的数字相比，前者对于衡量企业的经营成果具有较小的相关性。脱手价值会计因为资产的使用价值的确定太过于主观，因此将之完全屏弃，其实质上与现在最为流行的资产定义"未来经济利益观"是相悖的，此处，我们想再次强调，作为一个基本的会计概念，资产的理论层次高于会计计量，因此可以说，对资产的本质（绝大多数体现于资产的定义之中）的规定先于对资产的计量属性的规定，前者决定后者，后者隶属、服从于前者。此处，我们不禁要问，斯特林对资产是如何定义的呢？他支持成本观或未来经济利益观或像舒尔茨那样的将资产定义为各种可以交换的权利？照此，商誉等无形资产被屏弃在脱手价值会计的资产之外，我们该做如何解释呢？此外，脱手价值会计的可加总性也值得怀疑。因为脱手价值会计以资产的现时售价为基础，为此，我们不能否认很多资产的出售往往是一揽子性质的，而一揽子售出的资产的总价格往往大于其中个别资产分别出售的价格之和，所以即使使用了现时现金等价物的概念，资产之间的可加总性仍然受到限制，并非达到完全的可加总性。此外脱手价值会计并不能适用于所有的资产，例如油和气会计准则涉及的矿井。

（四）现值计量 ①

1. 在会计计量中运用现值的一般原则

现值是将对未来现金流入量和流出量的估计，按照一个利率和从当前时点起到估计现金流量发生日之间的期间数进行贴现的当前计量。现值计量的关键是如何估计现金流量和确定用于贴现（折现）的利率。用于预计未来现金流量和利率的方法随着资产或负债所处的环境不同而不同。财务会计准则委员会（FASB）提出以下几条一般原则指导现值技术在资产与负债计量中的运用：（SFAC No.7: par. 41）

（1）在可能的范围内，预计现金流量与预计利率应反映一项正常交易决定是否获取一项资产或一组资产时，所要考虑的关于未来事项或不确定事项的假定，简言之，即市场人士在正常交易中考虑到的所有问题都不能漏掉。

---

① 现值并不是一种计量属性，而只是一种搜寻公允价值的技术。公允价值的最直观的形式是市场价格（充分竞争市场下的均衡价格），当市场价格的获取存在着困难时，才往往借助现值技术来搜寻公允价值。

（2）现现金流量的利率所反映的假定，应与预计现金流量固有的假定相一致，否则，一些假定的影响将被重复计算或被忽略。

（3）预计现金流量与利率，应是无偏的，并且不包括与讨论中的资产、负债或一组资产、负债无关的因素。

（4）预计现金流量或利率应反映可能结果的范围，而不是单一的具最大可能性的、最小的或最大的金额。

（5）预计现金流量或利率时不应包含主体管理层一点都不了解的假定，即不要编造不知道的东西〔SFAC No.7 第 41 段仅包含上述（1）—（4）4 个原则，但财务会计准则委员会（FASB）发布的"促进理解"的 4 篇关于现值计量的文章里在提到一般原则时均包含原则（5）〕。

使用未来现金流量信息和现值估计过资产或负债的公允价值的人都知道，上述原则（1）和原则（5）经常是很难两全的。会计上估计公允价值是从一系列假设开始的，现值计量应包含的反映经济价值的 5 个要素中，除了第 3 个要素反映货币时间价值的无风险利率外，其余 4 个要素均依赖于假设。会计人员既要估计金额，又不能编造他不知道的东西，确实左右为难。估计风险溢价便是一个突出的例子。公允价值的估计值应该包括市场人士因为承受现金流量上的不确定性而要求的风险溢价，然而，对风险的武断调整，或无法通过与市场信息比较来评估的调整，等于在计量中融入了一种不公正的偏见。另一方面，剔除风险调整（如果市场人士明显地包含了风险）就无法产生真实反映公允价值的计量。SFAC No.7 的建议是："在很多情况下，也许不能得到一个可靠的市场风险溢价估计值，或该估计值相比现金流量估计中潜在的计量误差要小，此时按照无风险利率折现的预期现金流量现值，也许是可得到的最佳现金流量现值。"（SFAC No.7: par.62）

原则（2）要求在估计现金流量和利率时，应避免做重复的假设。例如，一项贷款的约定现金流量采用了 12% 的利率，这一比率已反映了对于贷款未来违约的预期。同样的利率就不可再用来折现预期现金流量，因为现金流量已反映了关于未来违约情况的假定。

原则（3）要求在预计现金流量和利率时，应保证估计的公正性，例如，不可故意低估预计净现金流量，以增强资产表面的未来获利能力。又如，为了保证估计风险调整额的公正性，SFAC No.7 指出"在会计计量中包含不确定性和风险的目标是尽可能地模拟市场对具有不确定性现金流量的资产和负债的行为。这不应与这样的偏见相混淆：利用它来故意低估资产的金额或高估负债的金额"（SFAC No.7: par.67）。

原则（4）要求在预计现金流量和利率时应反映概率加权平均值，而不是管理层的最佳估计。在 SFAC No.7 之前，很多会计准则在估计现金流量时都使用"最佳估计"，会计上的最佳估计一般指估计是①无偏向的；②在一组可能的结果中最可能的金额；③单一的估计金额或时点。其他专业，如统计师、精算师等，都尽量避免使用"最佳估计值"这个术语，当他们不得不用这个术语时，一般指预期值——概率加权平均值——而不是指最可能值的同义词。

2. 计算现值的传统法与预期现金流量法

现值在会计上的应用，传统上采用单一的一组最具可能性的估计现金流量和单一的"与所涉风险相当"的利率。财务会计准则委员会（FASB）将这种方法称为传统法。传统法侧重于利率的选择。现值计量应包含五个要素：①对未来现金流量的估计；②对现金流量的金额、时点各种可能变动的预期；③用无风险利率表示的货币时间价值；④承担资产、负债中固有的不确定性的价格；⑤其他有时难以识别的因素。传统法假定主体所选择的单一利率能够反映关于要素②—⑤的所有预期。

当资产或负债具有约定现金流量时，采用传统法计量与市场人士描述资产或负债的方法相一致，就如"一张 12% 利率的债券"那样。此时采用传统法所得到的计量结果更具有可靠性。如果资产或负债不具有约定现金流量，但市场上可以观察到在现金流量的时间安排和金额上具有可比性的参照资产或负债，且这种可比性不会因经济环境的变化而出现偏差，那么采用传统法也能产生有用的信息。

　　传统法的优点是简便易行，但也有其固有的局限性。采用传统法的关键是利率的选择。要寻找到适当的"与风险相称的利率"，至少要求对两个项目进行分析——需要计量的资产或负债以及已存在于市场上并具有可获知利率的一项在现金流量的特性上可比的资产或负债，而后才能从中推演出恰当的贴现利率。然而，会计上经常遇到一些复杂的计量问题，这些复杂计量涉及不具备流通市场或缺乏可比参照物的资产或负债。此时，传统法就不能提供有效的计量工具。另外，传统法无法反映时间上的不确定性。传统法用单一的利率折现出单一的一组未来现金流量，当现金流量的金额和时间具有不确定性时，单一的利率仅可反映金额上的不确定性，却不能反映时间上的不确定性。因此，当现金流量在时间上具有不确定性时，传统法的计量结果无法包含现值计量应包含的所有要素。传统法的另一个缺陷是它将关于现金流量的所有预期都埋藏在单一的贴现率里，使计量结果变得模糊，所以在 SFAC No.7 之前，准则制定者都不太愿意扩大现值在准则中的运用。

　　美国的 SFAC No.7 推荐一种新的现值计量方法——预期现金流量法。预期现金流量法要求对所有可能的现金流量进行预期，用统一的无风险利率对一系列预期现金流量进行折现，计算概率加权平均现值总额。从现值计量应包含的 5 个要素来说，预期现金流量法仅将第三个要素（用无风险利率表示的货币时间价值）包含于贴现率中，其他要素则在计算调整风险后的预期现金流量时进行调整。

预期现金流量法和传统法在概念上是一致的，均可反映现值计量应包含的 5 个要素。SFAC No.7 指出这两种方法可根据情况用于估计资产、负债的公允价值。但在许多情况下，尤其在复杂计量问题上，预期现金流量法可提供较之传统法更为有效的计量工具。预期现金流量法在计量过程中要求对所有可能的现金流量进行预期，而不是仅采用单一的最具可能性的一组现金流量。例如，$1000 的现金流量可在一年、两年或三年收回，其概率分别为 10%、60% 与 30%。以下给出了这种情况下这一预期现值的计算过程，在该例中，$892.36 的预期现值不同于 $902.73（60% 概率）最佳预期值这一传统概念[①]。

5% 一年内 $1000 的现值	$952.38	
概率	<u>10.00%</u>	$95.24
5.25% 两年内 $1000 的现值	$902.73	
概率	<u>60.00%</u>	$541.64
5.5% 三年内 $1000 的现值	$851.61	
概率	<u>30.00%</u>	<u>$255.48</u>
预期现值		<u>$892.36</u>

概率的采用是预期现金流量法中很重要的一点。尽管概率导致一定的不精确性，但较之单一的估计现金流量，在预期现金流量法中使用概率具有一些优点。第一，包括了对可能结果范围的考虑，而不仅是单一的最佳估计，就可以在计量过程中纳入更多的信息。第二，概率的采用使关于现金流量不确定性的假设更为明晰，而传统法则将这些假设隐藏在利率里。第三，市场风险溢价经常无法可靠估计，此时

---

① 在清偿之前，利率通常随时间长度而变化。这种情况被称为"收益率曲线"。

无风险利率就是最可靠的。第四，采用概率加权的现金流量就可以对关于现金流量金额和时间上的不确定性进行明确的调整。

3. 现值技术在负债计量中的使用

负债的计量包含一些不同于资产计量的问题，尽管如此，SFAC No.7 仍然坚持在负债中使用未来现金流量信息和现值的目的是估计公允价值。在使用现值法估计一项负债的公允价值时，其目标是"估计目前所需资产的价值以便①与债权持有者结算负债或②将该负债转移给一家资信状况相当的主体"（SFAC No.7）。

为了估计一个主体应付票据或应付债券的公允价值，会计人员试图估计其他主体愿意将该主体负债作为资产持有的价格，这一程序涉及与在计量资产中碰到的同样的技术和计算问题。另一方面，主体的有些债务的持有者通常不会像销售其他资产那样销售那些权利，如产品保修责任，而另一些债务则可能没有可辨认的持有者，如环境清理义务。在估计这些债务的公允价值时，会计人员试图估计主体为了使第三方承担其债务而需支付的价格。

在估计负债的公允价值时，SFAC No.7 特别指出"负债的最相关计量通常反映负有支付义务的主体的资信状况"（Jones, 1999）。财务会计准则委员会（FASB）的这个结论是在分析最简单的借款交易的基础上形成的。当一个主体承担债务以换取现金时，其资信状况的作用是显而易见的。例如，如果两个主体都承诺 5 年内支付 $500，拥有较好资信状况的主体，可能获得 $374 以换取其承诺（6% 的利率）；拥有较差资信状况的主体可能获得 $284 以换取其承诺（12% 的利率）；每一主体的初始记录都使用公允价值，即收到的现金金额，这一金额包含了主体的资信状况的影响。

在估计主体的资信状况对其负债公允价值的影响时，应注意以下几点：①应结合考虑主体的支付能力和保护债权持有者的债务条款，例如，具有相同的资信状况的两个主体都发行公司债，其中主体 A 在债权契约上规定了建立偿债基金的条款，主体 B 则没有，在这种情况下，资信状况对主体 A 的应付公司债的影响将较小。②置换交易中形成的资信状况升级代表单独的交易，不应包含在负债的公允价值里，例如，资信状况为 B 级的主体 A 希望能促使第三方承担其负债，它的债权人一般不会同意由具有更低等级资信状况的主体 B 来替换，但肯定会同意由具有更高等级资信状况的主体 C 来承担负债，而如果主体 A 希望主体 C 承担其负债，它将不得不支付更高的价格，果真如此的话，那么高出的那部分价格应视为主体 A 购买资信状况升级的价格，而不应包含在主体 A 的负债公允价值里。③主体资信状况对其负债计量的影响通常体现为对利率的调整，就如最简单的借款交易那样，但在计量资信状况对不具有约定现金流量的负债的影响时，预期现金流量法将是更好的计量工具。具体来说，由于一项不具有约定现金流量的负债在金额上具有不确定性，从概率的角度来看，这笔现金流出是一个随机变量，有一个可能的取值范围。如果金额较低，违约的可能性就很小，但如果金额较高，违约的可能性就很大。像这种情况，在计算预期现金流量时包含资信状况的影响可能更有效。④资信状况的变化将影响负债的公允价值，主体资信状况升级将增加其负债的金额，反之则降低其负债的金额。在负债的计量中不考虑资信状况的变化会造成负债之间的经济差异被忽视。

4. 利息摊配法

现行财务报告试图通过两种方法反映不同时期资产和负债的变化，一是新起点计量，一是会计摊配。新起点计量和会计摊配的区别在于，前者通过使用现行的信息和假设，能够捕捉到造成资产和负债变化的所有因素，包括(1)资产的物质消耗(或负债的减少)；(2)估计的变化；(3)源于价格变化的持有损益。而后者可以反映第(1)种因素的变化，部分反映第(2)种因素的变化，但不能反映第(3)种因素的变化。

从原则上看，所有的会计摊配的目的都是报告资产和负债的价值、效用或实质随着时间推移所发生的变化。从程序上看，会计摊配试图将这些变化与可观察到的现实世界中的现象联系起来。利息摊配法就是把报告金额的变化与一系列未来现金流入或流出的现值的变化联系起来。

理论上说，利息摊配法可用于任何资产或负债，但财务会计准则委员会(FASB)认为当资产或负债具有以下的一项或多项特征时，运用利息摊配法能够向报表使用者提供更具相关性的信息(SFAC No.7: par.93)：

(1)产生资产或负债的交易通常被视为一种借贷行为；

(2)相似资产或负债也采用利息法进行摊销；

(3)特定的一组估计未来现金流量与该项资产或负债有着紧密的联系；

(4)始确认的计量以现值为基础。

利息摊配法运用的方式将对收入或费用产生影响。因此，在使用利息摊配法时应对一些问题做出详细规定，如应使用何种现金流量、如何选择利率、利率的运用方式，以及如何反映未来现金流量的金额和时间的变化。

如何反映估计现金流量的变化是利息摊配法的一个重要组成部分。反映估计现金流量的变化有 3 种：(SFAC No.7: par.97)

(1)未来适用法(Prospective Approach)，根据账面金额和剩余的现金流量计算新的实际利率；

(2)修正法(Catch-Up Approach)，将账面金额调整为修正的估计现金流量按原先的实际利率折现的现值；

（3）追溯法（Retrospective Approach），根据原账面金额、到目前为止实际发生的现金数量和估计的剩余的现金流量，重新计算新的实际利率。然后运用新的实际利率将账面金额调整为修正的估计现金流量按新的实际利率折现的现值。

SFAC No.7 推荐采用修正法，因为这种方法满足利息法"把报告金额的变化与一系列未来现金流入或流出的现值的变化联系起来"的内在要求，并且实施成本较为合理。在修正法下，只要估计的现金流量不改变，一项资产或负债的账面价值就永远是估计的未来现金流量按原实际利率折现的现值。如果估计的现金流量发生变化，采用修正法可使一项资产或负债在估计发生变化前后的计量基础保持不变，即按原实际利率折现的估计现金流量。相反，未来适用法下的计算利率和初始确认或同类资产或负债的当前市场利率毫不相关，这使得估计现金流量的变化所产生的影响变得模糊，从而降低了信息的有用性。追溯法本来是上述 3 种方法中最精确、最完整的方法，但是采用追溯法要求主体保留过去现金流量的详细记录，SFAC No.7 认为其执行成本可能会大过所能产生的效益，因此没有推荐采用。

5. 现值计量技术评价。

（1）SFAC No.7 指定公允价值为会计计量的唯一目标，尽管财务会计准则委员会（FASB）在公告中说明公允价值计量目标仅限于利用未来现金流量信息与现值的会计计量，但事实上，通过将公允价值与市场价格联系起来，公允价值已被确立为一个在大多数情况下都适用的计量属性。近年来，财务会计准则委员会（FASB）先是提出公允价值是金融工具的相关计量属性、衍生金融工具的最相关的计量属性，后又决定所有的金融资产和金融负债均采用公允价值计量属性。SFAC No.7 则预示了准则制定者甚至有可能将公允价值的运用扩展到金融资产和金融负债以外的资产负债表项目。而事实上，如果实践证明利用 SFAC No.7 所描述的现值技术估计的资产和负债的公允价值有助于提高财务报告所提供信息的有用性（说明财务报告使用者承认估计的公允价值具有合理的可靠性），那么财务会计一直无法解决的确认自创无形资产的问题就可以迎刃而解了。

（2）尽管财务会计准则委员会（FASB）近年来一直以公允价值作为大多数初始确认计量和新起点计量的目标，但 SFAC No.5 在讨论计量属性时并未提到公允价值，这不得不说是一种缺憾。SFAC No.7 首次将公允价值与 SFAC No.5 提到的计量属性进行了比较：认为 SFAC No.5 里提到的历史成本、现行成本和现行市价计量属性与公允价值的定义相符，而可实现净值计量属性则与公允价值定义不相符；至于 SFAC No.5 提到的现值，则仅是一种摊销方法，不能算是一种计量属性。从某种意义上说，SFAC No.7 是对 SFAC No.5 中讨论的计量属性理论的一种发展，尤其是，SFAC No.7 对公允价值的相关概念的详细阐述，如对公允价值的定义、在缺乏可观察到的市场价格时估计公允价值的方法等的解释，为以后的准则制定提供了方便。在采用公允价值计量属性方面，需要解决的问题是何时可以以公允价值为计量目标，以及如何确定公允价值，有了 SFAC No.7，以后准则制定者重点需要解决的就只是何时采用的问题了。

（3）现值计量是以具有高度主观性的假定为基础的[①]，因此有可能存在如下的问题：①现金流入量和现金流出量存在着很大的不确定因素，管理人员自身的因素和会计环境因素无疑都会影响企业的未来现金流量——未来现金流量的贴现值在时间概念上属于未来，未来无可辩驳地具有极大的不确定性，受到知识结构、社会分工和个人精力的

---

① 应该说，任何基于估计的会计计量都具有内在的不精确性，但是如果不能恰当地保证一定程度的可靠性，那么会计计量的相关性也将受到损害。

约束，未来现金流量流入、流出的时间和数额的概率分布是一般会计信息使用者所不能够驾驭的，对此分析也具有相当的难度①；②进行未来现金流量的贴现时，贴现率的选取也存在着不少的难题，宏观经济的波动、利率的调整、通货膨胀的因素等都会影响到其选取，也就是说未来现金流量的贴现率的确定也含有较大的选择性，那么就不可避免地含有各种估计判断在内，而现金流量的贴现率又对确定特定资产的现金流量之和十分关键，人为因素的影响将会带来会计收益的操纵和相应的盈余管理；③未来现金流量的可操作性也不得不引起关注，试想，要获取一项特定的未来现金流量，费用的发生必不可免，但是如何辨认与该项现金流量相联系的各项费用并最终进行恰当的配比呢？各项现金流量与产生它们的费用如何进行恰当的分配，这个特点其实决定了现值计量适用于所有资产存在着一定的难度，换言之现值计量更适用于能够单独产生现金流量的资产，或可以辨明某几项资产共同创造了某项现金流量的情况，如衍生金融工具、长期非货币性资产和负债等。为了保证现值计量的有用性，就必须增加披露关于未来现金流量的金额、时点以及对不确定性与风险的调整的假定，这一方面有利于促进报表使用者对于计量结果的理解，一方面也可为报表审计提供方便②。

四、关于历史成本与公允价值

会计的计量同价值及其流动密切相关，计量单位又是货币，则计

---

① 事实上，概率并不等于事实，在数学和控制论学科中，对小概率事件的研究一直未曾获得突破性的进展，更毋庸谈及经济活动或企业经营之中的人为因素诸如盈余管理、收益平滑等的干扰——任何局部的小概率都可能引起所谓的"蝴蝶效应"，最终导致会计信息系统的巨大变迁和投资者的决策严重失误。

② 但是，目前的《财务会计概念公告》均未包含关于披露的概念指导。财务会计准则委员会（FASB）的 SFAC No.7 有可能增加准则制定者在这方面的压力。

量属性也应当就是市场价格或交换价格。货币是唯一可以捉摸的价值的形式，而价值的数量不能自我表现，只能通过价格。在市场经济中，通过无数交易被买卖双方普遍接受的公允价格，应是由市场形成的市场价格。市场价格是动态的。任何时候，按照时态分，市场价格都可以分为过去、现在和将来（预期）3 种。财务会计与财务报表一个重要的、基本的职能，是以一个企业已发生的，过去的交易和事项为处理的对象，即 APB Statement No.4 所明确指出的"财务会计与财务报表主要是历史性的，即有关业已发生的事项信息"（APB Statement No.4: par.35）。因此，对财务会计的账户和财务报表的项目而言，最相关的计量属性应为过去的市场价格。这种价格的优点在于：第一，它是交易成交时发生的，既公允又平等；第二，由于交易已经发生，这种价格已经确定，并有证据可供稽核，其可靠性有保证。在一持续经营的企业中，除流动资产外，其他资产既不是为卖而买，一般也不作为交换和交付的手段，而是供企业长期使用和生产消费（几乎所有的长期资产）。市场价格的变动，对企业持有的资产特别是长期持有的资产完全可以不予考虑，否则，对资产价格的这种频繁调整不但没有意义，反而加大会计处理成本，不符合效益应该大于成本的原则。会计学者把取得资产的当时价格（成交后即成为过去的市场价格）以及形成负债时承诺的未来支付就都转化为了（即改称）历史成本和历史价格。

我们评价所采取的计量属性在什么情况下才比较恰当，主要的标准应看它是否符合计量对象的特点。历史成本之所以成为财务会计的主要计量属性，其根本原因是由财务会计对象的特点——财务会计基本上属于企业的经济活动及其业绩能够用货币量化的历史——所确定的。在这一方面，按历史成本计量是原则，但也有例外（即灵活性）。例如，存货和有价证券在年终报告时，除可考虑存货的跌价损失外，还往往按照成本与市价（或可变现净值孰低，这表明也不局限于历史的市场价格)来列示;应收账款按照历史成本表明其账面价值后,年终报告又往往把应收账款的账面价值减去应收账款上应该计提的坏账准备而列示其净值;固定资产也是如此,在年末资产负债表上列示时,一般可将其账面价值(如有减损则先将历史成本扣除减损部分)减去已计提的折旧准备来表述。如上这些都是适应市场经济的变化,不拘泥于计量中必须刻板地坚持历史成本,为使用者提供决策更有用的信息。在财务会计与财务报表中,历史成本成为长期被广泛采用的计量属性,与财务会计和报表本质上是对一个企业活动的历史进行量化的描述有关。所描述的项目都是已发生的交易或事项所引起的,所以具有确定性,是一个已知数。正是历史成本计量能够反映历史的经济真实。但历史成本计量也有局限性,这主要表现在:它只能反映一个企业投入时的资本耗费,而不能够反映产出时预期的资本增值;或者说,它能量化企业在经营中所付出的努力,但不能量化经营后取得的成果。此外,历史成本不能反映资产在持有过程中的不确定性。实际上,一项资产的不确定性在决定收回之前(如应收账款在收回之前)一直处于风险状态(有发生坏账的可能性)。面向过去、计量已知数、不考虑不确定性和风险是历史成本的缺漏,也是历史成本的特点。

　　公允价值可以被视作用来弥补历史成本缺陷、面向未来的一种计量属性。公允价值定义为"在自愿的当事人之间进行的现行交易中,即不是在被迫或清算的销售中,能够购买(或发生)一项资产(或负债)或售出(或清偿)一项资产(或负债)的金额"①。这个定义包含了买入

---

　　① 财务会计准则委员会(FASB)将使用价值(特定主体计量)视为与公允价值并行的另一种可观察的计量属性,而不是公允价值的一种可供选择的价格,在1997年发布的SFAC No.7第一份征求意见稿里,财务会计准则委员会(FASB)曾认为在初始确认计量和新起点计量中,运用现值技术的目的是估计公允价值或使用价值。但在SFAC No.7里,财务会计准则委员会(FASB)也承认使用价值能捕捉现值计量应反映的全部经济要素。

价格和脱手价格。但这个定义是有局限性的，因为在市场不完善的环境里，公允价值有 3 种可供选择的价格，买入价格、脱手价格和使用价值，且互不相等(Barth & Landsman, 1995)。买入价格指在计量日为取得一项资产将支付的金额或从一项负债的发行中将收到的金额；脱手价格指在计量日卖出持有资产将收到的金额或从所欠负债中解脱出来将支付的金额；使用价值指分享与主体相同的关于资产或负债的预期现金流量的信息和假设的独立自愿的当事人之间将达成的交易价格。在市场是完善的完全的环境里，这 3 个价格相等，但在市场不完善不完全的环境里，每种价格将提供不同的信息。就资产而言，在购买日，使用价值将不低于买入价格，如果购买资产是一种理性行为的话；脱手价格可以比企业的使用价值或买入价格更高或更低，因为脱手价格是由别人定的。一项资产的使用价值在不同的企业将是不同的[①]。

　　公允价值只有在真实的交易发生时(即它与历史成本相等时)才是确定的，其余的时候都是估计数。公允价值的估计不是基于真实的交易，而是假设的交易，其估计目标是模拟市场交易的价格，如果这样的市场存在的话。这就需要设定一些关于市场交易的前提假设，作

---

　　① 财务会计准则委员会(FASB)在 1999 年发布的《初步意见》和 2003 年 3 月发表的《项目描述：披露公允价值》里要求在估计公允价值时应采用脱手价格，因为它"代表了市场对主体未来现金流量现值的预期"(FASB, 1999)。尽管财务会计准则委员会(FASB)目前的目标只是按公允价值计量和报告金融工具，但公允价值会计的应用前景是提供有助于投资者估计企业价值的相关信息。从估计企业价值的角度来看，主体预期未来现金流量现值并不等于主体个别资产的未来现金流量现值总和减去主体个别负债未来现金流量现值总和。主体的未来现金流量来源于个别资产的使用所带来的现金流量以及管理层的有效管理所带来的无形资产，如私人信息、资产协作和期权。其中，期权包含增长期权和将企业资产估给债权人的期权。这就意味着，若要提供与企业价值相关的信息，脱手价格至少存在两个缺陷：脱手价格是以市场预期为基础的，不能反映主体使用资产所带来的预期现金流量，因为主体对资产的使用包含了一些市场假设未纳入的私人信息，如资产的使用方式、负债的结算方式等；脱手价格无法提供采用公允价值会计能提供的更诱人的信息，即源于管理技术的无形资产。此外，脱手价格假设在资产负债表日变卖资产、清偿负债，实际上违反了持续经营假设。

为指导公允价值估计的参照框架。上述财务会计准则委员会（FASB）的重要文献并未提及这样的假设，但与 SFAC No.7 配套的《促进理解》系列文章（Foster & Upton, 2001[a], 2001[b]）提到了如下假设：

（1）资产的买方（或承担负债的主体）将在该项目的当前状况下使用该项目，并且有能力将它投入使用；

（2）资产的买方（或承担负债的主体）将发挥该项目的最高最佳用途；

（3）资产的买方（或承担负债的主体）可得到该项目的状况及与其潜在现金流量的不确定性有关的信息；

（4）资产的买方（或承担负债的主体）就是对这个项目感兴趣；

（5）资产的买方或卖方（或想办法清偿负债或承担负债的主体）将在最有利的市场进行交易，只要他有能力进入该市场。

按照定义，最能够代表公允价值的应是现在和未来（特别是后者）的市场价格。某些商品如果缺乏活跃的交易市场，而无法形成市场价格，那么交易双方在自愿平等的基础上进行交换时一致达成的交换金额，也可以被称为公允价值。该金额之所以能被称为公允，是因为双方皆不认为自己吃亏。在这个意义上，这种公允价值也可以被称为"双赢价格"。除了市场价格之外的公允价值，一般要有公正、合理的计算方法，比如用预期的未来现金流量进行贴现[①]，甚至需要复杂的计价模型，如计算看涨期权（Call Option）通常要利用布莱克—斯克尔斯模型（Black-Scholes）（SFAC No.7），甚至一个企业的价值也可以通过

---

① 1988 年 10 月，财务会计准则委员会（FASB）即着手研究会计计量中的现值问题，从 1990 年 12 月至 1999 年 12 月期间，财务会计准则委员会（FASB）共发表了 32 份《财务会计准则公告》，其中 15 份涉及确认和计量问题，11 份涉及现值技术问题。财务会计准则委员会（FASB）注意到 SFAC No.5 中对计量属性的阐述并未回答在会计计量中何时和如何应用现值技术的问题。为了克服这一缺陷，2000 年财务会计准则委员会（FASB）颁布了 SFAC No.7《在会计计量中运用现值技术》。

资本资产定价模型（Capital Assets Pricing Model，CAPM）来计算或估计（Watts & Zimmerman, 1986）：

$$V_{i,0} = \sum_{t=1}^{T} \frac{C_{1,t}}{\prod_{T=1}^{t}(1+r_T)}$$

但是，不论是布莱克—斯克尔斯模型还是资本资产定价模型都需要严格的前提条件，其中有些与市场经济的实际情况和人们的行为并不一致，而且最有可能促使采用现值计量的资产和负债的计量问题，经常无法满足诸多理论模型严格的前提假设（SFAC No.7: par.71）。

从以上说明可以看到，历史成本和公允价值都是以市场价格为基础的。市场有多种功能，其中一种功能是以价格形式传递信息。实际上，不论是过去、现在或未来的市场价格都已将商品（资产）的不同风险和报酬区分开来了。但是历史成本作为过去的市场价格所包含的风险和报酬已经被固定为一个已知数，因此，它具有人们最为信赖的可靠性。但在反映不确定性和风险方面，历史成本则不如公允价值。首先，在历史成本中，不确定性似乎已经消失，不再暴露资产和企业的风险，因而无法预期该资产或整个企业的现行市价和预计能带来的现金流量，显然缺乏与决策的相关性；公允价值是含有不确定性的预计数，预计当然不可能精确，所以人们必然担心它的可靠性（特别是预期未来现金流量折现包含的变数太多）。但即使预计一个不很可靠的现行价值或未来价值，总比没有预计或完全依靠已知的历史成本去预测要好。其次，历史成本与公允价值还有一个重要的区别，那就是历史成本在不同会计期间的变化只是已知数的摊配，而公允价值则每期必须进行新起点的计量（Fresh-Start Measurements），这种计量能反映当期考虑不确定性和风险的市场价格。公允价值计量，对于使用者的决策，当然比历史成本更具有相关性也是显而易见的。

SFAC No.5 曾提出 5 种计量属性[1]，在当前会计实务中同时并用。在 5 种计量属性中，最常用的是历史成本和公允价值两种。传统的资产和负债，特别是长期资产，大多按成本（历史成本）计量，只有金融资产和金融负债以及那些无从寻找历史成本证据的资产或负债，才采用公允价值。从计量技术上看，对历史成本的应用，一般着重于初始确认及以后期间的成本摊销和分配（Amortization or Allocation），而公允价值（也包括现行成本、现行市价）的应用，则着重于初始的计量及以后期间的新起点计量[2]。现在看来，历史成本和公允价值，作为财务会计两种不同的计量属性，各有优缺点和适用性。如果按照财务会计准则委员会（FASB）的 SFAC No.1 所提出的目标，财务报表及其有关的附注提供的信息应能够"有助于当前的和潜在的投资者、债权人及其他信息使用者对以股利、利息、销售收入、证券或贷款的赎回和到期偿还等形式出现的现金流量的金额、时间安排和不确定性做出评价"（SFAC No.1: par.37），那么公允价值是有用的计量属性。

就财务会计的本质而言，如 APB Statement No.4 所说："财务会计与财务报表主要是历史性的，即有关业已发生的事项的信息。"（APB Statement No.4: par.35）同财务会计的本质相适应，已发生的过去的交换价格即历史成本，又应是最相关的计量属性，历史成本不但能量化一个企业的历史财务图景，而且有据可凭，有证可查——虽不能精确的客观（由于允许会计人员的职业估计与判断），但至少比估计的公允价值可靠。

所以，从财务会计的本质看，当可靠性与相关性发生矛盾时，应

---

[1] 按 SFAC No.7，未来现金流量的现值只是捕捉公允价值的一种技术，而非计量属性。

[2] 相应的英文表述为 "focuses or measurements at initial recognition and fresh-start measurements in subsequent periods"。

当从具有可靠性的计量属性中选取最相关的属性。至于历史成本与公允价值的使用，除与公允价值相关的项目（如金融资产与金融负债）外①，一般的资产与负债，还是应当按历史成本计量较好。不论在任何情况下，一旦选用公允价值为计量属性，则应要求达到"最佳估计"（Best Estimate）。

关于公允价值信息的价值相关性的实证研究分成两类，一类注重研究公允价值信息是否提供了相比历史成本的增量信息，另一类则注重研究单纯的公允价值信息是否比单纯的历史成本信息更具有价值相关性。贝特尔（Biddle）等认为第一类研究实际上是比较公允价值信息和历史成本信息加起来是否提供了超过历史成本信息的增量信息，这种研究意味着不同的结果。当研究表明公允价值具有增量信息时，其结果可以是公允价值的信息含量等于、多于或少于历史成本信息，反之，如果研究表明公允价值不具有增量信息时，其结果可以是公允价值的信息含量等于或少于历史成本信息。因此，在判断更能提供相关信息的会计模式时，第二类研究的成果将更有用。库拉纳（Khurana）和金（Kim）的研究就是属于第二类。他们利用1995年到1998年间美国银行持有公司（BHC）根据FAS 107、FAS 115的要求披露的公允价值信息，研究单独的公允价值信息是否比单独的历史成本信息更具有价值相关性。他们的研究发现是总体上不存在可分辨的统计性差异，但对于小的美国银行持有公司（BHC）和没有分析师跟踪的美国银行持有公司（BHC），他们发现贷款和存款的历史成本比公允价值更具有信息含量，他们认为这可能是由于贷款和存款没有活跃的交易，

---

① 公允价值的特点在于其作为计量属性时，更多地应用于"新起点的计量"，因此它并不适合于所有的资产，至少不适用于那些企业并不准备出售或变现的资产。事实上，公允价值迄今为止的应用主要限于衍生金融工具、准备随时变现的有价证券等。

使得美国银行持有公司（BHC）在估计公允价值时更为主观，而可供销售的证券在现成市场的交易更活跃些，公允价值就比历史成本能更好地解释权益价值。他们的结论是公允价值在具有可观察市场价格时更相关，这种结果意味着以公允价值作为金融工具的唯一目标可能不能提高所有美国银行持有公司（BHC）的信息质量，除非对无活跃市场的金融工具能制定出恰当的估计方法及指南。

反观历史成本，根据 1994 年美国注册会计师协会（AICPA）的《改进企业报告：侧重于用户》，信息使用者建议维持以历史成本为基础的现行会计模式，理由之一便是历史成本"提供给用户稳定和始终一贯的信息，这些信息非常有助于理解企业的经营活动，掌握企业的发展趋势，通过预测收益和现金流动对企业做出评价"。这说明，历史成本也不是没有相关性。但是，随着环境的变化，历史成本信息的局限性也是很明显的。

利特尔顿说："背离严格意义上的投入成本计价基础已成为一个不容置疑的历史事实。……最关键的问题在于，继续背离投入成本这一计价基础是否最终会削弱会计的效用。"实际上，"财务会计有可能逐渐失去它的传统特征，人们对财务会计及其报告的要求已经使财务会计力不从心"（葛家澍，2003）。

第四节　财务报告体系

一、财务报告体系的基本概念

财务会计是由确认、计量、记录和报告 4 个基本程序所组成的。产生财务报告是财务会计的目的，也是它的重点。通过初始确认、计量所做成的会计分录，只是为编报财务报告做准备。进入财务报表的信息，必须进行再确认和计量。

从财务会计的观点看，与财务报告相关的概念包括财务报表、附注、其他财务报告、其他报告、年度报告等。为此，必须对这些基本概念的联系和区别进行简单介绍（如图 3-5 所示）[①]：

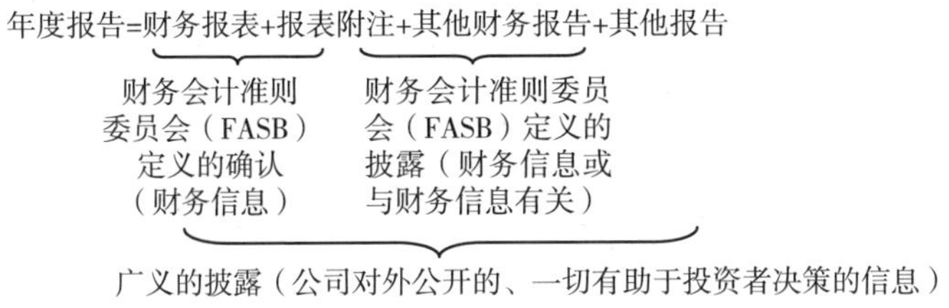

年度报告=财务报表+报表附注+其他财务报告+其他报告

财务会计准则　　财务会计准则委员
委员会（FASB）　会（FASB）定义的
　定义的确认　　披露（财务信息或
（财务信息）　　与财务信息有关）

广义的披露（公司对外公开的、一切有助于投资者决策的信息）

图 3-5　财务报告体系相关概念

从上图 3-5 可以看出，目前企业对外提供的信息已经超越了财务报告的范畴，财务会计的边界已日益模糊。尽管如此，财务会计作为一个人造的信息系统，在与其他信息源进行竞争的过程中，当且仅当在"财务报告"范畴内才能具有优势。所以财务报告是企业报告的主体，而财务报表是财务报告的核心。正因为如此，1994 年美国注册会计师协会（AICPA）颁布的《改进企业报告：侧重于用户》将研究范畴定位为"企业报告"，也注意到了企业对外信息提供日益扩展的趋势。但是，也正是在这份研究报告中，美国注册会计师协会（AICPA）通过调查指出（AICPA, 1994: 26）：

---

①　按照美国财务会计准则委员会（FASB）的解释，确认与披露有严格的界限。但实务中两者的界限是比较模糊的，有时确认的内容也被称为披露。例如我国证监会关于公开发行股票的公司信息披露的内容与格式的准则——1995 年 12 月 21 日修改后的第 2 号《年度报告的内容与格式》就包括财务报表相关的内容（见第七项（2）），而财务报表的内容是确认的结果，不是一般的披露。此外，不易划分的是属于其他财务报告（包括附注）的信息披露和同其他财务报告不太相关（当然也有助于决策）的信息披露。中国证监会规定的公司年度报告就包括后一类的内容，如年度报告的正文共包括 10 项内容，"公司简介""股东会简介""公司其他有关资料"就属于同其他财务报告无关的其他信息。

第一，没有证据表明，使用者由于认为信息不相关或其他原因而放弃财务报表分析；

第二，没有使用者建议，财务报表应当予以放弃而由基本不同的组织财务信息的手段来取代。

其实，美国财务会计准则委员会（FASB）在 SFAC No.5 中，论及财务报表、财务报告与报表确认的部分相当详尽：

1. 财务报表是财务报告中的中心（核心）部分，是向企业外界传递会计信息（财务信息）的主要手段。在对外的通用财务报告中，财务报表是由一系列指标的货币金额组成的表述，以反映企业某个时点的财务状况，或在一段期间内财务状况的一种或多种变动的会计记录。确认对于财务报表的项目而言，是指一个项目被作为企业的一定资源（资产）和对这些资源的要求权（负债与业主产权），以及引起这些资源和要求权变动的交易、其他事项或环境资产的影响（SFAC No.5: par.5）。

2. 确认指的是把某个项目作为资产、负债、收入、费用等正式加以记录或列入某一主体财务报表的过程。确认包括同时用文字和数字（货币金额）来描述一个项目，其数额包括在财务报表上的各个总计数之中，就资产或负债而言，确认不仅要记录一个项目的取得或发生，而且还要记录它的随后变化（包括那些未列入财务报表的变动）（SFAC No.5: par.6）。

3. 虽然财务报表与财务报告基本上具有相同的目标，但某些有用的信息最好通过财务报表提供，有些信息则要由，或只能由报表附注、辅助资料或财务报告的其他手段提供：

（1）以报表附注或报表上括号加注形式揭示的信息，诸如重要的会计政策或对资产、负债项目的其他计量结果，是对确认于财务报表上的信息的补充或解释。

（2）补充信息（如按 FAS 89 关于价格影响的解释）和财务报告的其他手段（如管理当局的论证和分析），可以补充财务报表和报表附注所提供的信息，它们包括某些相关的、但不符合全部确认标准的信息（SFAC No.5: par.7）。

4. 这一概念公告的内容范围限于财务报表的确认（和计量）。这种限度不会改变报表附注、辅助资料和财务报告其他手段的性质。根据以前各段所述，这些信息仍然是重要和有用的。图 3-6 将说明在投资、信贷或类似决策中所需信息的种类并有助于明确 SFAC No.5 的范围。

5. 既然确认是指同时用文字和数据描述一个项目并将其数额包括在财务报表上的各个总计数之中，那么，财务报告的其他手段的披露不是确认。对财务报表有关项目的信息的披露，可在报表附注或在表内用括号加注或者补充的信息的披露，以及财务报告的其他手段对表内有关项目计量的披露，不能代替对符合确认标准的项目在财务报表上的确认。通常，确认是关于资产、负债、收入、费用和财务报表其他项目及其计量的最有用的概念。它们是财务报表表述的基础，一切其他概念都是从这个基础派生出来的。

通过上面的论述，财务报告、财务报表和其他财务报告之间的关系，可用图 3-6 来表示：

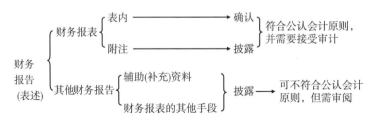

图 3-6 财务报告、财务报表和其他财务报告之间的关系

二、财务报表表内表述的基本概念

1. 基本假设、假定与目标

财务会计的基本假设、假定和目标是财务报表表述的最基本的概念，一切其他概念均是由它们派生而来。

（1）基本假定

财务会计的有些基本假设如主体假设、以货币为计量单位假设等，由于来自财务报表的外在客观环境，不以人们的主观意志为转移，在会计上，通常把它们视为不言而喻的概念，并且它们也是世界各国会计界都遵循的惯例。在任何国家，没有哪一个财务报表不属于特定的会计主体，也没有哪一个财务报表不用货币金额来表述其数量，否则，它就不能成为财务报表。对于这些假设，这里就不再重复。但基本假定并不具有这样的普遍性，它们的成立往往需要一定的条件，带有一定的主观判断。也就是说，它们的层次要比基本假设稍低一点，并不是不言而喻的概念，比如持续经营假定和权责发生制假定。在会计上，我们一般假定企业是持续经营的，会计确认与计量一般也建立在持续经营基础之上。但在一个充满竞争和不确定的世界中，一个企业的整体或某个分部或其所经营的某项业务由于主客观原因而中止经营是时有发生的。非持续经营情况下的确认与计量就与持续经营情况下的确认与计量存在重大差异。在会计实务中，与权责发生制相对应的是收付实现制，二者的确认与计量的基础不同，运用的会计程序也不相同。

为此，关于财务报表的表述，需要明确这样两个基本假定：

①持续经营。在原则上，除非有反证，企业编制的财务报表应当建立在持续经营的基本假定上，那就是应以以前各章所阐述的确认标准和计量原则进行确认和计量。但若整个企业破产清算或撤销某一分

部或某些主营业务中止经营，那么整个企业的清算就按清算惯例编制规定的报表；分部或业务中止经营的，就按已实现来确认；采用的计量属性则应为资产的公允价值或其可净值，而不宜再用成本计量（包括历史成本和重置成本）。

②权责发生制。为了符合目标的要求，一个持续经营的企业的财务报表应当按权责发生制会计来表述，也就是要运用应计、递延、分配和摊销等程序，正确地反映不同期间的经营业绩，从而保证某一时点财务状况的可靠性与相关性。

必须指出，以权责发生制为确认基础的财务报表主要是指资产负债表和损益表。至于现金流量表由它的性质——反映"已实现的现金收付"——所决定，其确认的基础则是收付实现制。

（2）目标

按照本书前述的，①财务报表的目标是提供在经济决策中有助于一系列使用者了解主体财务状况、经营业绩和财务状况变化（主要是现金流量）的信息。②为此目的而编制的财务报表可以满足大多数使用者的共同需要，但是它是以过去的交易与事项为基础的，且必须符合确认的基本标准。增加其他财务报告的资料在一定程度上可弥补这一缺陷。③财务报表的目标应有助于一系列使用者，特别是最主要的使用者，评估主体管理当局履行资源受托责任的情况并据以进行重大的经营方针和人事任免与奖惩决策。

财务报表的表述，在以基本假设、基本假定为基础的同时，一定要充分考虑目标。财务报表的 3 个基本报表，就是为了表述一个企业某一时点的财务状况、某一期间的经营业绩和现行流量而设计的。增加不受公认会计原则约束的其他报告，也是为了在财务报表之外，补充披露对使用者有用而在财务报表内又得不到确认的信息，以便更好地实现目标的要求。

三、财务报表表述应遵循的其他要求

1. 遵守公认会计原则

公认会计原则作为一个实际上不受国界限制的、具有强制性和约束力的会计准则或会计原则的习惯用语，主要是用来规范财务报表的表内确认、计量和表外附注的披露。凡在各国国内发行证券的公司，其编制的财务报表应当遵守各该国家（地区）的公认会计原则。凡跨国发行证券或向国际金融组织融资而须编制的财务报表，则应遵守国际会计准则，特别是其中的核心准则。

所谓遵守公认会计原则，是指在财务报表的所有重大方面都遵守了可应用的准则或惯例。在美国，公认会计原则被美国审计准则划分为 5 个层次，美国公司编制的财务报表必须遵守公认会计原则，专指所编报表是否按 SAS 69 规定的顺序，依次运用了其中高层次的文献（SAS 69: pars.10—11）。

考虑到公认会计原则是在财务报表上如何反映交易和事项的权威性表述，为了确保财务报表的可靠、相关与可比，一般不允许财务报表的表述偏离公认会计原则。

国际会计准则委员会（IASC）于 1997 年修订的 IAS 1《财务报表的列报》①，对于应符合却偏离国际会计准则的财务报表，做了相当严格的限制。IAS 1 规定："在极为罕见的情况下，如管理当局认定，若遵守一项准则的某一要求必定产生谬误，而偏离该项准则的某一要求的报表合乎公允表述的需要，在这种情况下，可以偏离某项国际会计准则的某一要求。"不过，企业必须披露：

---

① 重组后的国际会计准则委员会（IASC），已改称国际会计准则理事会（IASB），相应的国际会计准则也改称国际财务报告准则。

①管理当局确认所编财务报表能公允地表述企业的财务状况、财务业绩和现金流量;

②所编财务报表除偏离某项准则外,在所有重大方面,都遵守了可应用的国际会计准则,其目的在于公允表述;

③企业偏离准则的偏离性质,包括该准则要求的会计处理,在某种情况下为何按该准则处理会产生误导,以及该企业为避免引起谬误而采取的会计处理;

④偏离准则对该企业每一会计期间表述的净利或净亏、现金流量和不同时点的资产与负债所产生的影响(IAS 1: par.13)。

2. 公允表述(合理表述)

在财务报表中,怎样才算公允(合理)表述?这在各国会计界有不同的理解。在美国,企业编报的财务报表是否公允(合理)表述了某个企业的财务状况、经营业绩和现金流量,需要由独立审计人员和注册会计师来进行专业判断。SAS 69 提出了判断时应当注意的几项要求。英国会计界用"真实与公允"来作为公允表述的原则,"真实与公允"要求在英国会计界向来具有至高无上的地位,但长期以来,却含义不明。根据 1989 年英国公司法,其含义已与"遵守英国会计准则"的意思基本相同。国际会计准则委员会(IASC)认为,"公允表述"的要求是:

(1)企业所选择和应用的会计政策:

①必须遵守每一个可应用的会计准则和解释的全部要求。

②在没有特别要求的条件下,管理当局必须建立和发展相关的制度使财务报表提供符合如下要求的信息:

第一,与使用者的决策需求相关。

第二,是可靠的,具体表现在以下方面:如实表述企业的成果和财务状况;反映事项和交易的经济实质而不仅反映其法律形式;中立,即不偏不倚;谨慎;在所有重大方面是完整的。

（2）包括会计政策在内的信息表述，达到了相关的、可靠的、可比的和可理解的状态。

（3）如按国际会计准则的要求，尚不能保证使用者关于特殊的交易或事项对企业的财务状况和经营业绩有较充分的了解，那么就需要提供补充的披露。

（4）在极为罕见的场合允许偏离，但必须对偏离的性质和偏离国际会计准则所产生的财务信息差异进行补充披露。

（5）如果在某项准则生效以前，就对该准则中的特殊方法进行处理，应披露这一事实。

3. 一致性

财务报表的表述，特别是表内确认的项目，所采用的会计政策的分类、抵消和汇总方法，不论期初、期末、本期、下期以及未来时期，都应保持一致，除非出现以下两种例外情况：

（1）企业的主要经营活动发生了重要变化，因此必须采用不同的准则或制度。例如某企业原以房地产买卖为主营业务，采用的是房地产会计制度，现在该企业把工业产品制造作为主营业务，因此必须改用工业企业会计制度。两种不同的经营活动有差异，会计制度不相同，因而，财务报表也会不一致。

（2）准则或制度的变动对财务报表的表述提出了不同的要求。

4. 实质重于形式（FRS 5）

财务报表所表述的内容，应当反映交易、事项的实质，而不是它们的法律形式。在一项简单的交易中，报酬与风险一次转移，要辨别并反映交易的实质比较容易。但随着金融创新和市场创新，交易变得越来越复杂，或是交易的过程很长，报酬与风险不是一次转移而是多次转移，或是几项交易的结合，因此，要辨明并报告交易的实质，有时十分困难。辨明并报告交易的实质，关键在于要了解一项交易所引起的报酬与风险的转移情况，即辨明：应否和应在何时确认或披露一项新的资产、负债或原有资产负债的变动？应否和应在何时确认或披露收入、费用、利得、损失的变化？

财务会计的基本特征是立足（企业）主体，面向市场。一个企业的经济活动，主要是以交易为基础。市场经济充满了商品（劳务）的交换行为。企业相互之间以及企业同非企业单位的商品与货币交换，就是财务会计要捕捉的，能用货币量化的财务信息。一项交易行为，可能是很简单的商品与货币之间的交换，也可以是一个经过复杂步骤才能完成的过程，还可以通过不断地创新，构成一个迂回曲折、包含若干不同性质的业务相结合（例如销售与回购、销售和融资等等）的活动。由于现代交易无不由一个、甚至若干个合同（契约）来规范，合同规定的条款、限制越多，对双方权利义务的制约越大，交易就更加复杂。因此，一项交易其法律形式和它的经济实质往往不相一致。要保证财务会计反映经济真实，不论确认和披露，尤其是确认，都要深入分析交易（当然也包括事项）的性质，根据丰富的财务会计理论知识、公认会计原则与其解释，以及会计师应有的职业判断能力来报告交易的经济实质。

四、表内确认的特点

财务报表与其他财务报告都是用来向资本市场的投资者表述（Presentation）并传递与特定主体财务状况、经营业绩和现金净流量相关的、对投资者决策有用信息的手段。在财务报告体系中，财务报表是财务表述和传递的主要手段，是财务报告的中心。最有用的信息应当是由财务报表提供的。

财务报表分为表内（Face）和附注（Notes）[①]两个部分，它们共同组

---

① 报表附注不完全是在表外，它也包括表内旁注（用括弧表示）和表外底注两类，但通常被称为表外披露。

成财务报表的整体。但是财务报表的表内是主体，附注只起支持和补充作用。在财务报表表内的表述均必须：

①遵守公认会计原则、会计准则或会计制度；

②力求保持公允地进行表述；

③用文字说明和数字描述相结合的方式；

④事实与数据均来自已得到初次确认和计量的日常会计记录，报表中的表述则是在会计记录的基础上进行的再确认（包括重新计量），因此，其文字说明在报表中转化为同账户保持内在一致的、规范的报表项目，而数字（金额）描述则必须都能于报表内合计；

⑤在报表中进行再确认的基本任务是力求使报表最大限度地达到财务会计的目标，保证使用者易于理解和使用；

⑥经过注册会计师的审核，出具无保留意见的审计报告。

在财务报表表内表述的过程，实质上是一个再确认的过程。确认是财务会计的一项重要程序。确认的内涵是，交易、事项或情况中的一个项目应否、何时以及应如何当作一项要素加以记录和计入报表的内容与合计的过程（IASC, 1989:par.22~23; IAS 1: par.23, 25）。初始确认指从凭证的取得、填制和审核，到登记账簿为止的过程，其涉及记录问题。再确认则形成财务报表的表内内容。

在这个意义上，财务报表的表内"表述"是确认的同义语。在表内表述的文字与数字，应当遵守确认的基本标准，在初始确认（日常会计记录）基础上进行再确认的资料，必须进入财务报表表内，构成财务报表的主体。

五、财务报表附注的表述——表外披露

"附注"是财务报表的一个组成部分。它虽然也要遵守公认会计原则、公允表述，并应经注册会计师审计，但不同于表内确认：

①它既可用文字说明和数字描述，也可只用文字说明（例如披露所采用的会计政策，资产负债表日后重大事项，某些尚难确定其金额的或有负债、风险和不确定性，等等）；

②它可以用来解释或补充说明表内确认的资料，但不可以用来更正表内确认的错误。为了表示与表内确认的区别，我们把在附注中的表述称为披露。

在附注中应披露的信息通常按照下列要求：

第一，法规、准则或制度的规定；

第二，企业管理当局的自愿。

后一点同其他财务报告有类似之处。但其他财务报告同表外附注也有重要的区别，那就是其他财务报告不受公认会计原则的限制，不需要注册会计师审计，而要求请注册会计师或相关专家进行审阅。

通常，财务报表附注被认为是财务报表一个必备的组成部分①（SFAC No.5: par.7a）。这是因为：

1. 从法律形式看：

（1）大多数情况下，列入附注的披露都遵循公认会计原则（我国为企业会计准则或企业会计制度），即附注也与财务报表一样受到各种会计标准的规范。

（2）按照惯例，财务报表连同它的附注，都是企业外部独立审计的对象，而其他信息披露，通常只要求专家（也包括具有独立性的注册会计师）进行审阅。审计（Audit）和审阅（Review）所负的法律责任显然是不同的——审计必须对审计内容是否按照公认会计原则公允地反映企业的财务状况、经营成果和现金净流量、以及前后各个会计期

---

① 但我国 2000 年 6 月 21 日国务院颁布的《企业财务会计报告条例》却把会计附注与会计报表分开，成为财务会计报告（即财务报告）而不是会计报表（即财务报表）的组成部分（第 7 条）。

间所采纳的会计政策是否一致负责。

2. 从经济实质看，附注所反映的内容往往涉及财务报表中至少 10 项非常重要的部分：

（1）编制财务报表所依据的会计基本假设；

（2）若公认会计原则允许备选会计方法，则披露企业关于会计方法（也称会计政策）的选择；

（3）重要的估计和判断，如对应收账款上发生坏账的估计、存货价格变动、可变现净值的估计、某些收入在本期确认所做判断的理由、某些非常损失不在本期立即费用化而列为递延费用的理由；

（4）重大的投资、融资活动，特别是高风险的衍生金融工具的种类、性质、期望风险与报酬等；

（5）关联方关系与关联交易；

（6）或有事项（特别是或有负债，包括未决诉讼等）；

（7）担保与抵押；

（8）资产负债表日后发生的、重大有利或不利事项；

（9）财务报表表内各主要项目的细节分析；

（10）其他为确保会计信息披露的透明度，公司应当披露的重大的、但尚未发生而有可能发生的事项。

投资者在阅读和分析财务报表时，必须结合上述（不限于）披露的内容，才能够提高财务报表的可理解性，使财务报表中的信息对使用者更加有利。

财务报表附注究竟包括多少内容，各国均无统一的规定。表外披露大体上可分为法定披露与自愿披露两个部分，而附注一般为法定披露的内容。附注的披露又可以分为两种情况，一是由法规（含公认会计原则）统一规定的、报表附注的基本内容，二是由具体的会计准则或制度分别补充规定的有关交易、事项应予披露的事项（这类披露，除特别规定外，均列入报表附注）。

美国的公认会计原则没有在概念结构或其他准则中为报表附注的内容做出单独的规定，SFAC No.5 第 8 段所列图表曾举例说明了 5 项内容的财务报表附注。当然这一举例不足以反映任何一家公司附注的全貌。

但国际会计准则委员会（IASC）1997 年修订的 IAS 1《财务报表的列报》、中国证监会 1995 年颁布的《财务报表附注指引（试行）》和 2000 年国务院颁布的《企业财务会计报告条例》，均对财务报表附注做了专门的、较为详细的规定。现将这 3 份文献中有关附注的主要内容列示为表 3-3：

表 3-3　财务报表附注内容的比较

IAS 1（pars.91-102，Revised 1997）	《企业财务会计报告条例》（第 14 条，2000 年）	中国证监会《财务报表附注指引（试行）》（1995 年）
一、总体要求： (1) 提供关于财务报表的编制基础及选择并运用于重要交易和事项的标准； (2) 提供国际会计准则要求的、但未在别处提供的信息； (3) 提供未在财务报表表内列报，但对于公允价值却是必要的附加信息； (4) 附注通常按照下列顺序列示，这种顺序有助于使用者理解财务报表，并可用来同其他财务信息比较： ①遵循国际会计准则的声明； ②应用的计量基础与会计政策的说明；	至少包括如下内容： (1) 不符合会计基本假设的说明； (2) 重要的会计政策和会计估计及其变更情况、变更原因及其对财务状况和经营成果的影响； (3) 或有事项和资产负债表日后事项的说明； (4) 关联方关系及其交易的说明； (5) 重要资产转让及其出售情况；	(1) 公司的一般概况； (2) 公司采用的重要会计政策：其中包括 11 项，如公司执行的会计制度、合并财务报表的方法、记账原则和计价基础、外币资本折算方法、存货计价方法、债券、股权和联营投资利润分配等； (3) 报表项目的明细情况； (4) 比较报表中相同项目的变动幅度达 30% 以上（含 30%）的，应说

（续表）

IAS 1（pars.91-102，Revised 1997）	《企业财务会计报告条例》（第14条，2000年）	中国证监会《财务报表附注指引（试行）》（1995年）
③支持各财务报表表内列报项目的信息； ④其他披露。 二、会计政策的表述： （1）编制报表时使用的计量基础； （2）对于恰当地理解财务报表所必需的各项特定政策； （3）具体会计政策，共列举了（不限于）20项，如：收入确认、合并原则、企业合并、金融工具和投资、租赁、研究开发支出、外币折算和套期保值、通货膨胀会计、政府补助等。 三、其他披露 （1）企业所在地和法定形式，公司的国家以及总部注册的地址； （2）企业经营的性质及其主要活动的描述； （3）公司及集团最高的母公司的名称； （4）当期期末或当期平均雇员数量。	（6）企业合并、分立； （7）重大投资和融资活动； （8）会计报表中重要项目的明细资料； （9）有助于理解和分析财务报表而需要说明的其他事项。	明原因； （5）少见的报表项目，或从名称上看不清项目的性质、或报表项目的金额异常； （6）分地区、分行业资料； （7）承诺事项、或有事项（需详细披露）； （8）资产负债表日后事项。 *关于第三项，对财务报表项目附注的内容另有详细的要求。

　　我国加入WTO后，近年来交易和事项日趋复杂，一些难以确认或企业为了规避确认而只在表外披露的信息日益增多，这就可能导致如下问题的出现：

　　第一，过多地使用附注将导致表外信息过量。附注的一个重要作用原是帮助投资者更好地理解财务报表表内的内容，如果附注本身很难理解，就更不可能对投资者理解表内内容——主要是了解一个企业的财务状况、财务业绩——有所帮助。

第二，附注过多可能导致有些对投资者决策至关重要的信息不被列入表内，而是混杂于附注之中，且轻描淡写，几乎难以引起使用者的关注，如关联方关系及关联方交易涉及的重大投资、融资活动，风险性和隐蔽性都很高的衍生金融工具的性质与金额，特别是极可能给企业带来风险、出现概率很高（基本确定）的所谓的"或有负债"等。

第三，虽然财务会计准则委员会（FASB）一再强调财务报表是财务报告的中心部分（a Central Feature of Financial Reporting），是企业对外传递会计信息的主要手段（SFAC No.1: par.6；SFAC No.5: par.5），但是随着表外附注的不断扩展，表内确认和表外附注信息的主次地位有可能被颠倒。

六、其他财务报告的表述——披露

在财务报表之外，何时产生表外披露，现在尚难有确切的资料加以佐证。但可以肯定的是，披露是由财务报表的局限性所引起的，在美国会计界，20 世纪 70 年代曾引起较为热烈的关注与讨论，例如：

（1）1970 年的 APB Statement No.4 提出，要公允地表现一个企业的财务报告与经营成果，至少应包括资产负债表、收益表、留存收益表、股东权益的其他类别变动披露和相关的附注（APB Statement No.4: par.191, R-1）。

（2）1972 年 4 月会计原则委员会（APB）发表了 APBO 22《会计政策的披露》，要求对会计政策的披露必须作为财务报表整体的一部分（APBO 22: par.8），于是"在大多数财务报表中，第一个附注就是对遵循会计政策与否的描述"（Davidson & Weil, 1977: chap.2）。

（3）20 世纪 70 年代，美国会计实务界也激烈批评财务报表，一本著名的《现代会计手册》（*Handbook of Modern Accounting*）指出了

财务报表的一些严重的局限性,主要包括:

①需要采用估计。例如,应收账款上可能发生的坏账、应予折旧的长期资产和应予摊销的无形资产上的寿命以及应交所得税等均需要进行估计,使财务报表信息有可能失真。

②允许在备选会计方法中进行选择。例如,存货的流动可以从先进先出法、后进先出法、加权平均法中任选一种方法处理,无形资产可以费用化,也可当作资产进行摊销。

③允许采纳不同的计价方法。例如,存货既可采纳成本、也可采纳成本与市价孰低计价,有些资产按照取得成本计价、而有些资产则只能按照市价(如账外发现的资产)计价。

④有些资产和负债完全被删除。被删除的资产可能是矿产、石油、天然气已发现的储藏量及其价值,饲养动物和种植树木的增重、增长的价值、公司的自创商誉、人力资源价值等;而属于负债、被删略的有经理人员的报酬合约等。

⑤持有资产与负债价格发生的变化。在物价变动较为剧烈的时期,这种变化若不被反映出来,一般物价水平的变动价值和具体物价水平变动就会使计量单位不可靠,现行成本与历史成本将产生很大的差异,从而影响报表数字的有用性。

⑥在财务报表上不反映重要的质量信息和难以量化的事实,如组织机构的价值、高超的管理能力、某些合同和积压而未交的定货等(Davidson & Weil, 1977: pars.2.4-2.5)。

鉴于财务报表的上述各种局限性,《现行会计手册》于是要求在财务报表之外,增加附注、辅助资料、附表和其他报告。

(4)财务会计准则委员会(FASB)在1978年11月SFAC No.1中首先提出财务报表和财务报告的编制。财务会计准则委员会(FASB)虽指出,"财务报表是财务报告的中心部分,它们是企业向外界传递信息的主要手段"（SFAC No.1: par.6），但又指出"某些有用的信息用财务报表传递较好，而某些信息则通过财务报告提供比财务报表更好"（SFAC No.1: par.5）；"财务报表的编制，不仅包括财务报表，还包括其他传递信息的手段——其内容直接或间接地与会计信息系统提供的信息有关"（SFAC No.1: par.7）。

从以上的说明可以看到，披露之所以成为一个重要的会计程序，是由于财务报表所提供的信息已不能够满足使用者的需要，它是财务会计准则委员会（FASB）根据美国资本市场的发展、主要是投资者对信息的需求的变化将财务报表扩展为财务报告的结果。

报表附注中的披露与其他财务报告披露的区别在于（如表3-4所示）：

表 3-4　报表附注的披露与其他财务报告的披露比较

	财务报表附注的披露	其他财务报告的披露
1 是否遵循公认会计原则？	是	否
2 是否需要经受注册会计师的审计？	是	否
3 是否财务报表的组成部分？	是	否

七、自愿披露

以上所讲的，基本上是法定披露中的部分举例，此外，企业还可以选择自愿披露（Voluntary Disclosures）。美国的财务会计准则委员会（FASB）于2001年发表了一份《改进企业报告：强化自愿披露的洞察》，现扼要介绍如下：

（1）自愿披露的六大类 [①]：

---

① 需要说明的是，美国注册会计师协会（AICPA）1994年的《改进企业报告：侧重于用户》第五章、第1节中"企业报告的综合模型"对前五类已做了说明（AICPA, 1994: 52, Exhilit 1）。

①经营数据(如管理当局用来管理企业的、高层次的经营数据和业绩指标);

②管理部门对经营数据的分析(这一部分可能已包括在管理当局评论与分析中);

③前瞻性信息(例如关键部门的机会与风险,其计划与实绩的比较);

④有关管理部门和股东的信息(这里包括主要持股的大股东、董事的报酬和关联方关系与关联方交易);

⑤公司背景(如广泛的目标与战略,企业和资产的范围与内容,产业结构对公司的影响);

⑥未在财务报表内确认的有关无形资产信息。

(2)财务会计准则委员会(FASB)为企业自愿披露提供的框架:

①要披露公司经营中对公司成功特别重要的方面,即公司取得成功的关键因素(Critical Success Factors);

②要披露过去和将来管理部门控制的那些事关关键成功因素的战略与计划;

③要披露管理部门衡量并控制战略与计划的实施所运用的测度(metrics,如经营数据与经营业绩指标);

④要考虑前瞻性战略、计划和测度的自愿披露是否会对公司的竞争地位产生不利影响,这种影响的风险是否超过自愿披露此类信息的预期效益。

⑤如果披露被认为是恰当的,就要规定如何最好地自愿披露这些信息,并对所用的测度,即有关指标的本质做出解释,并按相关测度,持续地、定期地加以披露,以便比较并预测趋势。

在自愿披露中必须防止两种可能:

第一,通过不恰当的、夸张的、不诚实的披露,特别是对公司未来前景的预测信息，误导投资者；

第二，披露是真实而充分的，但泄露了公司的商业秘密，为竞争对手所利用，从而影响本企业的竞争能力，损害本企业的利益。

八、反思：从财务会计的边界审视财务报告的未来发展

财务会计始终处于不断的发展过程之中。今天我们看到的财务会计，和最初区别于传统会计的财务会计相比，已经远非昔比。过去70年左右的时间内，财务会计的边界不断地扩大，但与之相伴随的却是财务会计的边界的日益模糊：

（1）从20世纪70年代开始，由于经济环境的变迁，投资者不满当时会计信息的相关性，从而要求改进财务报告的呼声此起彼伏、甚嚣尘上。也正是从那时起，财务会计的发展几乎都是围绕着提高相关性而努力。也正是在这一段时间，财务报表从原来的两张报表（资产负债表、利润表）发展为4张报表（增加了现金流量表和全面收益表）、财务会计对外提供信息也由财务报表扩大为财务报告（FASB，SFAC No.1 的贡献）、甚至到了企业（公司）报告〔美国注册会计师协会（AICPA）于1994年首先提出〕。

（2）财务会计边界的日益扩张与会计的特点也不无关系。由于要在财务报表中进行确认，必须符合严格的条件——可定义性、可计量性、相关性及可靠性，那么大量不能够同时满足4项条件的信息无法在财务报表中进行确认，从而全部涌入了表外。譬如沃尔曼（Wallman，1996）曾提出的彩色报告模式，分为5个层次：①相关性、可靠性、可定义性和可计量性均符合要求；②相关性、可计量性和可定义性都符合要求，但可靠性存在着疑问；③相关性与可计量性符合要求，但可定义性与可靠性存在疑问；④相关性、可靠性和可计量性符合要求，但可定义性存在疑问；⑤仅相关性符合标准，可靠性、可定义性

和可计量性都不符合。从上面 5 个层次的划分中,明确地可以读出其基本思想,相关性是首要的、不可或缺的,甚至有时可以牺牲可靠性(Wallman, 1996)。

这样财务报表作为传递最有用信息的角色和地位(FASB, SFAC No.1)受到了严重的挑战,因为现在投资者要想进行决策、需要相关的会计信息时,往往是从表外、而非从表内去寻找!尽管美国注册会计师协会(AICPA)在 1994 年的《改进企业报告:侧重于用户》中一再重申财务会计(财务报告)的不可替代性,但财务会计准则委员会(FASB)设想的整个财务报告体系各个组成部分的重要性正在本末倒置!

实际上,通过将传统财务会计与发展了的财务会计的区别列表进行概括和比较就可以看出财务会计边界逐渐扩展的趋势(如表 3-5 所示)(葛家澍, 2003):

表 3-5　传统财务会计与发展了的财务会计比较

	传统财务会计	发展了的财务会计 [1]
会计程序	确认、计量、记录、报告	增加了表外披露
报告形式	财务报表	财务报表 + 其他财务报告 + 其他报告
是否遵循公认会计原则	是	否
是否经过审计	是	否
可靠性与相关性	可靠性和相关性基本有保证	相关性突出,但可靠性受到削弱

表 3-5 集中说明一个问题,财务会计有可能正在逐渐失去其传统特征,人们对财务会计及财务报告的要求已经使其力不从心!财务会

---

[1]　该框格指的是"发展了的财务会计"相对于传统财务会计增加的部分,以及是否满足特定的要求。

计的发展目前正处于一个十字路口：是保持财务会计的传统特色，忠实地用货币金额反映企业以过去交易和事项为基础的经济活动及其结果的历史图像？还是要扭曲财务会计以记录和报告过去为主的本质特征，把它改变为另一门学科——企业财务预测[①]？

必须注意到，对企业经济活动进行预测所提供的会计信息非常有用，也十分必要。但是，它并不是会计、尤其可以明确地说不是财务会计的任务。每门学科都有其独立的特定对象，因而相互区分。科学发展史证明，随着社会经济的需要，边缘学科和交叉学科的出现是一种融合性和进步的体现，但是边缘学科的出现不应、也不能以消灭传统学科为代价。这样看来，企业未来财务会计的发展应顺其自然。它可以包含财务预测，也可以让财务预测形成一门独立的学科。科学的发展是不能强求的。

本章主要参考文献

〔美〕美国会计准则委员会：《论财务会计概念》，娄尔行译，中国财政经济出版社 1992 年版。

杜兴强："会计学互动式教学探索：以会计要素为例"，《四川会计》，2003 年第 2 期。

杜兴强："现行财务会计模式：继承与发展"，葛家澍、裘宗爵主编《会计信息丛书》第四辑，中国财政经济出版社 2001 年版。

杜兴强、章永奎主编：《WTO 与中国会计的国际化》，厦门大学出版社 2003 年版。

葛家澍："财务会计：特点·挑战·改革"，《财会通讯》，1998 年第 3 期。

葛家澍："财务会计的本质、特点及其边界"，《会计研究》，2003 年第 3 期。

葛家澍："关于会计学博士生学习的八个问题"，1998 年厦门大学博士生授课提纲。

葛家澍："基本会计准则与财务会计概念框架：关于进一步修改完善 1992 年《企业会计准则》的个人看法"，《会计研究》，1997 年第 10 期。

---

① 但是，具有讽刺意义的是，财务会计在扩展自己边界的同时（无论主动还是被迫），正面临着别的学科的渗透——包括方法和研究领域等各个方面。

葛家澍："建立中国财务会计概念框架的总体设想",《会计研究》,2004 年第 1 期。

葛家澍："会计确认、计量与收入确认",《会计论坛》,2002 年第 1 期。

葛家澍："我国参加 WTO 与审计业务和企业会计标准的改革",《财务会计理论、方法、准则探讨》,中国财政经济出版社 2002 年版。

葛家澍:《财务会计理论、方法、准则探讨》,中国财政经济出版社 2002 年版。

葛家澍:《会计基本理论与会计准则问题研究》,中国财政经济出版社 2000 年版。

葛家澍:《市场经济下会计基本理论与方法研究》,中国财政经济出版社 1996 年版。

葛家澍、杜兴强："财务会计的基本概念、基本特征与基本程序",《财会通讯》,2003 年第 7 期—2004 年第 7 期。

葛家澍、杜兴强、桑士俊:《中级财务会计学》,中国人民大学出版社 2003 年版。

葛家澍、黄世忠："反映经济真实是会计的基本职能:学习《会计法》的一点体会",《会计研究》,1999 年第 12 期。

葛家澍、林志军:《现代西方会计理论》,厦门大学出版社 2001 年版。

葛家澍、刘峰:《会计理论:关于财务会计概念结构的研究》,中国财政经济出版社 2003 年版。

刘峰:《会计准则研究》,东北财经大学出版社 1996 年版。

刘宗柳："国有企业资产的保值与增值问题研究",1997 年厦门大学博士论文。

汤云为、钱逢胜:《会计理论》,上海财经大学出版社 1997 年版。

吴艳鹏:《资产计量论》,中国财政经济出版社 1991 年版。

AAA(1957). "Accounting and Reporting Standards for Corporate Financial Statements."

AAA(1966). "A Statement of Basic Accounting Theory." ASOBAT.

AICPA(1992). "SAS 69: Statement on Audit Standards."

AICPA Committee on Terminology(1953). "ATB No.1: Review and Résumé."

AICPA Special Committee on Financial Reporting (1994). "Improving Business Reporting—a Customer Focus: Meeting the Information Needs of Investors and Creditors: a Comprehensive Report of the Special Committee on Financial Reporting, American Institute of Certified Public Accountants."

Alexander, Sidney S.(1962). "Income Measurement in a Dynamic Economy," in Baxter, William Threipland, and Sidney Davidson(eds.), *Studies in Accounting Theory*. RD Irwin.

American Accounting Association Concepts and Standard Research Committee(1965). "The Realization Concept." *Accounting Review,* 40(2): 312–322.

APB (1970). "Statements No.4: Basic Concepts and Accounting Principles Underlying Financial Statements of Business Enterprises."

APB (1972). "APBO 22: Disclosure of Accounting Policies."

ASB (1999). "FRS 5: Reporting the Substance of Transaction."

ASB (1999). "Statement of Principle for Financial Reporting."

Barth, Mary E., and Wayne R. Landsman (1995). "Fundamental Issues Related to Using Fair Value Accounting for Financial Reporting." *Accounting Horizons,* 9 (4): 97–107.

Belkaoui, Ahmed Riahi (1993). *Accounting Theory, 3rd edition.* Dryden Press.

Canning, John Bennet (1929). *The Economics of Accountancy: A Critical Analysis of Accounting Theory.* Ronald Press Company.

Davidson, Sidney, and Roman L. Weil (1977). *Handbook of Modern Accounting.* McGraw-Hill Companies.

Edwards. Edgar O., and Philip W. Bell (1961). *The Theory and Measurement of Business Income.* University of California Press.

FASB (1978). "SFAC No.1: Objective of Financial Reporting by Business Enterprises."

FASB (1979). "FAS 33: Financial Reporting and Changing Prices."

FASB (1980). "SFAC No.2: Qualitative Characteristics of Accounting Information."

FASB (1980). "SFAC No.3: Elements of Financial Statements of Business Enterprises."

FASB (1982). Accounting Standards: Original Pronouncements as of June 1.

FASB (1984). "SFAC No.5: Recognition and Measurement in Financial Statements of Business Enterprises."

FASB (1985). "SFAC No.6: Elements of Financial Statements-A Replacement of FASB Concepts Statement No.3."

FASB (1990). "Present Value-Based Measurement in Accounting: A Discussion Memorandum."

FASB (1992). "Discussion Memorandum: Present Value-Based Measurement in Accounting."

FASB (1996). *Original Pronouncements 1996–1997, Accounting Standards: As of June 1. Vol. 2.* John Wiley & Sons Inc.

FASB (1998). "FAS 133: Accounting for Derivative Instruments and Hedging Activities."

FASB (1999). "Preliminary Views: Reporting Financial Instruments and Certain

Related Assets and Liabilities at Fair Value."

FASB (2000). "SFAC No.7: Using Cash Flow Information and Present Value in Accounting Measurements."

FASB (2001). "Improving Business Reporting: Insights into Enhancing Voluntary Disclosures."

Foster, John McNeely, and Wayne S. Upton (2001[a]). "More on Measuring Fair Value." *Understanding the Issues*, 3 (1).

Foster, John McNeely, and Wayne S. Upton (2001[b]). "The Case for Initially Measuring Liabilities at Fair Value." *Understanding the Issues*, 2 (1).

Hendriksen, Eldon S. (1977). *Accounting Theory*. McGraw-Hill Companies/Irwin.

IASC (1989). *Framework for the Preparation and Presentation of Financial Statements*. International Accounting Standards Committee.

IASC (2001). "International Accounting Standards."

IASC (Reformatted 1994). "IAS 29: Financial Reporting in Hyperinflationary Economies."

IASC (Revised 1997). "IAS 1: Presentation of Financial Statements."

Ijiri, Yuji (1979). *Theory of Accounting Measurement*. AAA.

Ijiri, Yuji., and American Accounting Association (1975). "Theory of Accounting Measurement." ARS No.10.

Jones, Jefferson P. (1999). "Present Value-Based Measurements and Fair Value." *The CPA Journal*, 69 (10): 28.

Kieso, D. J., and J. J. Weygandt (1998). *Intermediate Accounting*. John Wiley & Sons Inc.

Lipe, Robert C. (2002). "Fair Valuing Debt Turns Deteriorating Credit Quality into Positive Signals for Boston Chicken." *Accounting Horizons,* 16 (2): 169–181.

MacNeal, K. (1939). *Truth in Accounting*. Scholars Book Co.

Nash, H. H. (2000). "Accounting for the Future. A Disciplined Approach to Value-Added Accounting." Online.

Paton, William Andrew (1922). *Accounting Theory: With Special Reference to the Corporate Enterprise*. Ronald Press Company.

Paton, William Andrew (1946). "Cost and Value in Accounting." *Journal of Accountancy,* 81 (3): 192–199.

Paton, William Andrew, and Ananias Charles Littleton (1940). "An Introduction to

Corporate Accounting Standards." AAA.

Phillips Jr, Thomas J., Michael S. Luehlfing, and Cynthia M. Daily (2001). "The Right Way to Recognize Revenue." *Journal of Accountancy*, 191 (6): 39–46.

Samuelson, Richard A. (1996). "The Concept of Assets in Accounting Theory." *Accounting Horizons*, 10 (3): 147–157.

Schuetze, Walter P. (1993). "What is An Asset?" *Accounting Horizons,* 7 (3): 66.

Sprague, C. E. (1907). *The Philosophy of Accounts*. Ronald Press Company.

Sprouse, Robert Thomas, and Maurice Moonitz (1962). "Tentative Set of Broad Accounting Principles for Business Enterprises: Accounting Research Study No.3." ARS. No.3.

United Nations Economic and Social Council (1988). "Commission on Transnational Corporations Intergovernmental Working Group of Experts on International Standards of Accounting on Reporting." 6th Session 8–18 Item 4 (6) of the Provisional Agenda. "Objectives and Concepts Underlying Financial Reporting." *Report of Secretary-General*: par.65.

Upton, Wayne S. (2001). "Business and Financial Reporting. Challenges from the New Economy." Financial Accounting Series (FASB), Special Report (219-A) [Online].

Wallman, Steven M. H. (1996). "The Future of Accounting and Financial Reporting Part II: The Colorized Approach." *Accounting Horizons*, 10 (2): 138–148.

Watts, Ross L., and Jerold L. Zimmerman (1978). "Towards a Positive Theory of the Determination of Accounting Standards." *Accounting Review*, 53 (1): 112–134.

Watts, Ross. L., and Jerold L. Zimmerman (1986). *Positive Accounting Theory*. Prentice-Hall Inc.

Zarzeski, M. T., and Sean Robb (2001). "Non-Financial Disclosure Survey: Counting More than Numbers." *Accountancy*, Sep.

第四章 我国会计准则制定相关问题研究

不论在计划经济条件下或在市场经济中，在我国被称为会计核算而在西方被称为财务会计的部分都需要进行规范——主要是规范信息的提供，但同时也就需要规范交易和事项的整个会计处理过程。这主要因为会计核算或财务会计具有一个重要特点：它的信息提供者不是主要的信息使用者。在计划经济条件下，企业基本上是国有的，名义上为国营，实际上不可能由国家直接经营，而是由国家委派厂长经理作为组织生产、经营的代理人。国家作为所有者与厂长经理（统称为企业的管理当局）作为经营者由此形成了委托和代理关系。当然在当时的条件下，国家插手企业很深，行政命令很严重，管理当局的权力相对较小，形成政企不分的现象。但所有权和经营权在实行经济核算制的企业——企业有独立的资金，允许自主经营，独立核算，自负盈亏——中至少在形式上或一定程度上也是分离的。经营者直接指挥并控制企业的会计部门及其核算与报告活动，经营者不但比国家掌握企业更多的经济活动与财务收支信息，而且根据利己的动机有可能粉饰报表，提供不充分甚至虚假的信息（在我国20世纪50年代末期以后，在浮夸风的影响下出现的"书记成本""厂长利润"就是虚假信息）。在市场经济中，现代企业的所有权与经营权明显地甚至彻底地分离。投资者与企业管理当局之间，形成了至为明确的委托—代理关系，代理人控制企业财务信息的加工与对外披露，代理人远比委托人了解企业更多的内幕消息，企业管理当局同投资者、债权人等外部利害关系集团在对企业财务信息的占有上，产生了严重的不对称。我们知道，信息是一种产品和资源，不论计划经济或市场经济都不能没有会计信息的真实传递、顺利流通和有效使用，否则，人们不可能做出影响企业经济活动同时又利于自己的财务决策。信息不对称，势必危害在信息占有上处于劣势的一方，它是违反公平原则的。在计划经济中，国家理所当然地要进行干预，使会计信息服从计划指标并用来检查计划；在市场经济中，信息不对称标志着信息市场失灵，从而导致受会计信息影响的商品、劳务，特别是证券市场失灵，这也需要政府或其他社会公正机构出面干预。上述的干预，表现为需要对企业按真实、公正、充分、可比等原则加工和提供会计信息（主要指财务信息，它由会计核算或财务会计）进行规范的制度性安排。会计规范就是这样产生的。由此可见，会计核算规范或财务会计规范是国家或社会防止或纠正市场失灵而做出的制度性安排，它虽然不是直接产生于市场经济本身，但它一旦出现，即成为市场经济正常运转（信息市场公平运转）的一种必不可少的机制（葛家澍，1996）。

第一节　我国会计准则制定的历程、现状及完善

一、我国制定会计准则的背景与过程

（1）1949 年至 1951 年左右，中华人民共和国成立伊始，国民党政府留下来的是一个烂摊子经济，再加上严重的内战创伤，这时国家治理经济的主要任务是医治战争创伤，改造烂摊子经济，争取财政经济状况的根本好转。于是中央人民政府在 1950 年 3 月做出了《关于

统一国家财政经济工作的决定》。《决定》要求集中全国的人力、物力、财力，建立强有力的集中统一的财政经济体制。会计的重要任务，就是建立统一的制度，恢复正常的会计秩序。要能通过会计制度，使会计活动如实反映经济活动情况，加强监督，提供可靠的信息，为制止当时的通货膨胀，稳定经济，恢复国民经济，争取财政经济状况的根本好转服务（杨纪琬，1988）。

中华人民共和国成立以后，我国的会计规范就采取了"制度"的形式。这种形式不但在我国由来已久，为会计人员所亲见乐闻，而且制度向来被认为是法规的组成部分，具有明显的统一性和强制性。因此，这同国家直接管理全国会计事务，统一制定会计制度，更好地适应统一财政经济体制的需要是异常吻合的。而且，通过统一制定的会计制度，又能使会计信息直接满足国家宏观经济管理的需要，这也十分符合当时高度集权的财政、经济体制的形势。可以说，从这时起，我国的会计规范体制就形成了财政制度决定财务制度，财务制度决定会计制度的格局。

由于1953年起开始执行第一个五年计划，从1951年下半年财政部就在苏联专家的帮助下，陆续制定了服务于计划经济的会计制度，如《国有营业统一会计报表格式及说明草案》《国营企业统一会计科目及说明草案》等等（项怀诚，1999）。而在1953年，除把原先分散在统一会计制度中的共性内容如财产清查、账簿登记与凭证填制、材料核算、成本计算等规定修订为单项"办法"或"规程"外，对于其他核算内容则建立分部门、分行业的制度，如由财政部会同各主管部门分别制定工业、供销及农业、商业、铁路、交通等会计制度，同时，分部门分行业的制度把基本业务和基本建设加以区分，基本建设会计制度又再划分为建设单位和包工（施工）企业两种不同的制度。这样，我国从第一个五年计划开始，就确定了分部门、分行业、分所有制一统到底,密切依存于计划管理的会计规范体制,集中的计划经济体制是由苏联创造的,而且主要存在于苏联等一些社会主义国家,我们要建立并实行计划经济下的会计模式,只能借鉴苏联的会计经验(项怀诚,1999)。在20世纪50年代中期,我国从账户名称、账簿格式(如凭单日记账核算形式)、成本核算方法(如成本核算的定额法)、材料核算方法(如材料核算的余额法)等几乎全面地照搬苏联。虽然以后不断地加以修订,力求切合中国情况,但是整个会计模式,包括会计规范,始终是强调集中统一,适应计划经济需要,服从于国家宏观经济管理,主要是服从财政管理。由于长期受计划经济的深刻影响,社会主义市场经济体制下的国家财政、企业财务与会计的关系尚有待探索。因此,为什么迄今为止我国的国家财政、企业财务同企业会计之间,存在着某种程度的剪不断、理还乱的关系,就可以理解了。

从20世纪50年代初到我国20世纪90年代初进行会计改革之间的40年左右的时间内,我国企业的会计核算(财务会计)都是按分部门、分行业、分所有制,一统到底的会计制度来加以规范的。统一会计制度基本上适应当时集中的计划经济体制,从属于财政制度和财务制度,它对于维护财经纪律,保障财政收入,推动企业增产节约,起过积极的作用。改革开放以后,随着计划经济体制向社会主义市场经济体制过渡,统一会计制度这种会计规范形式,便开始暴露缺陷,其缺陷可从对内和对外两个方面看:从对内方面看,由于分部门、分行业、分所有制制定,统一会计制度使得不同部门、行业和企业的会计信息缺乏可比性。一统到底使得各企业对制度的运用缺乏灵活性。这两个问题都同市场经济对会计信息的要求背道而驰。此外,制度中规定的会计处理程序和会计方法中,不少的部分已较为陈旧或不够合理,而对在改革开放和体制转换中出现的新会计问题,制度又缺乏相应的、合理的规定。再从对外方面看,由于计划经济时代的闭关自守,统一会计制度中有关账户(科目)设置、会计处理、报表内容与编制等内容或形式,明显地同国际会计惯例存在着差距。这样,据以产生的财务会计信息,就不能成为"国际通用的商业语言",从而就不能在对外开放中起到应有的媒介、交流和促进作用。基于改革开放和建立社会主义市场经济体制的需要,制定我国的企业会计准则,使我国会计核算的规范形式转变到与国际会计惯例同步的轨道上来,就成为我国会计制度改革的当务之急。

(2)20世纪80年代末和90年代初,由于邓小平理论的正确指引,中国共产党第十四次全国代表大会把建立社会主义市场经济体制确立为我国经济体制改革的目标。为适应市场经济对会计信息的需求,促进改革的深入和开放的扩大,我国会计规范也做了突破性的改革。即用企业会计准则取代过去分部门分行业分所有制一统到底的会计制度,并按"准则"的内容改革各种重新归并后的会计制度,实行准则与制度两种规范形式同时并用。

我国会计界有组织、有计划地酝酿建立中国的会计准则是始于1987年中国会计学会成立的会计理论与会计研究组。1989年该研究组在上海召开了第一次理论讨论会,推出了我国的会计准则应当首先建立企业财务会计准则等一系列重要建议,并将"会议纪要"送财政部会计事务管理司参考。财政部会计事务管理司在1988年也成立了"会计准则课题组"。财政部的这个组织,是按照《会计法》的授权,专职负责会计准则制定工作的官方机构。此后,我国的企业会计准则制定工作,就从民间研究转为官方的会计改革计划,并落实到行动。1990年9月,财政部印发了《中华人民共和国会计准则(草案)提纲(讨论稿)》。1991年11月,又发布《企业会计准则——基本准则(草案)》。在此期间,会计准则课题组深入各地,广泛了解各方反映。1992年2月,会计准则国际研讨会在深圳召开,更广泛地听取国内外专家的意见。同年 7 月则以《企业基本会计准则》为题向全国财政工作会议提出最后一份讨论稿。11 月由财政部正式颁布了《企业会计准则》，删除"基本"两字。该准则从 1993 年 7 月 1 日实施。

(3)基本会计准则颁布实施后，对于我国会计规范的改革，当时存在着远期目标和近期目标，分两步走。第一步即近期目标，准则与制度并行，实行两种形式的规范；第二步即远期目标，远期目标应采取单一的规范形式，至于是选择准则还是选择制度，由整个国民经济的进一步发展和会计人员整体素质的提高状况来定。即使我们仍采取我国会计人员喜闻乐见的"制度"形式，那时"制度"的实质及其规范的重点与要求也必然更加接近国际会计惯例。根据当时近期的会计规范的改革目标，整个会计规范体系可用如图 4-1 来表示：

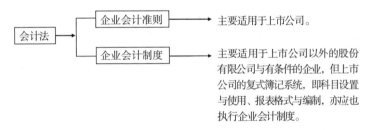

图4-1 中国会计规范体系

我国会计界认为，在准则和制度同时并存的情况下，首先要明确它们各自的适用对象（范围）；其次，应在《会计法》的统一指导下，使两种形式的规范相互协调，保持规范的一致性。

①如果会计准则与会计制度处于两个不同的层次，假定要求企业以执行会计准则为主会计制度为辅，或者说，确认与计量按准则、记录（如设置和使用的科目）和报告（主要指会计报表）按制度，那么，这样的准则和制度就可整合为一体。

②如果会计准则与会计制度处于两个平行的平等的层次，假定要

求企业既执行准则又执行制度,那么,准则与制度的相互协调与配合就非常重要。虽然,准则所规范的重点是确认与计量,但有的准则也有记录和信息披露的要求;制度规范的重点是记录与报告,但科目的应用与报表的编制也体现了确认与计量的要求。因此,在会计法统一指导下的两个平行的会计规范,由财政部统一发出的两个作用基本相同的法规,无论如何不能出现过于明显过于突出的矛盾,而且,出现矛盾后,可能随时要用补充规定来调整,而不能等到一个年度之后。

(4)严格意义上说,《企业会计准则——基本准则》最主要的作用是起到了一种思想解放的功效,在颁布后的一段时间内并未对当时的会计实务带来很大的触动,会计实务的处理依然"我行我素"。为了改变这一当时的现状,财政部在1993年下半年开始决定集中力量制定具体会计准则。为此,财政部会计司专门成立了国内外会计专家咨询组——国外的专家主要来自德勤会计师事务所,国内的专家包括杨纪琬、张德明、余秉坚、汪建熙、金淑莲、娄尔行、莫启欧、阎达五、黄菊波、葛家澍[①]。

基本会计准则颁布实施后的2004年2月份,财政部又陆续推出了具体准则征求意见稿30份左右(截至第一份具体会计准则《关联方关系及其交易的披露》颁布前):

1994年2月:应付项目;

1994年7月:应收账款、存货、投资、借款费用资本化、资产负债表、损益表;

1995年4月:固定资产、无形资产、所有者权益、长期工程合同、研究与开发、现金流量表、银行基本业务;

1995年7月:递延资产、收入、外币折算、所得税、合并会计报

---

① 国内专家后来于1998年10月改组为财政部会计准则委员会,成员包括张佑才(主任)、杨纪琬、冯淑萍(兼秘书长)、葛家澍、张为国、汤云为、朱祺珩。

表、会计政策及会计政策和会计估计的变更、资产负债表日后发生的事项；

1995年9月：职工福利、捐赠和政府援助、或有事项、关联方关系及其交易的披露、清算；

1996年1月：租赁、期货、企业合并、非货币性交易。

基本会计准则颁布实施后，经过4年左右的努力，1997年5月22日，为了适应社会主义市场经济的需要，我国正式制定了一份企业会计准则，即第一个具体准则——《关联方关系及其交易的披露》。这份具体准则从1997年度起执行。迄今为止，第一份具体会计准则颁布后的6年间，我国共修订并颁布了16份具体会计准则。

(5) 在具体会计准则陆续制定和实施期间，我国先是结合和吸收已经制定的具体会计准则的有关规定，制定了要求于1998年开始实施的《股份有限公司会计制度》。后又于2001年颁布了《企业会计制度》，要求从2001年1月1日开始在股份有限公司中实施[1]。《企业会计制度》第一部分"一般规定"几乎把有关基本准则的内容都写了进去，这显然是一个进步。与此相协调，似乎企业会计准则的基本准则也需要修改，即既要力求与国际惯例中的财务会计概念框架协调，又要参照《企业会计制度》中的"一般规定"。未来的基本会计准则还要全面反映《企业财务会计报告条例》的内容。

(6) 2003年3月，我国的会计准则委员会成功地进行了改组。第二届财政部会计准则委员共有委员20名，包括楼继伟(主席)、冯淑萍(秘书长)、葛家澍、董大胜、许善达、李伟、吴小平、汪建熙、孟建民、贡华章、张为国、张通、詹静涛、陈毓圭、周勤业、耿建新、孙铮、汤云为、

---

① 《企业会计制度》颁布实施之初，在国内会计界引起了极大的反响，大家普遍担心会计准则和会计制度的隶属关系问题，即到底会计准则和会计制度谁的层次更高，出现矛盾或抵触时，谁服从谁？

朱祺珩、刘玉廷。从本届财政部会计准则委员会的构成来看,其主要成员的构成涉及政府有关部门、理论界、会计职业团体、中介机构和企业实务界等,初步具有了广泛的代表性。

　　除会计准则委员会各位委员外,财政部还聘请了150多位咨询专家,成立了咨询专家组。此外,为了提高我国会计准则的制定质量,财政部着手成立财政部会计准则委员会(基本组织架构如图4-2)①:

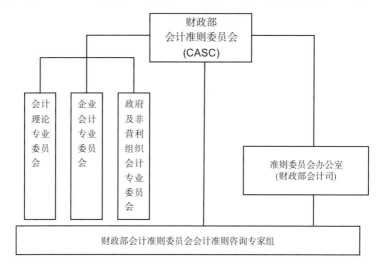

图4-2　财政部会计准则委员会的基本组织架构

　　其中,财政部会计准则委员会的主要职责在于:①对会计准则的总体方案、体例结构、立项等提供咨询建议;②对会计准则制定中重大会计处理方法的选择等提供咨询意见;③对财务会计概念框架等有关基础理论提供咨询意见;④对会计准则实施情况提供咨询并反馈有关信息②。

---

①　参见财政部会计准则委员会编写的有关文件。
②　同上。

二、我国的会计标准体系

综合上述,按照我国会计标准制定的设想,企业财务会计规范的未来应是由一系列不同性质与形式的会计法规(其中包括会计准则和会计制度)所构成的体系。这一构想大体如图 4-3 所示:

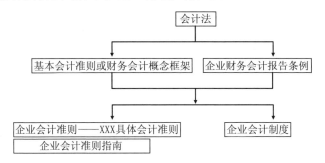

图 4-3　中国财务会计规范体系构想

从图 4-3 中可见,会计法是我国会计工作的最高规范形式,其统率着整个会计法规体系。企业基本会计准则(或)和企业财务会计报告条例属于第二层次[①],作为一种"桥梁",既体现着会计法的基本精神,又对我国的会计准则和会计制度起着规范作用。目前,具体指导我国会计实务的是企业会计准则(具体准则)和会计制度。其中,企业会计准则的适用范围主要是上市公司,而企业会计制度的适用范围主要是股份有限公司。

(一)基本会计准则

基本准则和企业财务会计报告条例对各项具体准则起指导和规范

---

① 这里要遵循"实质重于形式"的原则。从法律形式和制定法规的机构的层次和威严性角度考虑,基本会计准则和财务会计概念框架(若由财政部颁布)比《企业财务会计报告条例》层次要低一些。然而若从基本准则(必须进行修订)或财务会计概念框架实质上应该起到的作用——"指导、评估准则而又不属于会计准则的特定内容"——的角度审视,两者似乎又不应与会计准则并列。当然,重视切实发挥基本会计准则或财务会计概念框架所应具备的功能。

作用。所谓基本准则，是为所有其他准则提供理论基础、一般原则和共同适用的基本概念的准则，也可以说是准则的"准则"。在我国，企业基本会计准则还应当对行业会计制度起规范作用（行业会计制度还应当参照具体会计准则的规定，适当地进行修改）。在我国，目前有没有基本会计准则呢？1992 年 11 月颁布的、1993 年 7 月 1 日起施行的《企业会计准则》应当说是一个初具规模的基本准则，但还不够完善。不过，它对于 1993 年在我国实行财务会计制度的全面改革，用"企业会计准则"取代过去的分部门、分行业、分所有制的统一会计制度，全面修订反映准则要求的 13 个大行业会计制度，以及指导具体会计准则的制定，都起了重要作用。

作为基本准则的 1992 年《企业会计准则》共分 10 章 66 条，主要是由会计的基本前提（假设）、一般原则、会计要素（分 6 个要素）及其核算（含确认、计量、记录和在报表中披露）和财务报告（主要讲会计报表）四大部分组成。总体框架基本上借鉴了国外 20 世纪 60 年代〔如美国注册会计师协会（AICPA）所属会计研究部（ARD）推出的 ARS No.1 和 ARS No.3〕和 20 世纪 80 年代〔如美国财务会计准则委员会（FASB），国际会计准则委员会（IASC）〕的概念框架，同时又结合了中国的国情。考虑到具体准则的制定尚需要时间，而行业会计制度又须以准则为规范加以修订，基本准则就不能过于抽象，所以，对于 6 个会计要素，分成 6 章，对于它们的会计核算（涉及定义、分类、确认、计量、记录和在报表中列示等方面）分别做了相当详细的规定，这样当然能提高"准则"的可操作性，但如此规定又显得过细、过死甚至缺乏普遍的适用性（如资产的计价实际上只规定了实际成本即历史成本一种计量属性）。

其实，基本准则所规范的内容，就总体来说，只是粗线条的、有弹性的。特别是，涉及会计程序和方法的规范，应当把有关原则讲清、管好，而在具体方面则放开、放活，力求对具体准则只作原则性指导，不"侵犯"其内容。我国 1992 年颁布的《企业会计准则》要成为名副其实的基本准则，尚须进一步修订，在修订时除改进上述缺陷外，还应特别注意的一个重要问题是如何突出我国会计核算（财务会计）的目标。

（二）具体会计准则

1. 在企业会计准则体系中，基本准则起着导向作用，具体准则才是主体。因为只有具体准则才能结合具体的交易、事项和情况规范企业应如何对所发生的会计事项和项目通过确认、计量和记录进行会计处理并进行会计信息披露。具体准则直接指导会计处理和报表编报的恰当规范或正确的表述。一般地说，具体准则的制定和发布主要是根据需要，因而在各项具体准则之间不一定形成一个勾连环结的体系，更没有相互统属的层次关系。我国在规划具体会计准则的制定时，曾把具体准则分 4 类，即：

（1）各种行业共同经济业务的准则；

（2）有关特殊业务的准则；

（3）特殊行业的基本业务的准则；

（4）有关财务报表的准则。

从我国现有发布的具体准则看，其内容大致分为引言、定义、正文（应予核算或应披露的事项，其确认、计量和披露等方面）和附则四个部分。

2. 为了更好地执行准则，一般还附有该准则的"指南"。指南是对准则"定义"和"正文"的进一步说明，以及为了帮助使用者理解和运用"正文"中所要求的会计处理与信息披露而列举的简例，因此，"指南应构成具体准则的组成部分，与具体准则具有相同的法定效力"。

目前，我国已经制定的具体会计准则如表 4-1 所示：

表 4-1　我国已制定的具体会计准则

序号	准则名称	颁布／修订时间	实施时间
1	《企业会计准则——基本准则》	1992 年 11 月 30 日	1993 年 7 月 1 日
2	《关联方关系及其交易的披露》	1997 年 5 月 22 日	1997 年 1 月 1 日
3	《资产负债表日后事项》	1998 年 5 月 12 日	1998 年 1 月 1 日
4	《收入》	1998 年 6 月 20 日	1999 年 1 月 1 日
5	《建造合同》	1998 年 6 月 25 日	1999 年 1 月 1 日
6	《或有事项》	2000 年 4 月 27 日	2000 年 7 月 1 日
7	《无形资产》	2001 年 1 月 18 日	2001 年 1 月 1 日
8	《借款费用》	2001 年 1 月 18 日	2001 年 1 月 1 日
9	《租赁》	2001 年 1 月 18 日	2001 年 1 月 1 日
10	《现金流量表》（修订）	2001 年 1 月 18 日	2001 年 1 月 1 日
11	《债务重组》（修订）	2001 年 1 月 18 日	2001 年 1 月 1 日
12	《投资》（修订）	2001 年 1 月 18 日	2001 年 1 月 1 日
13	《会计政策、会计估计变更和会计差错更正》（修订）	2001 年 1 月 18 日	2001 年 1 月 1 日
14	《非货币性交易》（修订）	2001 年 1 月 18 日	2001 年 1 月 1 日
15	《中期财务报告》	2001 年 11 月 2 日	2001 年 1 月 1 日
16	《存货》	2001 年 11 月 9 日	2002 年 1 月 1 日
17	《固定资产》	2001 年 11 月 9 日	2002 年 1 月 1 日

　　除上述已经颁布实施的会计准则之外，我国在 2003 年已经完成征求意见稿，即将颁布的会计准则包括：分部报告、财务报告的列报、捐赠与政府补助会计、每股收益、终止经营、外币折算。

　　目前，如何增加会计准则制定程序的透明度和公开性，进一步提高企业会计准则的质量，是会计界议论较多的问题，也是会计改革进一步深化的关键。

（三）会计标准体系及其内部协调问题

如今，会计准则和会计制度并存是我国目前会计规范的一个特征，是过渡时期内的一种选择。那么，在会计准则和会计制度的并存模式下，如何进行相关的协调？我们认为对于这个问题，可从会计的确认，计量与记录、报告在会计行为方面存在的差别来透视准则与制度两种规范形式的各自侧重点（葛家澍，2001）。

1. 确认、计量、记录与报告的关联性和各自的功能

确认的含义最广。广义的确认可以涵盖计量、记录和报告三个程序。例如财务会计准则委员会（FASB）认为"确认是将某一项目，作为一项资产、负债、收入、费用等要素正式记入或列入某一企业财务报表的过程"（SFAC No.5: par.6）。然而狭义的确认，应要求解决两个问题：①在交易事项发生后，何种项目应作为何种要素来记录和报告？②它们应在何时加以记录和报告？简单地说，确认是一种职业判断，要求会计人员把交易事项等现象提到理性高度来决定：其中有无项目应记作财务报表的要素（当然具体地指要素的再分类——账户与报表项目）？如果有，那么应当在何时予以记录和报告？

计量是紧接着确认要解决的会计程序。计量主要的任务是选择何种既相关又可靠的计量属性，这里面临着与确认同样的职业判断问题，即如何选择计量属性？

确认与计量是会计人员进行会计处理时应当按规范予以思考并通过经验和自己的业务水平来加以判断所做的决策。我们可以把它们称为会计决策。这种决策付诸行动，就表现为科目使用（凭证填制与账簿登记）与报表的编制。

如果把确认与计量称为会计决策，记录与报告就是把会计决策付诸实践的会计行动。会计决策是会计行动的前导，它表现为会计人员在记录和报告之前，应当对经济业务的会计处理具有盘算、识别与判

断的过程,得出了判断之后,人们才开始进行记录与报告的行动。

确认、计量、记录与报告都是财务会计不可或缺的会计程序。它们的功能可以互补但并不相同。确认与计量发生在会计处理之初,并引导着记录与报告,在整个会计行为(包括会计决策和会计行动)中层次较高。严格地说,解决了会计的确认与计量,记录与报告只不过是具有固定程式的技术问题,随之应容易解决。反之,没有经过或不懂得会计的确认与计量的判断过程,往往并不能真正的理解记录和报告。

2. 会计准则及会计制度规范的侧重点

会计准则是以特定的经济业务(交易与事项)或特别的报表项目为对象,详细分析该业务或项目的特点,规定所必须引用的概念的定义,然后以确认与计量为中心并兼顾披露,对围绕该业务或项目有可能发生的各种会计问题做出处理的规范。人们学习了一份具体的会计准则,将会熟练地了解特定会计业务的会计处理的全过程。

会计制度则采取另一种形式。它是以某一特定部门特定行业或所有部门的企业为对象,着重对会计科目的设置、使用说明和会计报表的格式及其编制加以详细规范,从这里可以看到,会计准则同会计制度有两个最主要的差别:

(1)规范的对象不同,准则按经济业务或项目,制度按一个企业;

(2)规范的重点不同,准则侧重于确认和计量,制度侧重于记录和报告。

这样,准则重点是规范会计决策的过程,而制度是重点规范会计的行动与结果。采用准则的形式可引导会计人员从经济业务的确认、计量开始考虑进一步决定怎样记录和报告(披露);若采用制度的形式,会计人员只能直接使用科目进行记录,并按规定程序和格式编制报表。对比起来,准则比较抽象,比较难学难懂;而制度则比较具体,容易了解和操作。但准则的优点是能够提高会计人员的职业判断能力，掌握财务会计的全过程，并能举一反三，增强解决新问题的本领；制度的优点是容易被广大会计人员所接受，操作方便，易懂易学。准则和制度还有一些差异，例如准则一般保留备选方案，有一定的灵活性；制度基本上没有备选方案，强调统一性。从提高可比性的观点看，取消和减少备选方案，可能是准则应当努力改进的方向。财务会计准则委员会（FASB）已经把这点作为高质量准则的标准之一（Zeff & Dharan, 1997: 74—77）。

　　总体来说，准则和制度都是会计规范的形式，它们之间的优缺点是可以互补的，而且可以结合起来运用。但考虑会计是国际通用的商业语言，而会计规范作为这种特殊"语言"的语法，也在国际上形成了一定的通用形式，那就是会计准则。可以说，会计准则这种规范形式实际上已构成了国际通用会计惯例的一个组成部分。会计准则和会计制度的并存给我们提出了既要与国际会计惯例接轨，又要照顾中国国情之间的矛盾。当前，深化我国的会计改革，就是要正确处理引进、借鉴国际会计惯例与中国国情相结合，寻求具有中国特色的会计核算规范（葛家澍，2001）。

　　3. 会计准则与会计制度的协调问题

　　我国向来把会计制度视为法规，会计准则也被视为法规。但作为国际惯例通行的会计准则却只被认为是一种参照的标准（如国际会计准则），或最多被视为准法规（如美国的财务会计准则）。准则的最大特点表现在两个方面：第一，它按经济业务或项目制定，而不包罗万象，企图把一个企业可能发生的全部经济业务都容纳在统一的框架中，这是不大可能的；第二，它允许会计人员运用一定的职业判断，即在必要时允许会计人员在具体的情况下进行具体的分析。因为市场经济瞬息万变，会计的新问题层出不穷，依靠会计准则不可能做出全面的、统一的规范。这就是会计准则的灵活性的所在。我们当然不能说在市场经济中,会计的规范形式必须改用准则,而制度这种会计规范形式只能适用于计划经济。但是不能否认,与会计准则产生于市场经济不同,会计制度毕竟是计划经济的产物,会计制度总是会倾向于集中、统一等计划经济的观念。

要使会计规范的改革迈开较大步伐,我们认为,应当重新审视会计准则的本质及特点,在我国的条件下,最好把它视为"准法规",而不是法规,在修订会计规范时,应该按照三个"有利于"(①有利于会计信息的真实性;②有利于报表编制者阅读、理解和运用;③有利于监管机构的监管)的基本思想、在认识一致的基础上,努力改进会计准则的制定程序。

会计准则和会计制度的并存带来了如下的尴尬的隶属关系问题,即到底会计准则和会计制度谁的层次更高,出现矛盾或抵触时,谁服从谁? 实际上,该问题目前的确存在:

正如图 4-4 所示,一家上市公司 W,作为上市公司必须遵循会计准则;但是上市公司也属于股份有限公司的范畴,当然也应该遵循会计制度。这样,同一家上市公司可能面临着必须同时遵循会计准则和会计制度的情况。若会计准则或会计制度没有差别,则同时执行两者暂时不会有障碍(两者既然无区别,为什么同时并存?)。但是若两者在特定的交易的会计处理上存在着差别,作为上市公司何去何从?

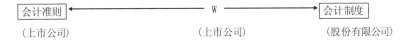

图 4-4　必须同时遵循会计准则和会计制度的上市公司

4. 几点设想

(1)现在,我国的社会主义市场经济体制已经初步建立,随着我国加入 WTO，中国的经济将是全球经济的一部分，我们更需要在各方面借鉴并接近国际惯例，其中包括用来规范国际通用商业语言的会计规范。虽然内容同形式相比，后者不是主要的，但形式在一定条件下也会影响内容。我们不能忽视会计准则这一国际通用的会计规范形式的重要意义。至少为了进行国际上的沟通，为了使国外投资者(跨国资本家)更容易理解和接受我们的会计规范及其所形成的会计信息，我们也需要采用会计准则的形式来规范我国现代企业的财务会计和财务报告。

考虑到中国的国情，考虑到会计制度也有易懂易学、便于操作的优点，我们觉得在除股份有限公司以外的企业中，按会计制度来规范其会计核算仍然是必要的。那就是说，在我国今后一段时期，准则与制度两种形式在会计规范中应当同时并存(葛家澍，2000)。

(2)在准则和制度同时并存的情况下，首先要明确它们各自的适用对象(范围)；其次，应在《会计法》的统一指导下，使两种形式的规范相互协调，保持规范的一致性。

(3)我国会计规范的改革也可以分两步走。第一步允许准则与制度并行；第二步采取单一的规范形式。单一的规范形式选择准则还是选择制度，则由我国加入 WTO 后会计人员整体素质的提高状况来定。即使我们仍采取我国会计人员喜闻乐见的"制度"形式，它也更加接近国际会计惯例。

(4)我国会计标准的改革尚有两个问题需要研究：

①财政部颁布实施的《企业会计制度》第一部分"一般规定"几乎将基本准则的内容都囊括进去了。与此相协调，基本准则也需要修改，力求与国际惯例中的财务会计概念框架协调。未来修订后的基本会计准则或财务会计概念框架还要全面反映《企业财务会计报告条例》的内容。

②如何增加会计准则制定程序的透明度和公开性，提高企业会计准则的质量。

三、我国会计准则体系及其完善的思考

我国从 1992 年颁布第一份会计准则至今，目前已颁布了 1 份基本准则及 16 份具体会计准则——《关联方关系及其交易的披露》、《资产负债表日后事项》、《收入》、《建造合同》、《或有事项》、《无形资产》、《借款费用》、《租赁》、《现金流量表》（修订）、《债务重组》（修订）、《投资》（修订）、《会计政策、会计估计变更和会计差错更正》（修订）、《非货币性交易》（修订）、《中期财务报告》、《存货》、《固定资产》。我国目前业已制定的具体会计准则，从覆盖面上看，主要是通用的会计准则，这部分已逐渐齐全了。相比较而言，我国目前最急需制定的是一些特殊行业如金融（包括商业银行、保险和证券业）[①]、衍生金融工具、石油天然气、农业、房地产、进出口等行业的具体准则和一些特殊的业务如企业兼并、合并报表、所得税、外币折算等业务的具体会计准则。特殊行业的会计准则和特殊业务的会计准则比较复杂，难度较大，因此我国的会计准则制定可能需要更多地借鉴国际会计准则和美国的公认会计原则。国际会计准则委员会（IASC）已颁布的核心准则和其重组后制定的准则中，有不少属于难度高的、特殊行业和特殊业务的会计准则，但是质量却比较高（如 IAS 39）。国际会计准则和今后的财务报告准则虽不能说是全球的公认会计原则，但至少代表国际会计惯例的新方向。至于美国，由于其经济最为发达，会计准则制定的历史最为悠久，经验也最为丰富。它已经颁布的《会计研究公报》、《会计原则委员会意见书》、财务会计准则和财务会计准则

---

① 2001 年已经出台了《金融企业会计制度》，并从 2002 年 1 月 1 日开始实施。

委员会解释文件(FASB Interpretations, FIN)中，凡是未经修改、废除和被取代的、特别是近年来制定的与应用现值(Present Value)技术有关的准则^①，我们都可以参考和借鉴。在计量问题上，我国仍着重推行实际成本(历史成本)，这对于防止会计数字的弄虚作假，保证会计信息的真实性是很有好处的，但从长远看，研究公允价值的采用是国际化的潮流，我们也要注意借鉴。

1．我国会计准则体系设想

在仔细参考了美国的公认会计原则、英国的财务报告准则、国际会计准则后，我们认为我国未来的会计准则体系主要包括如下三类：①与财务报告有关的准则；②确认与计量准则(含通用业务准则及特殊业务准则)；③特殊行业的会计准则。下面，我们通过表4-2来列举说明我国的会计准则体系^②：

表 4-2　我国会计准则体系

主要分类	应包括的准则列举^③	主要内容^④
一、与财务报告有关的准则		
财务报告： 一般要求	(1)财务报告的列报[#]	①财务报告的构成 ②财务报告列报的基本要求 ③财务报告的结构与内容
	(2)会计政策变更、会计估计变更及会计差错的更正 *	①会计政策变更 ②会计估计变更 ③会计差错的更正

---

① 从1990年10月到1999年12月，财务会计准则委员会(FASB)颁布了财务会计准则共计32份，涉及确认和计量问题的有12份，其中11份应用了现值技术。

② 带"*"的表示我国已经颁布了相关的准则；带"#"表示我国已颁布了相关的征求意见稿，即将颁布相关会计准则；其他的代表我国在该领域内尚无相应的会计准则。

③ 参考了美国的公认会计原则、英国的财务报告准则、国际会计准则、我国已经颁布的征求意见稿及准则。

④ 这里只是简单概括的主要内容，难免有所遗漏。

（续表）

主要分类	应包括的准则列举	主要内容
企业合并集团报告	(1)企业合并 #	①购买法(含购买日的公允价值、嗣后的公允价值调整、或有考虑、少数股东权益、披露、商誉、负商誉) ②权益联营法
	(2)合并财务报表	①子公司定义(含不予合并的子公司) ②关联方定义 ③重要关联交易的披露 ④比例合并法
其他报告问题	(1)关联方关系及其交易的披露 *	①关联方关系的定义 ②关联方交易的披露
	(2)资产负债表日后事项 *	①资产负债表日后期间 ②调整事项 ③非调整事项 ④资产负债表日后事项的披露
	(3)终止经营 #	①终止经营定义 ②终止经营的计量与贴现 ③终止经营的列报 ④终止经营披露(含何时披露、在财务报告中的什么地方披露、披露的内容等)
	(4)每股收益(EPS) #	①基本每股收益 ②稀释的每股收益(含加权法及库藏股法)
	(5)分部报告 #	①范围及基本格式 ②会计政策 ③披露
	(6)现金流量表 *	①格式 ②方法(直接法、间接法)

（续表）

主要分类	应包括的准则列举	主要内容
	(7)中期财务报告 *	①中期的划分 ②中期财务报告内容 ③确认与计量 ④中期会计政策变更
	(8)全面收益表 ①	①全面收益定义 ②全面收益表格式
	……	
二、确认与计量准则		
通用准则	(1)无形资产 *	涉及无形资产的定义、计量、摊销、减值准备、处置及报废、披露等。
	(2)研究开发费用	涉及研究开发费用的范畴、资本化或费用化的选择、披露等。
	(3)固定资产 *	涉及固定资产的定义、计量、折旧、减值、披露等。
	(4)投资 *	涉及短期投资、长期投资的划分及划转、短期投资的期末计价、长期股权投资的成本法与权益法、长期债权投资……
	(5)资产减值 #	包括应收账款坏账准备、短期投资跌价准备、存货跌价准备、长期投资减值准备、固定资产减值准备、无形资产减值准备、在建工程减值准备、委托贷款减值准备等。

---

① 全面收益表又称全部已确认利得和损失表。我们之所以将全面收益表列入会计准则体系，主要是基于如下考虑：在确定会计准则体系时，应该具备一定的前瞻性，可以根据国际上已有会计准则制定的经验，综合考虑我国未来经济发展的动向及会计环境的可能变化，综合考虑可能的主要方面；尽管全面收益表目前还未被我国的会计准则制定机构——财政部会计司——所充分考虑，但是我国社会主义市场经济的发展最终必将凸显该准则的重要性。

（续表）

主要分类	应包括的准则列举	主要内容
	(6)存货*	存货的初始计量、发出存货的计价、存货的期末计价、存货成本的结转、存货有关的披露。
	(7)或有事项*	或有事项(或有负债和或有资产)的定义、确认与计量、披露。
	(8)养老金	养老金的确认、计量与披露。
	(9)所得税	应付税款法、纳税影响法等。
	(10)收入*	销售商品、提供劳务、让渡资产使用权取得收入的确认与计量、收入有关的披露等。
	(11)增值税	增值税的计算、确认与计量。
	(12)借款费用*	借款费用的范畴、开始资本化、资本化金额的确定、暂停资本化、停止资本化、相关披露。
	……	
特殊业务准则	(1)租赁*	经营租赁、融资租赁的划分，承租人和出租人对经营租赁和融资租赁的会计处理等。
	(2)建造合同*	建造合同范畴(分立及合并)、合同收入及成本的确认与计量、合同收入与合同费用的确认与计量(完成合同法与完工百分比法)、相关披露等。
	(3)债务重组*	债务重组范畴、方式，债务人和债权人对各种债务重组方式的会计处理、债务人及债权人对债务重组的相关披露。
	(4)外币折算#	外币折算的各种方法如时态法、区分货币/非货币项目法、区分流动/非流动项目法等。
	(5)金融工具	主要为金融工具的披露与列报。

（续表）

主要分类	应包括的准则列举	主要内容
	(6)政府补助与政府援助[#]	政府补助与政府援助的定义、范畴，相关的会计处理及应披露的事项。
	(7)非货币性交易[*]	非货币性交易的定义（含补价问题）、非货币性交易的确认与计量。
	……	
三、特殊行业的会计准则		
具有不同特征的行业会计准则	(1)银行业会计准则	从略
	(2)保险行业会计准则	
	(3)石油天然气会计准则	
	(4)音像影视业会计准则	
	(5)电脑软件会计	
	(6)农业会计准则	
	(7)小企业会计准则	
	……	

2. 几点建议

为了提高我国会计准则制定的质量和完善会计准则，加快制定的进程，在不改变目前准则制定（组织）构架的前提下，我们建议：

①考虑到财政部是全国制定统一财务会计制度（含会计准则）的主管机构，中国证监会是上市公司的监管机构，中国注册会计师协会代表全国注册会计师界，它们共同关注会计准则的制定、质量与执行，但站在不同角度，获得的信息不对称，经常可能产生不同的看法。因此，在会计准则委员会下成立"联络组"或"协调组"，定期由财政部与证监会、中注协等相关机构进行通报交流，对准则和制度出台的顺序与时间安排、制定准则的基本要求，以及已制定准则在上市公司内外的执行情况的反馈意见等在互相沟通的基础上经常磋商，加强联

系，紧密合作，必能把我国的会计准则制定得更好。

②在会计准则委员会秘书处下还可成立"翻译组"。最好拥有一批专职人员及时地翻译国际会计准则委员会(IASC)、美国财务会计准则委员会(FASB)已公布和即将出台的新准则(包括征求意见)和准则制定的动态，掌握并传播国际会计惯例的前沿信息。为此，似可出版一份"国际会计动态"的刊物(公开发行或仅限于内部交流均可)。

此外，建议组织力量研究我国具体会计准则与国际会计准则的差异及其原因，以便逐步趋同并通过一定的形式也将此类资料予以公开，以利于对我国具体会计准则的讨论、修订和完善。

③可以考虑借鉴国外经验，创造条件，一是设立紧急问题工作组，二是对具体会计准则发布解释公报。

④在制定会计准则的应循程序(Due Process)上，应扩大征求意见稿的对象与范围，可以研究一下通过何种形式，在某一个层次和范围内，把对会计准则的赞成和反对意见加以整理后公开(披露)，以增加准则制定过程的透明度。

⑤我国已承诺中国的会计准则也要向国际惯例靠拢。为了逐步实现这一过渡，同时也为了节约我国某些高难度会计准则的制定成本，加快整个准则制定的速度，并推动准则国际化的进程，那些制定难度比较大、技术性较强、涉及各个国家主权利益并不明显的准则，如衍生金融工具、外币折算等，应更好地借鉴国际会计准则和今后的国际财务报告准则，尽可能减少我国对该准则的制定成本。

四、加入 WTO 后我国会计准则的本土化及国际化问题探讨

WTO 的宗旨或服务业贸易总协定(GATS)的目标最终都追求贸易自由化。要实现贸易自由化就要消除贸易壁垒。从会计服务这一贸

易看,有可能成为贸易壁垒的是各种专业标准,其中涉及审计标准和会计标准。这里,我们只谈谈关于会计准则的问题。四大会计师事务所之所以能够成为国际会计师事务所,是由于它具备种种条件。条件之一是它能在全球实行统一的会计标准来编制跨国公司的合并财务报表。

目前,在全球范围内,会计标准并没有统一。国际会计准则委员会(IASC)为了让它制定的会计准则成为在全球跨国上市、融资所遵行的核心准则,于 2000 年进行了战略重组,新组建了国际会计准则理事会(IASB)。尽管如此,国际会计准则委员会(IASC)的核心准则还是没有被所有国家接受,其中包括最大的发达国家——美国。但这一点并不妨碍五大会计师事务所在全球执行审计业务,它们总是在认真研究并掌握各国会计准则、制度之间的差异,在编制合并报表时只要通过子公司所在国会计准则与母公司所在国会计准则之间差异的调整即可达到统一会计标准来编制整个跨国公司合并报表的目的。会计师事务所提供的会计调整服务可以从所收取的审计收入中得到补偿。单就会计调整来说,除五大会计师事务所外,很少有其他会计师事务所有能力做到这一点。因为注册会计师必须熟悉各国的会计准则并了解彼此的差异。不过,会计准则在全球范围内统一,目前还不是 WTO 的要求,但服务业贸易总协定建议成员应在适当情况下,彼此磋商、合作,致力于建立并采纳共同的、适用于服务业贸易的国际标准,这当然包括会计准则和会计制度。会计行业国内规则规范(DDRAS)则明确特定的技术标准要求透明,这也包括各国国内采用的会计准则应当透明。当前,由于各国各地区实行的会计准则不一致,比较难于直接获得一致的、透明的会计信息。这自然会造成投资自由化的障碍。尽管通过调整,并队不同方法和调整结果进行披露,可以使会计信息可比。但为此而增加的会计和审计成本,最终还是归属于投资成本。

投资成本的提高总会构成贸易障碍，只有减少用于调整会计信息的投资成本，才有利于资本在全球的流动，从而有利于贸易的自由化。

我们应当看到，国际会计准则委员会（IASC）的战略重组，核心准则的出台，表面上似乎只是证券委员会国际组织（IOSCO）在大力推动，实际上国际会计准则委员会（IASC）的这种努力也是受到 WTO 的欢迎和支持的。因此它有助于实现贸易全球化的目标。为什么会计准则比较难于在全球统一化？因为会计准则隐含着各国的主权和利益，各国的会计准则往往是国家经济方针政策的体现，具有经济后果。美国已经明确表示，它不能马上接受国际会计准则委员会（IASC）准则。除少数例外，美国仍坚持外国在美投资要遵守美国的公认会计原则。我国准则和制定部门也一再强调：会计准则既要同国际惯例接轨，又要符合中国的国情，具备中国的特色。这也是合情合理的。可以说，WTO 和证券委员会国际组织（IOSCO）以及国际会计准则委员会（IASC）的目标，在战略上是促使各国国内的会计准则走国际化的道路；而在战术上则需要照顾各国的国情，不可能一步到位。我们看一看中国会计规范的改革进程，就会发现有一些国际化与中国化目前有矛盾、后则互动的事例。

下面可以用资产的定义为例：1992 年 11 月制定的《企业会计准则》中，资产的定义是"企业拥有或者控制的能以货币计量的经济资源，包括各种财产、债权和其他权利"（第二十二条），我们称为资产的"旧定义"。2000 年 6 月 21 日《企业财务会计报告条例》重新定义了资产——"资产，是指过去的交易、事项形成并由企业拥有或者控制的资源，该资源预期会给企业带来经济利益"〔第九条（一）〕，我们称为资产的"新定义"。2000 年 12 月 29 日颁布的《企业会计制度》再次重复了资产的新定义（第十二条）。

很明显，资产的新定义已经同国际会计准则委员会（IASC）的《编报财务报表的框架》〔IASC, 1989: par.49 (1)〕和美国财务会计准则委员会（FASB）的财务报告 SFAC No.6 所给出的资产定义基本一致。按照国际标准，资产的基本特征是预期的未来经济利益，即一项由企业控制的资源必须预期能给企业带来经济利益（当然这种经济利益必然是未来的而不是现在的）。对照我国关于资产的新旧定义可以看到，1992 年规定的资产旧定义就没有强调资产必须是预期会给企业带来（未来的）经济利益这一按国际惯例所要求的本质特征。对此，人们颇有烦言，并进行种种评论。

那时，人们对国外会计准则的精神研究和领会不够，计划经济和旧会计制度给会计界带来的一些会计观念妨碍我们去较快地接受市场经济的新东西等原因都构成我们在 20 世纪 90 年代初去大胆借鉴国际会计惯例的一些阻力。但这并不是主要原因。20 世纪 90 年代初，作为我国准则制定机构的财政部门并非不了解国际上流行的资产定义及其基本特征，企业会计准则是会计改革之后产生的会计规范，其中包括基本准则。如果那时就把资产定义为预期会给企业带来经济利益的资源，一旦执行这一准则，我国的所有国有企业都要对资产进行减值，并要取消某些根本不是资产（不符合资产的定义）的资产负债表中的项目，如已不能使未来期间受益的"长期待摊费用"、长期挂账的待处理财产损失等。这样做，虽然能保证资产的账面价值较为真实，但大量的国有资产减值，国有企业利润急剧下降甚至由盈变亏，对国家财政的影响该有多大！当时，国家首要关注财政的承受能力，会计改革既要积极又要稳妥，不能造成经济动荡，不能给企业财务和国家财政带来过大的压力等因素。所以，在会计改革中包括如何在会计准则中定义资产等会计要素这样的问题，首先是从当时的中国国情和国力出发而只能把向国际会计惯例靠拢放到第二位来考虑，适当推迟国际化的进程，这是当时会计准则制定机构一种难以避免的选择。

10 年之后的今天,形势就不同了。我国的综合国力和国家财力均有很大的增强,国有企业随着中国加入 WTO 的需要加速深化改革。再加上企业(包括上市公司和尚未改制的国有企业)会计数字弄虚作假频繁出现,成为推进社会主义市场经济的一大公害,我国现在既有能力也有必要消除国有企业和一切企业中资产的"虚肿"现象。这样,我们就有必要运用国际会计惯例中资产定义这一理论武器,打击会计作假,推动企业改革,推动我国会计准则的国际化进程,以净化资本市场。现在我们不仅在制定《企业财务会计报告条例》和《企业会计制度》时基本上参考了国际会计准则委员会(IASC)和美国财务会计准则委员会(FASB)的概念框架重新定义了财务报表的主要要素,特别是资产要素,而且为了使企业在执行《企业会计制度》时按资产新定义来确认资产,还规定了企业应定期至少每年年终对各项资产进行全面评估,根据谨慎惯例结合资产定义,合理预计已不符合资产定义的各项资产损失并计提 8 项资产减值准备(坏账准备、短期投资减值准备、长期资产投资跌价准备、存货跌价准备、固定资产减值准备、无形资产减值准备、在建工程减值准备、委托贷款减值准备)来如实地表述资产的账面价值。

由此可见,在我国的新会计规范中,改变资产的定义,仍是从我国当前的国情出发的。随着社会主义市场经济体制的日益完善,市场化程度的不断提高,会计国际化的程度也会加快。这是一个规律。由此,有两点我们就比较明确了:

(1)会计规范(标准)有"准则"和"制度"两种形式,会计规范是否符合国际惯例,不在于规范所采取的形式,而在于规范所包含的内容。我国会计要素的新定义,目前是表现在"制度"而不是表现在"准则"之中,所以,制度也能体现国际会计惯例。

(2)中国已经加入了 WTO。WTO 的长远目标是消除一切贸易障碍，促进贸易的全球化和自由化。会计是国际贸易的通用特殊语言，国际会计规范是对这种语言的规范。从长远看，国际化、一致化是它的目标，不断提高它的可比性和透明度则是每一个 WTO 成员必须做到的，尽管这一点还没有形成 WTO 的规则。但我们应当看到这是大势所趋。在确保中国的主权和利益不受损害的前提下，我国的会计准则迟早需要根据我国的国情和全球经济发展的形式，逐步地融入国际化的这种特殊商业语言体系中，即所谓趋同。但是趋同并不等于统一（Uniformity）。会计规范具有公认的经济后果，只要国家存在，主权与利益就会有冲突，从而使会计规范在全球范围内的统一，产生重重障碍。也就是说，国家的特色或多或少地总会存在。提高透明度和可比性是比较容易做到的，实行世界统一的公认会计原则，恐需留待于遥远的将来。

第二节　我国会计准则制定中管理当局对会计准则的态度及其对策

一、问题的提出

会计准则 ① 具有一定的经济后果（Economic Consequences），这是 20 世纪 70 至 80 年代西方会计学乃至经济学文献极力 "渲染" 的一个

---

① 大约自 19 世纪末期斯普拉格在《账户的哲学》中第一次提出 "会计原则" 名词以来，在相当长的一段时期内 "会计原则" 是通用的术语（如公认会计原则、《会计原则委员会意见书》等），"会计准则" 概念的使用则是财务会计准则委员会（FASB）成立以后的事了。时至今日，"会计原则" 和 "会计准则" 的表述仍然同时并存。尽管二者之间存在着一些区别，但本节并不将两者做重大区分。此外，我国也存在着会计准则和会计制度的并存现象，这已引起学术界的普遍关注。

论断[①](Zeff,1978；Watts & Zimmerman,1978,1979)。所谓"经济后果"具有如下的内涵:(1)会计准则是一份公共契约,是通过"公共选择"的逻辑而形成的、旨在敦促企业通过一套通用的财务报表提供投资者决策相关的会计信息(谢德仁,2001);(2)会计准则在一定程度上限定了企业管理当局对会计政策的可选择域;(3)遵循会计准则[②]编制的财务报告所披露的会计信息会影响各个相关利益集团的决策行为和既得利益[③](Zeff,1978)。

那么,什么因素决定管理当局对会计准则的游说行为呢[④]?企业理论认为,现代企业是一个有效的契约组织(Jensen & Meckling,1976),是各种要素投入者为了各自的目的而联合起来缔结的一种契约关系的网络。财富(物质资本或财务资本)和经营管理才能(人力资本)分布的不对称性和两者通常不能兼具于一身的特性导致了现代企业中委托代理关系[⑤]的广泛存在——通常意义上,财务资本所有者承担了企业经营的主要风险而成为委托方,从而获得了监督代理方即管理当局的权力。当所有者遴选出本企业的管理当局之后,

---

① 尽管"经济后果"问题直到 20 世纪 70 年代才引起普遍关注,但在此之前关于"经济后果"的影响在会计原则委员会(APB)的 ARB No. 11 (1941)《公司普通股股利会计》("Corporate Accounting for Ordinary Stock Dividends")就有所反映,也曾引起过当时的实务界领袖 May 的关注;20 世纪 60 年代也曾在美国会计职业界引起关注。

② 会计准则制定是一个公共选择(Public Choice)的过程,在最终的会计准则出台之前,可能存在着若干的备选方案。如果会计准则的某个备选方案对某个利益集团的影响是有利的,那么这个集团必然会游说支持这种会计处理方法;反之如果某种方法对利益集团的影响是不利的,那么他们就会游说反对该方案。

③ 进一步,会计信息的经济后果体现为,在一个非完全有效的资本市场上,会计信息其实具备了财富分配效应和决策效应。

④ 刘峰教授(1999)首先注意到该问题:"为什么中国的国有企业不参与会计准则的制定?"本节写作受刘峰(1999)若干思想的启发。

⑤ 由于财务资本和经营才能往往不能够兼具的特点,所以原来传统的企业中资本家兼企业家同生产者(工人)之间单一的委托代理关系逐渐被资本家与企业家、企业家与工人之间的多重代理关系——代理链(Agency Chain)所取代,正是从这个意义上讲,企业是契约关系网络。此外,必须说明只要委托、代理契约存在着不完备性,代理问题就一定存在。

所有者就必须面临另外一个关键问题,即如何确定激励方案(Incentive Scheme)对管理当局进行激励,以使管理当局的目标函数尽量与所有者的目标函数趋同(两者不可能完全吻合)。张维迎博士(1995)认为,委托方作为风险的主要承担者,但未必是风险制造者。代理方管理当局如果与所有者的目标函数过度不一致,那么在特定情况下管理当局必然会以牺牲所有者的利益来满足自己的私利(体现为道德风险,Moral Hazard),此时管理当局就是风险制造者。一般而言,管理当局的努力程度具有不可观测性和测度性(即使可观测,也成本高昂),委托方往往只能够通过一些替代变量——通常是企业财务报告上的某些数据如利润或者其他指标(例如股价)等来对管理当局的经营业绩进行评价。但是,财务报告是由管理当局及其代理人所编制的,由于信息不对称现象的存在和成本效益原则的制约,所有者可能无法低成本地了解到企业经营的全貌,也并不了解会计信息的生成过程。会计准则作为节约交易费用的机制是作为私人契约的替代而出现的,用来规范通用会计信息生成(涉及会计确认、计量和报告),则必然会影响到管理当局① 拥有的会计政策选择权的自由度(杜兴强,2000),进而直接或者间接影响到管理当局与所有者缔结的补偿方案(Compensation Scheme),最终影响管理当局的报酬、效用② 。作为衡量管理当局努力程度的替代变量的财务数据往往是由会计准则规范下的财务报表体系来披露的,因此作为理性经济人,管理当局完全有动机选择会计准则中允许的会计政策来最大化自己的效用。预期到即将颁布实施的会计准则将会限制或影响企业会计政策选择的自由度进而影响到管理者的

---

① 准确地讲,与会计准则或会计准则规范下的会计信息存在着利害关系的各个利益集团包括股东、债权人、企业的管理当局、职工、客户、国家宏观管理部门。但我们只讨论管理当局拒绝游说的非理性行为。

② 管理当局的补偿方案往往会设置一个或者多个考核指标,管理当局则会通过特定条件下其对会计政策的天然选择权进行必要的选择,影响并最终迎合考核指标。

报酬和效用,那么预测企业管理当局会对正在制定中的会计准则进行游说就是合乎逻辑的。

二、背景、观察与假设

美国是世界上制定会计准则历史最长的国家,其第一份公认会计原则颁布于 1937 年。在 60 余年会计准则制定过程中,美国共颁布了51 份《会计研究公报》、31 份《会计原则委员会意见书》和 143 份《财务会计准则公告》以及其相关的解释[①],几乎每一份会计准则都要举行听证会,邀请会计界、工商界的人士进行质询或争论[②],因此也就衍生了会计信息利益相关集团对规范会计信息的会计准则的游说活动。其中比较典型的游说案例包括 1962 年关于“投资贷项”(Investment Credit)会计处理的递延法(Deferred Method)和流尽法(Flow-Through Method)的争论与游说活动;1979 年美国公司针对 FAS 33《财务报告与物价变动》增加了高昂的簿记成本(Book-Keeping Cost)而进行的游说活动(葛家澍,2001)。美国公司频繁的游说活动使其国内的会计准则制定机构经受了各方面的巨大压力——从 1938 年至今,美国的准则制定机构完成了从会计程序委员会(CAP)到会计原则委员会(APB),再到财务会计准则委员会(FASB)的更替。国际会计准则委员会(IASC)也面临着来自不同国家、地区和跨国公司的诸多游说活

---

① 此处列举的只是美国的公认会计原则的第一个层次,SAS 69 曾经列举了公认会计原则的 5 个层次,请参考 SAS 69。

② 财务会计准则委员会(FASB)制定会计准则的过程大致要经过以下 8 个步骤:财务会计准则委员会(FASB)成立应该予以考虑的议题;成立专题性的技术研究小组,在与会计界和工商界交流联系的基础上,编写有关的讨论备忘录;发表讨论备忘录,给予 60 天的征求评论;举行公众听证会,邀请对讨论备忘录的质询或争论;财务会计准则委员会(FASB)在书面评论和听证会意见的基础上编制征求意见稿;公布征求意见稿,在 30 天内征询意见;再次举行听证会讨论征求意见稿;根据上述步骤,决定采取以下行动:A 正式发表《财务会计准则公告》,B 继续修改征求意见稿,C 完全放弃该议题。

动,尤其当国际会计准则委员会(IASC)1995年7月获得了证券委员会国际组织(ISOCO)的支持后,其颁布的核心准则成为跨国上市企业编制报表的依据,更引发了前所未有的游说活动(葛家澍,2001)。

相对而言,我国的会计准则制定的历史较短,准则制定机构是财政部会计司,至今共颁布实施了17项会计准则(含1项基本会计准则和16项具体会计准则[①])。尽管中国和美国的会计环境不同,但有一点毋庸置疑,那就是会计准则都是作为限制管理当局会计政策选择自由度的一种约束机制而存在的。既然如此,在我国理应也存在着国有企业管理当局对会计准则的游说行为[②]。但是,遗憾的是我们并未观察到我国国有企业管理当局对会计准则制定的显著游说行为,国有企业管理当局对我国已经制定的会计准则和正在制定的会计准则大都保持有一种"理智的冷漠"态度[③]。

在我国会计准则制定过程中,财政部在制定会计准则时,也曾于1994年4月21日、1995年7月12日和1995年9月27日公布过三批共19项具体会计准则征求意见稿邀请评论,抄送对象为"中国会计学会、中国注册会计师协会、中国总会计师研究会、各有关财经院

---

① 一般将1993年开始实施的《企业会计准则》称为基本会计准则,而将1997年开始陆续颁布实施的《关联方关系及其交易的披露》《收入》《建造合同》《投资》《资产负债表日后事项》《会计政策、会计估计变更和会计差错更正》《现金流量表》《债务重组》《非货币性交易》《或有事项》《无形资产》《借款费用》《租赁》《存货》《中期财务报告》《固定资产》等称为具体会计准则。

② 游说,按照中国社会科学院语言研究所词典编辑室(1997)的解释是"在古代叫作说客的政客,奔走于各国,凭借口才劝说君主采纳他的主张,叫作游说",而朗文现代英汉双解词典定义为"参见议员并劝说其支持自己的行动使某项法律获得通过"。"游说"本是一个中性词,但由于社会制度和历史因素,现在却被认为是带有贬义色彩的词汇。我们在提到游说时,意义单纯,就是指会计信息的利益集团出于企业自身或自己的利益考虑,对会计准则的征求意见稿的备选处理方法发表意见,力图通过"公共选择"机制使自己的意见得到采纳。

③ 吴联生(2002)也大致表述了同样的结果。

校"①。其具体情况是:(1)对会计准则征求意见稿发表意见的主要是学术界,他们从不同程度上表达了个人的意见。但是学术界的中立性和缺乏利益驱动等因素决定了学术界的意见大多偏重于定义、理论的严谨性和会计准则制定中如何借鉴国外相关准则的研究成果角度,无法体现鲜明的经济动机,在缺乏对企业会计实务充分了解的情况下很难代表企业有关人士的观点。(2)企业界对会计准则征求意见稿的了解却是通过各省市的财政部门间接来完成的,他们的意见也主要是采取由财政厅组织座谈将意见集中汇总呈报给准则制定组,或者由证监会将上市公司的意见进行汇总然后反映给准则制定组;而直接对会计准则征求意见稿发表意见并直接反馈到准则制定组的企业则凤毛麟角。

　　由于直接了解会计准则游说现象的困难性,我们只能够通过其他替代途径来进行了解。如下几点现象可以作为佐证:(1)股份有限公司会计制度从1998年1月1日开始实施,但是培训工作却在1999年下半年才逐步展开;(2)现金流量表和债务重组以及非货币性交易分别要求于1998年1月1日、1999年1月1日和1999年7月1日开始在全部企业中实施,但是其培训工作依然在1999年下半年;(3)培训过程中,学员普遍感到接受起来比较困难,并表示在培训前从未接触过,甚至对以前已经执行的会计制度、会计准则也不是十分了解;(4)学员普遍反映单位领导几乎不懂财务,而且在会计人员培训这种最基本的企业开支上显得异常"节约",接受培训多是在福建省财政厅三令五申下为了满足会计证年检不得已才参加的。这足以推测我国

---

① 　无独有偶,财会字〔1999〕37号"关于印发《企业会计准则——中期财务报告(征求意见稿)》的通知"的抄送对象是"财政部驻各省、自治区、直辖市、计划单列市财政监察专员办事处,中国证券监督管理委员会",要求代为组织讨论和征求意见,对准则的内容、结构和文字发表意见(1999年11月5日),并于2000年1月15日之前将书面意见返回。而福建省财政厅1999年11月24日原文转发了财政部的这份文件,要求将研究意见于1999年12月31日前进行反馈。

会计准则制定过程中企业界尤其管理当局并未对会计准则进行应有的关注，当然就不可能关注会计准则的制定过程，也不可能对会计准则征求意见稿提出意见或建议。因为，直到准则正式公布以后相对很长的一段时间，会计人员连准则的基本内容尚不得而知。此外会计工作是由会计人员来开展的，我国企业领导几乎无甚会计知识，长期以来往往通过对会计人员的工作指手画脚来体现其权威，以前出现的所谓"厂长利润""书记成本"就是这种不正常现象的一个缩影，这也反衬出企业管理当局在缺乏会计知识的情况下无法"读懂"一项正在制定的会计准则对其经济利益的可能影响。实际上，我们的面询结果 [①] 验证了如上的推测。可见，事实与理论演绎结果并不吻合，我国并不存在国有企业管理当局对会计准则制定进行显著游说的活动和现象。

事实上，国有企业的管理当局对会计准则保持的正是上文提及的一种"理智的冷漠"的态度。之所以曰"冷漠"，是因为国有企业管理当局对会计准则出于各种原因几乎保持不闻不问的态度；之所以曰"理智"，是因为国有企业管理当局作为理性经济人，意识到在现有的会计环境下，已经颁布的会计准则和即将颁布的会计准则不会对其福利或效用带来大的触动。因此，我们首先根据逻辑衍生出以下检验的命题——如果管理当局几乎不对会计准则进行游说，那么合乎理性地可以推定存在着如下情况：会计准则对管理当局的报酬不存在影响，至少不存在着较大的触动，而这个命题是"一个命题为'真'，那么它的逆否命题必然为'真'"这个简单的逻辑的应用！进一步可以逻辑地推演出如下几种假设：(1)管理当局的报酬与其经营业绩的好坏无

---

① 在与福建省若干国企管理当局的面询中，我们了解到这些企业的管理当局几乎不了解新的会计准则，更不奢望他们已经或曾经对会计准则发表过意见；即使个别企业的管理当局对已经颁布的会计准则不满意，却说是从他们企业的会计人员那里侧面了解到的，而且是最近才有的想法。

关，或虽然管理当局的报酬与其经营业绩相关，但管理当局报酬的绝对额不足以对管理当局形成应有的激励作用，而这需要研究我国企业管理当局的具体报酬体系的变迁和现状来进行理解；(2)管理当局的报酬与其经营业绩好坏相关，但是管理当局可以操纵作为衡量其经营业绩的替代变量的会计信息的生成，且企业治理结构、资本市场和注册会计师审计未能很好地起到监督的责任；(3)管理当局本身的知识结构决定了他们对会计准则的经济后果了解甚少，因此缺乏游说的动机。以下将结合我国具体的制度环境从多角度对管理当局的这一非理性行为提供解释，并进行大胆的预测。

立足于以上的理论分析，我们认为，以下几个问题是本部分探讨的关键①：

第一，管理当局和会计信息利益相关者之间的委托代理关系形成的第一步就是作为委托方如何遴选管理当局(企业家)，这中间必然涉及管理当局的逆向选择(Adeverse Select)问题。所有者是否有动力去遴选优秀的管理当局、企业的管理当局是否具备企业家的才能是我们分析的第一个关键。

第二，激励方案的恰当与否是我们分析的第二个关键。这个分析等价于管理当局的报酬是否与其经营业绩存在着相关性。

第三，我们着力分析的第三个关键是现行会计准则规范的信息披露机制能否导致管理当局的报酬受到影响。相关的问题是管理当局是否可以进行盈余管理，对财务报告应该承担什么样的责任。

第四，我们分析的第四个关键问题是公司治理生态(Ecology of Corporate Governance，含第三方独立监督机制等)能否对管理当局进

---

① 其实，上述几个问题本属于一个总的问题的几个方面，是作者为了论述方便而进行人为分割，所以在分别论述这几个问题时，也不可避免地会出现相互交叉的情况。

行有效的监督，察觉管理当局的盈余管理行为。

三、关于国企管理当局遴选问题

在我国目前的体制下，国有企业的管理当局的遴选在相当程度上是无效的，甚至不能够被称为"遴选"，而仍是行政"任命"式的。中国企业家调查系统 1999 年展开的一项调查显示，国有企业的管理当局主要由上级主管部门任命，而且比例高达 89%；大型国有企业的管理当局由上级主管部门任命的比例为 65%，明显高于中小国有企业的同一指标(39%)。行政任命在大多数情况下不能够遴选出真正具有企业家素质的国有企业管理当局是有着其必然性的。

一般来讲，资本所有者将其拥有的财务资本交付给企业管理当局进行日常管理，就等价于下列命题成立：资本所有者信任管理当局的经营才能而愿意承担大部分甚至全部的经营风险，因为他们进行理性的决策后判定由管理当局经营企业比他们自己直接经营企业(也要承担经营风险)的风险要小，而且管理当局也能够通过对资本所有者交付的资源进行尽心尽力的经营来取得资本所有者的信任(即信任是前提)。但是，信任并非凭空，没有监督的信任是脆弱的。为此，当资本所有者聘任管理当局时，同时也拥有、承担了监督的责任。至于为什么资本所有者愿意进行监督，道理很简单，就是由于资本所有者承担了经营风险，风险承担决定了他们在遴选管理当局时的谨慎和严格。换言之，如果遴选的管理当局是庸才，那么由此给企业经营带来的损失最终必将"落实"到资本所有者身上。而问题的关键在于，这个逻辑并不适合于国有企业。因为国有企业的资本所有者属于"全民"，全民的概念抽象而不具备可辨别性，所有者严格意义上说是"缺位"的。因此国有企业的"资本所有者"实际上就通过委托代理关系而由全民过渡为国有资产管理局或国有持股公司代理，然后由国有资产管理局或国有持股公司来代替全民来遴选国有企业的管理当局。这样，行使选择权的国资局或国有持股公司的人员是政府官员，而他们并不是承担经营风险的资本所有者，所以他们手上掌握的、遴选国有企业管理当局的权力是一种典型的廉价投票权①。换言之，这些官员有权选择管理当局，但并不为其选择承担相关的后果（资本损失或经营风险）。结果，官员并无任何激励去选择国有企业的管理当局，大量的"劣币"充斥着国有企业的管理层。

进一步分析，可以看到，既然政府官员并没有任何激励去遴选合格的国有企业管理当局而行使廉价投票权，但为什么官员选择 A 君而不选择 B 君呢？这个"遴选"过程体现为一种典型的"寻租"行为，"人际关系""裙带关系""贿赂"等充斥着这个选择过程。此外，上述因素也导致了政府官员任命管理当局的某些随意性②和国有企业管理当局经营期的不确定性，即使该管理当局的经营业绩并不差。好经理短命就是一种典型现象③。这样，国有企业的管理当局将不得不将大部分的精力用于和政府官员的打交道④，既然管理当局是由政府官员任命的，并不具备企业家素质和道德伦理，那么管理当局的目标便不是真正意义上将企业的经营业绩搞好，从而获得更高的报酬，而是频繁

---

① 廉价投票权隐喻"权责不对等"，即只有权利而不承担责任。试想，当 2000 年小布什和戈尔为总统宝位争夺得硝烟弥漫时，中国老百姓所做的只是、也只能是"隔岸观火"。如果让我们国家老百姓去投票选择谁作总统，恐怕我们只有闭着眼睛在选票上画一个圈圈了事，谁做总统关我们何事？当然，如果有利益关系在里面，则另当别论，而避免廉价投票权的唯一途径就是让有利益，尤其是直接利益的人去投票。张维迎（1999：141）认为让官员遴选国有企业管理当局的行为是"在马背上画白道道制造斑马"的逻辑，隐喻官员永远不可能像真正的资本所有者一样真正行使他们拥有的选择权。

② 经营好坏都可能被解职。

③ 当江苏某某家国有企业的经理通过努力经营将该企业利润从 200 万元提高到 7 亿元时，上级主管机关却突然以他没有大学文凭为由将他调离。

④ 《北京青年报》1998 年 3 月 11 日曾经过调查后得出结论，67.3% 的企业管理当局的主要精力都放在与上级主管机关打交道上。转引自张维迎（1999：126）。

导致企业的短期行为和短期繁荣,而后"邀功请赏",升职为"官员",等待其他人来寻租。例如1987年我国评选出了20位优秀企业家人才,十几年过去了,其中6人升迁,占30%,而在发达市场经济国家,将企业家和政治家混为一谈则十分罕见^①。这个现象反过来可以验证政府官员"遴选"的管理当局的经营行为的短期化。因为,企业经营是一种市场行为,经理市场同时也体现为资本市场的一种(张维迎,1999),既然作为经营者,一般情况下,企业的管理当局理当的唯一目标就应该是将企业的经营业绩尽可能地搞好,以便继续留任或提升人力资本和因为声誉效应而被其他企业以更高的报酬聘任,否则其将面临着巨大的声誉损失和失业。所以其唯一的选择就是经营的长期化和科学化。然而在我们的国有企业里,由于管理当局任期的不确定性,以及任职条件和其经营业绩的不相关性,国有企业管理当局对"明天"充满忧心,短期行为就不可避免了。另外,当国有企业管理当局将主要精力用于迎合上级主管机关的意志、需要甚至利益时,他们如何真正按照市场经济规律,花费时间和精力去努力经营企业? 当他们也同样面临着升职的"前景"时,此时财务操纵就不可避免了。

四、国企管理当局报酬制度的变迁与现状

1979年经济体制改革以前,我国整个国有经济部门俨然像一个组织有序的超级大企业,一个个的国有企业就仿佛是这个超级企业中的一个车间,而国有企业管理当局的角色就相当于一个车间主任(张维迎,1999)。在这个特定的历史阶段,国有企业唯一的任务就是严格执

---

① 在美国,有"黄、黑和红"道的明确界限。"黄"代表经商(财富)、"黑"代表着学术(严格)、"红"代表着政客(红地毯式的荣耀),三者很难"融会贯通"。譬如比尔·盖茨(Bill Gates)就未获得博士学位,布什(Bush)也未因其是总统转而到哈佛攻读博士学位,韦尔奇(Welch)也没有因其经营通用电气公司的成功而在政府中谋得一席之地,成为某个部门的官员。

行中央的计划，企业所有的生产、投资和人事决策权都牢牢地被控制在上级主管部门手中，管理当局几乎没有任何的自主权，他们所能够做的只是监督与协调上级下达的计划任务。而管理当局的报酬则是由国家按照严格的等级标准进行支付，一般都体现为固定的数额，与经营业绩（从严格意义上说，这个阶段管理当局并无经营业绩可言，因为他们根本没有经营决策权）的好坏完全不相关。尽管不少的经济学家都对这个历史阶段国有企业纯粹的计划色彩从正反两面提出过自己的见解，但有一点可以肯定，那就是这个时期由上级部门指定的国有企业管理当局大多是"根红苗正"，凭借的完全是党员兢兢业业的为人民服务的精神，而并非是其出色的经营管理才华而成为国有企业的管理当局。与之相伴随的现象是，这个时期并无现在所提到的会计准则，有的只是按行业、按部门和按所有制制定的一统到底的会计制度。而且会计人员的身份是双重的，一方面体现为企业的员工之一，另外十分重要的一个方面就是他们同时肩负对企业管理当局进行监督的职责。这个历史时期的经济、政治特点决定了管理当局鲜有为了个人私利而做出有损企业和国家利益的举动。

1979 年开始的国有企业改革迄今大致经历了 3 个阶段，即①改革早期的"放权让利"（Granting Autonomy and Sharing Profit）；② 1986年至 20 世纪 90 年代初期的"经理承包责任制"；③ 1994 年开始的"国有股为主导的公司制"（张维迎，1999）。但是到目前为止，经济学家普遍认为国有企业改革的成效主要体现在"解决管理当局短期激励"方面，但对于"长期激励和对管理当局的选择"则不甚理想，其原因主要在于管理当局拥有的剩余索取权份额极低，与其拥有的剩余控制权不相匹配。以至于北京大学经济研究中心研究员周其仁教授发出感叹："我们有天下最昂贵的企业制度，我们也有天下最便宜的企业家（管理当局）。"下面一组具体数据可以作为佐证（如表 4-3 所示）：

表 4-3　世界部分国家雇员薪金（月薪）一览表 ①

	美国	中国香港特别行政区	马来西亚	日本	中国大陆
管理当局 [I] / 美元	26250	18183	5628	5585	1490
一般员工 [II] / 美元	2967	1688	274	823	266
会计人员 [III] / 美元	3542	3290	1153	1501	589
倍率 [I] / [II]	8.85	10.77	20.54	6.79	5.60

从表 4-3 的统计中可以清楚地观察出,我国管理当局的工资水平,
从绝对额上（只相当于美国的 5.68%）与发达国家相距甚远,而且与一
般员工的收入水平也未拉开大的差距,这些都说明我们国家目前国有
企业的报酬机制存在着很大的弊端,这些进一步影响了管理当局对企
业经营和对诸多相关因素的态度。

造成国有企业管理当局报酬现状的原因很多,大致可以归结为以
下几点:

（1）我国企业管理当局报酬结构比较单一,基本还停留于传统、
单一的工资加奖金模式,成功推行年薪制的企业很少,推行国外比较
流行的股票期权、期股制的企业就更少了。工资加奖金这种传统的报
酬模式在企业走向市场化的今天弊端十分明显,一则已经演变为保健
因素而不再体现激励作用 ②,二则没有将企业的利益和管理当局的利
益"捆绑"在一起,不能够消除委托代理关系中管理当局以牺牲所有
者的利益为代价谋求个人私利的行为（在国有企业尤其如此）,三则没
有形成长期的激励体系,容易诱发企业管理当局的短期行为。表 4-4

---

① 数据由世界上最大的收入咨询公司华信惠悦（Waston Wyatt）公布。

② 保健、激励作用的区分来自赫茨博格（Herzberg）的"二元论",他认为管理中有两
大因素即保健因素和激励因素,保健因素不会调动积极性,而激励因素要物质、非物质因素
并重。

可以揭示目前我国企业管理当局的报酬形式和收入状况：

表 4-4　企业管理当局在不同收入形式下的收入水平 ①

	月薪	月薪+奖金	年薪	风险抵押承包	股息+红利	期权股份
<20000 /%	71.4	44.3	28.0	46.0	32.2	13.1
2万—4万 /%	15.0	30.4	29.4	26.8	22.0	9.8
4万—6万 /%	5.9	11.4	15.6	10.2	10.5	13.1
6万—10万 /%	4.1	8.3	13.9	9.4	13.2	21.3
10万—50万 /%	2.1	4.6	11.4	5.8	13.2	19.7
>50万 /%	1.5	1.0	1.7	1.8	8.9	23.0
N	1008	1642	572	224	304	61

从表 4-4 中可以明确看出：

第一，在接受调查的 3374 家企业中，采取月薪或月薪＋奖金模式的企业占据着绝对的比例，高达 78.54%，而推行年薪制和股票期权的企业仅分别占据 16.9% 和 1.81%。

第二，若以 4 万—6 万元和 6 万—10 万元作为中档收入、小于 4 万元作为低档收入、高于 10 万元作为高收入的话，那么传统的月薪＋奖金模式下 74.7% 的企业管理当局属于低收入者，而仅有 5.6% 属于高收入者；在采取股票期权模式下，42.7% 的企业管理当局属于高收入者，22.9% 属于低收入者。可见理论上，在同等的经营业绩下，股票期权比传统的月薪＋奖金更具有对企业管理当局的激励作用。

（2）我国企业管理当局人力资本长期被低估，企业管理当局人力资本的"价值天平"严重失衡。国有企业的管理当局往往是国家干部，由行政任命，结果许多企业经营业绩非常突出，但仍然受政策等因素

---

① 资料来源：中国企业家调查系统（1998）。

的限制，不能够或者不愿取得相对较高的收入。譬如正大青春宝集团的冯根生在不合理的人力资源体制下却因没有足够的资金而不能够认购该公司改组过程中 2% 的股份，甚至面临能否继续担任总裁的疑问；再如中国企业家调查系统(1998)调查发现，许多国有企业的管理当局不敢拿属于自己的报酬，理由是怕影响干群关系，影响领导班子内部的和睦。

(3)企业管理当局的报酬并未遵从市场规律，也未在现代企业制度的背景中进行运作，体现为过分追求公平而忽视效率。企业管理当局的报酬决定方式和幅度仍主要考虑到和职工的收入差距，譬如在推行年薪制的过程中，人为地规定经营者的收入不得超过职工平均工资的 3—5 倍等。此外，企业管理当局的报酬仍由行政决定，譬如四川企业经营者的年薪由国有资产管理局确定和审核、福建省企业经营者的年薪由财政部门核定、北京国有企业经营者的报酬由上级主管机关来核定等等。实际上，企业管理当局收入应该遵循现代企业制度的规定，董事长的收入由股东大会审定，总经理的报酬则由董事会批准；其次管理当局报酬的多寡也不应该限制什么上下限，而应该交给市场去决定，一切根据企业管理当局的经营业绩而定。

(4)同时也应该注意到货币报酬的较低并不意味着企业管理当局的收入总体就十分低。事实上也许恰恰相反，由于货币性报酬的偏低，往往与管理当局的劳动付出之间存在着严重的比例失调，所以相当一批国有企业的管理当局转而过度①寻求非货币性收益，包括地下收入、灰色收入和过度的在职消费。中国企业家调查系统 1997 年曾

---

① "过度"一词在这里表明：企业管理当局的效用函数不同于股东或者所有者，他们不仅追求货币收益，而且追求尽可能多的闲暇，较为宽松的办公环境和在职消费也是他们的效用函数构成要素，只不过在货币收益得不到满足的情况下，他们为了实现其总的效用，往往更加青睐于这些非货币收益。

对企业经营者的收入满意状况进行了一次调查，结果是 32.7% 的人对收入（也许仅仅是货币收入）多寡无所谓，甚至在推行年薪制的过程中，出现了职工比企业经营者更愿意推行年薪制的怪异现象，这些不正常的情况的主要解释可能是企业管理当局已经从非货币收益中得到了足够的补偿。

（5）不仅如此，企业治理结构也间接地影响了管理当局的报酬体系，尤其是新老三会的机能重叠和职权划分更是阻碍着科学的管理当局报酬体系的进一步推广。我国企业的管理当局相对而言是一个相当庞大的"集团"，不仅包括企业的法人代表和经营者，而且包括党委书记、工会主席、相当数目的"副职"等一系列与企业生产经营并无直接关系的"领导"，这些企业"领导"和经营者一样，几乎享受数额相当的报酬。例如，在我国推行年薪制的过程中，相当一部分地区的企业中规定总经理和董事长的年薪系数为 1，党委书记为 0.8 或 0.9，工会主席 0.7，党政副职 0.7 等，在一定程度上阻碍了年薪制的进一步推广，也无形中挫伤了经营者的积极性。结果，广东某些地区就是因为并不认同"传统的年薪制适用者范围"而放弃或延缓了年薪制的试点。

（6）根据一项实证研究的结果（魏刚，2000），我国以国有企业改制为主的上市公司（主要集中于机械制造业、纺织业、化工业、交通运输设备制造业、冶金业和造纸业等）的经营业绩和管理当局的报酬不存在明显的正相关关系。这进一步验证了我们的这个假定。

一言以蔽之，当国有企业管理当局的报酬结构单一，总体货币收入状况较低，因此管理当局往往转而寻求从非货币收益中得到补偿时，当国有企业管理当局的收入并不是根据企业的经营业绩而定，而是过多地依赖于行政规定时，企业经营业绩的好坏将不是决定其任职条件的首要因素，这样就出现了企业虽然经营业绩很差，其管理当局仍高枕无忧、继续在位，或者"易地做官"的现象。既然经营业绩的好坏将无法影响管理当局的效用,那么管理当局无须关注经营决策、自然就不关心会计信息。

五、会计信息披露体制和责任体系

会计信息披露密切依存于会计这个人造的经济信息系统所处的经济环境。本单元先对国有企业生存的经济环境进行基本描述,然后再论及在该经济环境下,作为国有企业一个组成部分的会计信息系统所面临的披露体制和责任体系。

1. 国有企业的经济环境

我们的国有企业迄今未能够有效地建立完全意义上的现代企业制度,经营主体划分不甚明确,权责利不对称。在传统集中的计划经济下,政府代表全民委托的国有企业的厂长实际上是相当于某一政府级别的官员(早期企业的厂长都有行政级别就可以说明这一点),由于国家政策从上至下的高度统一性(体现为统一规划、统收统支和统购包销),企业的厂长缺乏(甚至几乎不具备)独立的利益或自主权,企业也没有自己的独立利益。在这个阶段,有人认为厂长纯粹是靠"意识形态"或对国家和人民的忠诚来经营企业的,我们认为这个看法只注意到表面现象,而未触及本质。我们认为,当时奉献型背后的支撑逻辑(因素)依然是经济因素——计划经济。在高度的计划经济下,厂长、包括职工往往无法舍弃国有企业的工作,因此其行为自然遵循着政府希望的模式[1]。总之,没得选择或唯一选择使得此时的厂长、职工遵循着政府界定的道德和行为规范。尽管不排除个别例外,但大多数国有企业的厂长既没有太多的自主权,也无利益动机,也没有为企业谋求利益,根本原因在于缺乏努力进行经营的激励措施。但是,也应

---

[1]　吴敬琏等(1998)将这个现象总结为"政治、经济和伦理道德的不同步变化"。

该承认,当时的厂长"不求有功,但求无过",也极少出现侵蚀利润和国有资产的腐败现象。

随着经济体制的改革,伴随着"放权让利",企业厂长和国家作为所有者的利益逐渐产生分化,政府作为代理人希望国有企业尽可能实现国有资产的保值和增值以及保证国家的税源充足,而厂长则追求的是利润分享最大化,职工要求福利最大化。而一旦大厦的根基——计划经济——开始变化,原本赖以建立的伦理道德、责任体系也就失去了支撑的基础。此时经济利益因素的变化速率远远超过了经济伦理和责任体系追赶的步伐,也正是从此时起,厂长、经理也好,经营者也罢,其经济伦理道德和应该承担的责任在经济利益的驱动下已经扭曲或完全丧失。

2. 会计信息披露体制和管理当局之于会计信息披露的责任问题

从早期计划经济下的"鞭打快牛""棘轮效应",到现在的"假账真算""真实的谎言"[①],在相当长的一段时期内,在国有企业里为了迎合上级考核,在压力下出现了众所周知的"厂长利润""书记成本",有了成绩是领导的,出了问题却由会计人员"背黑锅"。在这种信息披露的责任体制下,会计人员出现了"站得住的顶不住,顶得住的站不住"的现象,也滋生了管理当局恣意进行盈余管理和账务操纵的不正常现象。1999 年颁布实施的新《会计法》虽然要求管理当局对企业会计资料的真实性和完整性承担责任(签名并盖章),然而目前的执法环境存在着客观的限制(执法不严)和管理当局并未针对其对财务会计报告承担法律责任做出公开声明,这在一定程度上使得管理当局仍未履行《会计法》要求的会计信息披露责任。

---

　　① "真实的谎言"揭示了企业在提供会计信息时的一种典型心态:为了某种目的而只注重形式上的真实性,而在形式上的真实性背后往往掩藏着不可告人的谎言。

在这样的会计信息披露责任体制下,管理当局往往不是通过努力付出来提高企业的经营业绩,而是对企业的会计工作"指手画脚",无视会计准则的基本规范,授意、指使或强令会计人员去"妙笔生花",虚造利润、粉饰经营业绩。某些情况下再加上注册会计师和财务分析师的推波助澜,企业仍旧以一种平稳发展或高速增长的假象呈现在投资者的面前,而受到损失的只有中小投资者!这样的结果是毁灭性的,因为中小投资者毕生的积蓄可能因此被管理当局不正当地攫取,从而使社会财富不恰当地发生了转移,最终影响资本市场和一国经济的健康发展——正如公司治理所揭示的:能否保护中小投资者的利益是一国资本市场是否健康成熟的重要标志之一!试问,在这样的会计信息披露体制下,管理当局又何须关注会计准则的具体规定?

六、公司治理生态因素

高质量的会计信息披露需要奠定在健康的公司治理生态基础之上。所谓"公司治理生态",是奠定在由投资银行家、注册会计师、企业内部管理当局和会计人员、律师等专业人员组成的企业的"知识共同体"基础之上。然而在安然、世通等一系列财务丑闻的背后,我们分明看到公司治理生态的各个环节"不约而同"地出现了疏漏,换言之,这无异于一种"合谋"[①]!

美国和我国的一系列财务欺诈丑闻告诉我们,注册会计师业务范畴的扩大,特别是进入有可能损害审计独立性的业务范畴后,注册会

---

①　公司治理生态包含 n 个环节(如内部控制、独立审计、职业财务分析人员等),健康的公司治理生态要求这些环节彼此之间是独立的,假设每个环节发现企业财务欺诈的概率为 $P_t(P_t>50\%, t=1, 2\cdots\cdots n)$。照此,公司财务欺诈要想不被发现,概率 P_F 是非常低的[$P_F=(1-P_1)(1-P_2)\cdots\cdots(1-P_n)\to 0$]。反过来思考,之所以小概率事件发生了,那么意味着公司治理生态的各个环节"有意识"地失效了!

计师和企业进行合谋的可能性往往就增加了。因为会计师事务所及注册会计师在利益的驱动下可能已经丧失了基本的独立性。会计师事务所的非审计（Non-Audit）服务（包括管理咨询、内部控制设计等）收入远远超过其审计收入的事实就可以证明这一点。看来，不加限制地允许注册会计师为客户同时提供审计业务和非审计服务的确是造成作为公司治理生态关键一环的独立审计失效的主要原因之一。缺乏独立性的注册会计师出具的审计报告不可能真实、公允和透明，从而不可能不误导投资者。实际上，财务欺诈往往导致投资者终生的积蓄毁于一旦，大量财富被掠夺而不恰当地转移到公司高层管理人员手中。要知道，投资往往意味着信任。一般的中小投资者之所以愿意投资于一个企业的证券，在很大程度上是因为信任了注册会计师出具的审计报告（Scott，1997）！

当然，如果将财务欺诈完全归因于注册会计师又未免有失公允，我们还应该看到公司治理生态的另外一个环节——财务（证券）分析师所起到的推波助澜的"作用"。随着会计准则的日益复杂化，一般投资者根本无法理解企业财务信息中所反映的复杂的交易如金融工具创新、租赁和"特殊目的实体"（SPE）等，所以投资者尤其中小投资者一般需要依赖财务分析人员的观点进行投资。然而，财务分析人员往往辜负甚至背叛了投资者的信任，在察觉这些公司财务疑问的同时选择了沉默，甚至仍做出诸如"建议强烈买进"的推荐。可以说，有些财务分析师为了一己私利完全背弃了社会公义和社会责任！也完全背弃了他们对资本市场必须信守的诚信义务！因为即使公司的管理当局能够利用会计准则留下的空间进行操纵，并且和注册会计师进行合谋出具了无保留的审计意见，财务分析师也应该能够加以识别！何况，即使诸如"特殊目的实体"等复杂的交易不在财务报表中进行确认，而只在财务报表附注中进行了披露，虽然可以蒙蔽一般的投资者，但并不能够逃过训练有素的职业财务分析人员的敏锐分析！在资本市场里，财务分析人员是会计信息的主要使用者之一，考虑到财务分析人员的知识结构和决策模型，他们并非不能够发现财务欺诈，实乃因为个人利益考虑不愿意揭发而选择了默认而已[①]！

当然，如果有严厉的事后惩罚措施的存在，可能财务欺诈还不至于如此猖獗。最近几年，我国的银广夏、琼民源等一系列公司的高层管理人员都曾涉嫌财务欺诈（黄明，2002），然而在中饱私囊之后并无人因此而入狱，也无人因此而受到刑事处罚。这些公司及其负责其审计的注册会计师事务所都如履薄冰地延续下来，然后再有下一次……也许我们必须期待我国也能够颁布像美国总统最新签署的《2002 上市公司会计改革和投资者保护法案》[②]（Public Company Accounting Reform and Investor Protection Act of 2002）一样的法律，以 "乱世用重典" 的气魄来威慑财务欺诈。也许还要再加一句：执法必严！

其实，面对一系列财务欺诈丑闻，也许我们应该发出如下的严厉质问："证监会干什么去了？会计师协会干什么去了？公司的审计委员会干什么去了？律师干什么去了？投资银行干什么去了？财务分析师干什么去了？人们的投资常识何在？"[③] 可见，如果公司治理生态失衡、存在公司治理生态危机，那么就不可能防范财务欺诈的再次发生，企业会计准则的存在对管理当局而言将失去基本的约束力，在这种情况下，管理当局也就无须关心、更不必去花费成本游说会计准则的制

---

① 据了解，曾有一名财务分析师发现了安然公司的 "财务疑问" 而质疑其财务健康性，但是却遭到了解雇。

② 该法案规定，公司高层管理人员必须对公司财务报告的真实性宣誓并保证，蓄意提供虚假财务报告的管理当局将会被处以 20 年的监禁和 500 万美元的罚款。我国的《会计法》也有类似规定。

③ 该质问由美国能源和贸易委员会民主党人士约翰·丁格尔（John Dingell）针对安然丑闻而提出，参见袁铭良（2002：71）。

定, 因为若缺少其他方面的监督和制衡, 会计准则的制定和实施根本不会严重地影响企业管理当局的福利!

七、小结

如上分析立足于我国会计准则制定过程中国有企业管理当局的"理智的冷漠"态度这种非理性现象, 从国有企业管理当局的遴选、国有企业管理当局报酬制度的变迁、会计信息披露体制和责任体系、我国公司治理生态等多个层面剖析了国有企业管理当局针对会计准则制定非理性行为的根源。但由于种种限制, 我们无法取得第一手的资料来判断我国会计准则制定的程序在体现效率的同时是否满足公平性, 是否给管理当局留下参与会计准则制定、表述自己意见的机会, 我们对这一问题尚未进行详细探讨。但我们希望, 它能作为一个具有挑战性的论题, 成为我国制定会计准则过程中会计界共同关注的一个论题。

第三节　会计准则制定: 原则导向还是规则导向

一、会计准则原则导向与规则导向争论的起源

相当长时间以来, 美国积累的丰富的会计准则制定经验和充分、公允及透明的会计准则制定程序, 使得其制定的会计准则被奉为圭臬, 成为其他国家纷纷效仿和借鉴的对象。美国人也常常以其国内拥有的、最为"严格"的会计审计制度而自诩, 并力求将之推广到全球范围, 甚至要求国际会计准则委员会(IASC)制定的会计准则与其保持一致。然而安然等一系列美国上市公司的财务丑闻事件的曝光使美国会计界哑口无言! 安然事件后, 美国国内开始对其制定会计准则的

方式进行反思,并将之贴上"规则导向"的标签①。与此相对应,国际会计准则理事会(IASB)的国际财务报告准则和英国会计准则理事会(ASB)制定的财务报告准则相应地被认为是"原则导向"的典型代表。

美国国内一系列上市公司的财务欺诈案件的曝光,使美国乃至全世界的会计界意识到美国会计准则制定存在的重大缺陷,在审视和分析一系列财务欺诈出现的原因时,美国国内提出了向原则导向或概念为基础的会计准则制定模式转变的设想,要求公认会计原则以原则为基础的呼声逐渐甚嚣尘上②。《萨班斯—奥克斯莱法案》要求对会计准则制定的原则导向征求意见,决定是否应该转变会计准则的制定方式。财务会计准则委员会(FASB)迅速对此做出反应,于2002年10月21日正式发布《以原则为基础的美国会计准则制定模式(建议稿)》("Proposal: Principles-Based Approach to U. S. Accounting Standard Setting"),这标志着美国准则制定机构在公众压力之下正式考虑是否应该转变准则制定模式,是否将以原则为基础的准则制定模式提上议事日程。

美国学术界也对美国会计准则制定模式的转变保持着密切的关注。美国会计学会(AAA)刊物《会计瞭望》(*Accounting Horizons*)2003年第1期上刊登了三篇专门讨论会计准则制定导向的文章,分

---

①　请注意,美国国内并非一致同意美国制定的公认会计原则就属于规则导向的会计准则,不少的学者和财务会计准则委员会(FASB)成员认为,美国的会计准则从根本上并不属于规则导向的会计准则。此外,美国目前强调原则导向的会计准则其实本质上属于以概念为基础的会计准则。

②　2002年3月,证券交易委员会(SEC)前主席哈维·皮特(Harvey Pitt)向国会作证安然时,对原则导向会计准则给予了支持:"证券交易委员会(SEC)将通过其权威性推动日益复杂、以规则为导向的财务会计准则委员会(FASB)准则转向以原则为基础。"财务会计准则委员会(FASB)新任主席罗伯特·赫兹(Robert Hertz)接受《商业周刊》(*Business Week*)采访时,也表示倾向原则导向的会计准则,认为当提及公认会计原则时,从业人员必须遵守广泛的原则和目标,而不是冗长的规则和例外。

别是：

①在《以概念为基础的准则制定模式和规则导向的准则制定模式的对比评价》（"Evaluating Concepts-Based Vs Rules-Based Approaches to Standards Setting"）中，作者麦恩斯（Maines）等认为，考虑以概念为基础[①]的会计准则制定方式是美国目前应优先考虑的会计准则制定导向和方式。但是，该文作者在以 FAS 87《养老金会计》为实验对象进行研究后，同时不无忧虑地指出，美国转向以概念为基础的会计准则制定方式并非易事，一系列问题尚待解决；推行以概念为基础的会计准则，还有赖于企业管理当局、董事会、审计人员等的通力配合和精诚合作。该文亦认为，无论是规则导向还是原则或概念导向的会计准则，都不是解决利益冲突的关键，准则的制定方式和监管问题应该分开进行考虑，会计准则的性质应该不受这些因素的影响。该文同时还对推行概念为基础的会计准则制定方式后，会计界和注册会计师的职业判断表示了担心，认为若推行概念为基础的会计准则，财务会计准则委员会（FASB）应该竭力为编制财务报告提供明确指导。

②在《原则导向的会计准则》（"Principles-Based Accounting Standards"）中，作者凯瑟琳·席佩尔（Katherine Schipper）则坚持，美国的会计准则制定原本就是以原则为基础的，该原则来源于美国财务会计准则委员会（FASB）制定的财务会计概念框架。

③在《原则导向准则和规则导向准则效应的行为证据》（"Behavioral Evidence on the Effects of Principles- and Rules- Based Standards"）中，作者纳尔逊（Nelson）以《萨班斯—奥克斯莱法案》和财务会计准则委员会（FASB）可能的会计准则制定导向的转变为研究背

---

　　①　原则为基础的会计准则制定本质上属于以概念为基础的会计准则制定。最近，证券交易委员会（SEC）又提出以目标为导向（Objective-Oriented）来制定会计准则。

景，提供了部分的行为证据。

二、以规则为基础与以原则为基础的会计准则制定模式比较

了解了会计准则两种不同制定模式的起源之后，我们发现长期以来，美国财务会计准则委员会（FASB）与国际会计准则理事会（IASB）在准则制定上采取了不同的两种模式。通常意义上，我们一般认为财务会计准则委员会（FASB）采取的是以规则为基础的准则制定模式（Rule-Based Approach），而国际会计准则理事会（IASB）采取的是以原则为基础的准则制定模式（Principle-Based Approach）。以规则为基础的会计准则制定模式和以原则为基础的会计准则制定模式两者究竟孰优孰劣，一直争执不下。

1. 以规则为基础的准则制定模式

财务会计准则委员会（FASB）制定的《财务会计准则公告》是规则导向会计准则的主要代表。以规则为基础的准则制定模式，首先给出某一对象或交易、事项的会计处理、财务报告所必须遵循的原则（Principles），在此基础上还结合准则制定时的现实经济环境特征，力图考虑到原则适用的所有可能情况，将原则进行具体化，形成一系列具有操作性的规则（Rules）。需要指出的是，在由原则到规则的过程中，准则制定机构不仅要考虑企业发生的经济业务中适用准则的情况，更要考虑包括不适用准则的有关例外（Exceptions）[①]。为了对具体规则予以说明，大量的解释和执行指南（Interpretive and

---

① 例外具体包括：范围性例外（Scope Exceptions），即对本应以准则进行会计处理的交易、事项，采取其他会计公告进行处理；运用性例外（Application Exceptions），其目的是获得期望的会计结果，如对运用准则中的原则所带来的报告盈余的波动性进行限制；过渡性例外（Transition Exceptions），其目的是缓和向新准则过渡的影响。

Implementation Guidance）将充斥于美国财务会计准则委员会（FASB）制定的绝大部分的准则中[①]。因此，综观美国迄今为止颁布的会计准则，我们可以发现，例外、解释和执行指南已经构成了规则导向会计准则的两个显著特点。而且这两个特点在财务会计准则委员会（FASB）近年来颁布的准则中还有愈演愈烈的趋势。

美国财务会计准则委员（FASB）会采纳的、力图为每一种可能情况都提供"唯一"答案的准则制定模式，其实目的是希望在任何时候都能为会计职业人员提供技术参照标准，以较强的可操作性保证相似交易、事项会计信息的可比性。而硬性的操作标准也能在一定程度上遏制会计人员的酌定行为。由于每一种可能情况都有相应的规则，在诉讼纠纷中会计职业人员便可诉诸有关规则抗辩，这一点在诉讼爆炸的社会环境中显得尤为重要。对会计职业人员而言，详尽的规则还限制了监管机构对会计行为过程的事前介入，而将其权限限制在事后的职业判断评价（Second-Guess Professional Judgments），同时也为监管机构提供了监督、制裁的依据。

但是以规则为基础的准则制定模式在实际执行过程中存在着如下的负面影响：

（1）过于详尽、复杂的会计准则导致美国的准则总成本居高不下，也使得美国制定的会计准则成为全球最昂贵的会计准则[②]。力图考虑

[①]　SAS 69 认为，应当广义地理解公认会计原则体系。公认会计原则是一个多层次的、由权威性不等的会计文件和文献所构成的体系。SAS 69 把代表公认会计原则的文件文献，按其权威性高低列出 5 个层次，具体见本书第 35—36 页。

[②]　准则的制定成本包括：制定成本、实施成本（摩擦成本）。制定成本包括从形成会计准则草案、到征求意见、再到公开听证会、直至最终准则颁布过程中发生的一系列显性和隐性成本；实施成本一般是指准则制定完成后，在推行过程中遭到抵制、出现与经济环境的不适应性导致的成本。一般认为，制定成本与准则的详尽程度成正比，而实施成本与准则的可操作性及详尽程度成反比。这样就不能够一味地追求低实施成本而任由制定成本节节攀升。实际上，一项准则的制定需要综合考虑制定成本和实施成本的权衡。

到所有可能情况的准则制定模式,必然带来百科全书式(Encyclopedic)的会计准则,一些复杂经济业务的准则动辄上百页①,造成准则制定程序过于繁琐、缓慢。其中固然有财务会计准则委员会(FASB)所要求的应循程序或业务性质复杂的原因,但力图对每种情况都给出唯一规则的指导思想无疑加大了准则的制定成本。并且,再详尽的规则也是以已发生的事实,或以已发生事实的预期为考虑对象,当经济环境的发展不断涌现出具体规则的经验和预期之外的情况(往往为规则规定之外的情况——例外)时,着眼具体规则的准则往往难以及时给出恰当的答案、难以适应未来经济发展的需要。

(2)规则导向准则可能无法发挥预期的规范作用。财务会计准则委员会(FASB)、财务会计准则委员会紧急问题工作组(EITF)、美国注册会计师协会会计准则执行委员会(AcSEC)、财务会计准则委员会特别任务执行小组4个不同机构制定了成百上千的规则。如此众多的规则之间可能相互抵触,常使准则的使用者无所适从。②而对于想要规避规则的使用者,详尽规则无疑能使其通过"合法途径"达到预期目的:针对规则给出的标准构造交易,从而使形式上符合规则、实质上背离原则的交易能以准则允许的方式进行处理。越是详尽的规则,越为"交易策划"和"组织创新"等财务操纵行为提供了契机,在安然事件中备受指责的"特殊目的实体"就是典型例子③。

---

① FAS 133 和 FAS 140 就受到类似苛责。

② 最典型的例子莫过于衍生金融工具的处理,财务会计准则委员会(FASB)发布 FAS 133 "衍生工具和套期保值会计"之前,涉及衍生工具会计处理的规范有 FAS 52、FAS 80 以及美国注册会计师协会(AICPA)的立场公告等,但这些文件对衍生工具的处理规定存在相互矛盾之处。

③ 按照美国安然事件发生时的会计惯例,只要非关联方在一个"特殊目的实体"权益性资本的投资中超过 3%,即使该"特殊目的实体"的风险主要由上市公司承担,上市公司也可不将该"特殊目的实体"纳入合并报表范围。这一会计惯例自身的合理与否暂且不论,事实上安然公司正是充分利用了 3% 这一具体定量标准,设立了数以千计的"特殊目的实体"作为隐瞒负债、掩盖损失的工具。

（3）规则导向准则中的详细规定易助长会计职业人员在财务报告过程中的"按章照搬"（Check-the-Box Mentality），而忽视应有的职业判断。由于有现成的技术参照标准，报表编制人员在提供财务报告的过程中就可能机械套用准则，而不是借助职业判断确定有关会计处理方法是否如实反映了经济实质。审计人员在对报表的公允性、合法性发表意见时，规则基础的准则易使其过于关注准则的细节性规定、忽视报表的整体评价，或重形式轻实质、忽略会计处理方法是否与基本原则相一致。后一种情况还易成为审计人员未恪守职业操守时的抗辩理由。安然公司事发后，就"特殊目的实体"问题安达信也是始终以安然公司没有违反形式上的 3% 规则为自己辩解，而置安然公司通过"特殊目的实体"隐瞒负债、掩盖损失这一事实于不顾。

2. 以原则为基础的准则制定模式

如果说，美国财务会计准则委员会（FASB）制定的财务会计准则属于规则导向会计准则制定模式的典型的话，那么国际会计准则、英国的财务报告准则则是原则导向会计准则的典范。以原则为基础的准则制定模式，仅针对某一对象或交易、事项的会计处理和财务报告提出应循原则，可能包括以原则为基础的一些规则，但并不力图回答所有问题，或对每种可能情况均提供详细规则。较之规则，原则具有广泛适应性，现实中也就不存在对基本原则的例外，因此原则导向会计准则将不可能出现规则导向下的大量例外。原则导向会计准则并不排除对解释和执行指南的需要，但指南将仅关注准则提及的重大问题，准则没有提及的企业、行业的特有情况将倚重会计职业人员的职业判断。因此，与规则导向准则相比，原则导向准则中的例外、解释和执行指南大为减少。

以原则为基础的准则制定模式下，准则的详尽和复杂程度降低，简洁、明了的会计准则便于使用者的阅读和理解。不再提供详尽的规则也在一定程度上遏制了"围绕"规则进行交易策划的财务操纵行为。如果使用者想要找到准则未作规定的交易所适用的规则，则必须以基本原则为依据、进行职业判断，这样报表编制人员对外提供的会计信息将更好地反映交易的经济实质，审计人员对报表公允性、合法性的评价也将更为全面、更符合原则的要义。在面对非预期事件时，原则导向准则将能做出较为迅速的反应，从而能更好地适应市场发展。较之规则导向的一些弊端，以原则为基础的准则制定模式固然有优越之处，但原则导向会计准则也有其所必需的条件，否则同样可能带来一些问题。

(1)充分的职业判断未必一定带来反映经济实质的会计信息，会计职业人员较高的职业判断水平是不可或缺的条件。与具备充分可操作性的详尽规则相反，原则导向会计准则通常只规定某一方面的抽象原则，特定行业、具体情况则全凭会计职业人员的职业判断。充分职业判断生成的会计信息将更全面反映交易的经济实质，这一论断是以会计职业人员较高的职业判断水平为前提的。会计职业人员必须对原则的要义有全面、精准把握，在面对具体情况时能判断、选择适当的会计处理方法。否则，低水平执业活动绝不可能带来反映交易实质的会计信息，更妄论信息之间的可比性。

(2)原则导向会计准则可能诱发滥用(Abuse)职业判断的酌定行为(Discretional)。应该说，无论规则导向抑或原则导向，会计职业人员的职业道德都是准则能起到规范作用的重要保障。尽管规则导向准则有可能诱发针对规则的财务操纵行为，但详尽的规则自身只是技术性条件，会计职业人员未能恪守职业操守才是关键[①]。原则导向会计准

---

① 例如，安然事件中，安达信出具严重失实的审计报告和内部控制报告、审计缺乏独立性、以及销毁审计档案等未能恪守职业道德的行为，被归结为安然事件的重大问题。

则允许充分的职业判断，会计职业人员的职业判断水平固然是职业判断与准则宗旨、精神相一致的技术保障，但会计职业人员的职业道德水平更是保证准则中的原则不被滥用的根本所在。取消了详尽的规则，会计职业人员具有相当大的酌定自由度，而有关监管、法律标准却变得抽象、模糊，这时准则所允许的充分职业判断就完全有可能被滥用。正如戴维·特威迪（David Tweedie）承认的，以原则为基础的会计准则制定模式是有条件的，公司和注册会计师必须能以公众利益为己任进行专业判断（Tweedie,2002）。

3. 原则导向与规则导向会计准则的一个简单例子

自从 20 世纪 70 年代初财务会计准则委员会（FASB）成立、以会计目标为逻辑起点制定财务会计概念框架，并以此为指导制定会计准则开始，美国的公认会计原则就采取了"具体规则导向"的制定思路。具体规则导向的会计准则具有较强操作性的优点，但却非常容易被规避。譬如融资租赁准则（FAS 13）规定，凡是租赁期限不短于租赁资产经济寿命的 75% 或最低租赁应付款的现值不低于租赁资产公允价值的 90% 的租赁，都可以归类为融资租赁，那么就有一些企业故意将租赁期限限定在租赁资产经济寿命的 74%、最低租赁应付款的现值控制在 89% 以内，从而躲避将融资租赁在财务报表上进行确认（因为融资租赁的确认将会显著提高企业的资产负债率，使企业的财务风险凸显，从而不利于企业的后续债务融资）。在具体规则导向模式下制定的财务会计准则，面临着朝令夕改的尴尬！因为一旦准则涉及的详细而具体的规则出台，正如上述的融资租赁一样，企业的管理当局总能够在绕过、不违反具体的会计规则的前提下，选择与具体规则主旨相反的会计政策，于是财务会计准则委员会（FASB）却不得不经常忙于修补具体会计规则的不完善，因此美国的会计准则条款越来越详细、复杂，财务会计准则委员会（FASB）的解释也越来越多，但即使如此也无法扭转或明显或潜在的财务欺诈。更何况美国的会计准则制定从来就不是一个纯技术性过程,实际上,因为具有的经济后果性,它正逐渐演变为充斥着游说活动的政治过程。此起彼伏的游说压力、政治方面的约束乃至准则制定权力的不稳定性〔时不时就会受到证券交易委员会(SEC)收回准则制定权力的威胁〕,使得财务会计准则委员会(FASB)改革会计准则制定模式、完善会计准则步履沉重,前途难卜。

美国会计准则制定的具体规则导向模式的缺陷使我们想到了国际会计准则委员会/理事会(IASC/IASB)制定国际会计准则和国际财务报告准则时的原则导向模式。原则导向的会计准则虽然在操作性方面存在一定的困难,但是却着重于反映业务的经济实质,因此不容易受到有意的规避。譬如,国际会计准则在租赁准则(IAS 17)中,相应进行了原则性的规定:"租赁期限占资产使用寿命的大部分、最低租赁应付款的现值几乎相当于租赁资产的公允价值。"这样职业判断就难以违反这一原则。

此外值得注意的是,具体规则导向的准则制定模式的缺陷还在于:(1)会计准则制定绝大多数时候是滞后的,它难以超前反映经济环境的变迁和企业经济业务的不断创新。这是美国会计准则制定目前面临的最大困境,值得我国制定会计准则的有关方面关注。为此,为了抑制上市公司财务欺诈的发生,美国似乎应该从国际会计准则制定中借鉴经验,对具体规则导向的会计准则制定方式做出革新,至少应该在会计准则中适当增添一些原则性的规定,以防止上市公司层出不穷的会计规避和由此导致的财务欺诈。(2)具体规则导向的会计准则追求(法律)形式更甚于(经济)实质,而这是一个会计准则制定过程中应该竭力避免的问题。

4. 小结

通过上述比较分析,我们发现,以规则为基础与以原则为基础是准则制定的两种不同模式，各有利弊，或各有其所必需的适用条件。其实，在会计准则的制定方式和导向方面，采用对原则导向或规则导向孰优孰劣，未经长期实践检验尚难下结论。若贸然紧追美国，按照或武断地根据美国会计准则制定模式，改变我国的会计准则制定方式，可能会考虑不周。原则导向与规则导向似乎并无不可逾越的鸿沟，原则导向本质上体现为规则导向的抽象化，而规则导向往往是原则导向具体化的结果。因此，将会计准则制定的原则导向和规则导向绝对对立未必可取。制定会计准则的现实和战略选择是，在充分考虑规则导向和原则导向会计准则的各自优缺点的基础上，根据各自经济环境的具体特点和财务会计人员、注册会计师的总体水平，融合两者的优点，对可能出现的缺陷进行扬弃。此外，我们认为，将规则导向的准则制定模式归结为财务舞弊的根源，并希望通过变革准则制定模式治理美国资本市场泛滥的财务操纵行为，似乎有失偏颇。应该看到不同准则制定模式下，都存在与准则特点相"契合"的财务操纵行为，这时候准则自身的技术性的完善与否已不再是问题的关键，外在于技术性的会计人员职业操守才是根源。仅就准则制定而言，片面强调规则或原则也易诱发相应问题，以原则为基础，并辅以必要的规则，或许才是更为切实的解决问题之道。

三、会计准则制定模式的经济后果

严格意义上，在一系列上市公司财务欺诈案件曝光之前，准则制定模式没有明确的以规则为基础和以原则为基础之分，两者的主要差别在于前者更为详尽、具体①。美国的会计准则制定方式在一系列

---

①　通常认为，原则导向准则仅针对某一对象或交易、事项的会计处理、财务报告提出应循原则，而规则导向准则除了给出应循原则外，还力图考虑到原则适用的所有可能情况，并将这些情况下对原则的运用具体化为可操作的规则。

财务欺诈之后之所以备受指责，并被贴上规则导向的会计准则的"标签"，这与美国财务会计准则委员会（FASB）制定财务会计准则的指导精神有关。美国财务会计准则委员会（FASB）制定的《财务会计准则公告》，力图考虑到准则适用的各种可能情况，为了明确备选方案的适用范围，通常限定了详尽的应循条件，针对特定业务还可能给出明确界限（Bright-Line）和定量标准（Numerical Threshold）。如 APBO 16 对企业合并采用权益集合法规定了多达 12 项的条件，FAS 13 对区分经营性租赁和资本性租赁提出了 4 项精确条件，其中包括"租赁期间不短于租赁资产估计经济寿命的 75%""最低租赁偿付款现值不低于租赁资产公允市价的 90%"这样的定量标准。公认会计原则的一个重要作用在于约束财务操纵，但过于详尽的规则反而为意图操纵的主体提供了针对性目标，从而引发针对规则、"规划"交易（Structure Traction）的财务操纵行为。例如，在资本性租赁交易中，为实现表外融资，承租方通常采取租赁资产剩余价值的第三方担保人签订保险合约的方式来规避"租赁资产公允市价的 90%"这一规定。AT&T 收购 NCR（National Cash Register）的案例中（合并后的公司称为 AT&T Global Information Solutions Co., 即 AT&T 全球信息解决方案公司），AT&T 为了将这起并购以权益集合法进行处理，共支付 5 亿美元以符合 APBO 16 中的 12 项具体规定。这次安然事件中备受指责的"特殊目的实体"也是利用公认会计原则的详尽规定、操纵报告结果的典型①。

　　与现行规则导向相反，原则导向准则仅规定某一交易、事项或对

---

　　① 依据美国会计惯例，非关联方在一个"特殊目的实体"权益资本中的投资超过3%，即使该"特殊目的实体"的风险主要由上市公司承担，上市公司也可不将该"特殊目的实体"纳入合并范围。事实上，安然公司正是充分利用了3%这一具体定量标准，设置了数以千计的"特殊目的实体"作为隐瞒负债、掩盖损失的工具。

象会计处理和财务报告的抽象原则，对准则的具体运用则全凭会计人员的职业判断。如 FAS 5 规定，当损失可以合理估计，并且债务或资产减值很可能已经发生时，那么就应计提一项或有损失。但究竟什么状态才是"很可能"、如何才能做到"合理估计"，准则未做进一步详尽规定，全由会计人员自行判断。因此，宽泛原则下的充分职业判断是原则导向准则的技术性特征。原则导向准则的支持者们认为，以充分职业判断取代对准则的机械套用，所提供的会计信息将更好地反映交易的经济实质；不再提供详尽的规则也在一定程度上遏制了针对规则的财务操纵行为。但不可否认的是，原则导向准则要能带来充分反映交易经济实质的会计信息，较高的职业判断水平和职业道德水平不可或缺。会计职业人员必须对原则的要义有全面、精准的把握，低水平执业活动绝不可能带来反映交易实质的会计信息。[1] 更为重要的是职业道德水平，否则宽泛原则下的充分职业判断将可能被滥用，由此引发利用宽泛原则的酌定行为。库奇亚等（Cuccia, Hackenbrack, and Nelson, 1995）研究了准则的精确程度对税务领域中激进财务报告的影响。研究发现，当准则的措辞较为含糊时，企图提供激进财务报告的主体将根据特定目的对准则进行解释，并且其解释足以证明所提供的激进财务报告是合理的。

规则导向准则和原则导向准则具有不同的技术性特征：规则导向准则通常对具体情况进行规范，以详尽规则、定量标准引导执业行为；原则导向准则仅提供应遵循的、宽泛原则，具体运用则全凭会计人员的职业判断，由此引发了针对各自技术特征的财务操纵行为。当准则

---

[1] 事实上，阿米尔等（Amer, Hackenbrack, and Nelson, 1995）对 FAS 5 中"很可能"这一措辞的研究表明，即使是有经验的审计人员，对可能性的理解也存在相当大的差异。不同情况下，审计人员对"很可能"的理解有所不同，并且审计人员的解释与准则制定者的意图也相左。由此可见，高度灵活的准则下面，即便是完全相同的交易或事项职业界可能都无法达成一致的处理意见，那么究竟哪一种处理意见才反映了交易的经济实质？

为备选会计处理做出明确规定时，意图操纵信息的主体就可能针对详尽规则规划交易，以"合法"形式达到目的。但交易规划是要发生交易成本的，其中包括支付给专业人士的咨询费、对之前曾被认为是最优经营决策的修正等，因此是否进行交易规划实际上是一个成本、效益相权衡的结果，即只有当进行规划所带来的效益（得以按照特定目的进行财务报告）超过规划所耗费的成本（专家咨询费、经营成本）时，才可能发生规划交易的操纵行为。相形之下交易规划的效益较为不确定，而原则导向准则进一步加剧了这一不确定性，因为宽泛原则无法提供具体依据来证明所规划交易的合理性。因此原则导向准则下，意图操纵的主体将充分利用内生于宽泛原则的判断空间，使监管当局认同其对原则的解释、认同这一解释足以支持其对交易的会计处理。可见，规则导向抑或原则导向仅仅是财务舞弊的技术空间，不同准则制定模式下都存在与准则技术特征相"契合"的舞弊行为。

审计职业界对这次系列财务丑闻负有不可推卸的责任，但在论及审计失败时，现行公认会计原则再次受到各方批评。[①]公认会计原则为审计人员执业提供了权威的专业标准，也是审计人员发表审计意见的依据。经验研究表明，明确的准则或清晰的法规能增强审计人员与客户谈判时的影响力（Gibbins，2001）。权威文告中的具体规定能提高注册会计师同业之间就某一具体问题达成一致处理意见的可能性，因此客户"购买审计意见"的威胁将变得无效（Magee & Tseng，1990）。但过于详尽的规则也抑制了审计人员的职业判断，发生规划交易的财

---

　　① 　批评者认为，审计人员在对报表公允性、合法性发表审计意见时，规则导向准则易使其过于关注准则的细节性规定、忽视报表的整体评价，或重形式轻实质、忽视会计处理是否与基本原则相一致。目前的公认会计原则无法为审计人员发挥职业判断提供良好的指引，而以原则为基础的准则制定模式将有助于孕育一种以专业判断取代机械套用准则的氛围（Tweedie，2002）。

务操纵时，详尽规则还可能成为丧失职业操守的审计人员的抗辩理由。① 因此，原则导向准则的支持者们认为，赋予审计人员充分的职业判断空间才能保证"实质重于形式"的会计信息。但正如前文所指出的，原则导向准则要能带来反映经济实质的会计信息，高水平的职业判断和职业操守不可或缺。否则，审计人员未能恪守职业操守的情况下，宽泛原则也就为审计人员允许客户的酌定行为提供了便利，因为审计人员同样可以利用内生于原则的判断空间来证明审计结果的合理性。公认会计原则只是审计人员执业的技术规范，规则导向准则固然可能助长规划交易的财务操纵，但只要审计人员能秉持"实质重于形式"的原则，详尽规则不是执业的障碍。同样地，原则导向准则下，如果审计人员未能恪尽职业操守，宽泛原则同样可能为审计人员与舞弊主体"共谋"大开方便之门。所以，审计人员未能恪尽职守、允许舞弊性财务报告的动机才是审计失败的关键。

以规则为基础还是以原则为基础都是会计准则制定的技术模式，应该看到不同模式下都存在与准则技术特征相"契合"的财务操纵行为。尽管在这次系列财务丑闻中，规则导向准则是审计失败的一个重要原因，并且详尽的规则也成为失职审计人员事后抗辩的理由，但审计人员未能恪守应有的职业操守才是问题的关键。变革准则制定模式所引发的成本是重大的，但技术上的变革并没有触及最为根本的舞弊外在诱因。较之修订准则，通过制度安排提高会计人员、审计人员职业道德和职业判断水平或许才是更为有效的解决问题之道。

---

① 例如，安然公司事发后，安达信曾就"特殊目的实体"问题以安然公司未违反形式上的 3% 规则为自己抗辩，而置安然公司通过"特殊目的实体"隐瞒负债、掩盖损失这一事实而不顾。这再一次表明"实质重于形式"原则的重要性。

第四节　高质量会计准则研究：观点、综评与启示

一、高质量会计准则问题的提出

高质量会计准则问题是由证券交易委员会(SEC)前主席阿瑟·利维特提出的。他在 1997 年 9 月 29 日的一次演讲中阐述了一个主题：我们需要高质量的会计准则[①]。利维特在文章中主要阐述了以下几个观点：

第一，根据美国的经验，要建立发达而健全的资本市场，必须有效地保护投资者[②]，使投资者能够得到上市公司经营活动的真实、完整、公允并具有透明度的财务图像——公司通过财务报表所披露的信息。如果把会计准则比喻为一架拍摄公司图像的照相机，那么通过"快照"可以得到生资产负债表，通过拍摄过程的"慢照"可以得到收益表。良好的会计准则可获得真实而清晰的图像，而低质量的会计准则所产生的图像必将模糊不清。什么是良好的会计准则呢？利维特举例说："按良好会计准则产生的财务报告，应在本期报告的事项，既不提前，也不滞后；不提过多预防意外的准备；不确认递延损失；公司的经营业绩实际上在各年是起伏不定的，财务报告不应进行所谓的'平滑'；不人为地粉饰出一个似乎前后一致的、稳定发展的假象。"总之，要根据会计准则来表现经济真实。而表现企业的经济真实才是投资者所需要的信息披露。美国的经验表明，资本市场的成功与否，直接依赖于会计与披露制度的质量。有了高质量的会计信息披露制度，投资

[①]　这篇演讲，后来以《高质量会计准则的重要性》为题发表在 1998 年 3 月的《会计瞭望》第 12 卷第 1 期上(Levitt, 1998: 79—82.)。

[②]　实际上，一个资本市场的健康与否关键要看其能否保护中小投资者的利益。

者才会对企业的财务报告予以信赖。因为高质量的会计信息是他们做出正确的投资决策的保证。缺乏投资者的信任，资本市场是不可能繁荣的！

十分明显，要使企业财务报告达到高质量，就外部条件来说，必须保证会计准则的高质量。

第二，当前，资本市场已经全球化。人们不仅要求本国准则高质量，而且要求有一系列在世界范围内能够普遍接受的高质量的国际会计准则。在文章中，利维特明确指出，准则获得普遍认可（实际上主要是得到美国的认可），必须报告以下 3 项目标[①]：

①准则必须包括已经制定的会计文献中普遍接受的、综合性的会计基础概念中的核心部分；

②准则必须高质量：利维特在这里把高质量理解为"能够提高可比性、透明度和提供充分的信息披露，利用这些信息，投资者在公司的不同会计期间能够有意义地分析公司的业绩"；

③准则必须严格地加以解释和应用：如果会计准则满足了这样的目标——"不论交易或事项是在何时、何地发生，凡相似的交易或事项均按照相似的方法进行会计处理"——那么，全世界的审计师和会计准则制定者就应按照一致的口径严格地予以解释和运用，否则，可比性和透明性就会受到损害。

把上述 3 项目标概括起来就是：以财务会计基本概念为基础，能导致可比性、透明度和充分的披露并在应用时进行严格的、统一的解释。

第三，高质量的会计准则不可能一朝一夕就能够达到。它是适应

---

① 这些其实是证券交易委员会（SEC）对国际会计准则委员会（IASC）的要求，是一项国际会计准则能够被美国认可并接受的条件。

投资者和资本市场的需要变化而不断修订、完善的结果。因此，制定一项高质量的准则是需要花费成本的，而且不可能一劳永逸。衡量准则的高质量，归根结底是看它是否有利于投资者的投资决策。

利维特"高质量会计准则的重要性"的演讲引起了强烈的反响。1997年12月，在美国会计学会（AAA）和财务会计准则委员会（FASB）的财务报告研讨会上，许多与会者围绕"什么是高质量会计准则"（High Quality Accounting Standards）的属性（Attritutes）或特征（Charicateristics）这样一个问题展开了讨论。

二、美国关于会计准则高质量讨论的不同观点

1. 美国会计学会"财务会计准则委员会"（AAA Financial Accounting Standards Committee，FASC）对高质量会计准则的观点

美国会计学会在美国会计界的权威性是通过该组织名下的"财务会计准则委员会"（FASC）评估现行会计准则来体现的。美国会计学会"财务会计准则委员会"（FASC）认为，一项高质量会计准则促使得财务报告提高其使用者做出投资和信贷决策的能力。这是对高质量会计准则的总的判断标准。为了运用上述标准去评估草拟中的会计准则（下文也称新准则），应当考虑以下3个问题：

第一，新会计准则能否指出财务报告中的薄弱环节[①]？高质量会计准则应当能够敏锐地指出财务报告模式中的重大缺陷。

第二，新会计准则是否通过增进财务报表使用者做出投资和信贷决策的能力来纠正已经觉察的财务报告的缺陷？高质量会计准则应当能够提高财务报表使用者做出投资和信贷决策的能力。在某种程度

[①]　由于企业经营管理方法的改变（例如用衍生金融工具来管理市场风险）和外部经济环境的变化（例如经济服务部门的迅速发展），财务报告中的薄弱环节是不可避免的。

上，高质量的会计准则可以提高报告信息在总体上的相关性、可靠性和可比性（包括国际范围的可比性）。

第三，新会计准则的颁布，是否使预期效益超过预期成本？高质量会计准则应该有效地促进资本分配，因而可以使准则的效益超过其成本，可以使决策者精确地评估企业的经济"健康状况"和经济业绩。尽管颁布的新准则可能产生与之相关的成本（如准则制定成本、企业分担的成本和可能的诉讼成本等）。但从长远观点看，预期的资本决策的利益将会大于该准则的颁布成本。

要评估上述 3 个问题中的每一个，美国会计学会"财务会计准则委员会"（FASC）认为：

第一，如果学术界的研究是相关的，那么高质量的会计准则应当按照学术研究的结果来形成并与研究结果取得一致。学术界可以既通过经济因素，又通过经验证据去评估建议中的准则，并①指出财务报告模式中的缺陷；②提高财务报表使用者做出投资与信贷决策的能力③使经济利益超过经济成本。

第二，高质量的会计准则必须与财务会计准则委员会（FASB）的财务会计概念框架相一致。财务会计概念框架是形成、发展会计准则的共同基础和基本依据。要确定会计准则是否同概念框架相一致，我们需要去①了解美国财务会计准则委员会（FASB）的结论与基础；②检验作为新准则后果的论据的可能的优点与缺点；③辨认新准则同建立在现行财务报告模式上的其他准则的不一致性。

2. 美国投资管理研究协会（Association for Investment Management and Research，AIMR）对高质量会计准则的观点

在美国，美国投资管理研究协会（AIMR）是最具影响的、代表投资者利益的团体，其针对财务会计准则的发言机构是财务会计政策委员会（Financial Accounting Policy Committee，FAPC）。财务会计政

策委员会(FAPC)提出,高质量会计准则应当达到 8 项最重要的标准。它们是:

(1)新准则应该改善投资决策者有用的信息。

美国投资管理研究协会(AIMR)的成员经常进行财务分析和投资评估,他们最需要信息。但他们注意到信息要花费成本,因此要求信息带来的效益必须大于成本。财务会计政策委员会(FAPC)以 FAS 106 为例,认为从长期的观点来看它是经济效益超过成本的高质量的会计准则——虽然该准则的执行使许多公司增加了巨额的费用[①],但使公司的财务状况和经营业绩得到更真实的反映。

财务会计政策委员会(FAPC)还认为,最有用和最重要的会计准则是那些能提供外部使用者原来不能够估计到的信息的准则[②]。

(2)新准则产生的信息应该与投资评价相关。

财务会计政策委员会(FAPC)提出,①应取消一些与投资评价无关的信息。他们主张立即注销未摊销的商誉。其理由是投资者所关注的是能够产生未来现金流量的资产的价值,而商誉则相反——商誉由预期的未来现金流量所产生,已经不再形成任何价值了(但这一点是值得商榷的)。②公司财务报告中大部分定性描述是无用的,需要改进。有些信息,只需要在报表以外进行披露。严格地讲,会计信息无论在表内或者表外披露,都是重要的。

---

① 如通用电气公司采纳 FAS 106 后,即增列了 27 亿美元的费用。

② FAS 106 也是一个例子。按照美国的劳动保险法规,退休金的支付和退休后津贴的支付具有明显的差异:前者受益对象只是员工本人,金额确定、按月支付并可以合理的预测;而后者是对员工退休后,继续支付的人寿保险、医疗及其他福利补助的受益对象包括员工本人、配偶和受其抚养的亲属,它没有限额,变化甚大,难以预测。过去,公司并未在表外披露支付此项津贴的义务。而在 FAS 106 中,至少有两项重要的退休后津贴义务应作为负债进行估计,即预计退休后支付津贴的义务(Expected Postretirement Benefit Obligation, EPBO)和累计退休后支付津贴的义务(Accumulated Postretirement Benefit Obligation, APBO),否则财务报表的披露就是不真实的。这些都是外部使用者原先未曾估计到的新信息。

（3）反映必须真实，这里包括几个含义：

①相同或者相似的交易或事项应当在财务报表中做相同或相似的反映。准则中确认和计量要能够清楚地表明经济真实，首先必须要求准确、完整地描述交易或事项的经济实质。

②要具有可比性。国际会计准则的首要任务是协调。什么是"协调"呢？其基本涵义是："基准的会计处理要求统一，备选的会计处理要加以限制。"

③由于商品经济和市场经济的全球化，为保持全球市场的有效性，我们更需要会计信息在全球范围内的可比性。

（4）如果不考虑计量的可靠性，现行成本信息通常比历史成本信息更有用[①]。

由于现行价值的计量经常缺乏可靠性，财务会计政策委员会（FAPC）仍然主张在大多数情况下，由表外附注披露现行价值（当然FAS 133 中规定的可按照公允价值计量并予以确认的金融资产和金融负债除外）是合适的。财务会计政策委员会（FAPC）还很赞赏 FAS 33《财务报告与物价变动》。因为 FAS 33 在表外提供了很多有关现行价值和不变价格计量的有用信息[②]。

（5）广泛披露应该成为新准则的一个完整的组成部分，披露的必要性至少体现在：

①克服混合计量属性会计模式的缺陷。当几种会计计量属性并用

---

① 财务会计政策委员会（FAPC）和美国投资管理研究协会（AIMR）内部，对公允价值有用性的看法都是有分歧的。现在，大部分成员倾向于接受按照公允价值计量衍生金融工具和避险活动（套期保值），比如他们对最近颁布的 FAS 133 均表示理解和支持。而且财务会计政策委员会（FAPC）还表示，它之所以主张立即注销商誉，也不接受软资产（Soft Assets）就是因为它们的现行价值与取得成本之间没有联系。

② 后来，FAS 33 被 FAS 87 所取代，财务会计政策委员会（FAPC）感到很可惜。按照FAS 87 的规定，原来 FAS 33 要求企业在表外披露的一些有关物价变动的有用信息已经由强制提供改为自愿（鼓励）提供了。

时，应该在表外披露所采纳的不同的会计计量属性，并列示和解释现行价值和历史成本价值的差异。

②帮助用户来评价管理当局进行会计选择的影响。

但是，披露并不能够替代确认和计量。虽然财务会计政策委员会（FAPC）在第二点看法中曾谈及"信息不论在财务报表中确认和计量，还是只在附注或其他地方披露，都是同样重要的，它们最终都会影响，并使其影响体现在证券价格的变动之中"，不过，会计信息的有用性还是有层次差别的，正如财务会计准则委员会（FASB）在其概念框架中所说，"财务报表是财务报告的核心，是把会计信息传输给外界的主要手段"（SFAC No.1: par.6；SFAC No.5: par.5）。

③披露能够帮助用户来分析管理当局采纳不同的会计政策和会计估计对现金流量的金额、时间分布和确定性的影响。

（6）平滑化和正常化是财务分析而不是财务报告的职责。

平滑化和正常化（Normalization）不能够反映经济事实。由于政治方面的考虑，会计准则制定中存在一些"平滑工具"（Smoothing Devices）。"全面收益"概念包含了已经确认、未实现的利得，实际上它们是那些虽然已经赚取，而本期尚未取得现金流入的收益，把它们列入本期全面收益就是平滑各期收益的需要。财务会计政策委员会（FAPC）是支持"全面收益"概念的，但是财务会计政策委员会（FAPC）更需要的是全面的事实，而不是经过挑选的事实。比如对于美国注册会计师协会（AICPA）在《改进企业报告：侧重于用户》中提出的"核心收益"（Core Earning）等概念以及予以报告的主张，财务会计政策委员会（FAPC）就持否定态度。因为把财务数据分离为核心项目与非核心项目已经属于财务分析的范畴了。

财务会计政策委员会（FAPC）的观点可概括为："会计准则应是明确的，并在广泛的事项范围内用于相同的经济交易应能得出相同的

结果；换言之，所有的报告主体都应该遵循相同的模式。"(Knutson &
Napolitano, 1998: 170-176)

3. 美国管理会计师协会(Institute of Management Accountants,
IMA)的意见

由美国管理会计师协会所属的财务报告委员会的主席(the chair
of Financial Reporting Committee of the Institute of Management
Accountants)哈尔·罗赫罗(L.Hal Rogero)在其《高质量会计准则的
特征》("Characteristics of High Quality Accounting Standards")一文
中阐述了美国管理会计师协会(IMA)对高质量会计准则问题的反应。
哈尔·罗赫罗把美国管理会计师协会(IMA)对高质量会计准则特征
分内容和程序(Process)两方面加以分析。

第一，从内容方面看，分为3点来阐述：

(1)高质量的会计准则(以下简称准则)应当以清晰明了、可理解
的方式进行表述。其内容应该具有可操作性。为了达到这个目标，应
该坚持以下的原则：

①在可执行的范围内，准则应该建立在概念的基础之上，应该有
一套它所遵循的基本目标和概念。

②要尽可能地利用现有的信息，其中包括内部管理所使用的信
息。这是因为把这些信息用于报告的准则，既容易执行、成本较低，
又有较高的相关性与可靠性。

③为了满足节约成本的要求，或显著提高准则的可操作性，可以
牺牲一部分精确性。

④一项新准则的制定，要提出准则在公布之日起至生效之日这一
过渡时期的、符合实际的要求。

⑤新准则的出台要确保其经济效益超过成本。

(2)准则所提供的确认与计量指南，应当能够如实地反映包括原

始交易或事项的经济实质。

（3）披露的内容应该加以限制，只要求披露那些与投资决策相关的信息，其中：

①关键性的、对未来盈利和现金流量的估计是必要的假设，应该在管理当局评论与分析中得到说明；

②财务报表的项目不应该分得过细；

③一项新准则的制定应该仔细认真地考虑所要求披露的信息的价值——效益超过成本。

第二，美国管理会计师协会（IMA）还对新准则形成的程序提出了一系列建议，主要有：

（1）制定一项新准则应该有证据表明其所涉及的问题是普遍的，并且通常是针对没有准则可循的范围。除非情况出现重大变化，准则不应该轻易修改。

（2）新准则的表决，应当吸收特别工作组（课题组）的成员参加，还应当组织现场实验。

（3）准则的制定，应该寻求国际范围内的协调。

（4）一项新准则的内容，应当是迫切的、突出的、涉及投资者所面临的最重要的问题。要防止把问题扩大化，防止把准则制定的成本强加给每个企业。

三、美国关于高质量会计准则研究的综评与启示

1. 美国关于高质量会计准则研究的综评

会计准则是指导财务报表和其他财务报告以及财务会计处理程序的指针。把其他若干影响财务报告的因素撇开不谈，高质量会计准则应该能够产生高质量的财务报告、能够造福于投资者、有利于资本市场的完善与发展；低质量的会计准则带来的是负面影响，误导投资决

策,损害投资者的利益。美国是根据公认会计原则来规范上市公司和证券发行公司报表的最早的国家。从 20 世纪 30 年代颁布的第一份《会计研究公报》(ARB No.1)起,迄今正好 60 年,过去的准则制定机构会计程序委员会(CAP)、会计原则委员会(APB)先后共颁布了 51份《会计研究公报》(其中 ARB Nos. 1–42 合并为 ARB No.43,因此其实只有 10 份),31 份《会计原则委员会意见书》;目前的准则制定机构财务会计准则委员会(FASB)截至 1998 年 6 月共制定了 133 份《财务会计准则公告》,还有 90 份解释,对如此众多的、迄今仍旧生效的公认会计原则文献,如何评价其质量呢?其中哪些是高质量的?为什么?哪些是低质量的,问题何在?迄今仍心中无数。及时进行评估对于进一步财务会计准则将是很有意义的。阿瑟·利维特之所以提出需要高质量会计准则,首先就是针对美国国内的会计准则来说的,200多份准则并非都能够导致公允而充分的披露,并非都是高质量的。为此,美国会计学会(AAA)和财务会计准则委员会(FASB)1996 年的财务报告研讨会的参加者 75 人(包括 40 位学术界人士,16 位准则制定界人士,4 位来自法律制定机构,9 名注册会计师和 6 名财务分析家)先后在会前会后两次参加评估已经生效或尚未生效的《财务会计准则公告》或《会计原则委员会意见书》,第一次参加评估者 57 人,第二次参加评估者 42 人,评估的结果就是评出了最好的和最差的会计准则各 5 份,如下:

最好的(高质量的)	最差的(低质量的)
FAS 106	FAS 13
FAS 95	APBO 16
FAS 5	FAS 123
FAS 87	FAS 2
FAS 107	FAS 15

评估者对于"最好"和"最差"的会计准则都说明了理由。以被评估为最好的会计准则之一的 FAS 95 为例,其所以被评估"最好"的,是基于以下理由:

①提供了报告现金流量信息的标准方法,使现金流量信息更加协调一致和可比;

②所提供的新信息在财务报表的其他地方没有报告;

③有合理的概念基础〔美国财务会计准则委员会(FASB)的概念公告要求报告现金流量信息〕;

④对投资者提供有用的基本信息;

⑤国际上普遍认可该准则〔各国包括国际会计准则委员会(IASC)也都建立此项准则〕;

⑥现金流量表提供的信息比财务状况表信息更相关,更有用和更好理解。

再以被评估为最差的准则之一的 APBO 16《企业兼并》为例,其之所以是最差的,理由如下:

①该项准则导致企业在兼并时的会计处理任意选择股权集合法或者购买法;

②准则重视兼并的认识是形式胜于实质;

③准则导致相似的企业兼并产生不同的会计处理结果;

④准则导致企业兼并的高成本,因为许多会计主体试图创造条件来满足股权集合法的标准;与此同时,某些企业将逃避证券交易委员会(SEC)据此采纳的强制行动;

⑤大多数国家的企业兼并,很少符合美国股权集合法的会计处理标准,因而很少采纳股权集合法。这样,美国的该项准则就与各国普遍采用的会计惯例步调不一致。

1997 年美国会计学会(AAA)和财务会计准则委员会(FASB)公

开对已经颁布并仍生效的会计准则进行评估,尽管是非正式的,却是史无前例的。评选出来的"最好的"和"最差的"准则,未必公正,意见不一,而且参与评估的准则的范围也不大。不过,此举多少可以促进会计准则制定机构去认真思考怎样努力提高会计准则的质量。利维特提出的需要有高质量会计准则的呼吁,另一个作用则是针对国际会计准则委员会(IASC)所制定的国际会计准则,特别是他为把所有国际会计准则修订为核心准则付出的努力。国际会计准则委员会(IASC)在证券委员会国际组织(IOSCO)的支持下,制定核心会计准则是国际会计准则委员会(IASC)"协调"各国准则的重大措施,以适应全球经济化的需要。当然,美国也参与了这一计划。所以财务会计准则委员会(FASB)特别关心修订后和新制定的国际会计准则的质量。利维特提出的 3 个目标,针对性是十分明确的,目标中的第二项就是要求国际会计准则具有高质量。

高质量会计准则的讨论,向人们提出"什么是评价准则质量高低的标准"以及"一项高质量会计准则应该具备哪些必不可少的特征"等一系列问题。

在这些问题上,通过以上介绍的几种意见可以看出:看法各不一致,尚需进一步讨论。利维特着重提出公允而充分的披露,核心是报告的披露,他认为高质量会计准则的主要特征是促进财务报告的公允即公正性、充分性和可比性,从而达到透明度。这从证券交易委员会(SEC)的角度来理解是十分重要的,也是很明确的。他也提出要包含会计文献中普遍认可的概念中的核心部分,这至少指财务报告的目标、会计信息的质量特征和要素及其确认与计量等若干基本概念,可惜他没有进一步展开。美国会计学会(AAA)的"财务会计准则委员会"(FASC)、美国投资管理研究协会(AIMR)的财务会计政策委员会(FAPC)以及美国管理会计师协会(IMA)主席所写的评论文章都从不同侧面对高质量会计准则的标准提出了有价值的看法。

综合他们的一些意见，初步将高质量会计准则特征归纳如下：

（1）高质量的会计准则在理论上应当使用财务会计概念框架中的、在全世界范围内基本达成共识的那些概念，主要包括财务报告以决策有用性兼顾受托责任为目标；以相关性、可靠性、可比性等一系列既有层次又相互联系的信息质量为达到目标的必要保证与中介；以财务报表要素及其确认与计量为主要手段。同时，再配合必不可少的、保证企业经营具有透明度、提高决策有用性的表外信息披露。

这一系列基本的概念本来起源于美国。1966 年美国会计学会（AAA）的《基本会计理论说明书》、1970 年美国注册会计师协会（AICPA）以及财务会计准则委员会（FASB）的 6 份概念公告，都对财务报告的目标、会计信息的质量特征等核心概念做了权威性的论述。包括国际会计准则委员会（IASC）的《编报财务报表的框架》在内的其他国家有关此类文献，基本上都接受了美国的看法（当然，此类文献在个别地方也有所发展）。其中，以财务报告目标和会计信息的质量特征最为重要。

高质量的会计准则，必须符合使用者的目标，既要满足投资者、债权人和其他类似使用者的决策需求，又应当如实地反映管理当局关于资源营运的受托责任的履行情况。

（2）高质量的会计准则原则上应当符合所有的质量要求。而最重要的质量是相关性、可靠性、可比性、公允性与充分披露。

按照 SFAC No.2《会计信息的质量特征》，最主要的会计信息质量是相关性和可靠性。相关性是会计信息的一个重要质量。具有相关性意味着可以增进决策者的决策预测能力，从而影响人们的投资或者其他经济行为。正如财务会计准则委员会（FASB）所说的，"不相关的信息，为取得它而耗费的精力等于白费"（SFAC No.1: par.100）。对于财务报表和其他财务报告来说，相关性具有不同的意义。财务报表是一个通过确认与计量、记录而形成的、较为稳定的报告模式。它的相关性，既表现在每项具体的会计信息上，也表现在信息总体上。当然，财务报表现在也有发展。例如，就个别要素看，表内确认的标准将扩大为：即使交易尚未完成，报酬与风险在实际上已经转移时就可以以资产或负债来确认；即使尚未实现，已经赚取且很可能实现的利得也可以确认为利得。再就财务报表的组成部分而言，有关企业财务业绩的报告现在已经被一分为二——既用传统的收益表来继续报告已经确认、已经实现的收入、费用与利润；又增加了全面收益表报告（包括已经确认、未实现的利得或损失在内的全面收益或全部已确认利得和损失）。但总的来看，财务报表并不经常变动，它的重要性得到使用者的充分肯定。美国注册会计师协会（AICPA）于1994年发表的《改进企业报告：侧重于用户》中写道，"本委员会肯定财务报表的重要性""财务报表是捕捉并组织财务信息的绝妙模式""没有证据表明，由于信息不相关或者其他因素，使用者放弃财务报表的分析""也没有使用者建议应当予以抛弃而用一个根本不同的组织财务信息的手段来取代"（AICPA，1994: 26）。这表明财务报表对于投资者的决策和维护资本市场的正常运转具有根本的相关性。财务报表所载有和传递的信息，除非使用者看不懂或者不愿去进行分析，否则对于所有的、具有合理理解能力的投资者、债权人和其他类似的使用者而言都是有用的。财务报表在总体上的这种相关性是财务会计能够继续存在的理由。大约从20世纪30年代开始，传统会计中的主要部分发展为现在的财务会计。会计报表中的财务报表逐渐构成对外报表的独立体系。60年的历史也可以反证：如果财务报表是无用的，即它无助于投资者的决策和资本市场的发展，通过财务报表所发出的盈利、现金流量、关于企业偿债和支付能力的信息终究不能够影响证券价格，那么财务报表连同财务会计早已经被人们弃之不用,送进了历史的垃圾堆!

财务报表为什么又发展为财务报告呢? 在表外要产生的大量的信息披露,主要也是为了提高相关性。因为财务报表中的信息尽管与决策相关,但对于不同的信息使用者具有不同的相关程度。而且受财务报表编制程序的苛刻限制——必须公认会计原则进行确认、计量并正式记录的信息才能够进入报表,造成了有一些信息对于特定的使用者可能需要甚至很需要,但不能够在财务报表中得到确认。其中包括若干财务信息和非财务信息,定量信息或者非定量信息。若借助于财务报表以外的其他传递手段,这些信息就可以比较灵活地加以披露,借以弥补财务报表信息披露的欠缺。所以说,相关性也是其他财务报告的前提。相关的财务信息,不论在表内或者表外披露,主要是由会计准则(包括会计惯例)加以认定或提出要求的。针对在其他财务报告中应予披露的信息,除了会计准则制定机构外,证券管理机构也有权对证券发行或者证券上市的公司提出补充的、严格的要求。此外在不违反可靠性和不使会计信息过量的前提下,企业也有权披露一些对使用者相关的信息。

总的来说,相关性是财务信息被使用者所接受的前提。也是财务信息对人们有用的前提。以财务报表为核心的财务报告模式,在总体上经过历史的考验与实际的调查后〔见美国注册会计师协会(AICPA)的《改进企业报告:侧重于用户》〕都被证明了具有相关性。

(3)可靠性是高质量会计准则的另一个重要的属性。

对会计准则来说,坚持可靠性就是确保财务报表的每一个具体信息和总体信息都能够如实地反映意欲反映的实际情况,其数据具有可稽核性并体现公允即中立性的要求。

当我们把相关性作为有用会计信息的前提时,相关的会计信息是否有用在很大程度上就取决于其是否可靠。对于会计信息而言,财务报表中的盈利、现金流量等信息都是投资决策相关的信息，但是决定这些信息是否真正有用还要看它们是否具备可靠性。如果这些具有相关性的盈利、现金流量等数据不具备可靠性，甚至弄虚作假，那么这些信息的相关性不仅毫无价值，还由于产生误导而对决策有害。财务会计准则委员会（FASB）对此也有警告："散发不可靠的、有可能引起误解的信息①，从长远来看，对一切有关方面都不利。"（SFAC No.1: par.110）在相关性既定的前提下，不可靠的数据，就可能否定相关性，变有用为无用。而有用的信息，也必须通过可靠性来落实。正是在这个意义上，我们说可靠性是会计信息，尤其是财务报表表内会计信息的灵魂。

　　历史是一面镜子。1929—1933年的大经济危机，美国证券市场陷于崩溃的边缘。其根本的原因当然是资本主义制度内部矛盾的总爆发，但会计实务方面的混乱，也起了火上加油的作用。在20世纪20年代，美国允许发行无面值股票（No-Par Stock）更为企业会计的舞弊和欺诈开了绿灯②。除了无面值股票外，一些公司的内部交易包括赠送重要官员优先股、不合理的奖金制度以及强调"保密"（Secrecy, more Secrecy, and even more Secrecy）更使营私舞弊有机可乘（Previts & Merino, 1979: 231-235）。那时，资本得不到补偿，股利可以从资本中支付。账目的混乱、欺诈的盛行，可以说达到登峰造极的地步！从今天的观点来看，这就是严重的会计信息失真，既不真实，更谈不上公允和充分地披露。在那种情况下，美国一向吹嘘的自由经济陷于崩溃的边缘，政府不得不出面进行干预。

---

　　①　故意歪曲经营真相、制造假象的信息更加有害。

　　②　例如，当年道奇（Dodge）公司上市销售了普通股800万股和优先股85万股，总共收到股金9000万元。其中优先股按照每股100美元出售，而在账面上仅列示每股面值1美元，即总共85万美元，其余的765万美元却不翼而飞了！同样，普通股则仅以每股0.1美元，即20万美元列示为股本，其多收的8130万美元也从账面上消失了。

罗斯福新政因此出台。美国 1933 年通过了证券法，1934 年通过了证券交易法并成立证券交易委员会（SEC），对资本市场实行有力的整顿和规范，同时规范会计行为，特别是规范财务报表，1939 年公布第一份《会计研究公报》，即第一份代表公认会计原则的权威文献，从此展开了财务会计的新篇章。会计和报表必须由政府监督下的民间机构制定，并对必要的"规则"进行管制，这是放任自流惯了的美国会计界、企业界所不愿看到的，然而他们不得不面对严峻的现实：市场经济不是无序经济，会计信息的弄虚作假严重地伤害了广大投资者的利益。证券交易委员会（SEC）的监管和公认会计原则的推行使资本市场有序化，使投资者恢复对会计信息的信任，可靠的会计信息显示了它极端的重要性！美国经济有今天这样的繁荣，罗斯福当年的新政，证券交易委员会（SEC）忠于证券监管的职守，被授权制定会计准则的机构对公认会计原则的不断完善，其功绩岂可忘怀？

美国证券交易委员会（SEC）成立伊始，就把不断对外公开企业的财务状况和经营业绩作为上市公司自始至终必须承担的义务。按照证券交易委员会（SEC）的经验，可靠的会计信息不仅意味着如实反映公司的经济真实，而且也意味着真实、公允地进行信息披露。这是对此前弄虚作假、尔虞我诈的企业所宣扬的"保密、再保密"而提出的针锋相对的要求！

公允性（Fairness）即中立性（Neutrality），是指会计准则制定机构制定准则时不应考虑对某一特定利益集团产生有利或不利的影响，而应该关心所产生的会计信息的相关性与可靠性，使其影响对所有的使用者一视同仁（SFAC No.2: par.98）。

充分披露是信息可靠性不可分割的部分。在市场经济中，企业内部和企业外部不可避免地会存在着信息的不对称性。通过财务报告充分披露是力求减少内部信息，提高信息的透明度，从而有力地保护处于获取会计信息不利地位的投资者和其他的外部信息使用者。

当前由于金融创新和销售创新等一系列复杂因素，企业交易和事项也变的复杂起来。高质量会计准则应当帮助使用者判别交易的实质以及正确地按照某项准则来规范会计处理、报表编制与产生相应的会计信息。

总之，一项高质量会计准则必须按照交易的经济实质对确认、计量、记录和披露予以规范地指导。

(4)高质量的会计准则还应该具有以下几个特征：

①高质量的会计准则能够提供新的信息，并且不能通过其他会计准则导致财务报表产生新信息。以 FAS 95《现金流量表》为例，它所提供的关于企业现金流量（来自经营活动、投资活动和融资活动）和现金流量的净增加或者减少的会计信息都是投资者十分需要的。

②高质量的会计准则便于理解，具有可操作性。例如 FAS 33《财务报告与物价变动》，就其内容来说，是比较复杂的。它要求在表外披露的信息涉及确认、计量，特别是计量属性的改变（要运用历史成本以外的"现行成本"计量属性，计量单位要从"名义美元"改为"不变价格美元"）等问题。但是，这份会计准则在所运用到的会计概念（术语）方面交代得比较清楚，表外补充信息的说明也十分详尽，而且附有例解说明如何操作以达到该准则的要求。在当时，该准则在不改变传统的计量与报告模式的前提下用来反映物价变动对会计数据的影响，是一份既能够提供新的信息，又能够便于理解和运用的好准则。

③高质量的会计准则能够正确处理表内确认与表外披露的关系。有的信息，尽管对使用者相关，但定量描述不可靠或者很不可靠，最好在表外予以披露。当前，有关市场风险或其他风险如果要由财务报告来表述，究竟应该在表内确认还是应当在表外披露就将面临艰难的选择。我们赞成这样的观点：既要把表内确认和表外披露严格地进行

区分(其区别主要在**可靠性的程度**上),以便财务报告的使用者进行会计信息的选择;又要努力提高会计信息披露的质量,不使表内确认和表外披露在可靠性的程度上差别过大。要通过缩小而不是拉大确认与披露在相关性和可靠性上的差距,强化披露的作用。

④高质量的会计准则不仅在确认方面,而且在计量方面做出实事求是的规定。考虑到交易和事项的复杂与多样性,单一的计量基础不可能满足会计实务的需要。现在是这样,今后也还是这样。历史成本"独霸天下"的局面已经一去不返了!但是,公允价值或者其他的会计计量属性也不可能取代历史成本的"霸主"地位。今后,应该多种会计计量属性同时并存,各有其特定的用途与适用范围。会计准则应该使其"对号入座",最恰当地表示一个企业经济活动的数量方面。比如,经常处于变动之中的金融资产按照公允价值计量是无可挑剔的(如 FAS 133 的规定),但是对于一项本金和利息均固定的负债,按照历史价格计量就比较恰当。美国 FAS 115 把债券分为"长期持有(至到期)""在销售中"和"可销售"3 类,规定列入第一类的债券应该按照"摊余成本"计量,只有列入第二、第三类的债券才能够按照公允价值进行计量。高质量的会计准则就应清楚而明确地规范计量属性的具体运用。

⑤高质量的会计准则的规定要非常明确、确定,不应该含糊不清,导致多种解释,这不仅是可比性的前提,而且也是决策有用性的重要条件。

⑥高质量的会计准则力求与国际会计准则相协调。

高质量的会计准则在制定过程中严格实行专家与群众相结合,力求准则制定过程公开化、民主化,增加透明度,应该吸收各种会计信息使用者及其代表的参与,最后又要通过协商和选择进行集中。美国财务会计准则委员会(FASB)制定《财务会计准则公告》的过程和国际会计准则委员会(IASC)制定国际会计准则的过程均起到了范例的作用。

2. 美国高质量会计准则研究的启示

美国关于高质量会计准则的讨论,对我国会计准则制定有什么启发和借鉴意义呢?

如果把我国1992年颁布的《企业会计准则》看作是具有财务会计概念框架性质(需要修订),那么,我国迄今仅颁布了16份具体会计准则,起步较晚,准则数量也较少,因此尚没有必要进行评估。但是要求会计准则达到高质量,也是我国会计准则制定所追求的目标。

因此,除了尽快研究我国财务会计的目标、争取修订既符合国际惯例又适合中国国情的财务会计概念框架或基本会计准则外,我们所制定的具体会计准则也应努力达到以下几点来提高质量:

①具体会计准则的制定与评估,应当以我国未来制定的财务会计概念框架为依据,在基本会计准则未进一步修订并明确其性质及地位以前,应该符合国际惯例中的基本概念与原则。

②可靠性、相关性、可比性和公正性适合于指导一切企业财务会计的规范要求,公开性则是适合于规范上市公司依法充分披露财务报告的质量的补充要求。

③具体会计准则涉及确认的,一定要能够反映交易和事项的经济实质。以《企业会计准则——收入》为例。该准则第五条规定,满足商品销售收入确认的第(1)项条件为"企业已将商品所有权上的主要风险和报酬转移给购货方"。我们认为,明确商品销售收入确认须以与商品有关的主要风险和报酬已转移给购货方为条件,而不是笼统地仅以"销售日"为条件反映了当今商品交易的经济实质——商品交易越来越复杂。商品销售合同往往附有销货方必须承担的义务,这些义务的履行经常在发货之后,如负责产品的安装;同样合同还可能赋予

购买方某些权利，如允许购买方在规定的期限内退货等。这样，形式上的销售日，比如商品已经发出、对方也承诺了支付货款的日期，在实质上并未完全转移有关商品的报酬和风险，因此不符合确认收入的条件。所以在收入确认条件中列入"商品上的主要风险与报酬是否转移"这一条件是很必要的。

④具体会计准则都应该能够提供新信息。例如，我国所制定的《关联方关系及其交易的披露》这一准则所要求披露的信息就是其他准则所不能够提供的新信息。

⑤我们的具体会计准则的制定，当涉及确认时，要明确记录的具体时间、如何记录以及如何在财务报表中表述；当涉及计量时，要明确计量属性；当涉及披露时，应该明确是在附注中还是在附表中予以披露。凡是对会计信息使用者有用的信息而又无法在财务报表内进行确认时，都应当在表外进行披露。但是披露的信息也应该有所控制。应当通过用户调查来了解披露的有用程度，避免增加企业的信息成本，在这方面应该保证充分披露的前提下减轻企业的负担。

⑥我们的具体会计准则的制定需要逐步加大公开化和民主协商的程度，要增强会计准则制定过程的透明度。最好增加"讨论备忘录"这一步骤，充分反映各种背景资料和不同意见。

本章主要参考文献

杜兴强："契约理论与会计准则的起源、功能和限度研究"，《四川会计》，2000 年第 1 期。

杜兴强："我国上市公司管理当局对会计准则制定的态度及对策探讨"，《会计研究》，2003 年第 7 期。

葛家澍："关于我国会计制度和会计准则的制定问题"，《会计研究》，2001 年第 1 期。

葛家澍："我国参加 WTO 与审计业务和企业会计标准的改革"，《中国注册会计师》，2000 年第 9 期。

葛家澍:《会计基本理论与会计准则问题研究》,中国财政经济出版社 2000 年版。

葛家澍:《市场经济下会计基本理论与方法问题研究》,中国财政经济出版社 1996 年版。

葛家澍、林志军:《现代西方会计理论》,厦门大学出版社 2001 年版。

黄明:"会计欺诈和美国式资本主义",载《比较》第二辑,中信出版社 2002 年版。

黄世忠:《安然丑闻及其审计失败的深度剖析》,中国财政经济出版社 2002 年版。

刘峰:"高质量会计准则与会计准则国际化",《财会通讯》,1999 年第 10 期。

刘峰:《会计准则变迁》,中国财政经济出版社 2000 年版。

刘峰:《会计准则研究》,东北财经大学出版社 1996 年版。

王松年主编:《国际会计前沿》,上海财经大学出版社 2001 年版。

魏刚:"高级管理层激励与上市公司经营绩效",《经济研究》,2000 年第 3 期。

吴敬琏等:《国有经济的战略性改组》,中国发展出版社 1998 年版。

吴联生:"会计域秩序与会计信息规则性失真",《经济研究》,2002 年第 4 期。

项怀诚:《新中国会计五十年》,中国财政经济出版社 1999 年版。

谢德仁:《企业剩余索取权:分享安排与剩余计量》,上海人民出版社 2001 年版。

杨纪琬:《中国现代会计手册》,中国财政经济出版社 1988 年版。

袁铭良:"安然事件引爆'五大'诚信危机",《新财富》,2002 年第 1 期。

张维迎:《企业的企业家——契约理论》,上海人民出版社 1995 年版。

张维迎:《企业理论与中国企业改革》,北京大学出版社 1999 年版。

中国企业家调查系统:"素质与培训:变革时代的中国企业经营管理者",《管理世界》,1998 年第 4 期。

中国社会科学院语言研究所词典编辑室编:《现代汉语词典》,商务印书馆 1997 年版。

AICPA(1992). "SAS 69: Statement on Audit Standards."

AICPA Special Committee on Financial Reporting(1994). "Improving Business Reporting—a Customer Focus: Meeting the Information Needs of Investors and Creditors: a Comprehensive Report of the Special Committee on Financial Reporting, American Institute of Certified Public Accountants."

Amer, Tarek, Karl Hackenbrack, and Mark Nelson(1995). "Context-Dependente of Auditors' Interpretations of the SFAS No.5 Probability Expression." *Contemporary Accounting Reearch*, 12 (1): 25–39.

CAP(1939). "General Introduction and Rules Formerly Adopted." ARB. No.1.

Cuccia, Andrew D., Karl Hackenbrack, and Mark W. Nelson(1995). "The Ability of

Professional Standards to Mitigate Aggressive Reporting." *Accounting Review,* 70 (2): 227–248.

FASB (1978). "SFAC No.1: Objective of Financial Reporting by Business Enterprises."

FASB (1980). "FAS 13: Accounting for Leases."

FASB (1980). "SFAC No.2: Qualitative Characteristics of Accounting Information."

FASB (1984). "SFAC No.5: Recognition and Measurement in Financial Statements of Business Enterprises."

FASB (1998). "FAS 133: Accounting for Derivative Instruments and Hedging Activities."

FASB (2002). "Proposal: Principles-Based Approach to U.S. Standards-Setting."

Gibbins, Michael, Steven Salterio, and Alan Webb (2001). "Evidence about Auditor–Client Management Negotiation Concerning Client'S Financial Reporting." *Journal of Accounting Research,* 39 (3): 535–563.

Hackenbrack, Karl, and Mark W. Nelson (1996). "Auditors' Incentives and Their Application of Financial Accounting Standards." *Accounting Review,* 71 (1): 43–59.

IASC (1989). *Framework for the Preparation and Presentation of Financial Statement.* International Accounting Standards Committee.

IASC (1997). "IAS 17: Leases."

Jensen, Michael C., and William H. Meckling (1976). "Theory of the Firm: Managerial Behavior, Agency Costs and Ownership Structure." *Journal of Financial Economics,* 3 (4): 305–360.

Knutson, Peter H., and Gabrielle U. Napolitano (1998). "Criteria Employed by the AIMR Financial Accounting Policy Committee in Evaluating Financial Accounting Standards." *Accounting Horizons,* 12 (2): 170–176.

Levitt, Arthur (1998). "The Importance of High Quality Accounting Standards." *Accounting Horizons,* 12 (1): 79–82.

Liu, Feng (1998). "Why Managements of SoEs Not Involving in Accounting Standards-Setting in China." Working Paper.

Lord, Alan T. (1992). "Pressure: A Methodological Consideration for Behavioral Research in Auditing." *Auditing: A Journal of Practice & Theory,* 11 (2): 89–108.

Magee, Robert P., and Mei-Chiun Tseng (1990). "Audit Pricing and Independence." *Accounting Review,* 65 (2): 315–336.

Maines, Laureen A. et al. (2003). "Evaluating Concepts-Based Vs Rules-Based

Approaches to Standard Setting." *Accounting Horizons*, 17 (1): 73–89.

Nelson, Mark W. (2003). "Behavioral Evidence on the Effects of Principles-and Rules-Based Standards." *Accounting Horizons,* 17 (1): 91–104.

Previts, Gary John, and Barbara Dubis Merino (1979). *A History of Accounting in America: An Historical Interpretation of the Cultural Significance of Accounting.* John Wiley & Sons Inc.

Rogero, L. Hal (1998). "Characteristics of High Quality Accounting Standards." *Accounting Horizons*, 12 (2): 177–183.

Schipper, Katherine (2003). "Principles-Based Accounting Standards." *Accounting horizons,* 17 (1): 61–72.

Scott, William Robert (1997). *Financial Accounting Theory*. Prentice-Hall Inc.

Trompeter, Greg (1994). "The Effect of Partner Compensation Schemes and Generally Accepted Accounting Principles on Audit Partner Judgment." *Auditing: A Journal of Practice & Theory,* 13 (2): 56–68.

Tweedie, David (2002). "Written Evidence of Sir David Tweedie Chairman. International Accounting Standard Board to the Treasure Committee, 5 April." Online.

U. S. Congress (2002). "The Sarbanes-Oxley Act of 2002 (Related Accounting Industry and Investors Protection)."

Watts, Ross L., and Jerold L. Zimmerman (1978). "Towards a Positive Theory of the Determination of Accounting Standards." *Accounting Review,* 53 (1): 112–134.

Watts, Ross L., and Jerold L. Zimmerman (1979). "The Demand for and Supply of Accounting Theories: The Market for Excuses." *Accounting review,* 54 (2): 273–305.

Zeff, Stephen A. (1978). "The Rise of Economic Consequences." *The Journal of Accountancy*, Dec: 56–63.

Zeff, Stephen A., and Bala G. Dharan (1997). *Readings and Notes on Financial Accounting: Issues and Controversies*. MCGraw-Hill Companies.

第五章　我国已颁布的会计准则与国际惯例的比较

第一节　国际会计准则与国际会计惯例 [①]

一、国际会计准则委员会（IASC）和国际会计准则的制定

（一）国际会计准则委员会/理事会（IASC/IASB）

第二次世界大战后，世界进入和平与发展时期，各国经济在不同程度上都得到迅速的恢复和发展。国际会计准则委员会（IASC）于1973年由澳大利亚、加拿大、法国、德国、日本、墨西哥、荷兰、爱尔兰、英国等9个国家的会计职业团体所共同发起组成，时至今日，已经有来自世界上112个国家的153个成员。国际会计准则委员会在改组之前的英文名为"International Accounting Standards Committee"（IASC），其颁布的会计准则名为《国际会计准则》；改组之后的英文

[①] 对美国财务会计准则委员会（FASB）制定的财务会计准则、国际会计准则委员会（IASC）制定的国际会计准则或国际财务报告准则、英国会计准则理事会（ASB）制定的财务报告准则进行罗列，是为了使大家能够对国际会计惯例和各国制定的会计准则有一个基本的了解。

名为"International Accounting Standards Board"（IASB），其颁布的会计准则名为《国际财务报告准则》。

国际会计准则委员会（IASC）最开始是一个纯粹的民间组织，官方或国际组织并没有明确支持它或赋予它特定准则的法律权力，但它得到了世界各主要国家会计职业团体的支持，得到了全世界企业界、财务经理、财务分析人员、证券交易所、证券监管人、律师、银行家、工会，特别是具有官方性质的证券委员会国际组织（IOSCO）的支持和参与。国际会计委员会迄今已有30年的历史。国际会计准则委员会（IASC）的任务是：通过制定（修改）和推广国际会计准则，协调各国的会计准则并使之改善财务报表，争取跨国使用的财务报表遵守国际会计准则的规定，提高财务报表的可比性，力求使国际资本的持有者对财务报表易于理解，使国际投资者可据以在世界范围内对选择投资国家地区、项目等方面做出趋利避害的最佳决策。1992年2月26日至28日，我国财政部在深圳举行的会计准则国际研讨会上，前国际会计准则委员会（IASC）主席阿瑟·怀亚特（Arthur Wyatt）在报告中指出国际会计准则委员会（IASC）的目标可以通过如下两点来说明：

（1）相似或相同的交易，无论发生在全球何处，都应按照相似或相同的方式进行会计处理；

（2）相似或相同的交易，无论发生在全球何处，都应按照相似或相同的方式予以报告。

（二）国际会计准则

国际会计准则委员会（IASC）颁布的财务会计准则和国际会计准则理事会（IASB）颁布的国际财务报告准则，对于协调各国会计准则，提高财务报表的可比性，发挥着重要作用。国际会计准则和国际财务报告准则并不能凌驾于各国自己制定的会计准则之上。但国际会计准则委员会（IASC）的章程规定：会员有义务在一切重要方面，劝

导自己组织的成员自觉遵守国际会计准则并劝说各自国家(地区)的
准则制定机构,在制定的国家(地区)准则中尽可能与国际会计准则
和国际财务报告准则协调一致。国际会计准则的制定,经历了两个发
展阶段,大体上以 1989 年、1990 年为分期界限。在前一阶段,国际
会计准则委员会(IASC)已发表了 31 份国际会计准则。这一阶段制
定国际会计准则的主要目标是谋求国际会计准则在全世界得到认可,
树立国际会计准则委员会(IASC)的形象并扩大国际会计准则委员会
(IASC)的影响。根据这一目标,已发表的 31 份国际会计准则具有如
下的特点:

(1)在项目的选择上注意到普遍适用性;

(2)内容简单明了,易于理解和被人们接受;

(3)尽可能反映各国或各地区关于该项目的流行的会计处理和披
露方法,容许有较多的备选会计处理方案。

国际会计准则的这些特点所起的正面影响是其被接受的程度相
当高,扩大了国际会计准则的影响,也提高了国际会计准则委员会
(IASC)的地位,然而也带来了不容忽视的负面影响。最主要的缺陷
是备选的会计处理方案过多,既不利于缩小各国准则的差异,又降低
了财务报表的可比性,从而有悖于制定国际会计准则初衷。在本章第
一节讲到财务会计概念框架的作用时,我们已经举例指出,国际会计
准则委员会(IASC)在制定 IAS 26 之际,即已意识到提高财务报表可
比性的必要性。所以,从 1978 年开始,国际会计准则委员会(IASC)
即采取一系列措施,转移制定准则的目标,把重点放到加大协调力度,
提高不同国家、地区之间企业财务报表的可比性方面上来。第二阶段
国际会计准则委员会(IASC)的主要任务是:根据上述目标,修订已
发表的国际会计准则,要尽可能删减过多的备选会计处理方案并应提
出国际会计准则委员会(IASC)所倾向的某种会计处理方案——列为

"基准会计处理"。其余的，在压缩之后，只能作为"允许的、备选会计处理"。总之，国际会计准则委员会（IASC）要通过比较和优选允许的会计处理方案，鲜明地表示自己的见解，从而把国际会计准则修改成高水平的、对国际投资者真正有用的准则，在客观上成为"国际公认会计原则"的准则。国际会计准则委员会（IASC）的工作是卓有成效的。大约从1991年起，以ED32和理事会的《财务报表的可比性意向书》为指针，一气呵成地修订了已发表的国际会计准则共13份，并把IAS 7修改为《现金流量表》（"Statement of Cash Flows"；原名《财务状况变动表》，"Statement of Changes in Financial Position"）。此项准则业经证券委员会国际组织（IOSCO）的同意，可作为一份在国际融资、证券跨国上市时编报财务报表必须遵守的"核心准则"。

现在，国际会计准则委员会（IASC）正积极争取证券委员会国际组织（IOSCO）的合作与支持，努力修订其余的国际会计准则。当然，协调和缩减备选会计处理必定有阻力，道路不可能一帆风顺。但改革的方向却是大势所趋。因为世界经济已演变为全球经济，国际资本正在全球范围内迅速移动并寻求优化配置，对于国际会计准则委员会（IASC）来说，这既提供了机遇，又形成了压力。

为了达到这个终极的目的，国际会计准则委员会（IASC）付出了艰辛的努力，甚至在2001年进行了重大的战略改组。国际会计准则委员会（IASC）的改组体现着国际领域和世界范围内会计准则制定"谁执牛耳"的问题，也是一个国际会计准则委员会（IASC）和美国财务会计准则委员会（FASB）在世界范围内争夺会计准则制定"制高点"和谁将引导会计准则国际化潮流的问题。在"9·11"事件和安然事件前，美国借助其成熟的资本市场优势和以全球最严格的会计审计制度自诩的"老大"地位而在与国际会计准则委员会（IASC）的博弈中占据上风，这主要体现在：(1)在与国际会计准则委员会(IASC)进行协商后，带有附加条件地支持国际会计准则委员会(IASC)制定一套适用于跨国上市公司的财务报告准则(International Financial Reporting Standards)，但必须满足三个条件，即①准则必须包括一套核心的会计文告，以构成全面和公认的会计基础(请仔细品味"公认"一词与美国公认会计原则的联系)；②准则必须是高质量的，能够体现可比性与透明度，并能够提供充分的信息披露；③准则必须严格地加以解释和应用。作为反应性的对策，国际会计准则委员会(IASC)于1998年提出了《重塑国际会计准则委员会(IASC)的未来》的报告，基本体现了美国的要求。1999年12月及2000年5月，国际会计准则委员会(IASC)修改章程。2001年4月，国际会计准则委员会(IASC)改组为国际会计准则理事会(IASB)，制定国际财务报告准则。在改组后的国际会计准则理事会(IASB)中，由美国证券交易委员会(SEC)前主席阿瑟·利维特任提名委员会主席、美国联邦储备委员会前主席鲍尔·沃克(Volker)担任第一届受托人委员会主席。在14位国际会计准则理事会(IASB)新的理事会成员构成中，美国占据了5位(朱海林、曾小青，2003)。

根据2002年德勤(Deloitte Touche Tohmatsu)、安永(Ernst & Young)、普华永道(Pricewaterhouse Coopers)、毕马威(KPMG)等会计公司每年一度的、对国际财务报告准则(之前是国际会计准则)在全国范围内的趋同进行的调查——公认会计原则趋同(GAAP Convergence, 2002)——的结果显示对国际财务报告准则的遵循存在如下情况：

(1)政府或其他管制机构要求本国的上市公司必须在2005年之前遵循国际财务报告准则的国家包括：

①欧盟国家：奥地利、芬兰、希腊、卢森堡、西班牙、比利时、法国、

爱尔兰、荷兰、瑞典、丹麦、德国、意大利、葡萄牙、英国；

②欧盟候选国（成员国的上市公司必须采纳国际财务报告准则）：保加利亚、拉脱维亚、波兰、斯洛伐克、斯洛文尼亚、匈牙利、捷克、罗马尼亚等；

③其他国家或地区：挪威、俄罗斯、新加坡、秘鲁、突尼斯、中国台湾等；

（2）准则制定机构已经正式计划与国际财务报告准则趋同的：

澳大利亚、印度、新西兰、南非、中国香港、马来西亚、菲律宾、美国等；

（3）其他趋同情况：

阿根廷、智利、印度尼西亚、墨西哥、瑞士、巴西、中国、伊朗、巴基斯坦、泰国、加拿大、埃及、以色列、韩国、委内瑞拉。

二、国际会计惯例

（一）概述

国际会计惯例是近年来在我国流行起来的一个专门术语。目前，对于这个概念应如何理解，尚无一个权威的回答。会计惯例通常指由习惯所形成并已在会计界广为流行的一套会计成规（如会计概念、规则、程序、方法等）。依此类推，国际会计惯例则指在世界范围内，会计界广为流行并基本上得到公认的会计成规。许多会计准则是由会计惯例形成的。在这个意义上，会计惯例的成文应是公认会计原则即各国的财务会计准则。但准则不可能把会计的一切成规都包括无遗。未曾由准则加以规范，但在会计界也广为流行的会计成规便属于不成文的会计惯例。

国际会计惯例也有成文与不成文的区分，不成文的国际会计惯例只能用列举方式。例如，会计记录都采用借贷记账法；基本的财务报表一般都包括资产负债表、损益表和现金流量表等三种；报表一般分为表内正文和表外附注，它们共同构成报表的整体，但进入表内正文部分必须通过确认，其文字说明与金额描述基本上应来自账簿中按会计分录计入账户的内容，附注部分则对表内正文做出说明、解释和补充的信息披露，附注不能取代正文等，是不成文的国际会计惯例的典型事例。成文的国际会计惯例主要应为国际会计准则。这是因为：

第一，它是由来自近 90 多个国家、地区和国际性组织的 120 多位会员在不同程度上参与制定的，而这些会员都是会计或证券、金融等专业团体。直接负责准则制定与修订工作的是由国际会计准则委员会（IASC）组成的理事会（The Board）。理事会的组成，也是代表性很广，权威性较高的。此外还有一个由来自各方代表组成的咨询小组（The Consultative Group）和由专家组成的策划委员会。

第二，已发表的国际会计准则能够获得会员国的广泛接受〔根据国际会计准则委员会（IASC）　1988 年 9 月的一份调查报告，该报告调查了 54 个国家遵守国际会计准则的状况，国际会计准则委员会（IASC）当时已发表了 IAS 1—26〕。当然，成文的国际会计惯例还应包括业已颁布的国际会计准则，以及今后即将陆续颁布、取代国际会计准则的国际财务报告准则。

但是成文的国际会计惯例若仅指国际会计准则和国际财务报告准则可能有失偏颇。因为国际会计准则委员会（IASC）毕竟成立时间较迟（1973 年）、国际会计准则理事会（IASB）的成立和改组更迟，国际会计准则开始出现的时间也较短（1975 年），数量不多（目前仅 40 份左右），国际财务报告准则也颁布了第 1 号，覆盖面还不够广。特别是，在目前，它尚未得到证券委员会国际组织（IOSCO）的明确而全面的支持。因此，若把经济发达、准则制定较早的美国公认会计原则和英国的会计准则等也作为成文的国际会计惯例的一部分，即当作地位次于国际会计准则和国际财务报告准则的第二层次，属于国际会计惯例的参考文献，似乎更恰当、全面一些。

（二）美国的公认会计原则与英国的会计准则（标准会计实务公告和财务报告准则）

1. 美国制定公认会计原则的历程及美国公认会计原则的层次

（1）美国制定公认会计原则的历程①

美国是世界上制定会计准则最早的国家。1909 年，美国就开始了其进行会计规范化的尝试，当时美国的公共会计师协会（AAPA）任命了一个会计术语特别委员会，希望对会计实务中的术语进行规范来达到统一会计处理的目的。美国真正意义上会计准则的制定则起源于 1929 年的股市危机。1929 年股市危机过后，美国国内认为混乱的会计实务是危机的罪魁祸首，相继于 1933 年和 1934 年颁布了《证券法》，要求上市公司必须提供统一的会计信息，并责成证券交易委员会（SEC）负责制定统一的会计准则。但是，证券交易委员会（SEC）始终将会计准则的制定权下放给了美国会计师协会（AIA），而自己保留有最终的否决权。从会计准则制定之初到目前，美国的会计准则制定机构经历了数次更迭：①会计程序委员会（CAP）；②会计原则委员会（APB）；③美国财务会计准则委员会（FASB）。

（2）美国公认会计原则的层次性

1992 年，由美国注册会计师协会（AICPA）发表的 SAS 69 第一

---

① 更为详细的论述，请参考本书第一章的相关内容。

次把公认会计原则分为由五个不同层次构成的框架。这五个层次分别为：

(a)美国财务会计准则委员会(FASB)的《财务会计准则公告》和解释(SFAS and FIN)；《会计原则委员会意见书》；美国注册会计师协会(AICPA)的《会计研究公报》。

(因为这三类都属于准则机构所制定，明确作为公认会计原则，经过公开讨论，征求了意见并正式发布，所以，权威性最高，优先采用。)

(b)美国财务会计准则委员会业务公报(FASB Technical Bulle-tins)；美国注册会计师协会的行业审计与会计指南(AICPA Industry Audit and Accounting Guide)；美国注册会计师协会的立场公告(AICPA Statements of Position)。

(c)美国财务会计准则委员会紧急问题工作组的一致意见(Consensus Positions of the FASB Emerging Issues Task Force)；美国注册会计师协会的实务公报(AICPA Practice Bulletins)。

(d)美国注册会计师协会(AICPA)石油和天然气的会计解释〔由财务会计准则委员会(FASB)出版〕；被广泛认可和相关的行业实务(AICPA Accounting Interpretation)。

(e)其他会计文献包括：美国财务会计准则委员会(FASB)的概念公告，会计原则委员会(APB)报告，美国注册会计师协会(AICPA)专题论文，国际会计准则，政府会计委员会准则公告、解释和业务公报等。

因此，凡其中存在矛盾和差异的：

①若所有文献中都涉及的情况问题和规定一律以(a)为准；

②若(a)未涉及，而(b)(c)(d)却涉及的稍有矛盾和差异，则依次遵照(b)(c)(d)的规定；

③只有当(a)(b)(c)(d)都未规定的新问题才应当用(e)去解决。

　　何谓"合理表述"的财务报表专业判断？财务报表怎样才算遵守公认会计原则，合理表述了被审计单位企业的财务状况、经营业绩和现金流量？这需要独立的审计人员和注册会计师进行专业判断。

　　从 SAS 69 可知，美国公认会计原则现有的代表文献是：

　　①《财务会计准则公告》；

　　②财务会计准则委员会解释文件；

　　③会计程序委员会（CAP）的《会计研究公报》（ARB Nos.43-51），共 9 份（截至 1959 年 8 月）；

　　④《会计原则委员会意见书》（APBOs 1-31），共 31 份（截至 1973 年 6 月）。

（三）英国的会计准则（ASB，2002）

　　目前英国的会计准则制定机构是会计准则理事会（ASB），其前身分别是会计准则委员会（ASC）和会计准则调节委员会（Accounting Standards Steering Committee，ASSC）。会计准则调节委员会（ASSC）成立于 1970 年 1 月，成员包括英格兰特许会计师协会、威尔士特许会计师协会，其目的是为财务报告制定限制性的会计准则。随后，苏格兰和爱尔兰特许会计师协会加入、形成了英国特许会计师公会（The Association of Chartered Certified Accountants，ACCA）。1976 年，英国特许会计师公会（ACCA）进行重组后，产生了会计准则委员会（ASC），作为一个联合委员会，包括了 6 个成员团体，所有成员一致同意颁发会计准则。会计准则委员会（ASC）在存续期间，共颁布了 55 份征求意见稿，2 个推荐实务公告（Statement of Recommended Practice，SORP），28 份讨论论文和 65 份技术性公告，34 份标准会计实务公告，其中目前生效的只有 10 份。1990 年 8 月，会计准则委员会（ASC）为会计准则理事会（ASB）所替代，迄今会计准则理事会

（ASB）共发布了 19 份财务报告准则。

在实质上，英国的会计准则（含标准会计实务公告和财务报告准则）相当于美国的公认会计原则。不同的是美国公认会计原则的第一层次文献是由美国官方机构证券交易委员会（SEC）发表会计系列公告（如 ASR No.150）予以支持的（即承认其权威性），而英国会计准则的权威地位则由英国的公司法授予。同时，英国的会计准则还要正确处理"真实与公允"原则关系，按照英国的会计惯例，所有财务报表都必须符合"真实与公允"的原则，甚至法律也要对它让步。"真实与公允"是英国会计界奉行的至高无上的会计观念。

（1）关于会计准则的性质的代表文献：英国会计准则理事会（ASB）明确地说明会计准则具有权威性，例如在《会计准则前言》（1993 年）中，英国会计准则理事会（ASB）写道，"会计准则是对应如何在财务报告上反映具体的交易和其他事项的权威性的表述"。正如上述，英国的会计准则体系是由会计准则委员会（ASC）发布的《标准会计实务公告》和会计准则理事会（ASB）发布的《财务报告准则》共同构成，迄今为止，标准会计实务公告共有 22 份，均由英国会计准则理事会（ASB）认可，继续有效。英国会计准则理事会（ASB）自己新发布的财务报告准则还不多，总共 19 份。

（2）会计准则和真实与公允的原则。在英国会计职业界，真实与公允的原则具有凌驾于法律之上的权威。但对什么是"真实与公允"一直缺乏明确而具体的解释。过去，此原则的解释权属于法院，但法院和判决又要尊重会计人员的专业判断。这样，这一概念便成了在会计的解释和法律的判决之间纠缠不清的术语，以致受到会计界的责难。1989 年的公司法基本上解决了"如何才算按'真实与公允'的原则"来表述财务报表的要求。这是因为，1989 年公司法以法律形式，对会计准则的地位给予了保证，它包括：

第一，承认标准会计实务公告（对 1990 年以后的财务报告准则也适用）是法定机构发布的会计准则；

第二，国务大臣或其授权人士可监督其执行，并对偏离准则的情况进行调查处理；

第三，国务大臣指定了一个财务报告复核委员会（Financial Reporting Review Panel）受理财务报告偏离准则和公司法的调查仲裁；

第四，尽管最后仍是裁决，但该裁决不能不考虑公司法和上述程序。

因此，在正常情况下，要想符合真实与公允的原则就必须遵循会计准则。"因为符合真实而公允要求的财务报告在正常情况下是遵循、而不是偏离会计准则的。"而且，若偏离程度比较大，则必须证明这种偏离是恰当的（《会计准则前言》附录共 7 段）。因此，由于有复核委员会"把关"，后一情况的产生虽然不是不可能，但十分罕见。这就是说，只要遵守了会计准则（在其他国家和地区则为遵守了企业会计准则或公认会计原则）也就等于符合了真实与公允的要求 ①。

三、我国加入 WTO 后会计准则协调与发展的必要性

加入 WTO 无疑会极大地促进我国的经济发展，那么这将对我国会计准则的国际化产生何种影响呢？虽然 WTO 的规则并没有要求在全球实行统一的会计准则，但加入 WTO 仍然会在以下几个方面促进

---

① 关于真实公允和国际会计准则的关系，国际会计准则委员会（IASC）在其 1989 年颁布的《编报财务报表的框架》中指出："运用主要的质量特征和适当的会计准则，通常能产生可以传递普遍理解意义上的真实与公允的信息的财务报表。"

我国会计准则的国际化：

(1)加入WTO将促使我国经济与世界经济融为一体，进而加快我国与世界其他国家的资本流动，资本的跨国界流动将内在地要求各国的会计准则进行协调和统一。加入WTO后，国外公司向中国投资设厂、寻求在我国资本市场上市融资的情况将增多，我国企业对外投资或在海外上市的情况也会频繁发生，为了降低投资或融资的交易成本，必须进行会计准则的协调和统一(王松年，2001)。比如，加入WTO后，世界制造产业正加速向中国转移。联合国贸发会议公布的《2001年世界投资报告》(*World Investment Report 2001*)表明，《财富》(*Fortune*)500强公司中目前有近400家在我国投资了2000多个项目。中国已连续8年成为发展中国家吸引外商直接投资最多的国家，平均每年吸引外资超过400亿美元，世界上越来越多的跨国公司抵不住我国庞大市场和成本低廉的诱惑，纷纷来华设厂，不少跨国公司甚至把生产基地搬到中国(汪祥耀，2001)。在跨国公司纷纷向我国投资的情况下，如何为跨国公司创造良好的投资环境成为摆在我国政府面前的一个现实课题，其中，制定高质量的、和国际惯例接轨的会计准则是必不可少的一环。

(2)中国加入WTO，意味着所有市场主体都必须严格遵循国际通行的贸易规则，整个市场经济的运行将形成一个比较公平的竞争环境，投资者(包括外国投资者)也因此会对充分、透明和高质量的会计信息有更高的需求，这也会促使我国制定出高质量的、符合国际惯例的会计准则。

(3)WTO的规则要求各成员应消除贸易往来的非关税壁垒，而不同的会计准则显然可能成为贸易往来的非关税壁垒，为了消除非关税壁垒，进行会计准则的协调是必要的。

(4)各国的贸易争端也要求进行会计准则的协调，如在对欧盟的反倾销诉讼中，双方分歧的焦点是我国产品的外销价格是否低于产品成本，而双方会计准则的差异导致了对产品成本的不同计算方法。因此为了消除不必要的贸易争端，需要进行会计的国际协调。

加入 WTO 后，我国经济将全面融入世界经济的潮流之中，资本的跨国界流动、会计服务市场的全面开放和"新经济"需要在全球范围内"共享"的现实，要求企业间的会计信息必须透明、可比。为此，在我国会计准则体系建设过程中就应该首先分析那些会计准则体系建设较为成熟国家积累的经验，进行比较，批判地加以吸收和继承，借鉴其中先进的经验，并予以发展。尤其重要的，我国会计准则体系的建设一定要充分关注、顺应国际会计准则的趋同化的潮流，因为唯有国际范围内可比的会计准则，才能够保证相同的交易和事项以相同或类似的会计政策加以处理，才能够确保资本的跨国界流动，也才能以共同的"商业语言"处理诸如倾销和反倾销等贸易纠纷。

第二节　我国业已颁布实施的会计准则与国际会计准则、美国公认会计原则及英国公认会计原则的比较研究 ①

本节先就我国业已颁布实施的会计准则与国际会计准则、美国公认会计原则及英国公认会计原则进行主要内容的比较研究（如表 5-1 所示），而后再对会计准则国际化进行展望。

---

① 主要参考了 Price Water House Coopers（2001），并按照其基本的分析模式展开本节的比较。本节的比较遵循"重要性"原则，并非进行全面比较，而只是选择一些主要方面进行比较。

表 5-1 我国业已颁布实施的会计准则与国际会计准则、美国公认会计原则及英国公认会计原则主要内容比较

比较内容	国际会计准则	美国公认会计原则	英国公认会计原则	中国会计准则
	IAS 28, IAS 39; FAS 115; APBO 18; SSAP 1; FRS 2, FRS 3; 《企业会计准则——投资》			
	一、投资准则			
1.投资的划分及基本计量原则	(1)"为出售目的而持有的证券（股权和债权投资）"——按照公允价值进行计量，未确认的利得和损失计入收益表； (2)"持有至到期的债券（债券）"——按摊余成本计量； (3)"企业产生的贷款和应收账款"——按照摊余成本计量； (4)"可能用于销售的证券（债权和股权）"——以公允价值进行计量，未确认的利得或损失要么在收益表中进行确认，要么全部已确认，且将销售、减损结转到损益表。	(1)"企业产生的贷款和应收账款"分类不存在，归类于"持有至到期的证券"，其他分类相同； (2)"可能用于销售的证券（债权和股权）"以公允价值进行计量，未确认的利得和损失在权益中进行确认——其他全面收益。 *美国的会计准则在该问题上相当有特色，具体请参见注释[1]。	(1)"投资可分类为长期投资及流动性投资； (2)长期投资可按照成本、市场价值，或净现值等其他现值进行计量； (3)流动性投资可按照成本与可实现净值孰低成本与可实现净值孰低进行计量，也可按照现行成本进行计量。	(1)投资按照投资的目的或意图分为长期投资与短期投资； (2)投资按照取得成本计价，但短期投资期末按照成本与可变现净值孰低进行计量，并计提短期投资跌价准备；长期投资期末也需要计提减值准备。
2.投资成本的确定	(1)包括买价及相关税费，但不包括具有垫付性质的、已经宣布但尚未支付的股利，或已到期但尚未支付的利息；	没有明确的规定。	购置成本（含佣金）。	(1)与国际会计准则基本一致，但是对于长期债券投资上发生的费用，则要根据重

比较内容	国际会计准则	美国公认会计原则	英国公认会计原则	中国会计准则
	（2）若以放弃非货币性资产取得投资，则应以放弃的非货币性资产的公允价值为基础确定。			要性原则进行处理——金额较大时，可逐期摊销；金额较小时，一次性计入当期损益；（2）若以放弃非货币性资产取得投资，则应以放弃的非货币性资产的货币性基础账面价值为基础确定。
3. 短期投资持有期间收益的会计处理	投资后收到现金股利或利息计入当期的投资收益。	投资后收到现金股利或利息计入当期投资收益。	投资后收到现金股利或利息计入当期的投资收益。	投资后收到现金股利或利息冲减投资成本。
4. 短期投资的期末计价	从"市价法"和"成本与市价孰低"中选择一种。	市价法。	成本与可变现净值孰低。	成本与市价孰低（稳健性考虑），只确认未实现损失而不确认未实现利得。
5. 长期债权投资	（1）按照摊余成本或成本重估金额计量，因重估价导致的金额增加，应首先冲减以前确认的重估价损失，余额作为重估价盈余记所有者权益；（2）由短期投资转入的按成本与可变现净值孰低确定成本。	规定持有至到期的债券按摊余成本计价，不存在的摊销要求计提在计提跌价损失的确认问题。	购置日以成本入账，无统一的摊销要求，但实务中通常按照直线法或实际利率法进行摊销。	平日按照摊余成本（面值＋未摊溢价或面值－未摊折价），当然若已计提了减值准备，则应该按照该"摊余成本－减值准备"计量。

比较内容	国际会计准则	美国公认会计原则	英国公认会计原则	中国会计准则
6.长期股权投资	（1）基本方法：成本法与权益法； （2）重大影响是持股比例超过20%，或虽且持股比例不足20%，但存在其他可对被投资企业的财务经营决策施加影响的途径（强调实质重于形式原则）； （3）将"投资成本-被投资企业净资产公允价值×持股比例"确认为商誉，在不超过20年的期限内进行摊销； （4）只对永久性减值计提减值准备； （5）采用权益法计算投资企业应享有的损益份额和被投资企业之间关联交易的未实现损益。	（1）基本方法：成本法与权益法； （2）重大影响是持股比例超过20%的情况； （3）将"投资成本-被投资企业净资产公允价值×持股比例"确认为商誉，但不进行摊销； （4）只对永久性减值计提减值准备； （5）采用权益法计算投资企业应享有的损益份额时，要求首先抵消投资企业和被投资企业之间关联交易的未实现损益。	以成本与可变现净值孰低进行计价，若市场价值出现永久性贬值，则减值部分作为已实现损失。	（1）与国际会计准则对重大影响的规定基本类似，也加强调实质重于形式惯例； （2）将"投资成本-被投资企业净资产账面价值×持股比例"确认为"股权投资差额"，借方差额在10年期限内进行摊销，贷方差额直接计入资本公积（目的是防范我国上市公司利用股权投资差额人为调节利润，也与我国准则较少采纳公允价值概念有关）； （3）既对永久性减值，也对暂时性减值计提减值准备； （4）采用权益法计算投资企业在被投资企业中应享有的损益份额，不要求抵消关联交易的未实现损益。

比较内容	国际会计准则	美国公认会计原则	英国公认会计原则	中国会计准则
	IAS 16, IAS 36；ARB No. 43；APBO 6；FRS 3，FRS 11，FRS 15			《企业会计准则——固定资产》
	二、固定资产			
1. 固定资产初始计量	(1) 使固定资产达到预定可使用状态之前一切必要的支出，相关买价、附加费用等，也包括预计固定资产报废的清理费用，但不包括非正常损失； (2) 规定了购买、自行建造、融资租入、非货币性交易取得固定资产的入账价值。	(1) 使固定资产达到预定可使用状态之前一切必要的支出，包括买价、相关税费，附加费用等； (2) 规定了购买、自行建造、融资租入、非货币性交易取得固定资产的入账价值。	(1) 有形固定资产应该按照成本进行计量； (2) 规定了购买、自行建造、融资租入、非货币性交易等方式取得固定资产的入账价值。	(1) 使固定资产达到预定可使用状态之前一切必要的支出，包括买价、相关税费，附加费用等，也包括固定资产达到预定可使用状态之前发生的非正常损失，但不包括固定资产报废时的清理费用； (2) 购买、自行建造、融资租入、非货币性交易、投资者投入、债务重组、接受捐赠、盘盈等方式取得固定资产时的入账价值更为详细； (3) 对一揽子购入的固定资产如何分摊入账价值进行了规定。

比较内容	国际会计准则	美国公认会计原则	英国公认会计原则	中国会计准则
2. 固定资产折旧	(1) 没有明确规定固定资产的折旧范围； (2) 折旧方法可选择直线法、工作量法、余额递减法等； (3) 折旧方法的变更属于会计政策变更，适用"追溯调整法"，而折旧年限的变更属于会计估计变更，适用"未来适用法"。	(1) 没有规定固定资产的折旧范围，只强调土地不计提折旧； (2) 余额递减法、年数总和法等； (3) 折旧方法和折旧年限的变更都属于会计政策变更，适用"追溯调整法"，要计算"累计影响数"。	(1) 没有明确规定固定资产的折旧范围； (2) 直线法、余额递减法等； (3) 折旧方法的变更还是会计政策变更，同国际会计准则。	(1) 规定除了"已提足旧仍继续使用的固定资产"和"按规定单独计价作为固定资产使用的土地"外所有的固定资产，都应计提折旧； (2) 直线法、工作量法、双倍余额递减法、年数总和法等； (3) 折旧方法的变更和折旧年限的变更是会计估计变更，同国际会计准则；同时规定，若同时存在折旧方法和折旧年限的变更，使得无法判断到底属于会计政策变更还是会计估计变更时，可按照会计估计变更简化处理。

比较内容	国际会计准则	美国公认会计原则	英国公认会计原则	中国会计准则
3. 固定资产重估价	(1) 允许初始计量后对固定资产进行重估价，且应保持一定的重估频率，以便使固定资产的账面价值不至于和固定资产的公允价值背离太多； (2) 估价以公允价值为基础，并影响固定资产的折旧。	不允许重估价。	(1) 允许初始计量后对固定资产进行重估价，且至少每5年或每3年进行一次中期重估，以便使固定资产的账面价值不至于和固定资产的公允价值背离太多； (2) 重估计价基础比国际会计准则要复杂和具体，其依据是重置成本和固定资产的可回收额执行。	不允许重估价。
4. 固定资产减值	(1) 固定资产价值的减值抵减之前同一固定资产的重估价盈余，不足抵减的部分必须计入当期损益； (2) 规定了详细的固定资产减值的判断条件。	(1) 计提固定资产减值准备，但与重估价无关； (2) 固定资产减值的判断条件与国际会计准则接近。	(1) 固定资产价值的减值损失是由贡献未来经济利益能力的减少而导致则应计入当期损益（利润表）； (2) 否则，固定资产的价值减损则必须计入"已确认的利得及损失"（英国的全部已确认和损失表，它类似于全面收益）中；	(1) 计提固定资产减值准备，但与重估价无关； (2) 固定资产减值的判断条件与国际会计准则接近。

比较内容	国际会计准则	美国公认会计原则	英国公认会计原则	中国会计准则
			(3) 若之后固定资产的账面价值又恢复到历史成本，则减值损失计入收益表; (4) 固定资产减值的判断条件与国际会计准则接近。	。
5. 固定资产的定义	(1) 企业为生产商品、提供劳务、出租或行政管理目的而持有; (2) 预计使用寿命超过1年。	无明确定义。	在持续生产经营活动过程中，企业为生产商品、提供劳务、出租目的而持有的有形资产。	(1) 企业为生产商品、提供劳务、出租或行政管理目的而持有; (2) 预计使用寿命超过1年; (3) 单位价值较高。

三、存货

IAS 2，IAS 11；ARB No. 45；SP 81；SSAP 9；《企业会计准则——存货》

比较内容	国际会计准则	美国公认会计原则	英国公认会计原则	中国会计准则
1. 存货定义	下列资产之一: (1) 在正常经营过程中持有以备出售的; (2) 为出售而仍然处于生产过程中的; (3) 在生产或提供劳务过程中将消耗的材料或物件。	存货包括: (1) 在正常经营过程中持有以备出售的有形个人财产; (2) 为出售而处于生产过程中的有形个人财产; (3) 在生产中用于出售的物品或提供劳务的物件。	存货包括: (1) 为销售而购入的物品或其他资产; (2) 可耗用库存; (3) 为生产产品而购入的原材料和组成件; (4) 尚未完成的产品和劳务;	企业在正常生产经营过程中持有以备出售的产成品或商品、或处于生产过程中的在产品、或者将在生产过程中耗用的材料、物料等。

比较内容	国际会计准则	美国公认会计原则	英国公认会计原则	中国会计准则
		的劳务过程中将消耗的有形个人财产。	(5)长期合同余额；(6)产成品。	
2.存货初始入账价值	存货成本包括采购成本、加工成本及使存货达到目前场所和状态而发生的成本。	存货成本主要是使物品达到目前状态和场所而发生的所有直接和间接支出的总和。	存货成本包括在正常经营过程中为使产品或劳务达到目前的场所和状态所发生的支出，包括采购成本和加工成本。	存货成本包括采购成本、加工成本和其他成本。
3.存货发出计价	基准处理方法：先进先出法；加权平均法。备选方法：后进先出法。	先进先出法；加权平均法；后进先出法；标准成本法；零售价格法。	先进先出法；加权平均法。	个别计价法；先进先出法；月末一次加权平均法；移动加权平均法；后进先出法。
4.存货期末计价	成本与可变现净值孰低。	成本与市价孰低，其中市价指现行重置成本，其上限为不高于可变现净值；下限为不低于可变现净值减去正常毛利的净额。	存货以单项或同类存货的成本与可变现净值低的成本与可变现净值孰低进行计价。	成本与可变现净值孰低，但必须按照单项比较存货的成本与可变现净值。
5.存货跌价准备	定期对存货的可变现净值进行重估，若存货的可变现净值有所恢复，则减记的金额应予转回，但以不超过原来计提的减	禁止将存货的减值予以恢复。	无明确规定。	与国际会计准则规定相同，即，定期对存货的可变现净值进行重估，若存货的可变现净值有所恢复，则减记的金额应

（续表）

比较内容	国际会计准则	美国公认会计原则	英国公认会计原则	中国会计准则
	值准备金额为限。			予恢复，但以不超过原来计提的减值准备金额为限。
四、无形资产 IAS 36，IAS 38；APBO 17；FAS 121；FRS 10，FRS 11；《企业会计准则——无形资产》				
1. 无形资产的定义	企业为生产商品、提供劳务、出租或管理的目的而持有的、缺乏实物形态的、可辨认的非货币性资产。认为商誉不属于无形资产（可能是由于商誉有专门的会计准则规范）。	无明确定义，但APBO 17将商誉归类为无形资产。	不具有实物形态的、但可以辨认的、且企业可通过法定权利予以控制的非财务性长期资产。	企业为生产产品、提供劳务、出租给他人，或为管理目的而持有的、没有实物形态的、非货币性长期资产。
2. 无形资产分类	无明确分类。	可辨认无形资产及不可辨认的无形资产。	只对归类原则进行了说明——在性质、功能或在经营活动中用途类似的无形资产。	可辨认无形资产及不可辨认的无形资产。
3. 无形资产的初始计量	获取无形资产当日的公允价值，可参考该无形资产活跃的市场价格，或进行评估决定。	通常基于公允价值确定。	获取无形资产当日的公允价值，可参考该无形资产活跃的市场价格，或进行评估决定。	外购无形资产按实际支付的价款作为无形资产的入账价值。
4. 无形资产的摊销	（1）≤ 20年； （2）直线法或其他方法，残值一般假定为0，除非有第三方	（1）≤ 40年； （2）对于无形资产的残值无专门的规定。	（1）≤ 20年； （2）当且仅当无形资产摊销期满时，企业能够	（1）若法律和合同都规定了期限，则从中选择较低者；

比较内容	国际会计准则	美国公认会计原则	英国公认会计原则	中国会计准则
	承诺无形资产摊销期满时购买该无形资产，或该无形资产存在活跃的市场并可测定其残值。		收到一笔金额，或无形资产存在一个很活跃的市场，企业无易获得的市场，形资产的摊销才可以预计残值。	(2)若法律规定了年限，而合同未规定年限，则按法律年限；(3)若法律未规定年限，而合同规定了年限，则按合同年限；(4)若两者都未规定，则在10年内摊销；(5)直线法，无残值。
5. 无形资产的重估价	可基于活跃的市场价格进行重估价。	禁止对无形资产进行重估价。	可基于活跃的市场价格进行重估价。	没有相关规定。
6. 无形资产减值	仅在 IAS 36 中对资产减值进行了统一规范，没有对无形资产减值单独规范。	没有明确规定。	没有详细指南。	对无形资产的减值判断提供了详细的指南，但有些指南缺乏可操作性。
五、建造合同　IAS 11；ARB No. 45；SSAP 9；《企业会计准则——建造合同》				
1. 建造合同分类	(1)固定造价合同；(2)成本加成合同。	无规定。	无规定。	(1)固定造价合同；(2)成本加成合同。
2. 建造合同会计处理	完工百分比法。	(1)完工百分比法；(2)完成合同法。	完工百分比法。	完工百分比法。
3. 合同收入	(1)合同规定的初始收入；	无明确规定。	无明确规定。	(1)合同中规定的专门

比较内容	国际会计准则	美国公认会计原则	英国公认会计原则	中国会计准则
	(2) 合同工程变更、索赔款及激励性支付。			收入； (2) 因合同变更、索赔和奖励等形成的收入。
4. 合同成本	(1) 与合同直接相关的费用； (2) 可直接计入合同及能分配计入合同的费用； (3) 依据合同条款，可向客户收取的其他费用； (4) 若可以单独区分，则订立合同时与合同直接相关的费用。	无明确规定。	无明确规定。	从合同签订到合同完成期间发生的、与执行合同有关的直接费用和间接费用。
5. 完工百分比确认合同收入、费用的条件（固定造价合同）	(1) 合同收入能可靠地计量； (2) 与合同相关的经济利益能流入企业； (3) 资产负债表日，为完成合同发生的合同成本及合同完工进度可以可靠计量； (4) 可直接计入合同的成本能可靠地区分和可靠地计量。	无明确规定。	无明确规定。	(1) 合同收入能可靠地计量； (2) 与合同相关的经济利益能流入企业； (3) 资产负债表日，为完成合同发生的合同成本以及合同完工进度可以可靠计量； (4) 可直接计入合同的成本能清楚地区分和可靠地计量。

六、或有事项

比较内容	国际会计准则	美国公认会计原则	英国公认会计原则	中国会计准则
	IAS 37;	FAS 5; EITF 94-3; SAB 92; SP 96-1; FRS 3, FRS 7, FRS 12;		《企业会计准则——或有事项》
1. 或有事项的定义	未涉及。	可能会给企业带来利得或损失的现存的不确定性的情况、状况或环境，该不确定性将最终通过一项或多项未来事项的发生与否进行证实。	未涉及。	过去的交易或事项形成的一种状况，其结果须要通过未来不确定事项的发生或不发生予以证实。
2. 或有事项对应概念	或有资产；	或有利得，或有损失①。	或有资产；	或有资产；

① 或有事项与或有损失、或有利得之间存在对等关系，但或有事项与或有资产、或有负债、预计负债（或准备）之间不存在对等关系，从或有事项过渡到或有资产、或有利得、或有负债、预计负债等概念时，范围会发生缩小，因此中国和国际会计准则在逻辑上存在一定混乱。国际会计准则似乎已经意识到这个问题，因为它没有在准则中定义或有意或有事项，这样就避免了从或有事项时发生的范围缩小的问题。但我国会计准则似乎没有意识到这个问题，因为在解释坏账准备不是或有事项所引起的原因是："对应收款项计提准备只是根据资产定义对已确认资产账面金额的调整，不会导致企业因此承担某种义务的情况。"也就是说，我国会计准则把不利的或有事项等同于企业可能承担某种义务，但实际上不利的或有事项也可能只是使企业资产发生减值，而不需要企业承担任何义务。另外，我国会计准则对定义或有资产与或有负债，还存在着概念脱节的问题。既然首先定义了或有事项，那么就要在定义或有资产与或有资产与或有负债时说明这两个概念与或有事项的关系。只是简单照搬国际会计准则，而是或有资产与或有负债并没有定义或有事项，因而不必在定义中体现或有事项的关系。而我国会计准则在定义或有资产与或有负债时，殊不知国际会计准则，总是首先说明："由过去的交易或事项形成的……"这样就会使读者产生疑问：或有资产与或有负债是不是都不是现存在的？为避免或有资产形成而没有或有资产等形成的现实义务，我们建议对或有事项的发生或不发生予以证实，或避免对未来不确定事项的发生或不是或有事项或有资产是指或有资产的潜在的资产，其存在须通过未来不确定事项的发生或不发生予以证实；或或有负债是指或负债进行如下定义；或有资产是指或有资产的潜在的资产，其存在须通过未来不确定事项的发生或不确定事项可能发生或不发生予以证实；或或有负债是指或有资产的潜在的义务，其存在须通过未来不确定事项的发生或不发生予以证实；或或有负债形成的现实义务，履行该义务很可能导致经济利益流出企业或或有资产的金额不能可靠地计量，主要参考了杜兴强、章永奎（2003）。

比较内容	国际会计准则	美国公认会计原则	英国公认会计原则	中国会计准则
	或有负债；准备（类似于我国的预计负债）。		或有负债。	或有负债；预计负债。
3. 或有事项的确认	准备的确认条件：(1)企业因为过去事项而承担了一项现时的、法定或推定义务；(2)履行该义务很可能导致含有经济利益的资源（资产定义的资源）流出本企业；(3)该义务的金额可以可靠地估计。	满足以下条件时，或有损失应借记收益：(1)证实损失发生的未来事项可能发生；(2)损失的金额可以可靠的估计。	与国际会计准则规定一致。	与或有事项相关的义务同时满足：(1)该义务是企业承担的现时义务；(2)该义务的履行很可能导致经济利益流出企业；(3)该义务的金额可以可靠地计量。*企业不应确认或有负债、资产。
4. 或有事项的计量	(1)最佳估计数；(2)涉及单个项目，最佳估计数按最可能发生的金额确定；(3)涉及多个项目，最佳估计数可按各种可能的发生概率计算确定；(4)估计最佳估计数时必须考虑风险	(1)从损失金额估计范围内寻找最佳估计金额；(2)当缺乏最佳估计金额时，该估计范围内的任意一个估计金额都可作为应计估计金额。	(1)最佳估计数；(2)涉及单个项目，最佳估计数按最可能发生的金额确定；(3)涉及多个项目，最佳估计数可按各种可能的发生额及概率计算确定；	(1)最佳估计数；(2)涉及单个项目，最佳估计数按最可能发生的金额确定；(3)涉及多个项目，最佳估计数可按各种可能的发生额及概率计算确定；

比较内容	国际会计准则	美国公认会计原则	英国公认会计原则	中国会计准则
	险及必须考虑重大性原则，遵循重大性原则，有时必须考虑时间价值。		（4）估计最佳数时必须考虑风险及不确定性，遵循重大性原则，有时必须考虑时间价值——并对贴现率提供了详细指南。	（4）不考虑时间价值和贴现因素。
5. "很可能"及与此相关的概念	（1）基本确定；（2）很可能；（3）极小可能。但未对各个概念给出概率区间。	（1）很可能；（2）有可能；（3）极小可能。	（1）基本确定（95%—100%）；（2）很可能（50%—95%）；（3）有可能（5%—50%）；（4）极小可能（0—5%）。	（1）基本确定（95%—100%）；（2）很可能（50%—95%）；（3）有可能（5%—50%）；（4）极小可能（0—5%）。

七、非货币性交易

IAS 16, IAS 18；APBO 29；《企业会计准则——非货币性交易》

比较内容	国际会计准则	美国公认会计原则	英国公认会计原则	中国会计准则
1. 非货币性交易的定义	没有明确的定义。	不涉及或很少涉及货币性资产或负债的交换和非互惠转让。	无相关定义。	交易双方以非货币性资产进行的交换，这种交换不涉及或只涉及少量的货币性资产（补价）。
2. 货币性资产	指库存现金和将以固定或可确定的货币金额收取的资产。	指由合同或通过其他方式规定了货币金额的资产，如现金，以现金方式收回的长期或短期应收	指库存现金和将收取的现金金额。	指持有的现金及将可确定金额收回的货币性资产，包括现金、应收账款、应收票据以

比较内容	国际会计准则	美国公认会计原则	英国公认会计准则	中国会计准则
		账款或应收票据。		及准备持有至到期的债券投资。
3. 不涉及补价的非货币资产交换的会计处理	(1) 同类非货币性交易（含同类固定资产的交换，同类商品或劳务的交换）：换入固定资产（商品或劳务）的成本应以换出固定资产（商品或劳务）的账面价值确定； (2) 不同类非货币性资产的交换：换入固定资产应以公允价值计量，且不同类商品或劳务的交换视同销售，以收到的公允价值的商品或劳务的公允价值计量。	(1) 同类非货币性交易：若实质上盈利过程没有完成，则会计处理就不应以公允价值，而应以账面价值为基础； (2) 不同类非货币性资产的交换：应以相关的资产或劳务的公允价值为基础进行确认。	同国际会计准则的有关规定。	以换出资产的账面价值，加上应付的相关税费，作为换入资产的入账价值。
4. 涉及补价、收到补价方	(1) 同类非货币性交易（没有明确规定）； (2) 不同类非货币性资产的交换：换入固定资产的入账价值应以公允价值为基础，考虑转让的现金或现金等价物金额所调整的公允价值； (3) 不同类商品或劳务的交换，视同销售，以收入的公允价值。	(1) 同类非货币性交易：补价的接受方应按补价超过所转让的资产价额确认交换利得； (2) 不同类非货币性交易（没有明确规定）。	同国际会计准则的有关规定。	(1) 换入资产的入账价值＝换出资产账面价值－（补价／换出资产公允价值）×换出资产账面价值＋应支付的相关税费； (2) 应确认的收益＝补价－（补价／换出资产公允价值）×换出资产账面价值。

比较内容	国际会计准则	美国公认会计原则	英国公认会计原则	中国会计准则
5. 涉及补价，支付补价方	收到商品或劳务的公允价值为基础。 (1) 同类非货币性交易：支付补价的一方，所放弃资产或劳务的账面价值应以补价进行调整——应以所放弃的资产或劳务的账面价值加上支付的补价来确认换入资产的入账价值； (2) 不同类非货币性资产的交换：换入固定资产的入账价值为"转让的现金或现金等价物金额调整所放弃资产的公允价值后的金额"；不同类资产或劳务的交换视同销售，收入确认以公允价值为基础。	(1) 同类非货币性交易：在盈利过程未完成的情况下，支付补价企业不应确认交易上的利得； (2) 不同类非货币性资产的交换（没有明确规定）。	没有明确的规定。	应以换出资产的账面价值，加上补价和应支付的相关税费，作为换入资产的入账价值。
八、借款费用				
	IAS 23；FAS 34，FAS 42，FAS 62；FRS 15；Companies Act 1985；《企业会计准则——借款费用》			
1. 借款费用范畴	(1) 银行透支利息、长短期借款利息； (2) 与借款相关的溢价或折价；	利息费用的范畴是指根据明确的利率计算的利息，应付款上的利息，与	没有对借款费用给出明确的范围。	(1) 因借款而发生的利息； (2) 因借款而发生的溢价

比较内容	国际会计准则	美国公认会计原则	英国公认会计原则	中国会计准则
	(3) 安排借款时发生的辅助费用； (4) 融资租赁费； (5) 外币借款利息费用上的汇兑差额。	融资租赁相关的利息。		和折价的摊销； (3) 因借款而发生的辅助费用； (4) 外币借款上发生的汇兑差额。 *注意，我国未包括融资租赁上的利息。
2. 属于借款费用资本化的资产范围	需要经过相当长时期才能达到可使用状态或可销售状态的资产（可能包括固定资产和存货等）。	如果一项资产需要一段时间实现使其达到预定用途的活动，发生在该期间的利息就应作为该资产历史成本的一部分。	与国际会计准则规定基本相同。	固定资产。
3. 属于借款费用资本化的借款范围	(1) 专门借款； (2) 一般借款。	(1) 专门借款； (2) 一般借款。	与国际会计准则规定基本相同。	专门借款。
4. 借款费用的具体确认标准①	(1) 基准处理方法，借款费用应于发生的当期确认为费用； (2) 允许选用的处理方法，可	符合资本化条件的资产的利息费用应当予以资本化，资本金额应与	没有明确的相关规定。	(1) 对于因专门借款而发生的利息、溢折价摊销、辅助费用，在符合资本化条件的

① 在对借款费用进行资本化的时候，国际会计准则并没有区分不同的借款费用，而是要求所有借款费用都与资产支出挂钩。而我国会计准则实际上把借款费用分为三个部分：利息和溢折价摊销；汇兑差额；辅助费用。对于第一类借款费用与资产支出挂钩，对于第二、三类资产费用，为了简化会计核算，由于金额较小，不要求与资产支出挂钩。

比较内容	国际会计准则	美国公认会计原则	英国公认会计原则	中国会计准则
	直接归属于符合条件的资产的购置、建造或生产成本的借款费用，应通过资本化成为资产成本的组成部分，其他借款费用应于发生的当期确认为费用，可见国际会计准则虽然也允许对借款费用进行资本化，但其更倾向于把所有的借款费用确认为当期损益。这一点和我国不同。在对借款费用进行资本化的时候，国际会计准则并没有区分不同的借款费用，而是要求所有的借款费用的资本化金额都应与资产支出挂钩。	资产支出挂钩。		情况下，应当予以资本化，资本化金额应与资产支出相挂钩；其他借款利息、溢折价摊销应当于发生的当期确认为费用； (2)对于因专门借款而发生的汇兑差额，在应予资本化的期间内，应予资本化，资本化金额应全额资本化；其他借款的汇兑差额应当于发生的当期确认为费用； (3)因安排专门借款而发生的辅助费用，属于在所购建固定资产达到预定可使用状态之前发生的，应当在发生时予以全额资本化，不必与资产支出挂钩；以后发生的辅助费用应当于发生的当期确认为费用。如

比较内容	国际会计准则	美国公认会计原则	英国公认会计原则	中国会计准则
				果辅助费用的金额较小，也可以于发生当期确认为费用。
5. 开始资本化	(1) 资产支出已经发生； (2) 借款费用已经发生； (3) 为使资产达到预定可使用状态所必要的准备工作正在进行中。	(1) 资产支出已经发生； (2) 为使资产达到预定可使用或可销售状态所必要的准备工作正在进行中； (3) 借款费用已经发生。	与国际会计准则规定基本雷同。	(1) 资产支出（仅包括与固定资产相关的，如支付现金、转移非现金资产或承担带息债务）已经发生； (2) 借款费用已经发生； (3) 为使资产达到预定可使用状态所必要的购建活动已开始。
6. 暂停资本化	开发活动发生较长（没有具体标准）的中断（非正常中断）。	实质上暂停了与购置资产相关的所有活动，则应暂停借息资本化；但若中断时间短，外部强加的中断和内在的延误，不应暂停借资本化。	与国际会计准则规定基本雷同。	(1) 为使资产达到其预定可使用或可销售状态而进行的必要准备活动发生了非正常中断； (2) 中断的时间较长（＞3 个月）。
7. 停止资本化	为使符合条件的资产达到其预定的可使用或可销售状态而必要的准备活动实质上完成时，借款费用的资本化应当停止。	当资产完成并已准备好预定用途时，资本化期间应结束。	与国际会计准则规定基本雷同。	当所购建的固定资产达到预定可使用状态时，应当停止其借款费用的资本化。为了便于操作，

比较内容	国际会计准则	美国公认会计原则	英国公认会计原则	中国会计准则
				我国会计准则规定可以从以下几个方面判断固定资产是否达到预定可使用状态： (1)固定资产的实体建造或安装工作已经全部完成或者实质上已经完成； (2)所购建的固定资产与设计要求或合同要求相符，即相符合或极个别与设计或合同要求不相符合的地方，也不影响其正常使用； (3)继续发生在所购建固定资产上的支出金额很少或几乎不再发生。

九、租赁

IAS 17；FAS 13；SSAP 21；FRS 5；UITF 12；《企业会计准则——租赁》

比较内容	国际会计准则	美国公认会计原则	英国公认会计原则	中国会计准则
1. 租赁分类标准	强调实质重于形式原则满足以下1项或数项标准的租赁，应当认定为融资租赁：	从承租人和出租人的角度对租赁进行了不同的分类。	(1)强调实质重于形式原则——租赁协议实质上转移了与租赁资产所	强调实质重于形式原则。满足以下一项或数项标准的租赁，为融资租赁：

比较内容	国际会计准则	美国公认会计原则	英国公认会计原则	中国会计准则
	（1）在租赁期届满时，租赁资产的所有权转移给承租人； （2）承租人有购买租赁资产的选择权，所订立的购买价将远低于使选择权行使日就可以合理确定承租人将会行使这种选择权的公允价值，因而在租赁开始日就可以合理确定承租人将会行使这种选择权； （3）就承租人而言，租赁开始日最低租赁付款额的现值几乎相当于租赁开始日租赁资产原账面价值； （4）租赁期占租赁资产尚可使用年限的大部分。 附加标准： （1）如果承租人撤销该租赁，则撤销所导致的出租人的损失由承租人承担； （2）资产残值的公允价值波动形成的利得或损失归承租人； （3）承租人能以大大低于市场租价的租金继续租赁至下一期间。	从承租人的角度，在租赁开始日符合以下4项标准中的1项或多项的租赁，资产的所有权转让给承租人，则会分为： ①在租赁结束时，资产的所有权转让给承租人； ②租赁包含有廉价选择购买权； ③租赁期不短于租赁资产预计经济年限的75%，但是，如果租期开始于预计经济年限剩下的最后25%，则该标准不适应于对租赁的分类； ④在租赁开始时最低租赁付款额的现值不小于在租赁资产出租人的租赁资产的公允价值减去出租人保留的任何相关预期会实现的租赁收益税后的余额的90%；	有权相关的风险和报酬，那么就可以归类为融资租赁； （2）提供了若干判断指南，如租赁付款额的现值相当于租赁开始日租赁资产账面价值。	（1）在租赁期届满时，租赁资产的所有权转移给承租人； （2）承租人有购买租赁资产的选择权，所订立的购买价将远低于行使选择权时租赁资产的公允价值，因而在租赁开始日就可以合理确定承租人将会行使这种选择权； （3）租赁期占租赁资产尚可使用年限的大部分，但是，如果租赁资产在开始租赁前已使用年限超过该资产全新时可使用年限的大部分，则该项标准不适用； （4）就承租人而言，租赁开始日最低租赁付款额的现值几乎相当于租赁开始日租赁资产原账面价值；就出租人而言，租

比较内容	国际会计准则	美国公认会计原则	英国公认会计原则	中国会计准则
		（2）经营租赁和所有其他的租赁。 从出租人的角度，租赁分为4类： （1）销售租赁； （2）杠杆租赁； （3）直接融资租赁； （4）经营租赁。		货开始日最低租赁收款额的现值几乎相当于租赁开始日租赁资产原账面价值，但如果租赁资产在开始租赁前已全新时可使用年限超过该资产的大部分，则该项标准不适用； （5）租赁资产性质特殊，如果不作重新改制，只有承租人才能使用。
2. 融资租赁（承租人）	对于融资租赁（或资本租赁），承租人应在租赁开始日以租赁资产公允价值和最低租赁付款额现值中较低者的入账价值（与我国存在着明显差异，原因在于公允价值概念在我国没有被推广应用）。	承租人应在租赁开始日以租赁资产公允价值和最低租赁付款额现值中较低者作为租赁资产和负债的入账价值。	在租赁开始日，同时作为资产和负债进行确认的金额应在是最低租赁付款额的现值（实务中也可以以融资租赁资产的公允价值替代）。	在租赁开始日，承租人通常应当将租赁开始日租赁资产原账面价值与最低租赁付款额的现值中较低者作为租入资产的入账价值，将最低租赁付款额作为长期应付款的入账价值，两者的差额确认为未确认融资费用。但是如果该项租赁资产占企业资产总额的比例不大，承租人在租赁开

比较内容	国际会计准则	美国公认会计原则	英国公认会计原则	中国会计准则
3. 融资租赁（出租人）	出租人应在其资产负债表中确认已用于融资租赁的资产，并按等于该项目投资净额的金额将其列作应收款。	（1）最低租赁付款额加上归属于出租人的未担保残值之和应记作租赁投资总额； （2）租赁投资总额的现值与租赁投资总额两个构成部分的现值合计数之间的差额应记作未实现收益，租赁投资总额的现值与租赁投资总额两个构成部分的现值合计数减去租赁资产的成本或费用的差额应确认为当期销售利润，则租赁投资总额与租赁资产之间的差额记作未实现收益，不存在当期销售利润）。	类似于国际会计准则的规定。	在租赁开始日，出租人应当将租赁开始日最低应收租赁收款额作为入账价值，并同时记录未担保余值，将最低租赁收款额之和与其现值之和的差额记录为未实现融资收益。
				始日可按最低租赁付款额记录租赁资产和长期应付款。

（续表）

比较内容	国际会计准则	美国公认会计原则	英国公认会计原则	中国会计准则
4. 未确认的融资费用	融资费用应分摊于租赁期的各个期间，从而使各期应就负债余额（分摊率）的利率——即实际利率。	在租赁期内，最低租赁付款额应在长期应付人财（负债）的减少和计入财务费用之间按照某一利率进行分配，分摊利率使负债余额承担一个固定的利率。	未确认的融资费用应在租赁期内的各个会计期间进行分摊，目的使各个会计期间未偿还的长期应付款所负担的利率保持恒定。	未确认的融资费用应在租赁期内按照一定的方法进行分摊；企业可以选择直线法进行分摊，也可以选择实际利率法或年数总和法进行分摊。
5. 未实现的融资收益	未实现融资收益的确认，应该按照能够反映出租人在融资租赁中的未收回投资净额的各个会计期间固定的投资报酬率的方式进行分摊，但不包括服务成本的租赁付款额，应冲销租赁投资净额，减少本金及未实现的融资收益。	在租赁期内，未实现的融资收益按照某一利率进行分配，分摊利率使租赁投资净额承担一个固定的投资报酬率。	(1) 未实现的融资收益应在租赁期内的各个会计期间进行分摊，目的使各个会计期间未偿还的长期投资所负担的利率保持恒定；(2) 备选方法：可先将收益总额中等于出租人在计算净现金投资时已包括在内的融资费用予以分配，余额再按照某种系统的方法进行分配。	未实现的融资收益应在租赁期内按照一定的方法进行分摊；企业可以选择直线法进行分摊，也可以选择实际利率法或年数总和法进行分摊。

十、中期财务报告

IAS 34；APBO 28；FAS 130，FAS 131；ASB's Statement on Interim Reports

比较内容	国际会计准则	美国公认会计原则	英国公认会计原则	中国会计准则
1. 中期的定义	短于一个完整的财务年度的财	中期财务报告应以以季度	一个会计年度前6个月	短于一个完整的会计年

比较内容	国际会计准则	美国公认会计原则	英国公认会计原则	中国会计准则（我国采用）
	务报告期间。	为基础提供。	结束后——即半年财务报告。	度的报告期间（我国采用公历年度）。
2. 中期报告内容	（1）简明资产负债表； （2）简明收益表； （3）反映所有者权益变动的简明报表； （4）简明现金流量表； （5）有选择的说明性附注。	（1）简明资产负债表； （2）简明收益表； （3）简明现金流量表； （4）有选择的说明性附注。	（1）资产负债表； （2）收益表； （3）全部已确认利得和损失表； （4）现金流量表； （5）管理者评论； （6）有选择的说明性附注。 ＊虽然伦敦交易所只要求中期报告提供收益表，但多数上市公司自愿提供更多的中期信息。	中期财务报告至少应当包括以下组成部分：资产负债表、利润表、现金流量表、会计报表附注；要求提供的资产负债表、利润表和现金流量表应当是完整的会计报表，其格式和内容应与上年度会计报表相一致。
3. 中期财务报告的理论基础①	独立观——企业在中期财务报表中所应用的会计政策，应与年度报表采用的会计政策一致。	一体观——每一个中期都应被看作一个财务	同国际会计准则的规定——独立观。	独立观——采用与年度会计报表相一致的会计观。

① 独立观认为每一中期都是一个独立的会计期间，因此中期分配的会计估计、成本分配等用的会计政策和应计项目的处理等也与年度报告相一致，其中所应用的会计估计、成本分配比不合理，影响对企业业绩的评价。独立观的优点是，依据其编制的中期财务报告信息比较可靠；缺点是中期收入和费用组成部分，是会计年度整体不可分割的一部分，是会计年度有机组成部分，主要表现在：中期财务报告中预计当年度的会计估计、成本分配，各递延和应计项目的处理必须考虑到全年将要发生的成本与费用，需要以年度预计活动水平为基础，分配至各中期。一体观认为每一中期都是年度的一个组成部分。同时各中期的会计期间，因此在中期报告中需要对年度报告所采用的会计政策进行修正，主要表现在：中期财务报告中处理必须考虑到全年将要发生的情况，会计年度内发生的成本与费用，各递延和应计项目的处理必须考虑到全年将要发生的情况。一体观的优点是各中期的收益波动比较小，缺点是容易导致盈余操纵，并有平滑收益的嫌疑，详细参见杜兴强、章永奎（2003）。

比较内容	国际会计准则	美国公认会计原则	英国公认会计原则	中国会计准则
				政策。
4. 中期报表附注	(1) 中期财务报表采用了与最近期年度财务报表相一致的会计政策和计算方法的声明；或如果这些政策或方法已变更，对变更的性质和影响的说明； (2) 对中期经营的季节性或周期性的说明性评述； (3) 对资产、负债、权益、净收益或现金流量有影响的异常项目的性质和金额，这些项目由于其性质、大小或发生的频率而异常； (4) 在本财务年度内的以前中期或本财务年度以前财务年度已报告过的估计金额变更的性质和金额（如果这些变更对本中期有重大影响的话）； (5) 债务性证券和权益性证券的发行、回购和偿还；	(1) 季节性收入、成本或费用； (2) 所得税估计或准备的重大变更； (3) 业务分部的处置，非常项目，不经常或者偶发项目； (4) 或有事项； (5) 会计原则或者估计的变更； (6) 财务状况的重大变化。	接近于国际会计准则的规定。	(1) 中期会计报表所采用的会计政策与上年度相一致的说明，如果发生了会计政策的变更，应当说明会计政策变更的内容、理由及其影响数；如果会计政策变更的累积影响数不能合理确定，应当说明理由； (2) 会计估计变更的内容、理由及其影响数，如果影响数不能确定，应当说明理由； (3) 重大会计差错更正及其金额； (4) 企业经营的季节性或者周期性特征； (5) 存在控制关系的关联企业发生变化的情况；

比较内容	国际会计准则	美国公认会计原则	英国公认会计原则	中国会计准则
	(6) 分别为普通股和其他股份支付的股利； (7) 业务分部或地区分部的分部收入和分部成果； (8) 末在中期财务报表中反映的中期期末之后的重要事项； (9) 中期内企业结构的变化的影响； (10) 自上年度资产负债表日以来发生的或有负债和或有资产的变化。			关联方之间发生交易的，应当披露关联方关系的性质、交易的类型和交易要素； (6) 合并会计报表的合并范围发生变化的情况，并对性质特别或者金额异常的会计报表项目的说明； (7) 对性质特别或者金额异常的会计报表项目的说明； (8) 债务性证券和权益性证券的发行、回购和偿还情况； (9) 向企业所有者分配利润的情况； (10) 业务分部和地区分部的分部收入和分部利润； (11) 中期资产负债表日至中期财务报告批准报出日之间发生的非调整事项； (12) 上年度资产负债表日以后所发生的或有负

(续表)

十一、债务重组

(由于国际会计准则和英国公认会计原则缺乏明确的规范，所以只比较美国公认会计原则和我国会计准则——债务重组)

比较内容	国际会计准则	美国公认会计原则	英国公认会计准则	中国会计准则
				债和或有资产的变化情况； (13) 企业结构变化的情况； (14) 其他重大交易或事项。

	美国公认会计原则			中国的会计准则
1. 债务重组的范畴	债权人因债务人财务上的困难，出于经济上或法律上的原因，而对债务人做出平常不常愿意考虑的让步。			我国修订后的准则对债务重组的定义则是广义的，即债务重组是指债权人按照其与债务人达成的协议或法院的裁决，同意债务人修改债务条件的事项；对该债务重组含义的拓展大大扩展了我国债务重组准则的适用范围。
2. 债务重组方式	(1) 以低于债务账面价值的现金清偿债务； (2) 以非现金资产清偿债务； (3) 债务转为资本，是指债务人将债务转为股本，这里也不要求股权的公允市价必须低于债权的账面价值； (4) 修改其他债务条件，如延长债务偿还期限，延长债务偿还期限并减少债务本金或变更债务利息；			(1) 以低于债务账面价值的现金清偿债务； (2) 以非现金资产（如存货、投资、固定资产、无形资产等）清偿债务——值得注意的是，这里并不要求非现金资产的公允价值或账面价值低于债务的账面价值； (3) 债务转为资本，是指债务人将债务转为资本，同时债权人将债权转为股权，也不要求股权的公允市价必须低于债权的账面价值；

	美国公认会计原则	中国的会计准则
	(5) 混合重组方式：以上两种或多种以上方式的组合。 注意，美国的相关准则可能出现债务人将未来应付款的情况，而超过重组债务账面价值的差额（不包含或有支出）我国的准则不包括。	(4) 修改其他债务条件，如延长债务偿还期限、延长债务偿还期限并加收利息、延长债务偿还期限减少债务偿还本金或减少债务偿还利息； (5) 混合重组方式：以上两种或多种方式的组合——以现金清偿一部分债务，另一部分债务以非现金资产清偿；又如，以非现金资产偿还一部分债务，另一部分债务通过修改其他债务条件进行债务重组。
3. 会计处理——转让非现金资产偿还债务	(1) 债务人以非现金资产偿还债务，应将转让的非现金资产账面价值之间的差额确认为重组收益，与转让资产本身账面价值之间的差额确认为资产转让损益； (2) 当债权人收到的为非现金资产时，该资产与重组债权之间的差额要根据是否为债权计提了跌价准备来进行处理，但收到的非现金资产按照公允价值进行计量。	(1) 债务人可以以投资、存货、固定资产和无形资产等非现金资产清偿债务。对于债务人来说，应付债务的账面价值小于非现金资产的账面价值与支付的相关费用之和，如果应付债务的账面价值大于重组债务的账面价值与支付的相关费用之和，则按应收债权的账面价值加上应支付的相关税费，作为受让非现金资产的入账价值，不应确认重组损益； (2) 对于债权人来说，应按应收债权的账面价值加上支付的相关税费，作为受让非现金资产的入账价值，不应确认损益。
4. 会计处理——以低于债务账面价值的现金偿还债务	(1) 债务人将重组债务与支付的现金之间的差额确认为重组收益； (2) 债权人将重组债权的账面价值与收到的现金之间的差额，先冲减已为债权计提的跌价准备，然后不足部分作为重组损失。	(1) 在以低于债务账面价值的现金清偿债务时，债务人应将重组债务的账面价值与支付的现金之间的差额确认为资本公积； (2) 债权人应将重组债权的账面价值与收到的现金之间的差额确认为当期损失。

	美国公认会计原则	中国的会计准则
5. 会计处理——以债务转为资本偿债 债务人将债务转为资本清偿债务	（1）在以债务转为资本的重组方式下，债务人因放弃债权而享有股份与股份面值总额的差额，作为资本公积；债务的账面价值与股份公允价值之间的差额，确认为债务重组收益，账面价值与股份公允价值之间的差额计入收益表； （2）债权人应将享有股权的公允价值，确认为股权投资的初始投资成本，重组债权账面余额与股权公允价值之间的差额，依据是否为债权计提了跌价准备进行不同的会计处理。	债权的账面价值是指债权的账面余额减去相关备抵账户余额的差值。 （1）在以债务转为资本的重组方式下，债务人应将放弃债权而享有股份的面值总额（或股权份额）作为股本（或实收资本），按应付债权的面值总额（或股权份额）和应支付的相关费用的差额，作为资本公积； （2）债权人应当按照应收债权的账面价值加上应支付的相关税费，作为股权投资的初始投资成本。
6. 会计处理——修改其他债务条件、不附有或有条件的债务重组	（1）债务人将重组债务的账面价值减记到将来应付款的金额，减记的金额确认为债务重组收益； （2）债权人要用资产减值的原则处理重组债权。	（1）债务人应将未来应付款项的总额（非折现）与债务重组前应付债务账面价值进行比较，若前者小于后者，应在重组日将重组债务的账面价值减记至将来应付的金额，减记的金额确认为营业外支出；如果未来应付款项的总额（非折现）与债务重组前应付债务账面余额，若未来应付款项的总额大于重组日应付债务账面余额，债务人在重组日不作账务处理； （2）债权人应将未来应收款项确认为重组后应收款项或账面余额，应将二者的差额确认为营业外收入；若未来应收款项的总额小于应收债权账面余额，债权人应将重组债权的账面价值减记至未来应收款项，应将二者差额确认为当期损失；若未来应收款项的总额大于应收债权账面余额（应收债权账

	美国公认会计原则	中国的会计准则
7. 会计处理——修改其他债务条件、附有或有条件的债务重组	(1)含或有支出的将来应付款仍低于重组债务的账面价值，或确认应付款项的金额，应冲减重组后债务的账面价值收益；或有支出实际发生时，或有支出如未发生，或有支出额确认为资本公积； (2)若不含或有支出时小于，含或有支出时大于重组后债务的账面价值，则重组后债务的账面价值不变（更为详细规范见美国的相关准则）； (3)债权人要用资产减值的原则处理重组债权。	面价值等于应收债权账面余额减去备抵账户余额，所以可能出现这种情况，应根据应收款项总额余额与未来应收款项差额计提坏账准备。 如果修改后的债务条款涉及及或有条件的： (1)债务人应将或有支出或将在将来应付金额或有支出实际发生时，应冲减重组后债务的账面价值；结清债务时，或有支出如未发生，一般应将该或有支出的原估计金额确认为资本公积； (2)债权人不应将或有收益包括在将在将来应收金额中；或有收益收到时，作为当期营业外收入处理。

十二、收入

IAS 18，IAS 39；FAS 125；SFAC No.5；FRS 5；《企业会计准则——收入》

比较内容	国际会计准则	美国公认会计原则	英国公认会计原则	中国会计准则
1. 收入概念	企业在一定的期间内，由正常经营活动所产生的经济利益的总流入。该流入仅指引起权益增加的部分，而不包括企业投资者出资引起的部分。	一个主体因交付或生产商品，提供劳务或从事构成其主要持续的、主要或中心经营活动的其他业务而形成的（资产）流入，或其他资产价值的增加，或负债清偿（或兼而有之）。	英国会计准则理事会（ASB）的概念框架《财务报告原则公告》中，也没有使用"收入"的概念，而是用了"利得"。这里是除企业主出资以外的所有者权益的增长，这里的利得与国际会计准则委员会（IASC）的收益定义相近。	企业在销售商品、提供劳务及他人使用本企业资产等日常活动中形成的经济利益的总流入。

比较内容	国际会计准则	美国公认会计原则	英国公认会计原则	中国会计准则
2. 销售收入的确认条件	在销售商品的交易中，如果满足了以下各项标准，则应确认商品销售收入： (1) 企业已将与商品所有权有关的主要风险和报酬转移给买方； (2) 企业既没有保留通常与所有权相联系的后续管理权，也没有对已售出商品的实际控制权； (3) 收入的金额能够可靠地予以计量； (4) 与该交易有关的经济利益很可能流入企业； (5) 与该交易有关的已发生的或将要发生的费用能够可靠地予以计量。	美国没有单独的准则规范收入确认，但在 SFAC No.5 中指出收入确认应该同时满足下面两项条件： (1) 已实现或可实现； (2) 已赚得。	英国没有单独的准则规范收入确认，会计处理一般遵从国际会计准则的相关规定。	销售商品的收入，只有在符合以下全部条件的情况下才能予以确认： (1) 企业已将商品所有权上的主要风险和报酬转移给购货方； (2) 企业既没有保留通常与所有权相联系的继续管理权，也没有对已售出的商品实施控制； (3) 与交易相关的经济利益很可能流入企业； (4) 相关的收入和成本能够可靠地计量。
3. 提供劳务收入的确认	当提供劳务的交易的结果可以可靠地估计时，与此相关的收入应在资产负债表日根据交易的完成程度加以确认。	适用于如下通用的收入确认标准： (1) 已实现或可实现； (2) 已赚得。	英国没有单独的准则规范劳务收入确认，会计处理一般遵从国际会计准则的相关规定。	在同一会计年度内开始并完成的劳务，应在完成劳务时确认收入；如劳务的开始和完成分属不同的会计年度，在提

比较内容	国际会计准则	美国公认会计原则	英国公认会计原则	中国会计准则
	交易的结果能够可靠地估计：(1)劳务总收入和总成本能够可靠地计量；(2)与交易相关的经济利益很可能流入企业；(3)劳务的完成程度能够可靠地确定。			供劳务交易的结果能够可靠估计的情况下，企业应在资产负债表日按完工百分比法确认相关的劳务收入。
十三、会计政策、会计估计变更及会计差错的更正 IAS 1,IAS 8; ARB No. 43; APBO 20; SEC Regulation S-X; UK Company Act 1985; SSAP 2; FRS 3; UITF 14;《企业会计准则——会计政策、会计估计变更和会计差错更正》				
1. 会计政策的定义	企业编报财务报表时所采用的特定原则、基础、惯例及规则和做法。	企业管理部门根据公认会计原则，为公允的反映企业的财务状况和经营成果，在编制财务报表过程中所采纳的特定原则以及为遵循这些原则而采纳的方法。	无明确的准则规范。	会计政策是指企业在会计核算时所遵循的具体原则以及企业所采用的具体会计处理方法。
2. 会计政策变更	会计政策变更适用的情况：(1)法律或会计准则等法规、规章要求变更；(2)变更会计政策以后，能够提供有关企业财务状况、经营	会计政策变更适用的情况：(1)法律或会计准则等法规、规章要求变更；(2)变更会计政策以后，	无明确的准则规范。	会计政策变更是指企业对相同的交易或事项由原来采用的会计政策改用另一会计政策的行为。

比较内容	国际会计准则	美国公认会计原则	英国公认会计原则	中国会计准则
	成果和现金流量等更为可靠、相关的会计信息。 *会计政策变更可使用未来适用法或追溯调整法。	能够提供有关企业财务状况、经营成果和现金流量等更为可靠、相关的会计信息。 *会计政策变更一般应采纳追溯调整法，只有个别情况才允许采取未来适用法。		会计政策变更适用的情况： (1)法律或会计准则等法规、规章要求变更； (2)变更会计政策以后，能够提供有关企业财务状况、经营成果和现金流量等更为可靠、相关的会计信息。 *会计政策变更可使用未来适用法或追溯调整法。 以下不属于会计政策变更： (1)本期发生的交易或事项与以前相比具有本质差别而采用新的会计政策； (2)对初次发生的或不重要的交易或事项采用新的会计政策。
3.会计估计	没有对会计估计进行定义，但强调：由于经济环境的不确定	没有明确定义，但强调由于未来事项及其影响	无明确规定。	企业对其结果不确定的交易或事项以最近可利

比较内容	国际会计准则	美国公认会计原则	英国公认会计原则	中国会计准则
	性的影响，财务报表诸多项目难以精确地计量，而只能进行可利用的信息为基础进行判断。	不能够可靠地估计，所以编制财务报表需要会计人员估计中以最近的可利用的信息的影响。		用的信息为基础所作的判断。
4. 会计政策变更的披露内容	(1) 会计政策变更的原因； (2) 会计政策变更对本期及列报的各期的调整金额； (3) 比较信息及以前各期的调整金额； (4) 重编的比较信息或重编比较信息不可行的事实。	(1) 会计政策变更的性质； (2) 对收入金额的影响； (3) 解释为什么采取新的会计政策是更可取的。	无明确规定。	(1) 会计政策变更的内容及理由； (2) 会计政策变更的累计影响数； (3) 累积影响数不能合理确定的理由。
5. 会计估计变更披露内容	企业应该披露预期对本期及以后各期产生重大影响的会计估计变更的性质、金额，以及不能确定金额的原因与事实。	如果会计估计变更影响连续几个会计期间，则应披露其对利润、净利润及每股收益额的影响。	无明确规定。	(1) 会计估计变更的内容和理由； (2) 会计估计变更的影响数； (3) 影响数不能确定的原因。
十四、资产负债表日后事项				
	IAS 10；AU Section 560；UK Company Act 1985；SSAP 17；《企业会计准则——资产负债表日后事项》			
1. 资产负债表日后事项定义	资产负债表日和财务报告批准报出日之间发生的有利或不利事项，包括在资产负债表已	无明确规定。	结账后事项，指资产负债表日和财务报告批准报出日之间发生的有利或不利事项，包括在资产负债表已	年度资产负债表日到财务报告批准报出日之间发生的需要调

比较内容	国际会计准则	美国公认会计原则	英国公认会计原则	中国会计准则
	经存在的事项和资产负债表日后期间发生的事项。		生的有利和不利事项。	整或说明的事项。
2. 调整事项	资产负债表日后发生的事项，可以提供新证据，帮助投资者对资产负债表日存在的有关金额做出合理的估计： (1) 资产负债表日后诉讼案件的结案； (2) 资产负债表日后证实资产减值； (3) 资产负债表日后确定的资产负债表日前购入资产的的成本； (4) 资产负债表日后确定的利润分配或红利支付额； (5) 表明财务报表不正确的欺诈或差错。	无明确规定。	可对资产负债表日已存在的情况提供进一步证据的事项，包括因法律或惯例的修订而必须对财务报表中反映的事项。	资产负债表日后获得进一步的证据，有助于对资产负债表日存在状况的有关金额做出重新估计，应作为调整事项，对资产负债表日的损益和财务状况进行调整： (1) 已证实资产发生了减损； (2) 销售退回； (3) 已确定获得或支付的赔偿； (4) 资产负债表日后确定的利润分配方案中与资产负债表日存在状况相关的利润分配。
3. 非调整事项	资产负债表日后才发生的，与资产负债表日存在状况无关，但其重要性若不加以说明，则可能影响财务报表使用者做出正确的估计	无明确规定。	与资产负债表日并不存在的情况相关的结账后事项。	资产负债表日后才发生的，与资产负债表日存在状况无关，但不加以说明，则可能影响使用

(续表)

比较内容	国际会计准则	美国公认会计原则	英国公认会计原则	中国会计准则
	的事项。该类事项应在财务报表附注中披露，但资产负债表不必进行调整： (1) 投资的市价大幅下跌； (2) 重要的资产灾害； (3) 对另一个企业的巨额投资。			者做出正确估计的事项。该类事项应在财务报表附注中披露： (1) 股票与债券的发行； (2) 对一个企业的巨额投资； (3) 自然灾害导致的企业资产损失； (4) 外汇汇率的较大变动。
十五、现金流量表 IAS 7；FAS 95；FRS 1；《企业会计准则——现金流量表》				
1. 现金定义	库存现金和活期存款。	库存货币，存在银行及其他金融机构的可随时提取的存款，以及具有存款特征的其他类型户头。	库存现金以及在任何条件的金融机构，一经要求可就可支取的存款，扣除一经要求就应偿还的在任何符合条件的金融机构的透支。	指企业库存现金以及可以随时用于支付的存款。
2. 现金等价物	期限短，流动性强，易于转化为已知金额的现金，且价值变动风险很小的投资。	符合以下两个条件，流动性强的投资： (1) 易于转化为已知额的现金； (2) 即将到期因而不存在	持有的，容易处置的流动资产投资。所谓容易处置应满足： (1) 该处置不会影响企业的经营活动。	指企业持有的期限短、流动性强、易于转化为现金、价值变动风险很小的投资。

比较内容	国际会计准则	美国公认会计原则	英国公认会计原则	中国会计准则
		利率变动导致的价值变动的重大风险。	(2)满足下列两项中的一项：①容易转化为等于或接近其账面价值的现金；②能够在活跃的市场中交易。	
3. 现金流量分类（对一些具体项目的归类存在差异，请参见注释[2]）	(1)经营活动产生的现金流量；(2)投资活动产生的现金流量；(3)筹资活动产生的现金流量。	(1)经营活动产生的现金流量；(2)投资活动产生的现金流量；(3)筹资活动产生的现金流量。	(1)经营活动产生的现金流量；(2)投资报酬与融资成本；(3)税收；(4)资本性支出和财务投资；(5)购买和处置；(6)支付的权益性股利；(7)流动资源管理；(8)筹资活动。	(1)经营活动产生的现金流量；(2)投资活动产生的现金流量；(3)筹资活动产生的现金流量。
4. 现金流量表编制方法	鼓励采纳直接法编制现金流量表，但也允许按照间接法编制现金流量表。	鼓励采用直接法，但也可采纳间接法。	间接法或直接法。	正表采纳直接法，但要求附表采纳间接法编制。

十六、关联方关系及其交易的披露

比较内容	国际会计准则 IAS 24；FAS 57；FRS 8；《企业会计准则——关联方关系及其交易的披露》		中国会计准则
		美国公认会计原则	英国公认会计原则
1. 关联方的定义	在财务和经营决策中，如果一方有能力控制另一方或是对另一方施加重大影响，它们就被视为关联方。	与该企业有关联的各方，如果一方能够控制或能够显著地影响另一方的管理和经营政策，以至于交易的一方可能无法完全地追求其个人的单独利益。	没有明确定义。	在企业财务和经营决策中，如果一方有能力直接或同接控制、共同控制另一方或对另一方施加重大影响将其视为关联方；如果两方或多方同受一方控制，本准则也将其视为关联方。
2. 关联方的认定	(1) 直接或者通过一个或若干个中介同接控制报告企业，或是受报告企业控制，或是与报告企业同受控制的企业（包括控股公司、子公司和伙伴子公司）； (2) 联营企业； (3) 直接或同接拥有该企业有重大影响的表决权，借此对该企业有重大影响的个人以及与其关系密切的家庭成员；	(1) 企业的关联企业； (2) 对该企业的投资采用权益法的实体； (3) 员工利益法的信托者，例如员工利益法的信托基金； (4) 该企业的主要所有者； (5) 管理层； (6) 该企业主要所有者和	(1) 关联企业——纵向关联企业（主要包括存在直接、同接控制、重大影响等）； (2) 关联企业——横向关联企业（受同一母公司控制的各个子公司之间）； (3) 一系列被假定的关联方。 * 规定异常详尽，请参考	(1) 直接或同接地控制其他企业或受其他企业控制，以及同受某一企业控制的两个或多个企业（例如母公司、子公司、受同一母公司控制的子公司之间）； (2) 合营企业； (3) 联营企业； (4) 主要投资者个人、关键管理人员或与其关系

比较内容	国际会计准则	美国公认会计原则	英国公认会计准则	中国会计准则
	（4）关键的管理人员，即有权并负责计划、指挥和控制报告企业活动的人员，包括公司的董事和高级职员，以及其关系密切的家庭成员； （5）由以上（3）或（4）项提及的个人直接或间接地拥有重大表决权的企业，或上述的个人能够对其施加重大影响，包括其企业的董事或主要股东拥有的企业，以及其一位关键管理人员同时是报告最主要关键管理人员的企业。	管理者的亲密家庭成员。	FRS 8。	密切的家庭成员； （5）受主要投资者个人、关键管理人员或其关系密切的家庭成员直接控制的其他企业。
3. 关联方的信息披露	（1）当存在控制关系时，无论关联方之间有无交易都应披露关联方关系； （2）如果关联方之间发生了交易，报告企业应披露关联方关系的性质以及为理解财务报表所必需的交易类型和交易要素； （3）对相同性质的项目，除非	要求披露前期所采用的交易条件的改变对报告企业会计报表的影响，其他必要理解于报表影响交易的资料等。	（1）报告实体被另一方控制时，应当披露对该关联方的名称、控制方关系； （2）如果不止一个控制方，应披露最终的控制方； （3）若不能够确定最终的控制方，则应说明该的情况。	（1）在存在控制关系（企业）的情况下，都应当在会计报表附注中披露如下事项： ①企业经济性质或类型、名称、法定代表人、注册地、注册资本及其变化、企业的主营业务； ②企业的主营业务； ③所持股份或权益及其

比较内容	国际会计准则	美国公认会计原则	英国公认会计原则	中国会计准则
	为理解关联方交易对报告企业财务报表的影响而必须分别列示外，可以汇总反映。			变化; (2)在企业与关联方发生交易的情况下，企业应当在会计报表附注中披露关联方关系及其交易要素，这些要素一般包括: ①交易的金额或相应比例; ②未结算项目金额或相应比例; ③定价政策; (3)关联方交易应当分别对关联方以及交易类型予以披露，类型相同的关联方交易，在不影响会计报表阅读者正确理解的情况下可以合并披露。

注释:

[1]同样属股权和债券投资，对于债券投资，按美国的公认会计原则(FAS 115)，允许管理当局在下列3类中转换:①持有至到期;②在销售中;③可供销售。显然，这3类投资的经济实质是不同的，第一类属于非金融资产的长期投资，第二类是随时变现的金融资产可能成为金融资产。因此，要采用不同计量属性并对由转换造成的利得和损失按不同的方式进行确认。现列表如下(表5-2):

表 5-2　各类债券投资及其转换的确认、计量和报告

类别	项目的初始计量（账面价值）	各类债券投资若转换，计量属性亦转换	各类债券投资若转换的会计分录	转换时发生的计量差额如何报告
①	持有至到期的债券投资（Held to Marturity Securities）——摊余成本 *（Amoratized Cost）	①类摊余成本　①类摊余成本　↓转换　↓转换　↓转换　↓转换　②类公允价值　③类公允价值	①类转换为②类的会计分录：借：股权与债券投资（债券部分）——在销售中（公允价值）；贷：股权与债券投资（债券部分）——持有至到期（摊余成本）贷：持有利得XXX。	此处，持有利得XXX（即转换时计量的差异，假定公允价值大于摊余成本，下同）视为已确认、已实现的持有利得，可直接计入当期利润，由收益表报告。
②	在销售中的债券投资（Trading Securities）——公允价值			此处，持有利得XXX视为已确认、未实现的持有利得，一般列入资产负债表的所有者权益部分，但应作为单独的项目，由资产负债表报告。但在美国，按照FAS 130《报告全面收益》，则可列示于全面收益表中的"其他全面收益"部分，由第4报表即全面收益表报告；在英国，按照FRS 3《报告财务业绩》，可列示于全部已确认利得和损失表中，由该表进行报告。
③	可销售的债券投资（Available-for-Sale Securities）——公允价值		①类转换为③类的会计分录：借：股权与债券投资（债券部分）——可销售（公允价值）；贷：股权与债券投资（债券部分）——持有至到期（摊余成本）贷：持有利得XXX。	

＊摊余成本原应为债券的账面价值，但由于债券通常是折价或溢价发行的（前者是由于债券的票面利率低于市场利率；后者是因为债券的票面利率高于市场利率），而溢价或折价都是随着债券付息时从债券的账面价值中摊销的，以折价为例，发行时票面价值减未摊销折价即摊余成本，所以，摊余成本是一个动态的数字：本期摊余成本＝期初摊余成本－本期未摊溢价。

[2]不同国别准则对收到或支付的股利和利息经济实质的界定如表5-3所示：

表5-3　不同国别准则对收到或支付的股利和利息经济实质的界定

比较内容	美国	英国	国际会计准则	中国
收到的股利	经营活动	投资报酬和融资成本	经营活动或投资活动	投资活动
支付股利	筹资活动	支付的权益性股利	经营活动或筹资活动	筹资活动
收到利息	经营活动	投资报酬和融资成本	经营活动或投资活动	投资活动
支付利息	经营活动	投资报酬和融资成本	经营活动或投资活动	筹资活动

在进行上述比较研究的基础上，下面我们对会计准则协调谈谈看法：

随着经济全球化成为大势所趋，随着国际会计准则委员会（IASC）、证券委员会国际组织（IOSCO）、以及全球范围的会计准则制定机构的不懈努力，会计准则的协调、甚至趋同已经逐渐取得共识，也正在朝这个终极的目标而努力。

（1）20世纪80年代和90年代初，国际会计准则委员会（IASC）意识到，由于经济全球化的加快，国际货币的流动需要遵循可比性、高质量的国际会计准则，为此在1989年推出了ED32《财务报表的可比性》；1990年7月公布了理事会的意向书，同意ED32提出的、29项修改建议中的21项。从此，国际会计准则委员会（IASC）展开了按可比性要求修订（或将格式重排——正文与说明相结合）几乎已公布

的全部国际会计准则,其特点是对同类交易和事项既提出国际会计准
则委员会(IASC)的一种"基准会计处理",同时允许一种备选的处理
方法(Allowed Alternative Treatment),在提高可比性的前提下,把规
范要求和必要灵活结合起来。'这项工作从1993年开始,至2000年基
本完成。

　　重组后的国际会计准则委员会(IASC)不再仅仅满足于对各国会
计准则进行协调,而是谋求在全球范围内建立统一的会计准则。为
此,国际会计准则理事会(IASB)采取了一系列行动,其中较为突出的
几点是:①与各个国家的准则制定机构建立了良好的合作关系,尤其
是与美、英等发达国家建立了战略合作伙伴的关系,并在准则制定中
与它们开展了实质性的合作;②试图改变准则中会计方法可选择性较
大的缺点(这是过去对各国准则进行协调的结果),主要体现为国际会
计准则理事会(IASB)打算取消准则中基准处理方法与备选处理方法
并存的格局,以提高会计信息的可比性;③全球性会计准则将分两个
阶段实施:首先,在未来几年内,确保发达国家之间会计准则的趋同
化,即制定一套能够被美国和欧盟所接受的国际财务报告准则;其次,
在这个目标实现后,转而考虑非上市公司、中小企业和新兴市场经济
国家对国际财务报告准则的需求。推动国际会计准则委员会(IASC)
的重要力量是对全球资本市场的发展起重要指导作用的证券委员会国
际组织(IOSCO),它在2000年认可了国际会计准则委员会(IASC)修
订后的30份国际会计准则为核心准则作为跨国上市和国际融资应当
呈报的财务报告的规范。

　　(2)国际会计准则委员会(IASC)的改组及其谋求建立全球统一
会计准则的举措得到国际社会的积极回应①。

　　①1996年10月,为了鼓励更多的外国公司在美国资本市场上筹

―――――――――――

　　①　以下①—⑤,引自汪祥耀(2001)。

资,同时为了减少不必要的报表调整费用,美国国会要求证券交易委员会(SEC)报告国际会计准则的进展情况,并希望能够制定一套国际公认的会计准则,供打算在美国上市的外国公司使用。在经过与国际会计准则委员会(IASC)对话后,证券交易委员会(SEC)宣布,支持国际会计准则委员会(IASC)制定一套可以用于跨国上市公司财务报表的会计准则,但要求准则必须满足3个条件:准则必须包括已制定的会计文献中综合的、普遍接受的核心会计基础概念;准则必须是高质量的,能够导致可比、透明和充分披露的会计信息;准则必须严格地解释和应用。

②1996年底,参加WTO会议的各国部长们,为了推动国际贸易和跨国公司的进一步发展,减少其中的障碍和交易费用,积极鼓励国际通用会计准则的制定。

③1999年6月,西方七国财长和银行行长会议发表声明,支持和赞赏民间团体为增加财务信息透明度所做的努力,希望国际会计准则委员会(IASC)的国际会计核心准则早日完成,并呼吁所有参加会计准则制定的机构共同努力,使得高质量、国际性的会计准则可以被遵守。

④1999年,国际会计师联合会与大型会计师事务所以及一些其他重要机构共同成立了一个名为"会计发展问题国际研讨会"的组织,它的一个重要使命就是支持国际会计准则成为一种全球性的会计语言。

⑤2000年,"巴塞尔委员会"重申支持国际会计准则委员会(IASC)为会计国际协调所做出的努力,并呼吁建立一套在世界范围内通用的会计准则。世界银行也再次强调,世界五大会计师事务所不能接受用有问题的会计准则编制或缺乏充分披露的财务报表。

2000年5月,证券委员会国际组织(IOSCO)建议各证券委员容许跨国的上市公司在跨境上市时采用国际会计准则。随后，欧共体要求所有上市公司必须在 2005 年按国际会计准则编制合并财务报表，而其中 7 个国家的上市公司将在 2003 年前采用国际会计准则[①]。"G4＋1 集团"和英国也对国际会计准则委员会(IASC)进行了强有力的支持，2001 年 1 月，G4+1 在伦敦召开会议，发布的公报称："鉴于国际会计准则委员会(IASC)重组成功，新设立的国际会计准则理事会(IASB)将与各国准则制定机构建立积极的合作伙伴关系，为了避免分散资源，全力以赴支持国际会计准则理事会(IASB)在世界范围内促进会计准则趋同化的努力，G4+1 宣告解散，停止一切活动。"在英国，英国会计准则理事会(ASB)已初步决定不再制定和发布新的准则，而只发布将国际会计准则用于英国的相关准则。

(3)跨国公司、资本市场国际化和区域经济合作是推动会计国际化 3 股重要的力量[②]。

跨国公司是会计准则国际化的最初动力。由于跨国公司在不同国家拥有子公司，而子公司按照所在东道国的会计准则编制会计报表，这样，母公司在编制合并报表时就面临着如何有效地将分布在世界各地的子公司的财务报表合并成口径统一的报表的问题。因此，跨国公司的发展客观上要求在全球范围内存在一个统一的会计准则。

资本市场的国际化是指资本市场所及的范围从一国扩展到多国。目前，资本市场国际化的主要表现形式为跨国上市、跨国兼并和跨国交易所联盟等。由于各国会计准则存在差异，跨国上市或跨国兼并企业需要按当地的会计准则重新编制报表，这就大大增加了交易成本，使跨国上市和跨国兼并的难度加大。因此，跨国上市和跨国兼并业务

---

　　① 德国的"二板"市场已经明确表示不用德国会计准则，在德国主板市场上，也只有 30 家公司还在用德国会计准则。

　　② 这部分主要参考了杜兴强、章永奎(2003)。

的增多客观上要求对各国的会计准则进行协调和统一。至于跨国交易所联盟，其能够存在的前提条件是，在这些交易所上市的公司的财务信息必须可比。为了保持财务信息的可比性，进行会计准则的协调成为必要。

区域经济合作也会推动会计准则的国际化，比如欧洲联盟。欧洲联盟是一个典型的区域经济合作组织，其基本目标之一是建立一个实现区内商品、劳务、资本和人员四大生产要素自由流动的统一大市场。为了消除欧盟内部生产要素自由流动的壁垒，迄今为止，欧盟共起草了 13 份指令，其中有 3 份指令（第 4、7、8 号指令）是关于欧盟内部各成员国之间如何进行会计协调的文件，其中最重要的是涉及会计原则与会计处理的欧共体第 4 号指令和涉及企业合并的欧共体第 7 号指令。

（4）在国际会计准则委员会（IASC）谋求建立全球统一的会计准则过程中，美国的态度至关重要。过去美国总是热衷于比较美国会计准则和国际会计准则的优劣，并希望美国会计准则能够成为全球通用的会计准则。但随着国际会计准则越来越广泛地被国际社会所接受，美国改变了态度，转而支持国际会计准则，并试图在国际会计准则的制定中起主导作用。最近，美国和欧洲的监管部门宣布，双方计划在 2005 年前消除在会计准则方面的分歧，这就使实现会计准则的全球统一计划向前迈进一大步。美欧双方计划在 2003 年前完成主要分歧的确认工作，在 2005 年前消除这些分歧。美国财务会计准则委员会（FASB）主席称，双方将致力于建立高质量的、全球统一的会计准则。

在国际会计准则得到证券委员会国际组织（IOSCO）的支持后，财务会计准则委员会（FASB）改变过去不屑参与国际会计准则委员会（IASC）的傲慢态度，转为积极参与并力争控制国际会计准则委员会（IASC）的活动。国际会计准则委员会（IASC）在证券委员会国际组织

(IOSCO)和全球经济迅速发展的压力下，本来就要进行组织机构和制定准则的应循程序的改革，美国也表示愿接受核心准则，如外国资本进入美国市场，其财务报告所遵循的准则，现在必须按美国的公认会计原则，将来可以按国际会计准则委员会（IASC）的核心准则①。事实上，随着美国近年来一系列财务欺诈的出现，美国已改变了对其国内会计准则质量的自以为是的态度，在修订自己国内会计准则的同时尽量与国际会计准则委员会（IASC）保持合作，促进国际会计准则在全球范围内的广泛采纳。这可能将极大地促进和加快会计准则趋同化的步伐。

（5）我国会计准则制定从无到有，经历了一个学习和借鉴的过程。经过 10 年有余的艰苦努力，我国的会计标准体系正在日益完善。然而同时应该看到，我国的会计准则体系与西方发达国家较为成熟的会计准则体系相比，还显得十分地单薄，还有待进一步强化会计准则制定的效率和提高会计准则的质量。我国加入 WTO 以及我国会计准则制定加强与国际会计准则理事会（IASB）的联系和沟通，给我国的会计准则提供了一次很好的发展机遇。

通过对比我国业已制定的会计准则和国际会计惯例，我们发现，我国的会计准则制定中还存在不少的"特色"问题，譬如暂缓考虑"公允价值"概念在会计准则中的使用、"在会计准则或会计制度中以合

---

① 当然，美国现在承认国际会计准则委员会（IASC）的核心准则仍是非常苛刻的。实际上，可能当时的目的是诱使国际会计准则委员会（IASC）的改革基本上按照美国财务会计准则委员会（FASB）的模式，遵循证券交易委员会（SEC）的建议框架。之后，国际会计准则委员会（IASC）成立的战略工作组（SWP）于 1998 年提出《重塑国际会计准则委员会（IASC）的未来》的研究报告，公开征求意见。美国财务会计准则委员会（FASB）与财务会计基金（Financial Accounting Foundation, FAF）和证券交易委员会（SEC）先后发表了作为评论回应的报告（FASB, 1988；FASB & FAF, 1999；SEC, 2000）。战略工作组（SWP）根据美国和其他方面的反馈意见修改了它的报告，修改后得到国际会计准则委员会（IASC）的理事会的批准（2000 年 3 月）。

并价差替代商誉"[①]、"债务人在债务重组过程中实际支付的价款低于重组前债务的账面价值的部分，不是计入损益表，而是直接计入资本公积"……这里面固然主要是考虑到我国现实的会计环境约束，但我们一定要真正了解差异的成因，使"特色"名副其实，而不应动辄以特色来解释。此外，我们还应注意到，我国会计准则制定不可逆国际化潮流而动，而将难以解决的、存在争议的问题一拖再拖，否则最终我国的会计准则制定将有可能陷入"积重难返"的境地。下面，我们以财政部拟制定的关于"企业合并"具体会计准则的征求意见稿为例，谈谈我们对会计准则国际化与中国特色的认识：

在我们看来，在企业兼并准则中是可以考虑采用"公允价值"计量属性的，但需要对这一计量属性做出前后一致的定义。在制定"企业兼并"会计准则时，我们建议认真研究美国财务会计准则委员会（FASB）于 2001 年 7 月 20 日颁布的 FAS 141《企业兼并》和 FAS 142《商誉和其他无形资产》中的两项重要革新：一是企业兼并只允许采纳单一的"购买法"（Purchase Method），禁止使用"权益入股法"（Pooling-of-Interest Method）；二是商誉不再在每年盈利中进行摊销，而代之以重新评估作为资产减值（to Be Reviewed for Impairment）。美国财务会计准则委员会（FASB）的这一经验是为了既可以提高企业兼并会计与报告的透明度，又能够向投资者提供更加透明的有关商誉经济价值的变化。我们参考美国的做法不会对我国企业兼并会计准则的制定带来多大的困难。相反，企业兼并若允许采用权益入股法，则要规定诸多的限制条件，否则极可能使企业合并后利润虚增，不利于防止和打击利润作假。

---

① 最近关于企业合并的征求意见稿中又将目前已在全世界会计领域内几乎全部废止的"权益联营法"，纳入会计准则规定的备选方案之列。

本章主要参考文献

〔美〕罕尼·梵·格鲁宁、〔美〕马休·科恩:《国际会计准则实用指南》,财政部会计准则委员会译,中国财政经济出版社 2001 年版。

〔美〕美国财务会计准则委员会:《美国财务会计准则:第 1—137 号》,王世定等译,经济科学出版社 2002 年版。

财政部会计事务管理司编:《美国会计准则解释与运用》,中国财政经济出版社 1995 年版。

常勋:《财务会计四大难题》,立信会计出版社 2002 年版。

杜兴强、章永奎主编:《WTO 与中国会计的国际化》,厦门大学出版社 2003 年版。

葛家澍、杜兴强:"财务会计的基本概念、基本特征与基本程序",《财会通讯》,2003 年第 7 期—2004 年第 7 期。

葛家澍、杜兴强、桑士俊:《中级财务会计学》,中国人民大学出版社 2003 年版。

葛家澍、林志军:《现代西方财务会计理论》,厦门大学出版社 1990 年版。

葛家澍、林志军:《现代西方会计理论》,厦门大学出版社 2001 年版。

葛家澍、刘峰:《会计理论:关于财务会计概念结构的研究》,中国财政经济出版社 2003 年版。

郭永清:《会计国际化:全球范围内的考察与中国的经验》,立信会计出版社 2003 年版。

国际会计准则委员会:《国际会计准则(2002)》,财政部会计准则委员会译,中国财政经济出版社 2003 年版。

汪祥耀:"全球会计准则:离我们还有多远",《会计研究》,2001 年第 3 期。

汪祥耀等:《英国会计准则研究与比较》,立信会计出版社 2002 年版。

王松年主编:《国际会计前沿》,上海财经大学出版社 2001 年版。

中华人民共和国财政部:《企业会计制度 2001》,经济科学出版社 2001 年版。

中华人民共和国财政部:《企业会计准则——中期财务报告》,中国财政经济出版社 2002 年版。

中华人民共和国财政部会计司:《具体会计准则(征求意见稿)》。

朱海林、曾小青:"美国会计准则:原则导向还是规则导向",《财务与会计》,2003 年第 2 期。

ASB(1999). "Statement of Principles for Financial Reporting."

ASB(2002). *Accounting Standards*. CCH Group Ltd.

FASB (1978). "SFAC No.1: Objective of Financial Reporting by Business Enterprises."

FASB (1980). "SFAC No.2:Qualitative Characteristics of Accounting Information."

FASB (1988). "International Accounting Standard Setting: A Vision for the Future."

FASB (1998). "International Accounting Standards Setting: A Vision for the Future."

FASB (2002). "Principles-Based Approach to U.S. Standards Setting."

FASB (2002). *Original Pronouncements 2002–2003, Accounting Standards: As of June 1, 2002 (set)*. John Wiley & Sons Inc.

FASB, and FAF (1999). "A Letter Responds to the Request for Comment on the IASC Discussion Paper, 'Shaping IASC for the Future'."

IASC (1989). *Framework for the Preparation and Presentation of Financial Statements*. International Accounting Standards Committee.

IASC (Revised 1997). "IAS 1:Presentation of Financial Statements."

Price Water House Coopers (2001). "International Accounting Standards: Similarities and Differences-IAS, US GAAP and UK GAAP."

SEC (2000). "Concept Release: International Accounting Standards."

U. S. Congress (2002). "The Sarbanes-Oxley Act of 2002 (Related Accounting Industry and Investors Protection)."

United Nations Conference on Trade and Development (2001). "World Investment Report 2001."